東洋古典譯註叢書 125

譯註 列女傳補注 2

附 索引

著者 劉向 補注 王照圓

譯註 崔秉準 孔勤植

전통문화연구회

國譯委員

譯　　註　崔秉準 孔勤植
常任原文校閱　吳圭根
潤　　文　吳圭根
校　　訂　李承俊 金曉東 李孝宰 朴勝珠
出　　版　李承俊 田炳秀
管　　理　咸明淑
普　　及　徐源英

東洋古典譯註叢書를 발간하면서

우리의 古典國譯事業은 민족문화 진흥의 기초사업으로 1960년대부터 政府 支援으로 古文獻 現代化 작업을 추진하여 많은 成果를 거두었다. 당시 이 사업 추진의 先行課題로 東洋古典이라 일컬어지는 중국의 基本古典을 먼저 飜譯하여야 한다는 學界의 주장이 있었음에도 불구하고 우리 고전이 아니라는 일부의 偏狹한 視角과 財政 事情 등으로 인하여 배제되어 왔다.

전통적으로 중국의 기본고전은 우리 歷史와 함께 숨쉬며 각종 교육기관의 教科書로 활용됨은 물론이고 지식인들의 必讀書가 되어 왔으며, 우리 文化의 基底에 자리잡고 거의 모든 방면의 體系와 根幹을 형성하여 왔다. 그래서 학문연구의 기본서 역할을 해 왔을 뿐만 아니라 오늘날에도 우리의 國學徒 및 東洋學 研究者들에게 같은 역할을 하고 있음은 주지의 사실이다. 그럼에도 불구하고 中國古典은 우리 것이 아니라 하여 專門機關의 飜譯對象에 포함하지 않음으로써, 대부분 原典에서의 직접 번역이 아닌 重譯이나 拔萃譯의 방식이 주를 이루면서 教養水準으로 出版되어 왔다.

오늘날 東洋 三國 중에서 우리의 東洋學 연구가 가장 부진한 이유는, 東洋基本古典에 대한 폭넓은 이해의 부족과 漢文古典 讀解力의 저하에 기인함을 우리는 솔직히 인정하여야 한다. 따라서 이들 중국고전에 대한 신뢰할 만한 國譯이 이루어지는 것이 한국학 연구를 촉진시키는 시급한 先行課題라 할 수 있다.

이에 韓國學 및 東洋學의 연구와 古典現代化의 基盤構築을 위해서는, 전문기관으로 하여금 동양고전을 단기간에 각 분야의 專門 研究者와 漢學者가 상호 협동하여 연구번역하여 飜譯의 傳統性과 效率性, 研究의 專門性을 높일 수 있도록 政策的 配慮가 있어야 한다.

이에 本會에서는 元老 및 中堅 漢學者와 斯界의 專攻者로 하여금 協同硏究飜譯하여 공부하는 사람들이 믿고 引用하거나 깊이 있는 註釋 등을 활용할 수 있게 하고, 知識人들의 敎養을 증진시켜 줄 수 있는 東洋古典의 國譯書 간행을 지속적으로 추진해 왔다. 근래에 다행히 이 사업에 대하여 각계 지도층의 폭넓은 이해와 지원에 힘입어 2001년도부터 國庫補助를 받아 東洋古典譯註叢書를 간행하게 되었다. 이를 계기로 우리 先學의 註釋과 見解를 반영하는 등 국역사업의 內實을 기하게 되었음을 이 자리를 빌어 衷心으로 감사드리며, 아울러 國譯에 參與하신 관계자 여러분의 勞苦에 깊은 謝意를 표한다.

끝으로 우리의 이러한 작업은 오랜 역사 위에 축적된 先賢들의 業績과 現代學問을 이어주는 튼튼한 架橋와 礎石이 되어 진정한 韓國學과 東洋學 발전에 기여할 것을 굳게 믿으며, 21세기를 우리 文化의 世紀로 열어 가는 밑거름이 되도록 우리의 力量을 本 事業에 경주하고자 한다. 江湖諸賢의 부단한 관심과 지원을 기대해 마지않는다.

社團法人 傳統文化硏究會 會長 李啓晃

凡 例

1. 본서는 ≪譯註 列女傳補注≫의 제2책이다.
2. 본서의 底本은 ≪列女傳補注≫(王照圓 注, 서울대 규장각 奎中 4288-v.1-4)이며, ≪列女傳補注≫(王照圓 注, 臺灣 商務印書館, 1974), ≪列女傳校注≫(梁端 注, ≪列女傳彙編≫(北京圖書館出版社, 2007) 收錄本), ≪列女傳集注≫(蕭道管 注, ≪列女傳彙編≫(北京圖書館出版社, 2007) 收錄本), 諺解本 ≪古列女傳≫(국회도서관 稀 920 ㄱ336), 諺解本 ≪古列女傳≫(국립한글박물관 소장본) 등을 참고하였다.
3. 본서는 원전의 傳統性과 번역의 現代性을 구현하기 위해 노력하였다.
4. 본서는 각 傳마다 일련번호를 부여하고, 원문과 번역문은 내용에 따라 단락을 구분하였다.
5. 원문에는 우리나라 전통 방식으로 懸吐하였고, 原註에는 標點하였다.
6. 번역은 原義에 충실하게 하되, 이해가 어려운 부분은 意譯 또는 補充譯을 하였다.
7. 번역문은 한글과 한자를 혼용하였으며, 맞춤법과 띄어쓰기는 한글 맞춤법과 표준어 규정을 따르는 것을 원칙으로 하였다.
8. 讀音이 특수하거나 僻字인 경우에는 원문의 해당 글자 뒤의 ( ) 속에 한글로 音을 달아 주었다.
9. 각 卷마다 간략한 해설을 달아 독자의 이해를 돕고자 하였고, 그 뒤에 원문 〈小序〉도 번역하였다.
10. 原註는 저본에 실린 王照圓의 補注와 淸나라 고증학자들인 臧庸 등의 校正을 전부 수록하였으며, 본문의 이해에 도움을 주고자 ≪列女傳校注≫의 注와 ≪列女傳集注≫의 注도 역자가 선별하여 수록하였다. 臧庸 등의 校正은 【校正】으로, ≪列女傳校注≫의 注는 【校注】로, ≪列女傳集注≫의 注는 【集注】로 표시하여 王照圓의 補注와 구분하였다.

11. 譯註는 인용문의 出典, 故事, 역사적 사건, 전문용어, 人物, 制度, 難解語, 校勘 등에 관한 사항을 밝혔다.
12. 校勘은 원문의 誤字, 脫字, 衍字, 倒文 등을 대상으로 하였으며, 校勘의 근거는 譯註에서 밝혔다.
13. 본서의 校勘에 사용된 符號는 다음과 같다.
   ( )〔 〕: (저본의 誤字)〔교감한 正字〕
   〔 〕: 저본의 脫字 補充
   ( ) : 저본의 衍字
14. 본서에 사용된 주요 符號와 略號는 다음과 같다.
   " " : 引用, 對話
   ' ' : " " 안의 再引用, 對話, 强調
   「 」: ' ' 안의 再引用, 對話, 强調
   ( ) : 원문에서는 讀音이 특수한 글자나 僻字의 音
   번역문에서는 간단한 譯註
   〔 〕: 번역문과 뜻은 같으나 音이 다른 漢字 및 字句, 譯註에서 인용하여 번역한 原文
   ≪ ≫ : 書名
   〈 〉: 篇章名, 作品名, 補充譯
15. 본서에 사용된 標點은 다음과 같다.
   , : 한 문장 안에서 句나 節의 구분이 필요한 곳
   . : 문장의 종결
   · : 대등한 명사나 구절의 병렬
   " " : 1차 인용, 대화
   ' ' : 2차 인용, 대화, 강조
   「 」: 3차 인용, 대화, 강조

參考文獻

1. 底本 및 주요 참고본

底本 ≪列女傳補注≫, 劉向(漢) 撰, 王照圓(淸) 注, 서울대 규장각(奎中 4288-v.1-4)

- ≪列女傳補注≫, 劉向(漢) 撰, 王照圓(淸) 注, 臺灣 商務印書館, 1974.
- ≪列女傳校注≫, 劉向(漢) 撰, 梁端(淸) 注, ≪列女傳彙編≫(北京圖書館出版社, 2007) 收錄本.
- ≪列女傳集注≫, 劉向(漢) 撰, 蕭道管(淸) 注, ≪列女傳彙編≫(北京圖書館出版社, 2007) 收錄本.

2. 原典資料

◇ 經 部

- ≪經典釋文≫, 陸德明(唐) 撰, 文淵閣四庫全書, 商務印書館, 1983~1986.
- ≪論語集註大全≫, 朱熹(宋) 集註, 胡廣(明) 等 編, 影印本, 學民文化社.
- ≪大學章句大全≫, 朱熹(宋) 集註, 胡廣(明) 等 編, 影印本, 學民文化社.
- ≪孟子集註大全≫, 朱熹(宋) 集註, 胡廣(明) 等 編, 影印本, 學民文化社.
- ≪書傳大全≫, 蔡沈(宋) 集註, 胡廣(明) 等 編, 影印本, 學民文化社.
- ≪說文解字≫, 許愼(後漢) 撰, 文淵閣四庫全書, 商務印書館, 1983~1986.
- ≪詩傳大全≫, 朱熹(宋) 集傳, 胡廣(明) 等 編, 影印本, 學民文化社.
- ≪禮記集說大全≫, 陳澔(元) 集說, 胡廣(明) 等 編, 影印本, 學民文化社.
- ≪儀禮經傳通解≫, 朱熹(宋) 撰, 文淵閣四庫全書, 商務印書館, 1983~1986.
- ≪儀禮注疏≫, 鄭元(漢) 注, 賈公彦(唐) 疏, 文淵閣四庫全書, 商務印書館, 1983~1986.
- ≪周易傳義大全≫, 程頤(宋) 傳, 朱熹(宋) 本義, 胡廣(明) 等 撰, 影印本, 學民文化社.
- ≪中庸章句大全≫, 朱熹(宋) 集註, 胡廣(明) 等 編, 影印本, 學民文化社.

• ≪春秋左傳正義≫, 杜預(西晉) 注, 孔穎達 疏, 北京大學校出版社.

◇ 史 部

• ≪高士傳≫, 皇甫謐(漢), 文淵閣四庫全書, 商務印書館, 1983~1986.
• ≪國語≫, 韋昭(吳) 注, 文淵閣四庫全書, 商務印書館, 1983~1986.
• ≪路史≫, 羅泌(宋) 撰, 文淵閣四庫全書, 商務印書館, 1983~1986.
• ≪文獻通考≫, 馬端臨(元), 文淵閣四庫全書, 商務印書館, 1983~1986.
• ≪史記≫ 司馬遷(漢), 中華書局, 1997.
• ≪續文獻通考≫, 王圻(明), 文淵閣四庫全書, 商務印書館, 1983~1986.
• ≪水經注≫, 酈道元(魏) 撰, 文淵閣四庫全書, 商務印書館, 1983~1986.
• ≪晏子春秋≫, 晏嬰(齊) 撰, 文淵閣四庫全書, 商務印書館, 1983~1986.
• ≪繹史≫, 馬驌(淸) 撰, 文淵閣四庫全書, 商務印書館, 1983~1986.
• ≪戰國策≫, 高誘(漢) 注, 文淵閣四庫全書, 商務印書館, 1983~1986.
• ≪漢書≫, 班固(後漢), 中華書局, 1997.
• ≪後漢書≫, 范曄(南朝 宋), 中華書局, 1997.

◇ 子 部

• ≪家範≫, 司馬光(宋) 撰, 文淵閣四庫全書, 商務印書館, 1983~1986.
• ≪古今事文類聚≫, 祝穆(宋) 撰, 文淵閣四庫全書, 商務印書館, 1983~1986.
• ≪孔子家語≫, 王肅(魏) 注, 影印本, 學民文化社.
• ≪孔叢子≫, 孔鮒(漢) 撰, 文淵閣四庫全書, 商務印書館, 1983~1986.
• ≪管子≫, 管夷吾(齊) 撰, 文淵閣四庫全書, 商務印書館, 1983~1986.
• ≪廣博物志≫, 董斯張(明) 撰, 文淵閣四庫全書, 商務印書館, 1983~1986.
• ≪獨斷≫, 蔡邕(後漢) 撰, 文淵閣四庫全書, 商務印書館, 1983~1986.
• ≪文選≫, 蕭統(梁) 編, 李善(唐) 註, 文淵閣四庫全書, 商務印書館, 1983~1986.
• ≪白虎通義≫, 班固(漢), 景印 文淵閣四庫全書, 商務印書館, 1983~1986.
• ≪北堂書鈔≫, 虞世南(唐) 撰, 文淵閣四庫全書, 商務印書館, 1983~1986.
• ≪西京雜記≫, 劉歆(漢) 撰, 文淵閣四庫全書, 商務印書館, 1983~1986.

- ≪說苑≫, 劉向(漢) 撰, 文淵閣四庫全書, 商務印書館, 1983~1986.
- ≪世說新語≫, 劉義慶(宋) 撰, 文淵閣四庫全書, 商務印書館, 1983~1986.
- ≪小學集註增解≫, 劉子澄(宋) 編, 影印本, 學民文化社.
- ≪荀子≫, 荀況(周), 景印 文淵閣四庫全書, 商務印書館, 1983~1986.
- ≪新序≫, 劉向(漢) 撰, 文淵閣四庫全書, 商務印書館, 1983~1986.
- ≪揚子法言≫, 揚雄(漢) 撰, 文淵閣四庫全書, 商務印書館, 1983~1986.
- ≪呂氏春秋≫, 呂不韋(秦), 景印 文淵閣四庫全書, 商務印書館, 1983~1986.
- ≪藝文類聚≫, 歐陽詢(唐) 撰, 文淵閣四庫全書, 商務印書館, 1983~1986.
- ≪渚宮舊事≫, 余知古(唐) 撰, 文淵閣四庫全書, 商務印書館, 1983~1986.
- ≪天中記≫, 陳耀文(明) 撰, 文淵閣四庫全書, 商務印書館, 1983~1986.
- ≪初學記≫, 徐堅(唐) 撰, 文淵閣四庫全書, 商務印書館, 1983~1986.
- ≪太平御覽≫, 李昉(宋) 等 撰, 文淵閣四庫全書, 商務印書館, 1983~1986.
- ≪韓非子≫, 韓非(韓) 撰, 文淵閣四庫全書, 商務印書館, 1983~1986.
- ≪韓詩外傳≫, 韓嬰(燕) 撰, 影印本, 學民文化社.
- ≪淮南子≫, 劉安(漢) 撰, 文淵閣四庫全書, 商務印書館, 1983~1986.

◇ 集 部

- ≪古詩紀≫, 馮惟訥(明) 撰, 文淵閣四庫全書, 商務印書館, 1983~1986.
- ≪陶淵明集≫, 陶潛(晉) 撰, 文淵閣四庫全書, 商務印書館, 1983~1986.
- ≪詳說古文眞寶後集≫, 黃堅(宋) 編, 影印本, 學民文化社.
- ≪朱子全書≫, 朱熹(宋) 撰, 上海古籍出版社, 2000.
- ≪楚辭章句≫, 王逸(宋) 撰, 文淵閣四庫全書, 商務印書館, 1983~1986.

3. 언해본 및 번역서

◇ 韓 國

- 諺解本 ≪古列女傳≫, 국회도서관 稀 920 ㄱ336.
- 諺解本 ≪古列女傳≫, 국립한글박물관.
- 김지선 역주, ≪열녀전 : 여성의 삶을 말하다≫, 동아일보사, 2016.

- 박양숙 역주, ≪열녀전, 자유문고≫, 1994.
- 이숙인 역주, ≪열녀전 : 비범한 여인들은 어떻게 살았을까≫, 글항아리, 2013.
- 이숙인 역주, ≪열녀전 : 중국 고대의 106 여인 이야기≫, 예문서원, 1997.
- 임동석 역주, ≪열녀전(전2책)≫, 동서문화사, 2009.

◇ 中 國

- 張敬 註譯, ≪列女傳今注今譯≫, 商務印書館, 1994.
- 張濤 註譯, ≪列女傳譯注≫, 山東大學出版社, 1990.
- 黃淸泉 註譯・陳滿銘 校閱, ≪(新譯)列女傳≫, 三民書局, 1996.

4. 연구서 및 연구논문

◇ 韓 國

- 강현경, 〈劉向 ≪列女傳≫의 流傳과 그 影響〉, 社會科學論文集, 1992.
- 강현경, 〈유향 열녀전의 찬술본의와 유진양상〉, 語文硏究, 1998.
- 강현경, 〈劉向列女傳探徵, 국립대만사범대학 국문연구소 석사논문, 1986.
- 김경미, 〈조선조 수신서의 보급과 전개 : ≪열녀전≫의 보급과 전개- 유교적 여성 주체의 형성과 내면화 과정〉, 한국문화연구, 2007.
- 김영, 박재연, 이재홍, 〈조선본 ≪古列女傳≫의 발굴과 그 의미〉, 中國語文學誌, 2015.
- 김임자, 〈古代 中國 女性倫理觀 : 後漢書 列女傳을 中心으로〉, 이화여자대학교 사학과 석사논문, 1964.
- 김종미, 〈≪列女傳≫의 禮와 여성 공간〉, 中國文學, 2001.
- 박수연, 〈中國의 家父長制와 傳統女性像의 葛藤構造 硏究 : 劉向의 ≪列女傳≫을 中心으로〉, 한국외국어대학교 중국어교육전공 석사논문, 2002.
- 신수경, 〈東아시아 열녀도 연구〉, 이화여자대학교 미술사학과 석사논문, 2004.
- 신수경, 〈열녀전과 열녀도의 이미지 연구〉, 美術史論壇, 2005.
- 우쾌제, 〈≪列女傳≫의 수용양상 고찰 : 〈사씨남정기〉를 중심으로〉, 어문논집, 1987.
- 우쾌제, 〈≪列女傳≫의 韓・日 傳來와 그 受容樣相 考察〉, 語文硏究, 1991.
- 우쾌제, 〈朝鮮時代 家庭小說의 形成要因 硏究 : 列女傳의 傳來와 受容을 中心으로〉, 고

려대학교 국어국문학과 박사논문, 1986.

• 이숙인, 〈유향 ≪열녀전≫에 나타난 여성의 지식세계〉, 여성이론, 2000.
• 이영숙, 〈≪列女傳≫과 ≪世說新語≫의 惡女 형상 小考〉, 중국문화연구, 2011.
• 이화중국여성문학연구회, ≪동아시아 여성의 기원 : ≪열녀전≫에 대한 여성학적 탐구≫, 이화여자대학교 출판부, 2009.
• 조정숙, 〈≪列女傳≫ 分析 및 國內收容 研究〉, 경희대학교 중국어교육전공 석사논문, 2003.
• 중국어문학회, ≪동아시아 여성의 유형, 그 이미지의 계보학 : ≪列女傳≫에 대한 여성학적 탐구≫, 중국어문학회, 2001.

◇ 中國・日本

• 劉殿爵 編, ≪古列女傳逐字索引≫, 臺灣商務印書館, 1994.
• 鄭曉霞・林佳鬱 編, ≪列女傳彙編≫, 北京圖書館, 2007.
• 陳樹淑, 〈明淸時期劉向≪列女傳≫的研究与傳播〉, 山東大 碩士, 2016.
• 村松暎 著, ≪中國列女傳 : 三千年の歷史のなかで≫, 1968.
• 下見隆雄, ≪劉向列女伝の研究≫, 東海大學出版會, 1989.
• 何志華, 朱國藩, 樊善標, ≪≪古列女傳≫與先秦兩漢典籍重見資料彙編; ≪大戴禮記≫與先秦兩漢典籍重見資料彙編≫, 中文大學出版社, 2004.

5. 데이터베이스(DB) 자료

• 국립중앙도서관 디지털화 자료.
• 규장각 한국학연구원 (http://kyujanggak.snu.ac.kr)
• 동양고전종합DB (http://db.cyberseodang.or.kr)
• 電子版 文淵閣四庫全書, 上海古籍出版社.
• 한국고전종합DB (http://db.itkc.or.kr)

目 次

列女傳補注 卷八

列女傳補注 卷五

福山 王照圓

절개와 의리를 지킨 여인들에 대한 전 節義傳

〈節義傳〉은 절개와 의리를 지킨 여인들의 전기로, 총 15편으로 구성되어 있다. 간략한 내용은 다음과 같다.

① 양육하던 公子가 위험에 처하자 자신의 아들과 바꾼 魯 孝公의 의로운 保母. ② 앞날을 미리 알고 죽음으로 자신의 뜻을 밝힌 楚 成王의 부인 鄭瞀. ③ 남편이 고국으로 도망하려 하자 따라가지도 않고 누설하지도 않은 晉나라 太子 圉의 妃 懷嬴. ④ 군왕이 禮로 돌아오자 왕을 위해 스스로 목숨을 끊은 楚 昭王의 첩 越姬. ⑤ 나라가 망한 뒤에도 남편이 구차하게 살아 있자 이를 수치로 여긴 나머지 스스로 목숨을 끊은 蓋나라 偏將의 아내. ⑥ 적군을 피해 도망가다가 위기에 처하자 아들은 버리고 조카만 안고 도망간 魯나라의 義로운 姑母. ⑦ 나라가 망하자 돌아가지도 않고 원망하지도 않은 채 절의를 지키며 목숨을 끊은 代나라 임금의 趙夫人. ⑧ 前妻의 아들을 살리기 위해 자신의 아들을 죽이라고 한 齊나라의 의로운 繼母. ⑨ 5년 만에 돌아온 남편이 효성스럽지도 못하고 의롭지도 못하다 하여 河水에 투신한 魯나라 秋胡子의 介潔한 婦人. ⑩ 主父의 아내가 남편을 독살하려 하자 죽음을 무릅쓰고 이를 막은 周나라 主父의 충직한 媵妾. ⑪ 양육하던 公子를 위해 끝까지 배반하지 않고 節義를 지키다가 목숨을 잃은 魏나라의 의로운 乳母. ⑫ 火魔 속에서 우연히 자신의 아들만 찾아내고 조카는 찾아내지 못하자 끝내 불 속에 뛰어들어 죽고 만 梁나라의 節義 있는 姑母. ⑬ 진주를 가지고 관문으로 갔다가 발각되어 벌을 받게 되자 서로가 자신의 잘못이라고 한 珠崖의 계모와 의붓딸. ⑭ 남편이 친정 오라버니를 살해하자 머물지도 않고 떠나지도 않은 채 스스로 목숨을 끊은 郃陽의 우애 있는 누이. ⑮ 아버지와 남편을 살리기 위해 잠자리를 바꾸어 대신 죽은 京師의 절개 있는 여인에 대한 이야기이다.

【小序】 절개와 의리를 지킨 이들로 말하면, 죽기를 기필하며 피하지 않았다네. 선을 좋아하고 절의를 사모하여, 끝내 의리를 저버리지 않았다네. 진실하고 미더우며 용감하였으니, 어찌 陰險하고 邪辟한 마음이 있었겠는가. 義가 있는 곳에는, 조금도 주저 없이 달려갔다네. 姜姒[1]가 이를 본받아, 萬世의 기틀이 되었다네.

惟若節義, 必死無避. 好善慕節, 終不背義. 誠信勇敢, 何有險詖? 義之所在, 赴之不疑. 姜姒法斯, 以爲世基.

5-1 魯 孝公[2]의 의로운 保母　魯孝義保

魯 孝公의 의로운 保母는 노 효공 稱의 保母이자 臧氏의 寡婦이다. 처음에, 효공의 아버지 武公[3]이 그 두 아들 첫째 括과 둘째 戲를 데리고 周 宣王[4]에게 朝會를 갔었는데, 선왕이 희를 세워 노나라 太子로 삼았다. 무공이 죽자 희가 즉위하니, 이가 바로 懿公이다.

〔魯〕[5]孝義保者는 魯孝公稱之保母요 臧氏之寡也라 初에 孝公父武公이 與其二子[6]長子括과 中子戲로 朝周宣王이러니 宣王이 立戲爲魯太子하다 武公薨에 戲立하니 是爲懿公이라

孝公은 이 당시 公子 稱이라 불렸고 나이가 가장 어렸다. 그리하여 義保가 자기 아들과 함께 궁으로 들어가 공자 칭을 기르고 있었는데, 括의 아들 伯御가 魯나라 사람들과 더불어 난을 일으켜 〈숙부인〉 懿公을 공격하여 죽이고 스스로 즉위한 뒤, 공자 칭을 궁에서 찾아 장차 죽이려고 하였다. 의보가 백어가 장차 칭을 죽이려 한다는 소리를 듣고는 자기 아들에게 칭의 옷을 입혀 칭의 처소에 눕혀두니, 백어가 그를 죽였다. 의보가 마침내 칭을 안고 나가다가 밖에서 칭의 외삼촌인 魯나라 大夫

---

1) 姜姒 : 周 太王의 妃인 太姜과 文王의 妃인 太姒의 병칭으로, 여기서는 周나라 왕실의 太姜, 太任, 太姒를 범범하게 가리켜서 한 말이다. 자세한 내용은 본서 卷1 〈母儀傳 周室三母〉에 보인다.

2) 魯 孝公 : 西周 때 魯나라 임금으로, 성은 姬이고, 이름은 稱이다. 武公의 아들이다.

3) 魯 武公 : 西周 때 魯나라 임금으로, 성은 姬이고, 이름은 敖이다.

4) 宣王 : 西周의 天子로, 성은 姬이고, 이름은 靖이다.

5) 〔魯〕 : 저본에는 '魯'가 없으나, ≪太平御覽≫ 권422 〈人事部 63〉에 의거하여 보충하였다.

6) 其二子 : ≪太平御覽≫에는 없다.

에게 들렸다. 외삼촌이 묻기를 "칭이 죽었느냐?" 하니, 의보가 "죽지 않았습니다. 여기 있습니다." 하였다. 외삼촌이 "어떻게 면할 수 있었느냐?" 하니, 의보가 "제 아들과 바꾸었습니다." 하였다. 의보는 마침내 도망갔다.

孝公時[7)]號公子稱하고 最少①라 義保與其子로 俱入宮하여 養公子稱②이러니 括之子伯御가 與魯人作亂하여 攻殺懿公而自立하고 求公子稱於宮하여 將殺之하다 義保聞伯御將殺稱하고 乃衣其子以稱之衣하여 臥於稱之處[8)]하니 伯御殺之하다 義保遂抱稱以出이라가 過稱舅魯大夫於外한대 舅問 稱死乎아 義保曰 不死라 在此니이다 舅曰 何以得免가 義保曰 以吾子代之로이다 義保遂以逃하다

① 孝公時號公子稱 最少 : 孝公의 이름이 '稱'이니, 武公의 가장 어린 아들이다.
孝公名稱, 武公少子也.

② 義保與其子……養公子稱 : ≪春秋公羊傳≫ 昭公 31년 조에 이르기를 "公을 기른 것은 틀림없이 자기 아들로 들여 기른 것일 것이다."라고 하였으며, 이에 대한 何休의 注에 "남의 母子를 갈라놓지 않음으로써 공을 즐겁게 한 것이다."라고 하였다.
公羊傳云 "養公者, 必以其子入養." 注云 "不離人母子, 因以娛公也."

11년이 지나자, 노나라 대부들이 모두 稱이 살아서 保母에게 있다는 것을 알았다. 이에 周 天子에게 청하여 伯御를 죽이고 칭을 세우니, 이가 바로 孝公이다.

十一年①에 魯大夫皆知稱之在保라 於是에 請周天子②하여 殺伯御立稱하니 是爲孝公이라

① 十一年 : 伯御가 즉위한 지 11년이라는 말이다.
言伯御立十一年也.

② 於是請周天子 : 周天子는 宣王이다. 魯나라를 정벌하고 孝公을 세웠으니, 일이 ≪國語≫에 보인다.[9)]
周天子者, 宣王也. 伐魯立孝公, 事見國語.

노나라 사람들이 義保의 의로운 행실을 높이 평가하였다. 그러므로 그를 '義保'라 하였다. ≪論語≫에 말하기를 "六尺의 어린 임금을 맡길 만하다."[10)]라고 하였으니,

---

7) 時 : ≪太平御覽≫에는 이 앞에 '於'가 더 있다.
8) 處 : ≪太平御覽≫에는 이 앞에 '臥'가 더 있다.
9) 魯나라를……보인다 : ≪國語≫ 권1 〈周語 上〉에 자세히 보인다.

의보를 두고 한 말이다.

魯人高〔義保〕[11]之〔義〕[12]라 〔故謂之義保라하다〕[13] 論語曰 可以託六尺之孤라하니 其義保之謂也라

頌은 다음과 같다.

伯御가 난을 일으킨 것은
노나라 궁궐에서 시작되었다네
孝公을 젖먹여 기르던 보모는
臧氏의 홀로된 어미였다오
도망하여 효공을 숨기고
자신의 아들과 바꾸었도다
보모가 이와 같이 의로웠으니
또한 참으로 믿을 만하였도다

頌曰 伯御作亂은 由魯宮起로다 孝公乳保는 臧氏之母로다 逃匿孝公하고 易以其子로다 保母若斯하니 亦誠足恃로다

5-2 楚 成王[14]의 부인 鄭瞀 楚成鄭瞀(무)

鄭瞀는 秦나라 嬴姓 여자를 따라 楚나라에 시집간 鄭나라 출신의 媵妾이자 楚 成王의 夫人이다. 처음에, 성왕이 臺에 올라 後宮들을 내려다보자, 宮人들이 모두 고

10) 六尺의……만하다 : ≪論語≫ 〈泰伯〉에 보이는 曾子의 말로, "六尺의 어린 임금을 맡길 만하고, 百里 諸侯國의 命을 부탁할 만하며, 大節에 임해서 그 절개를 빼앗을 수 없다면, 군자다운 사람인가? 군자다운 사람이다.〔可以託六尺之孤 可以寄百里之命 臨大節而不可奪也 君子人與 君子人也〕"라고 하였다.

11) 〔義保〕 : 저본에는 '義保'가 없으나, ≪太平御覽≫에 의거하여 보충하였다.

12) 〔義〕 : 저본에는 '義'가 없으나, ≪太平御覽≫에 의거하여 보충하였다.

13) 〔故謂之義保〕 : 저본에는 '故謂之義保'가 없으나, ≪太平御覽≫에 의거하여 보충하였다.

14) 楚 成王 : 春秋時代 楚나라 임금으로, 羋姓 熊氏이고 이름은 惲이다. 楚 文王의 아들이다.

개를 기울이고 쳐다보았으나 子瞀만 똑바로 걸으면서 돌아보지 않고 느린 걸음걸이가 변화가 없었다. 성왕이 "걸어가는 자는 나를 돌아보라." 하였으나, 자무는 돌아보지 않았다. 성왕이 "돌아보라. 내 너를 夫人으로 삼겠다." 하였으나, 자무는 그래도 돌아보지 않았다. 성왕이 "돌아보라. 내가 또 너에게 千金을 주고 네 父兄을 봉하겠다." 하였으나, 자무는 끝내 걸어가면서 돌아보지 않았다.

鄭瞀者는 **鄭女之嬴媵**(영잉)①이요 **楚成王之夫人也**[15]라 **初**에 **成王登臺**하여 **臨後宮**한대 **宮人皆傾觀**②[16]이로대 **子瞀直行不顧**하고 **徐步不變**③이라 **王曰 行者顧**어다 **子瞀不顧**하다 **王曰 顧**어다 **吾以女爲夫人**호리라 **子瞀復不顧**하다 **王曰 顧**하라 **吾又與女千金而封若父兄**호리라 **子瞀遂〔行〕**[17] **不**[18]**顧**④하다

① 鄭瞀者 鄭女之嬴媵 : '鄭瞀'는 ≪文選≫ 詩의 注에 이 구절을 인용한 곳에는 '楚成鄭子瞀者'로 되어 있다.[19] '嬴'은 秦나라 姓이고, '媵'은 따라서 시집가는 것이니, 이는 秦나라 사람이 楚나라에 딸을 시집보낼 때 鄭나라가 子瞀를 잉첩으로 딸려 보낸 것이다. 그러므로 '鄭女之嬴媵'이라 한 것이다. 禮에 한 나라가 딸을 시집보낼 때 두 나라가 媵妾을 딸려 보낸다.[20]

鄭瞀, 文選詩注引作"楚成鄭子瞀者". 嬴, 秦姓也. 媵, 從嫁也. 蓋秦人嫁女於楚, 而鄭以子瞀媵之也. 故曰"鄭女之嬴媵". 禮一國嫁女, 二國往媵之也.

② 宮人皆傾觀 : '傾'은 기울인다는 뜻이다. 禮에 "머리 모양은 곧게 하고, 눈 모양은 단정하게 한다." 하였으니,[21] 기울여 보는 것은 禮가 아니다.

---

15) 鄭瞀者……楚成王之夫人也 : ≪渚宮舊事≫에는 '鄭子瞀는 成王의 부인이요 鄭姬의 잉첩이다.〔鄭子瞀者 成王夫人 鄭姬之媵者〕'로 되어 있다.

16) 傾觀 : ≪渚宮舊事≫에는 '仰視'로 되어 있다.

17) 〔行〕: 저본에는 '行'이 없으나, ≪文選≫에 의거하여 보충하였다.

18) 不 : ≪古列女傳≫에는 '一'로 되어 있다.

19) 文選……있다 : ≪文選≫ 卷30 謝朓의 詩 〈和王主簿怨情〉에 "젊어서는 한 번 돌아봄을 중히 여기고, 늙어서는 천금을 천시하였다네.〔生平一顧重 宿昔千金賤〕"라고 하였는데, 이에 대한 唐나라 李善의 注에 보인다. 참고로 '生平'은 어떤 판본에는 '平生'으로 되어 있고, 李周翰의 注에 "平生은 젊은 때를 말하고, 宿昔은 노쇠한 때이다.〔平生謂少年日 宿昔衰老時也〕"라고 하였다.

20) 禮에……보낸다 : ≪春秋公羊傳≫ 莊公 19년 조에 "媵이란 무엇인가? 諸侯가 한 나라에 장가들면 두 나라가 媵妾을 보내는데, 姪과 娣를 딸려 보낸다. 姪은 누구인가? 형의 자식이다. 娣는 누구인가? 동생이다.〔媵者何 諸侯娶一國 則二國往媵之 以姪娣從 姪者何 兄之子也 娣者何 弟也〕"라고 하였다.

21) 禮에……하였으니 : ≪禮記≫ 〈玉藻〉에 "군자의 모습은 펴지고 느려야 하니, 존경할 대상을 보고는 더욱 공경하고 삼가야 한다. 발 모양은 무겁게 하며, 손 모양은 공손하게 하며, 눈 모

傾, 側也. 禮頭容直, 目容端, 傾觀, 非禮也.

③ 子晳直行不顧 徐步不變 : '直'은 '但'과 같다. 어떤 이는 "'直行'은 똑바로 걸어가면서 고개를 기울여 돌아보지 않는 것이다."라고 하였다. '느린 걸음걸이가 변화가 없었다.'는 것은 '발 모양이 무거운 것'이다.

直, 猶但也. 或曰 "直行, 正直而行, 不傾顧也." 徐步不變, 足容重也.

④ 子晳遂〔行〕不顧 : ≪文選≫ 注의 이 구절을 인용한 곳에는 '遂' 아래에 '行'자가 있는데,[22] 여기에는 빠졌다.

選注引遂下有行字, 此脫.

楚成鄭瞀

양은 단정하게 하며, 입 모양은 그치며, 소리 모양은 고요하게 하며, 머리 모양은 곧게 하며, 숨 쉬는 모양은 엄숙하게 하며, 서있는 모양은 덕스럽게 하며, 얼굴 모양은 장엄하게 하며, 앉았을 때에는 尸童과 같이 하며, 사사로이 거처할 때와 말을 고할 때에는 온화하고 온화하게 해야 한다.〔君子之容舒遲 見所尊者齊遬 足容重 手容恭 目容端 口容止 聲容靜 頭容直 氣容肅 立容德 色容莊 坐如尸 燕居告溫溫〕"라고 하였다.

22) 文選……있는데 : ≪文選≫ 卷30 〈和王主簿怨情〉의 注에 보인다.

이에 성왕이 臺에서 내려가 묻기를 "夫人은 존귀한 자리이고, 封爵은 후한 俸祿이다. 한 번 돌아보기만 해도 이를 얻을 수 있는데 끝내 돌아보지 않음은 어째서인고?" 하니, 子瞀가 말하기를 "제가 듣건대, 婦人은 단정하고 온화한 낯빛으로 威儀를 삼아야 한다고 하였습니다. 지금 대왕께서 臺 위에 계시는데 제가 돌아보면 이는 예절을 잃는 것입니다. 돌아보지 않다가 夫人의 존귀한 자리를 언급하고 封爵의 후한 봉록을 제시한다 해서 그제야 돌아본다면 이는 제가 부귀를 탐하고 이익을 좋아하여 義理를 잊는 것입니다. 진실로 의리를 잊는다면 어떻게 임금을 섬기겠습니까." 하였다. 成王이 "훌륭하다."라고 하고, 마침내 그녀를 세워 夫人으로 삼았다.

於是에 王下臺而問曰 夫人은 重位也요 封爵은 厚祿也라 壹顧可以得之로대 (已得)[23]而遂不顧는 何也①오 子瞀曰 妾聞호니 婦人以端正和顏爲容②이라하니이다 今者에 大王在臺上而妾顧면 則是失儀節也요 不顧라가 告以夫人之尊하고 示以封爵之重하여 而後顧면 則是妾貪貴樂利하여 以忘義理也니이다 苟忘義理면 何以事王이리잇고 王曰 善하다 遂立以爲夫人하다

① (已得)而遂不顧何也 : '已得' 2자는 아마도 앞 구절의 '以得'과 연관되어 추가된 衍文일 듯하다.
已得二字, 疑涉上句以得而衍也.

② 妾聞 婦人以端正和顏爲容 : '端正'은 기울이지 않는 것이다. '顏'은 눈썹과 눈 사이이다.
端正, 不傾側也. 顏, 眉目之間也.

1년이 지난 뒤, 成王이 장차 公子 商臣을 세워 太子로 삼으려 하였다. 성왕이 이를 令尹 子上에게 물으니, 자상이 말하기를 "임금의 나이가 아직 젊으시고 또 총애하는 아들이 많으니, 그를 태자로 세웠다가 〈나중에〉 廢黜하게 된다면 틀림없이 禍亂이 일어날 것입니다. 게다가 이 사람은 벌 같은 눈에다 승냥이 같은 목소리를 가졌으니, 잔인한 사람입니다. 세워서는 안 됩니다." 하였다. 성왕이 물러나 부인에게 묻자, 子瞀가 말하기를 "영윤의 말이 참으로 따를 만합니다." 하였다. 그러나 성왕은 듣지 않고 마침내 商臣을 태자로 세웠다.

處期年에 王將立公子商臣以爲太子라 王問之於令尹子上하니 子上曰 君之齒未也오 而又多寵子하니 既置而黜之면 必爲亂矣니이다 且其人은 蜂目而豺聲이니 忍人也라 不可立也니이다 王退

23) (已得) : 저본에는 '已得'이 있으나, 王照圓의 注, ≪列女傳校注≫, ≪列女傳集注≫, ≪渚宮舊事≫ 등에 의거하여 衍文으로 처리하였다.

而問於夫人하니 子晳曰 令尹之言이 信可從也니이다 王不聽하고 遂立之하다

그 뒤 商臣이 子上이 蔡나라를 구원한 일을 트집 잡아 자상을 참소하여 죽여 버렸다.[24] 그러자 子晳가 그 保母에게 일러 말하기를 "내가 듣건대, 婦人의 일은 음식을 이바지하는 사이에 있을 따름이라 하였소. 비록 그렇기는 하지만 마음속의 소견을 내 감출 수가 없소. 예전에 자상이 〈상신을〉 태자로 세워서는 안 된다고 하였는데, 태자가 이를 원망한 나머지 참소하여 그를 죽이고 말았소. 왕께서 밝게 살피지 못하여 마침내 죄 없는 사람을 벌한 것이니, 이는 白黑이 뒤바뀌고 上下가 뒤엉킨 것이오. 왕께는 총애하는 아들이 많아 모두가 나라를 얻고자 하고, 태자는 탐욕스럽고 잔인하여 자신의 자리를 잃을까 두려워하고, 왕께서는 또 밝지 못하여 이를 살피지도 못하시니, 嫡子와 庶子 간에 분쟁이 생기면 禍亂이 반드시 일어날 것이오." 하였다.

其後商臣以子上救蔡之事로 譖子上而殺之하니 子晳謂其保曰 吾聞婦人之事는 在於饋食之間而已라하니라 雖然이나 心之所見을 吾不能藏이라 夫昔者에 子上言太子之不可立也러니 太子怨之하여 譖而殺之라 王不明察하여 遂辜無罪①하니 是白黑顚倒요 上下錯謬也라 王多寵子하여 皆欲得國하고 太子貪忍하여 恐失其所하며 王又不明하여 無以照之하니 庶嫡分爭이면 禍必興焉하리라

① 遂辜無罪 : '辜' 또한 罪의 뜻이니, 왕이 밝지 못하여 죄 없는 것을 죄로 여겼다는 말이다.

---

24) 그……버렸다 : ≪春秋左氏傳≫ 僖公 33년 조에 "晉나라 陽處父가 蔡나라를 침공하니, 楚나라 子上이 채나라를 구원하기 위해 와서 晉軍과 泜水를 끼고 대치하였다. 陽子가 이를 근심하여 사람을 보내어 자상에게 말하기를 '내가 듣건대 文德이 있는 사람은 順理를 범하지 않고 武德이 있는 사람은 敵을 피하지 않는다고 하니, 그대가 싸우고자 한다면 내가 30리를 물러날 것이니 그대는 물을 건너와 陳을 치라. 時期의 早晩은 그대 명을 따르겠다. 그렇게 하지 않으려면 우리가 물을 건너도록 방비를 완화하라. 군대를 오래 주둔시켜 물자를 허비하는 것은 그대 또한 이로움이 없을 것이다.' 하고서 양자는 수레에 말을 매고 기다렸다. 자상이 물을 건너려 하자, 大孫伯이 말하기를 '안 됩니다. 晉人은 信義가 없으니 우리가 반쯤 건넜을 때에 우리를 공격한다면, 敗戰을 후회한들 어찌 미칠 수 있겠습니까? 晉軍이 건너도록 우리가 늦추어 주는 것이 낫습니다.' 하였다. 자상은 30리를 퇴각하였다. 그러자 양자는 '楚軍이 도망갔다.'라고 선언하고서 드디어 돌아가니 楚軍도 돌아갔다. 초나라 太子 商臣이 자상을 참소하기를 '晉나라의 뇌물을 받고 晉軍을 피하였으니, 초나라의 수치입니다. 이보다 큰 죄가 없습니다.' 하니, 楚 成王이 자상을 죽였다.〔晉陽處父侵蔡 楚子上救之 與晉師夾泜而軍 陽子患之 使謂子上曰 吾聞之文不犯順 武不違敵 子若欲戰 則吾退舍 子濟而陳 遲速唯命 不然 紓我 老師費財 亦無益也 乃駕以待 子上欲涉 大孫伯曰 不可 晉人無信 半涉而薄我 悔敗何及 不如紓之 乃退舍 陽子宣言曰 楚師遁矣 遂歸 楚師亦歸 大子商臣譖子上曰 受晉賂而辟之 楚之恥也 罪莫大焉 王殺子上〕"라고 하였다.

辜亦罪也. 言王之不明, 以無罪爲罪也.

뒤에 成王이 또 公子 職을 세우고자 하였는데, 직은 商臣의 庶出 아우였다. 子瞀가 물러나 그 保母에게 말하기를 "내가 듣건대 미더우면 의심을 받지 않는다고 하였소. 지금 왕께서 기어이 직으로 太子의 자리를 바꾸려 하시기에 내 화란이 일어날까 두려워 이를 왕에게 말씀드렸으나, 왕께서는 내 말에 응답하지 않았소. 이는 태자로 세우려는 직이 내 자식이 아니라 하여 내가 그를 참소하는 것이라고 의심해서일 것이오. 의심을 받으면서 살아 있으면 뭇 사람들이 누가 그렇지 않다는 것을 알겠소. 信義 없이 살기보다는 죽음으로써 이를 밝히는 것이 낫소. 그리고 왕께서 나의 죽음을 들으면 필시 태자를 폐해서는 안 된다는 것을 깨달을 것이오." 하고는, 마침내 스스로 목숨을 끊으니, 보모가 그 말을 성왕에게 전하였다.

後에 王又欲立公子職하니 職은 商臣庶弟也라 子瞀退而與其保言曰 吾聞信不見疑라하니라 今者에 王必將以職易太子라 吾懼禍亂之作也하여 而言之於王이로대 王不吾應하니 其以太子爲非吾子라하여 疑吾譖之者乎①인저 夫見疑而生이면 衆人孰知其不然이리오 與其無義而生으론 不如死以明之라 且王聞吾死면 必寤太子之不可釋也②라하고 遂自殺하니 保母以其言通於王하다

① 其以太子爲非吾子 疑吾譖之者乎 : '太子'는 職을 말한다. 왕이 끝내 職을 太子로 삼았으니, 일이 ≪春秋左氏傳≫에 보인다.[25]
太子, 謂職也. 王卒以職爲太子, 事見左傳.

② 必寤太子之不可釋也 : 여기의 '太子'는 商臣을 말한다. '寤'는 '悟'와 같으니, 깨닫는다는 뜻이다. '釋'은 '舍'[26]와 같다.
此太子, 謂商臣也. 寤, 與悟同, 覺也. 釋, 猶舍也.

이때 太子 〈商臣이〉 왕이 자기를 폐하려 한다는 것을 알고는 마침내 군사를 일으켜 난을 일으켜 王宮을 포위하니, 成王이 곰 발바닥을 먹고 죽기를 청하였으나 들어주지 않자, 마침내 스스로 목을 매어 죽었다.[27]

---

25) 왕이……보인다 : ≪春秋左氏傳≫ 文公 1년 조에 자세히 보인다.

26) 舍 : 버린다는 뜻으로, 廢함을 말한다.

27) 이때……죽었다 : ≪春秋左氏傳≫ 文公 1년 조에 "겨울 10월에 商臣이 宮甲을 거느리고 가서 成王을 포위하였다. 왕이 熊掌을 먹고 죽기를 청하였으나 들어주지 않으니, 丁未日에 왕이 목매어 죽었다. 왕이 죽자 諡를 '靈'으로 정하니 왕이 눈을 감지 않았고, 다시 '成'으로 정하니 눈

是時에 太子知王之欲廢之也하여 遂興師作亂하여 圍王宮하니 王請食熊蹯(번)而死로대 不可得也하여 遂自經하다

군자가 말하기를 "지극히 어진 이가 아니라면 누가 능히 몸으로 경계시킬 수 있겠는가."라고 하였다. ≪詩經≫에 이르기를 "목숨을 버리면서 변절하지 않았다."[28]라고 하였으니, 이를 두고 한 말이다.

君子曰 非至仁이면 孰能以身誡①리오하니라 詩曰 舍命不渝(투)라하니 此之謂也라

① 非至仁 孰能以身誡 : '誡'는 경계한다는 뜻이니, 子晳가 殺身成仁하여 왕을 경계시켰다는 말이다.
誡, 勅也. 言子晳殺身成仁, 以教誡王也.

頌은 다음과 같다.

子晳는 앞날을 미리 알았으니
절조를 지킴에 떳떳함이 있었도다
왕을 돌아보지 않은 일로
마침내 成王의 짝이 되었다네
商臣이 난을 일으킬 줄 알고
완강하게 충언을 올렸다오
내 자식이 아니라는 혐의를 받을까
죽음으로 자신의 뜻을 밝혔다네

頌曰 子晳先識하니 執節有常이로다 興於不顧하여 卒配成王이로다 知商臣亂하여 言之甚强이로다 自嫌非子하여 以殺身盟①이로다

① 以殺身盟 : '盟'은 '明'과 같다.

을 감았다.〔冬十月 以宮甲圍成王 王請食熊蹯而死 弗聽 丁未 王縊 謚之曰靈 不瞑 曰成 乃瞑〕"라고 하였다. 참고로 杜預의 注에 "熊掌은 익히기가 어려우니 시간을 오래 끌면 장차 외부의 구원이 있을 것으로 기대한 것이다.〔熊掌難熟 冀久將有外求〕"라고 하였다.

28) 목숨을……않았다 : ≪詩經≫ 〈鄭風 羔裘〉에 보인다.

盟, 猶明也.

5-3 晉나라 太子 圉의 妃 懷嬴 晉圉(어)懷嬴

懷嬴은 秦 穆公[29]의 딸이자 晉 惠公[30]의 太子 圉의 妃이다. 어가 秦나라에 볼모로 와 있을 때 穆公이 懷嬴을 그에게 시집보냈다.

懷嬴者는 秦穆公之女요 晉惠公太子〔圉〕[31]之妃也①라 圉質於秦에 穆公以嬴妻之러라

① 懷嬴者……晉惠公太子〔圉〕之妃也 : '穆' 아래에 '公'자가 빠졌고, '子' 아래에 '圉'자가 빠졌다.

穆下脫公字, 子下脫圉字.

6년 뒤 圉가 장차 도망하여 돌아가려고 할 적에, 嬴氏에게 말하기를 "내가 고국을 떠나온 지 몇 해나 흘렀는데, 부자간의 만남도 단절되고 秦나라와 晉나라의 외교관계도 더 이상 친밀해지지 않고 있소. 무릇 새도 날다가 제 살던 고향으로 돌아가고,[32] 여우도 죽을 때면 제 살던 언덕을 향하니,[33] 나도 그 晉나라를 향해 죽고자

29) 秦 穆公 : 春秋時代 秦나라 임금으로, 성은 嬴, 이름은 任好이다. 春秋五霸 가운데 하나이다.

30) 晉 惠公 : 春秋時代 晉나라 임금으로, 성은 姬, 이름은 夷吾이다.

31) 〔圉〕 : 저본에는 '圉'가 없으나, 王照圓의 注에 의거하여 보충하였다.

32) 새도……돌아가고 : ≪禮記≫ 〈三年問〉에 "무릇 천지의 사이에 사는 것에 血氣가 있는 등속은 반드시 知覺이 있고, 지각이 있는 등속은 그 同類를 사랑할 줄 알지 못함이 없으니, 지금 큰 새와 짐승은 무리와 짝을 잃으면 한 달이 넘고 한 철이 넘어도 반드시 돌아와서 옛 고향을 지나가면서 빙빙 돌며 울고 부르짖으며 머뭇거리고 서성인 뒤에야 비로소 그곳을 떠나가며, 작은 것으로 제비와 참새에 이르러서도 오히려 한동안 울부짖음이 있은 후에 비로소 그곳을 떠나간다. 그러므로 혈기가 있는 등속은 사람보다 더 지혜로운 것이 없기 때문에 사람이 그 어버이에 대해서 슬퍼하는 마음이 죽음에 이르러도 다하지 않는 것이다.〔凡生天地之間者 有血氣之屬 必有知 有知之屬 莫不知愛其類 今是大鳥獸 則失喪其群匹 越月踰時焉 則必反巡過其故鄕 翔回焉 鳴號焉 蹢躅焉 踟躕焉 然後乃能去之 小者至於燕雀 猶有啁噍之頃焉 然後乃能去之 故有血氣之屬者 莫知於人 故人於其親也 至死不窮〕"라고 하였다.

33) 여우도……향하니 : ≪禮記≫ 〈檀弓 上〉에 "太公을 營丘에 封하였는데, 5世에 이르기까지 죽으면 그 자손들도 모두 고향인 周나라로 돌아가서 장례를 하였다. 이를 두고 군자가 말하기를 '樂은 그 말미암아 생겨난 바를 즐거워하는 것이요, 禮는 그 근본을 잊지 않는 것이니, 옛사람이 여우가 죽을 때 머리를 바로 하여 고향 언덕으로 향하는 것을 仁이라 하였다.' 하였다.〔太公

하오. 그대는 나와 함께 가시겠소?" 하였다. 嬴氏가 대답하기를 "당신은 晉나라 太子입니다. 秦나라에서 굴욕을 당하고 계시니, 당신이 떠나고자 하는 것은 또한 당연하지 않겠습니까. 비록 그렇지만 우리 임금께서 저로 하여금 수건과 빗을 들고 모시게 한 것은 당신을 안정시키기 위해서인데, 지금 제가 당신을 잡아두지 못하면 이는 제가 不肖한 것이요, 당신을 따라 돌아간다면 이는 임금을 버리는 것이며, 당신의 계획을 발설하면 이는 아내의 도리를 저버리는 것입니다. 이 세 가지 가운데 한 가지도 행할 만한 것이 없으니, 비록 제가 당신을 따라가지는 못해도 당신은 떠나십시오. 저는 감히 말을 누설하지도 않겠습니다만, 또한 감히 따라가지도 않겠습니다."[34] 하였다. 그리하여 태자 어는 마침내 도망하여 돌아갔다.

六年에 圉將逃歸할새 謂嬴氏曰 吾去國數年이로대 子父之接忘하고 而秦晉之(友)〔交〕[35]不加親也①라 夫鳥飛反鄉②하고 狐死首邱③하나니 我其首晉而死라 子其與我行乎아 嬴氏對曰 子는 晉太子也로 辱於秦하니 子之欲去가 不亦宜乎잇가 雖然이나 寡君使婢子[36]로 侍執巾櫛(즐)은 以固子也어늘 今吾不足以結子면 是吾不肖也요 從子而歸면 是棄君也요 言子之謀면 是負妻之義也라 三者無一可行하니 雖吾不從子也나 子行矣하소서 吾不敢泄言이어니와 亦不敢從也니이다 子圉遂逃歸하다

① 而秦晉之(友)〔交〕不加親也 : '友'는 응당 '交'가 되어야 하니, 字形이 비슷해서 생긴 오자이다.
友當爲交, 字形之誤.

② 【集注】 鳥飛反鄉 : ≪禮記≫ 〈三年問〉에 "지금 큰 새와 짐승은 무리와 짝을 잃으면 한

封於營丘 比及五世 皆反葬於周 君子曰 樂 樂其所自生 禮 不忘其本 古之人有言曰 狐死正丘首 仁也〕"라고 하였다.

34) 당신은……않겠습니다 : ≪春秋左氏傳≫ 僖公 22년 조에는 "당신은 晉나라의 太子로 秦나라에서 屈辱을 당하고 있으니, 당신이 돌아가고자 하는 것은 또한 당연하지 않겠습니까. 그러나 우리 임금께서 저에게 수건과 빗을 들고 모시게 한 것은 당신을 안정시키기 위해서인데, 당신을 따라 돌아간다면 이는 君命을 버리는 것이니, 감히 따라가지 않겠습니다만 감히 말을 누설하지도 않겠습니다.〔子晉太子而辱於秦 子之欲歸 不亦宜乎 寡君之使婢子侍執巾櫛 以固子也 從子而歸 棄君命也 不敢從 亦不敢言〕"라고 하였다.

35) (友)〔交〕: 저본에는 '友'로 되어 있으나, 王照圓의 注에 의거하여 '交'로 바로잡았다.

36) 婢子 : 婦人의 스스로에 대한 謙稱이다. ≪禮記≫ 〈曲禮 下〉에 "諸侯의 부인이 他國의 諸侯에게 자칭하기를 '寡小君' 이라 하고 그 君主에게 자칭하기를 '小童'이라 하고, 世婦로부터 이하는 자칭하기를 '婢子'라 한다.〔自稱於諸侯曰寡小君 自稱於其君曰小童 自世婦以下 自稱曰婢子〕"라고 하였다.

달이 넘고 한 철이 넘어도 반드시 돌아와서 옛 고향을 지나간다."라고 하였다.
禮三年問 "今是大鳥獸, 則失喪其群匹, 越月踰時焉, 則必反巡過其故鄉."

③ 狐死首邱 : '首'는 '向'과 같다. 죽을 때 반드시 똑바로 그 옛 언덕을 향한다는 말이니, 근본을 잊지 않는 것이다.
首, 猶向也. 言死時必正向其故邱, 不忘本也.

군자가 말하기를 "懷嬴은 부부간의 도리에 잘 처신하였다."라고 하였다.

君子謂 懷嬴은 善處夫婦之間이라하니라

頌은 다음과 같다.

晉 태자 圉가 秦나라에 볼모 잡혀
懷嬴을 배필로 맞이하였다네

晉圉懷嬴

圉가 장차 함께 도망하려 하였으나
회영은 그 말을 들어주지 않았다네
그렇다고 말을 누설하지도 않았으니
마음가짐이 매우 공평하였도다
따를 바를 고하지 않았으니[37)]
한쪽으로 치우친 마음이 없었도다

頌曰 晉圉質秦에 配以懷嬴이로다 圉將與逃어늘 嬴不肯聽이로다 亦不泄言하니 操心甚平이로다 不告所從하니 無所阿傾이로다

5-4 楚 昭王[38)]의 희첩 越姬　楚昭越姬

楚 昭王의 희첩 越姬는 越王 句踐[39)]의 딸이자 초 소왕의 姬妾이다. 소왕이 연회를 베풀며 놀 적에 蔡姬는 왼쪽에 있고 월희는 오른쪽에 있었는데, 소왕이 직접 네 마리 말이 끄는 수레를 타고 달리며 짐승을 쫓다가 마침내 附社의 臺에 올라 雲夢의 園林을 바라보며 士大夫들이 말을 타고 짐승을 쫓아 달리는 것을 구경하였다.

楚昭越姬者는 越王句踐之女요 楚昭王之姬也[40)]라 昭王讌遊할새 蔡姬在左하고 越姬參(참)右①[41)]러니 王親乘[42)]駟以馳逐이라가 遂登附社[43)]之臺하여 以望雲夢之囿②하고 觀士大夫逐者하다

① 越姬參右 : ≪藝文類聚≫의 이 구절을 인용한 곳에는 '右'가 '乘'으로 되어 있다.[44)]
藝文類聚引右作乘.

---

37) 따를……않았으니 : 잡아두지도 못하고, 따라가지도 못하고, 발설하지도 못하는 세 가지를 두고 한 말이다.
38) 楚 昭王 : 春秋時代 楚나라 임금으로, 熊氏이고 이름은 壬이다. 平王의 아들이자 共王의 손자이다.
39) 句踐 : 春秋時代 越나라 임금으로, 성은 姒이다. 숙적인 吳王 夫差에게 패한 뒤, 臥薪嘗膽 끝에 결국 夫差를 꺾고 설욕하였다.
40) 楚昭越姬者……楚昭王之姬也 : ≪渚宮舊事≫에는 '越姒者 越王勾踐之女 昭王聘爲妃'로 되어 있다.
41) 參右 : ≪太平御覽≫에는 '驂乘'으로 되어 있고, ≪藝文類聚≫에는 '參乘'으로 되어 있다.
42) 王親乘 : ≪太平御覽≫에는 없다.
43) 附社 : ≪太平御覽≫에는 '附燕莊'으로 되어 있고, ≪藝文類聚≫에는 '附莊'으로 되어 있다.
44) 藝文類聚의……있다 : ≪藝文類聚≫ 卷28 〈人部 12 遊覽〉에 보인다.

② 遂登附社之臺 以望雲夢之囿 : '附社'는 臺名이다. ≪文選≫에 "楚 襄王이 宋玉과 더불어 雲夢의 臺에서 노닐었다."라고 하였는데, 이에 대한 注에 ≪漢書音義≫의 張揖의 말을 인용하여 "雲夢은 楚나라의 藪澤으로, 南郡 華容縣에 있는데 그 속에 臺館이 있다."라고 하였다.[45)]

附社, 臺名也. 文選"楚襄王與宋玉, 遊於雲夢之臺." 注引漢書音義張揖曰 "雲夢, 楚藪也. 在南郡華容縣, 其中有臺館."

한참을 즐거워하다가 두 첩을 돌아보며 말하기를 "즐거운가?" 하니, 蔡姬가 대답하기를 "즐겁습니다." 하였다. 소왕이 말하기를 "내 너와 함께 살아서도 이와 같고 죽어서도 이와 같기를 원하노라." 하니, 채희가 말하기를 "옛날에 저희 蔡나라 임금은 진실로 자기 백성들의 徭役을 사용하여 군왕의 말발굽을 섬겼습니다. 그러므로 소첩의 몸을 뇌물이나 노리개 감으로 삼아 군왕께 바친 것인데, 지금 마침내 妃嬪의 대열에 나란히 끼었으니, 진실로 살아서 함께 즐기고 한 때에 죽기를 원합니다." 하였다. 소왕이 史官을 돌아보며 이르기를 "기록하라. 채희가 나를 따라 죽겠다고 허락하였다." 하였다.

既驩①[46)]에 **乃顧謂二姬曰 樂乎**아 **蔡姬對曰 樂**이니이다 **王曰 吾願與子生若此**하고 **死又若此**하노라 **蔡姬曰 昔弊邑寡君**이 **固以其黎民之役**으로 **事君王之馬足**[47)]이라 **故**로 **以婢子之身**으로 **爲苞苴**(저) **玩好**[48)]어늘 **今乃比於妃嬪**[49)]하니 **固願生俱樂**하고 **死同時**[50)]하노이다 **王顧謂史**호대 **書之**하라 **蔡姬許從孤死矣**라하다

① 既驩 : '驩'은 '歡'과 같으니, 기뻐하고 즐거워함이다.

驩, 與歡同, 喜樂也.

그리고는 다시 越姬에게 말하니, 월희가 대답하기를 "즐겁기는 즐겁습니다만, 오

45) 文選에……하였다 : ≪文選≫ 권19 〈高唐賦〉에 대한 唐나라 李善의 注에 보인다.

46) 既驩 : ≪渚宮舊事≫에는 '王歡'으로 되어 있다.

47) 足 : ≪渚宮舊事≫에는 이 뒤에 '猶以爲未足'이 더 있다.

48) 苞苴玩好 : '苞苴'는 생선이나 고기를 싸는 꾸러미로 뇌물을 뜻하고, '玩好'는 진주와 옥 같은 玩賞用 奇珍異寶로 노리개를 가리킨다.

49) 比於妃嬪 : ≪渚宮舊事≫에는 '比好妃嬪 列於後宮'으로 되어 있다.

50) 時 : ≪渚宮舊事≫에는 이 뒤에 '豈敢有貳哉'가 더 있다.

楚昭越姬

래도록 누릴 수는 없습니다." 하였다. 昭王이 말하기를 "내 너와 함께 살아서도 이와 같고 죽어서도 이와 같기를 원하는데, 안 된다는 것이냐?" 하니, 월희가 대답하기를 "옛날에 우리 先君 莊王[51)]께서는 지나치게 즐기면서 3년 동안이나 政事를 돌보지 않다가 마침내 고치신 뒤 결국 천하에 覇者가 되었습니다. 첩은 군왕께서 능히 우리 先君을 본받아 장차 이러한 즐거움을 고치고 정사에 부지런히 힘쓰리라 여겼습니다. 그런데 지금 그렇게 하지도 않고 저에게 죽음까지 요구하시니, 될 수 있겠습니까. 그리고 군왕께서 한 묶음의 비단과 네 필의 말을 禮物로 보내어 저를 우리나라에서 데리고 왔는데, 우리 임금께서 太廟에서 예물을 받을 때 죽음을 약속하지는 않았습니다. 첩은 고모들에게 婦人은 죽음으로 임금의 선을 드러내고 임금의 총애를 더한다는 말은 들었지만, 몽매한 죽음에 구차히 따라 죽는 것으로 영예를 삼는다는 말은 듣지 못했으니, 첩은 감히 명을 따르지 못하겠습니다." 하였다. 그제야 소왕이 깨

51) 莊王 : 春秋時代 楚나라 임금으로, 羋姓, 熊氏이고 이름은 旅이다.

달아 월희의 말을 공경하기는 하였으나, 그래도 채희를 더 가까이하고 총애하였다.

乃復謂越姬한대 越姬對曰 樂則樂矣어니와 然而不可久也니이다 王曰 吾願與子生若此하고 死若此하니 其不可得乎아 越姬對曰 昔吾先君莊王淫樂하여 三年不聽政事라가 終而能改하여 卒覇天下하니이다 妾以君王爲能法吾先君하여 將改斯樂而勤於政也러니 今則不然하고 而要婢子以死하니 其可得乎잇가 且君王以束帛乘馬로 取婢子於弊邑한대 寡君受之太廟也①에 不約死로이다 妾聞之諸姑호니 婦人以死彰君之善하고 益君之寵이어니와 不聞其以苟從其闇死爲榮하니 妾不敢聞命이니이다 於是에 王寤하여 敬越姬之言이나 而猶親嬖蔡姬也러라

① 寡君受之太廟也 : 昏禮에 納采로부터 이하는 모두 太廟에서 받는다.[52]
昏禮, 自納采以下, 壹受之於廟.

25년이 지난 뒤 昭王이 陳나라를 구원하러 출정하였을 때 두 첩도 따라갔다. 소왕이 병으로 軍中에 있었는데 붉은 구름이 해를 끼고 있는 형상이 마치 날아가는 새 같았다. 소왕이 周나라 太史에게 물으니, 태사가 말하기를 "이는 왕의 신상에 재앙이 닥친다는 징조입니다. 그러나 장군이나 재상에게 옮겨가게 할 수 있습니다." 하였다. 장군과 재상이 이를 듣고 장차 자신들의 몸으로 재앙이 옮겨오도록 神에게 기도할 것을 청하려 하니, 소왕이 말하기를 "장군과 재상은 나에게 팔다리와도 같으니, 지금 재앙을 〈팔다리로〉 옮긴들 어찌 이 몸에서 사라지겠는가."라고 하며 듣지 않았다.[53]

居二十五年에 王救陳할새 二姬從이라 王病在軍中이어늘 有赤雲夾日如飛(烏)〔鳥〕①②[54]라 王問

52) 昏禮에……받는다 : 昏禮의 納采, 問名, 納吉, 納徵, 請期, 親迎 등 이른바 六禮를 모두 太廟에서 고하고 행한다는 말이다. '納采'는 남자 측에서 여자 측에 求婚의 禮物을 보내는 것을 말한다.

53) 소왕이……않았다 : ≪春秋左氏傳≫ 哀公 6년 조에 "이해에 한 떼의 붉은 새 모양을 한 彩雲이 태양을 끼고 사흘 동안 비상하였다. 楚子가 사람을 보내어 周나라 太史에게 물으니, 주나라 태사가 말하기를 '그 應驗이 아마도 왕의 身上에 당도할 것이다. 그러나 禳祭를 지낸다면 그 화를 令尹이나 司馬에게로 옮겨가게 할 수 있다.' 하였다. 昭王이 말하기를 '腹心의 병을 제거하려고 그 병을 股肱에게 옮겨놓는 것이 무슨 이익이 있겠는가? 나에게 大過가 없다면 하늘이 어찌 나를 夭死시킬 것이며, 罪가 있어 받는 罰이라면 또 어찌 남에게 옮겨가게 할 수 있겠는가?' 하고서, 끝내 양제를 지내지 않았다.〔是歲也 有雲如衆赤鳥 夾日以飛三日 楚子使問諸周太史 周太史曰 其當王身乎 若禜之 可移於令尹司馬 王曰 除腹心之疾 而寘諸股肱 何益 不穀不有大過 天其夭諸 有罪受罰 又焉移之 遂弗禜〕"라고 하였다.

周史[55)]하니 史曰 是害王身이나 然可以移於將相[56)]이라 將相聞之하고 將請以身禱於神하니 王曰 將相之於孤에 猶股肱也니 今移禍焉인들 庸爲去是身乎[③]아하고 不聽[57)]하다

① 有赤雲夾日如飛(烏)〔鳥〕: '烏'는 응당 '鳥'가 되어야 한다. ≪春秋左氏傳≫에 보인다.
烏當作鳥. 見左傳.

② 【校注】 有赤雲夾日如飛(烏)〔鳥〕: ≪渚宮舊事≫에는 같다. ≪後漢書≫ 〈皇后紀 上〉 注의 인용문[58)] 및 ≪春秋左氏傳≫과 ≪說苑≫ 〈君道篇〉에는 모두 '鳥'로 되어 있다.
渚宮舊事同. 後漢書皇后紀上注引及左傳・說苑君道篇竝作鳥.

③ 庸爲去是身乎 : '庸'은 '어찌'이다. 재앙을 팔다리로 옮긴들 병이 몸에서 떠나가지 않는다는 말이다.
庸, 豈也. 言移禍於股肱, 不得爲病去身也.

越姬가 말하기를 "훌륭하십니다, 군왕의 덕이여! 이에 첩은 군왕을 따르고자 합니다. 옛날의 놀이는 지나친 향락이었기 때문에 감히 허락하지 못하였습니다만, 군왕께서 禮로 돌아오심에 미쳐서는 나라 사람들이 모두 군왕을 위해 죽으려 하니, 하물며 첩이야 말할 것이 있겠습니까. 청컨대 제가 먼저 지하에서 狐狸를 몰아내기를 원합니다."[59)] 하였다. 소왕이 말하기를 "옛날에 놀며 즐기던 때의 일은 나의 장난이었을 뿐이오. 그대가 장차 기어이 죽는다면 이는 나의 부덕을 드러내는 것이오." 하니, 월희가 말하기를 "지난 날 첩이 비록 입으로 말을 하지는 않았으나, 마음속으로는 이미 죽음을 허락하였습니다. 첩이 듣건대, 미더운 자는 그 마음을 저버리지 않고 의로운 자는 그 일을 헛되이 베풀지 않는다고 하였습니다. 첩은 왕의 의로움을 위해 죽는 것이지 왕의 총애를 위해 죽는 것이 아닙니다." 하고는, 마침내 스스로 목숨을 끊었다.

越姬曰 大哉라 君王之德이여 以[60)]是로 妾願從王矣니이다 昔日之遊는 淫樂也라 是以로 不敢

---

54) (烏)〔鳥〕: 저본에는 '烏'로 되어 있으나, 王照圓의 注에 의거하여 '鳥'로 바로잡았다.

55) 周史 : ≪說苑≫에는 '太史州黎'로 되어 있다.

56) 將相 : ≪春秋左氏傳≫, ≪渚宮舊事≫, ≪太平御覽≫, ≪說苑≫ 등에는 모두 '令尹司馬'로 되어 있다.

57) 聽 : ≪渚宮舊事≫에는 이 뒤에 '蔡姬曰人實欲之 何爲不使'가 더 있다.

58) 後漢書……인용문 : ≪後漢書≫ 卷10上 〈皇后紀 第10上 鄧皇后紀〉의 注에 보인다.

59) 먼저……원합니다 : 남을 위해 목숨을 바쳐 먼저 죽는 것을 비유하는 말이다.

許어니와 及君王復(복)於禮하얀 國人皆將爲君王死하니 而況於妾乎잇가 請願先驅狐狸於地下하노이다 王曰 昔之遊樂은 吾戲耳니 若將必死면 是彰孤之不德也라 越姬曰 昔日에 妾雖口不言이나 心旣許之矣니이다 妾聞호니 信者는 不負其心하고 義者는 不虛設其事라하니 妾死王之義요 不死王之好[61]也니이다하고 遂自殺①하다

①【校注】遂自殺：餘杭 嚴氏 杰이 말하기를 "≪春秋左氏傳≫에 따르면 白公勝의 亂에 〈白公이〉 惠王을 겁박하여 高府로 갔을 때, 圉公陽이 宮中에 굴을 파고 惠王을 업고 昭夫人의 宮으로 갔다고 하였는데,[62] 이에 대한 杜預의 注에 '昭夫人은 惠王의 어머니로, 越나라 女子이다.'라고 하였다. 이에 의거하면 〈越姬가〉 昭王보다 먼저 죽었다고 할 수 없다."라고 하였다.
餘杭嚴氏杰曰"左傳, 白公勝之亂, 劫惠王, 如高府, 圉公陽穴宮, 負王以如昭夫人之宮. 杜注云 '〔昭〕[63]夫人, 王母越女.' 據此, 不得云死於昭王之前矣."

昭王이 병이 위중해지자 세 아우들에게 왕위를 물려주려 하였는데, 세 아우들이 듣지 않았다. 소왕이 軍中에서 죽었다. 蔡姬는 끝내 따라 죽지 않았다. 소왕의 아우 子閭가 子西, 子期와 더불어 상의하여 말하기를 "어머니가 미더운 사람이니, 그 자식이 반드시 어질 것이다." 하고는, 마침내 군사를 배치하고 壁壘[64]를 닫은 뒤 월희의 아들 熊章을 맞이하여 세우니, 이가 바로 惠王이다. 그런 뒤에 군대를 파하고 돌아와 소왕의 장례를 치렀다.[65]

---

60) 以：≪渚宮舊事≫에는 '於'로 되어 있다.
61) 好：≪渚宮舊事≫에는 이 아래 '內'가 더 있다.
62) 春秋左氏傳에……하였는데：≪春秋左氏傳≫ 哀公 16년 조에 "白公이 子閭를 왕으로 세우고자 하자, 자려가 반대하니 드디어 무기로 협박하였다. 자려가 말하기를 '王孫께서 만약 초나라를 안정시키고 왕실을 바로잡은 뒤에 나를 비호한다면 이는 나의 바람이니 감히 명을 따르지 않겠습니까마는, 만약 오로지 私利만을 꾀하여 왕실을 傾覆시키고 초나라를 돌아보지 않는다면 나는 차라리 죽을지언정 따르지 않겠습니다.' 하니, 백공이 드디어 자려를 죽이고, 惠王을 데리고 高府로 갔다. 石乞이 고부의 문을 지키니, 圉公陽이 宮中에 굴을 파고서 혜왕을 업고 昭夫人의 궁으로 갔다.〔白公欲以子閭爲王 子閭不可 遂劫以兵 子閭曰 王孫若安靖楚國 匡正王室 而後庇焉 啓之願也 敢不聽從 若將專利以傾王室 不顧楚國 有死不能 遂殺之 而以王如高府 石乞尹門 圉公陽穴宮 負王以如昭夫人之宮〕"라고 하였다.
63) 〔昭〕：≪列女傳校注≫에는 '昭'가 없으나, ≪春秋左氏傳≫ 杜預의 注에 의거하여 보충하였다.
64) 壁壘：軍營을 에워싼 담장을 말한다.
65) 昭王이……치렀다：≪春秋左氏傳≫ 哀公 6년 조에 "가을 7월에 楚子가 城父에 주둔하여 陳나라를 구원하려 할 때 出戰에 대해 점을 치니 불길하고, 退軍에 대해 점을 치니 역시 불길하

王病甚에 讓位於三弟로대 三弟不聽하다 王薨於軍中하다 蔡姬竟不能死러라 王弟子閭가 與子西子期로 謀曰 母信者니 其子必仁이라하고 乃伏師閉壁[①]하고 迎越姬之子熊章立하니 是爲惠王이라 然後에 罷兵하고 歸葬昭王이러라

① 乃伏師閉壁 : '壁'은 壁壘이다. 군사를 배치하고 壁壘를 닫은 것은 왕의 죽음으로 인해 적에게 공격을 받을까 염려해서이다.
壁, 壁壘也. 伏師閉壁, 爲王薨故, 恐爲敵所乘.

군자가 이르기를 "越姬는 진실로 능히 義에 죽었다."라고 하였다. ≪詩經≫에 이르기를 "德音이 어긋남이 없다면, 그대와 죽음을 함께하리라."[66]라고 하였으니, 월희를 두고 한 말이다.

君子謂 越姬는 信能死義라하니라 詩曰 德音莫違인댄 及爾同死호리라하니 越姬之謂也라

頌은 다음과 같다.

楚나라 昭王이 놀며 즐길 때
두 첩에게 따라 죽기를 바랐다네

자, 昭王이 말하기를 '그렇다면 죽음이 있을 뿐이다. 재차 패배하는 것은 楚軍에게는 죽는 것만 못하고, 盟邦을 버리고 원수를 피해 도망가는 것도 죽는 것만 못하다. 죽기는 일반이니 원수와 싸우다가 죽겠다.'고 하고서 公子 申에게 명하여 王位를 계승하게 하자, 申이 그 명을 받아들이지 않았다. 公子 結에게 명하니 역시 받아들이지 않았다. 公子 啓에게 명하니, 다섯 차례 사양한 뒤에 허락하였다. 전쟁하려 할 때 소왕이 병을 앓았다. 庚寅日에 소왕이 大冥을 공격하고서 城父에서 卒하였다. 子閭가 王位를 辭退하며 말하기를 '군왕께서 당신의 아들을 놓아두고 다른 사람에게 왕위를 사양하셨으니, 신하들이 어찌 감히 임금을 잊을 수 있겠는가. 임금의 명을 따르는 것이 順理이고, 임금의 아들을 嗣王으로 세우는 것도 順理이니, 두 順理 중에 한 가지도 잃을 수 없다.' 하고서, 子西, 子期와 상의하여 은밀히 군대를 보내고 도로를 봉쇄한 다음 越女의 아들 章을 맞이해 와 그를 임금으로 세운 뒤에 還軍하였다.〔秋七月 楚子在城父 將救陳 卜戰不吉 卜退不吉 王曰 然則死也 再敗楚師不如死 棄盟逃讐亦不如死 死一也 其死讐乎 命公子申爲王 不可 則命公子結 亦不可 則命公子啓 五辭而後許 將戰 王有疾 庚寅 昭王攻大冥 卒于城父 子閭退曰 君王舍其子而讓 群臣敢忘君乎 從君之命 順也 立君之子 亦順也 二順不可失也 與子西子期謀 潛師閉塗 逆越女之子章 立之而後還〕"라고 하였다. '公子 申'은 子西이고 '公子 結'은 子期이고 '公子 啓'는 子閭이다.

66) 德音이……함께하리라 : ≪詩經≫ 〈邶風 谷風〉에 보인다.

蔡姬는 왕에게 허락하였으나
越姬는 禮를 고집하였다오
끝내 홀로 절의에 죽으니
신하들이 아름답게 여겼도다
채희와 월희 이 두 첩은
그 덕이 서로 같지 않도다

頌曰 楚昭遊樂에 要姬從死로다 蔡姬許王이나 越姬執禮로다 終獨死節하니 群臣嘉美로다 維斯兩姬는 其德不比로다

5-5 蓋나라 偏將의 아내 蓋(갑)將之妻

蓋나라 偏將[67] 邱子의 아내이다. 西戎이 갑나라를 정벌하여 그 임금을 죽인 뒤, 갑나라 신하들에게 명하여 말하기를 "감히 自殺하는 자가 있으면 처자식까지 모두 죽이겠다." 하였다. 구자가 자살을 감행하였으나 사람들이 구원하여 죽지 못하였다.

蓋之偏將邱子之妻也라 戎伐蓋하여 殺其君①하고 令於蓋群臣曰 敢有自殺者인댄 妻子盡誅하리라 邱子自殺이나 人救之하여 不得死하다

① 戎伐蓋 殺其君 : 夫子[68]가 말하기를 "'蓋'은 나라 이름이다."라고 하였다. ≪竹書紀年≫에 따르면 西戎이 蓋나라를 멸한 것은 周 幽王 6년에 있었다.[69]
夫子曰"蓋, 國名也." 竹書紀年, 西戎滅蓋, 在周幽王六年.

집으로 돌아오자, 그 아내가 그에게 일러 말하기를 "제가 듣건대, 장수의 절조란 용맹스러워 살기를 결단하지 않는 것이니, 이 때문에 군사와 백성들이 온 힘을 다 쏟으며 죽음을 두려워하지 않고, 이 때문에 싸우면 이기고 공격하면 취하며, 이 때

67) 偏將 : 副將을 말한다.

68) 夫子 : 王照圓의 남편인 郝懿行(1757~1825)으로, 자는 恂九, 호는 蘭皐이며 山東 棲霞 사람이다. 淸나라 때의 저명한 經學家이자 訓詁學家로, 벼슬은 戶部 主事를 역임하였으며, 저서에 ≪爾雅義疏≫, ≪山海經箋疏≫, ≪易說≫, ≪書說≫, ≪春秋說略≫, ≪竹書紀年校正≫ 등이 있다.

69) 竹書紀年에……있었다 : ≪竹書紀年≫ 卷下 〈幽王〉 6년 조에 보인다.

문에 능히 나라를 보전하고 임금을 편안하게 한다고 하였습니다. 무릇 싸움에서 용맹을 잊는 것은 孝가 아니요, 임금이 죽었는데 죽지 않는 것은 忠이 아닙니다. 지금 군대가 패하고 임금이 죽었는데 당신만 홀로 어찌 살아있단 말입니까. 충과 효를 몸에서 없애버리고 어찌 차마 돌아왔단 말입니까." 하였다. 邱子가 말하기를 "蓋나라는 小國이고 西戎은 大國이오. 내 온 힘을 다하고 능력을 다 쏟았으나 임금께서 불행하게도 죽고 말았소. 나도 정말이지 스스로 죽으려 하였으나 남이 구원하는 바람에 죽지 못하였소." 하니, 그 아내가 말하기를 "지난날엔 구원한 이가 있었지만 이제는 또 어떻게 하시겠습니까?" 하였다.

既歸에 **其妻謂之曰 吾聞**호니 **將節勇而不果生**①②이라 **故士民盡力而不畏死**하고 **是以戰勝攻取**하고 **故能存國安君**이라하니이다 **夫戰而忘勇**은 **非孝也**요 **君亡不死**는 **非忠也**니 **今軍敗君死**어늘 **子獨何生**이니잇고 **忠孝忘於身**②하고 **何忍以歸**니잇고 **邱子曰 蓋小戎大**하니 **吾力畢能盡**이로대 **君不幸而死**라 **吾固自殺也**나 **以救故**로 **不得死**로라 **其妻曰 曩**(낭)**日有救**어니와 **今又何也**잇가

① 吾聞 將節勇而不果生 : '將節'은 將帥가 된 자의 절조를 말한다. '果生'은 아마 '樂生'의 字形에 따른 오류인 듯하다.
　將節, 言爲將之節也. 果生, 疑樂生之形誤.

② 【集注】 將節勇而不果生 : 蕭道管[70]이 상고해보건대, '果'는 결단한다는 뜻이니, '不果生'은 곧 죽음을 아까워하지 않는다는 의미이다.
　道管案, 果, 決也. 不果生, 卽不惜死之義.

② 忠孝忘於身 : '忘' 또한 亡의 뜻이니, 古字에 통용하였다.
　忘, 亦亡也, 古字通用.

邱子가 말하기를 "내가 몸을 아끼는 것이 아니라, 西戎이 '자살하는 자는 처자식까지 죽이겠다.'고 명하였소. 이 때문에 죽지 못하는 것이오. 그리고 죽는다 한들 또 임금에게 무슨 이익이 있겠소." 하니, 그 아내가 말하기를 "제가 들으니 '임금이 근심하면 신하는 욕을 당하고, 임금이 욕을 당하면 신하는 죽어야 한다.'[71]고 하였습

70) 蕭道管 : 1859~1907. 侯官 사람으로, 자는 君佩 또는 道安이다. 詩文에 능하고 考證學을 좋아하였으며, 만년에는 心과 理를 궁구하는데 힘썼다. 저서에 ≪說文重文管見≫, ≪列女傳集解≫, ≪列女傳集注≫, ≪蕭閑堂札記≫ 등이 있다.

71) 임금이……한다 : ≪國語≫ 〈越語 下〉에 "신하된 자는 임금이 근심하면 신하는 노고를 다해야 하고, 임금이 욕을 당하면 신하는 죽어야 한다.〔爲人臣者 君憂臣勞 君辱臣死〕"라고 하였고, ≪史

니다. 지금 임금이 죽었는데 당신은 죽지 않았으니, 義라 할 수 있습니까. 군사와 백성들을 잔뜩 죽이고서도 나라를 보전하지 못한 채 혼자 살아 있으니, 仁이라 할 수 있습니까. 처자식을 걱정하느라 仁義를 잊어버리고 옛 임금을 배반한 채 强暴한 오랑캐를 섬기니, 忠이라 할 수 있습니까. 사람에게 忠臣의 도리와 인의의 행실이 없으면 賢이라 할 수 있습니까.

〈周書〉에 이르기를 '임금을 먼저하고 신하를 뒤로하며, 부모를 먼저하고 형제를 뒤로하며, 형제를 먼저하고 붕우를 뒤로하며, 붕우를 먼저하고 처자를 뒤로한다.' 하였으니, 처자식은 사적인 사랑이고 임금을 섬기는 것은 공적인 의리입니다. 그런데 지금 당신은 처자식의 연고 때문에 人臣의 절개를 잃고 임금을 섬기는 禮를 무시하고서 충신의 공적인 도리를 버리고 처자식에 대한 사적인 사랑을 도모하여 목숨을 탐하여 구차하게 살고 있으니, 저 같은 여자도 이를 치욕스럽게 여기는데 하물며 당신이야 말할 것이 있겠습니까. 저는 당신과 더불어 치욕을 무릅쓰면서 살 수 없습니다." 하고는, 마침내 스스로 목숨을 끊었다.

邱子曰 吾非愛身也라 戎令曰 自殺者는 誅及妻子라하여 是以不死라 死又何益於君이리오 其妻曰 吾聞之호니 主憂臣辱이요 主辱臣死라하니 今君死而子不死하니 可謂義乎잇가 多殺士民호대 不能存國而自活하니 可謂仁乎잇가 憂妻子而忘仁義하고 背故君而事强暴하니 可謂忠乎잇가 人無忠臣之道와 仁義之行이면 可謂賢乎잇가 周書曰① 先君而後臣하고 先父母而後兄弟하며 先兄弟而後交友하고 先交友而後妻子라하니 妻子는 私愛也요 事君은 公義也니이다 今子以妻子之故로 失人臣之節하고 無事君之禮하여 棄忠臣之公道하고 營妻子之私愛하여 偸生苟活하니 妾等恥之어든 況於子乎잇가 吾不能與子蒙恥而生焉이니이다하고 遂自殺②하다

① 周書曰 : 出典이 보이지 않는다.[72]
未見所出.

② 【校注】 遂自殺 : 孫志祖[73]가 말하기를 "이 아래에 아마 빠진 글이 있는 듯하다."[74]라고

記≫ 卷79 〈范雎列傳〉에 "秦 昭王이 조회 때 탄식을 하자, 應侯 范雎가 앞으로 나와 말하기를 '신이 들으니, 군주가 근심하면 신하는 욕되고, 군주가 욕을 당하면 신하는 죽어야 한다고 하였습니다. 지금 대왕께서 조정에서 근심하시니, 신이 감히 그 죄를 청합니다.' 하였다.〔昭王臨朝歎息 應侯進曰 臣聞主憂臣辱 主辱臣死 今大王中朝而憂 臣敢請其罪〕"라고 하였다.

72) 出典이……않는다 : ≪書經≫ 〈周書〉와 ≪逸周書≫에 모두 보이지 않는다.

73) 孫志祖 : 1736~1800. 淸나라 학자로, 자는 貽穀, 호는 約齋이다. 浙江 仁和 사람으로, 저서에 ≪家語疏證≫, ≪文選考異≫ 등이 있다.

하였다.
孫氏志祖曰 "此下疑有脫文."

西戎의 군주가 이를 어질게 여겨 太牢[75]로 제사를 지내주고 將帥의 禮로 장례를 치러주었으며, 그 아우에게 황금 100鎰[76]을 하사하고 卿으로 삼아 蓋 땅을 따로 다스리게 하였다.

戎君賢之하여 **祠以太牢**하고 **而以將禮葬之**하며 **賜其弟金百鎰**하고 **以爲卿而使別治**①**蓋**②하다

① 以爲卿而使別治 : 이 당시 蓋나라는 이미 멸망하였다. 그러므로 땅을 주어서 그로 하여금 따로 다스리게 한 것이다.
時蓋已滅, 故授以地而使別爲治也.

② 【校正】 以爲卿而使別治蓋句 君子謂蓋將之妻 : 王紹蘭[77]이 상고해보건대, 西戎이 蓋나라를 정벌한 뒤 蓋나라 偏將의 아우를 卿으로 삼아 따로 蓋 땅을 다스리게 한 것이니, 문장의 句讀가 절로 분명하다. 따라서 補注에서 '別治'에서 句를 끊은 것은 오류인 듯하다.[78]
紹蘭按戎伐蓋, 以蓋將之弟爲卿, 使別治蓋, 文讀自明. 補注以別治絶句, 似誤.

군자가 이르기를 "蓋나라 偏將의 아내는 깨끗하고 義를 좋아하였다."라고 하였다. ≪詩經≫에 이르기를 "淑人 君子여, 그 덕이 간사하지 않도다."[79]라고 하였으니, 이를 두고 한 말이다.

君子謂 蓋將之妻는 **潔而好義**라하니라 **詩曰 淑人君子**여 **其德不回**로다하니 **此之謂也**라

---

74) 이……듯하다 : 아래 구절로 미루어 볼 때, 남편인 邱子 또한 틀림없이 自殺하였을 터인데, 그 기록이 보이지 않으므로 脫文이 있는 듯하다고 한 것이다.

75) 太牢 : 祭祀에 소, 양, 돼지의 세 희생이 모두 갖추어진 것을 말한다. 양과 돼지 두 희생이 갖추어진 것은 '少牢', 희생으로 돼지 하나만 있으면 '特'이라 이른다. 太牢는 吉祭의 경우에는 天子, 諸侯, 天子의 大夫가 쓸 수 있고, 喪祭의 경우에는 諸侯의 大夫 역시 쓸 수 있다.

76) 鎰 : 古代 重量 單位로, 1鎰은 20兩 혹은 24兩에 해당한다.

77) 王紹蘭 : 1760~1835. 淸나라 학자로, 자는 畹馨, 호는 南陔 또는 思維居士이다. 저서에 ≪儀禮圖≫, ≪周人禮說≫, ≪周人經說≫, ≪說文集注≫, ≪讀書雜記≫ 등이 있다.

78) 문장의……듯하다 : 바로 위의 補注 ①에서 '以爲卿而使別治'까지만 표제어로 잡은 것을 말한다.

79) 淑人……않도다 : ≪詩經≫ 〈小雅 鼓鍾〉에 보인다.

蓋將之妻

頌은 다음과 같다.

蓋나라 偏將의 아내는
절조를 지킴이 精純하였도다
西戎이 갑나라를 멸한 뒤
邱子가 홀로 살아 있었다오
아내는 남편이 죽지 않음을 수치로 여겨
다섯 가지 榮名을 열거하였나네
남편을 위해 먼저 죽어
마침내 빛나는 이름을 남겼다오

頌曰 蓋將之妻는 據節銳精이로다 戎旣滅蓋에 邱子獨生이라 妻恥不死하여 陳設五榮①②하고 爲夫先死하여 卒遺顯名이로다

① 陳設五榮 : '五榮'의 뜻은 未詳이다.
五榮之義, 未詳.

② 【校注】 陳設五榮 : 大父(梁玉繩)가 말하기를 "忠 · 孝 · 仁 · 義 · 賢 다섯 가지의 榮名이다."라고 하였다.
大父曰 "忠孝仁義賢五者榮名也."

5-6 魯나라의 義로운 姑母 魯義姑姊

魯나라의 의로운 姑母는 노나라 시골의 婦人이다. 齊나라가 노나라를 침공하여 교외에 이르렀을 때, 저 멀리 바라보니 어떤 부인이 한 아이를 품에 안고 한 아이를 손에 끌며 가다가 군사들이 장차 미치려 하자 그 안고 가던 아이를 버리고 끌고 가던 아이를 안고서 산으로 달아났는데, 버려진 아이가 따라가며 우는데도 부인은 끝내 돌아보지 않고 가는 것이었다. 이를 본 齊나라 장수가 우는 아이에게 묻기를 "달아나는 사람이 네 어미냐?" 하니, "그렇습니다." "어미가 안고 가는 아이는 누구냐?" "모릅니다." 하였다. 제나라 장수가 이에 그녀를 쫓아갔다. 군사가 활을 당겨 쏘려고 하면서 "멈춰라! 멈추지 않으면 내 너를 쏘겠다." 하니, 부인이 그제야 돌아왔다.

魯義姑姊[80]者①②③는 魯野之婦人也[81]라 齊攻魯至郊에 望[82]見一婦人이 抱一兒하고 攜(휴)一兒而行이라가 軍且及之하니 棄其所抱하고 抱其所攜而走於山한대 兒隨而啼나 婦人遂行不顧러라 齊將問兒曰 走者爾母邪아 曰 是也라 母所抱者誰也오 曰 不知也라 齊將乃追之할새 軍士引弓將射之曰 止하라 不止인댄 吾將射爾호리라하니 婦人乃還하다

① 魯義姑姊者 : '姑姊'는 아버지의 누나를 이른다. 아버지의 누나가 姑姊이고, 아버지의 여동생이 姑妹이다. 그렇다면 傳에서 '오빠의 자식'이라고 한 말에 의거하면 응당 '姑妹'가 되어야 할 것이다. 이는 字形이 비슷해서 생긴 오류이다. 뒤에 나오는 傳의 '梁節姑姊' 또한 그러하다.
姑姊者, 謂父之姊也. 父姊爲姑姊, 父妹爲姑妹. 然據傳言兄之子, 則當爲姑妹矣. 此字形之誤. 後傳梁節姑姊亦然.

② 【校注】 魯義姑姊者 : 傳에서 '오빠의 자식'이라고 한 말에 의거하면, '姊'는 응당 '妹'가

80) 姊 : ≪太平御覽≫, ≪事文類聚≫, ≪山堂肆考≫에는 모두 없다.
81) 野之婦人也 : ≪太平御覽≫, ≪事文類聚≫, ≪山堂肆考≫에는 모두 '野人之婦也'로 되어 있다.
82) 望 : ≪太平御覽≫, ≪事文類聚≫, ≪山堂肆考≫에는 모두 '遙'로 되어 있다.

되어야 한다. 武梁祠 畫像[83]에도 '姊'로 되어 있다.

據傳言兄之子, 姊當作妹. 武梁祠畫像, 亦作姊.

③【集注】魯義姑姊者 : ≪春秋左氏傳≫ 襄公 21년 조에 "季武子가 襄公의 姑姊를 그의 아내로 주었다."[84]라고 하였고, 또 12년 조에 "딸이 없고 姊妹나 姑姊妹만이 있으면"[85]이라고 하였는데, 孔穎達의 ≪春秋左傳正義≫에 樊光의 말을 인용하여 "옛사람은 고모를 일러 姑姊妹라 하였다. 이를테면 아버지의 누나일 경우에는 姑姊라 하고, 아버지의 여동생일 경우에는 姑妹라 하였는데, 後人들은 생략하여 간단하게 '姑'라고만 일컫는다."라고 하였다.

左傳襄二十一年, 季武子以公姑姊妻之. 又十二年, 無女而有姊妹及姑姊妹. 正義引樊(번)光曰 "古人謂姑爲姑姊妹. 若父之姊爲姑姊, 父之妹爲姑妹. 後人從省(생), 單稱爲姑."

齊나라 장수가 안고 간 아이는 누구이고 버린 아이는 누구인지 묻자, 대답하기를 "안고 간 아이는 제 오빠의 자식이고, 버린 아이는 제 자식입니다. 군사들이 닥쳐오는 것을 보고 제 힘으로는 둘 다 보호할 방도가 없었기 때문에 제 자식을 버렸습니다." 하였다. 제나라 장수가 말하기를 "자식이 어머니에게 있어서는 그 친근하고 사랑스러움이 가슴속에 지극히 痛切한 법인데, 지금 자식을 버리고 도리어 오빠의 자식을 안고 간 것은 어째서인가?" 하니, 부인이 말하기를 "제 자식은 사적인 사랑이고, 오빠의 자식은 공적인 의리입니다. 공적인 의리를 버리고 사적인 사랑을 추구하여 오빠의 자식은 죽이고 제 자식만 살린다면, 요행히 화를 면한다 하더라도 魯나라 임금이 나를 거두지 않을 것이고, 大夫들도 나를 기르지 않을 것이며, 온 백성과 나

83) 武梁祠 畫像 : 後漢 末期 武梁의 祠堂에 새겨진 石刻 畫像으로, 지금의 山東省 嘉祥縣 武翟山 아래에 있다. 여기에는 歷代의 人物과 故事 및 孝義故事, 列女故事, 神話, 傳說 등 각종 그림이 새겨져 있어, 後漢 시기의 政治, 經濟, 文化를 연구하는 중요한 자료로 손꼽힌다.

84) 季武子가……주었다 : ≪春秋左氏傳≫ 襄公 21년 조에 "邾나라 庶其가 漆과 閭丘를 가지고 來奔하자, 季武子가 襄公의 姑母를 그의 아내로 주고, 그 從者들에게도 모두 財物을 주었다. 〔邾庶其以漆閭丘來奔 季武子以公姑姊妻之 皆有賜於其從者〕"라고 하였다.

85) 딸이……있으면 : ≪春秋左氏傳≫ 襄公 12년 조에 "周 靈王이 齊나라 女人을 王后로 맞기를 청하자, 齊侯가 晏桓子에게 어떻게 대답해야 할지를 물었다. 桓子가 대답하기를 '先王이 規定한 禮辭가 있습니다. 天子가 諸侯에게 王后를 구하면 諸侯는 「夫婦 소생 몇 명과 妾婦 자식 몇 명이 있습니다.」라고 하고, 딸이 없고 姊妹나 姑姊妹만이 있으면 「先 守臣 某公이 남긴 딸 몇 명이 있습니다.」라고 합니다.' 하였다. 〔靈王求后于齊 齊侯問對於晏桓子 桓子對曰 先王之禮辭有之 天子求后於諸侯 諸侯對曰 夫婦所生若而人 妾婦之子若而人 無女而有姊妹及姑姊妹 則曰先守某公之遺女若而人〕"라고 하였다.

라 사람들 또한 나와 사귀지 않을 것입니다. 이와 같다면 어깨를 움츠려도 비집고 들어갈 틈이 없고, 발을 포개어도 밟을 땅이 없을 것입니다. 자식이 비록 애통하지만, 장차 義에 있어 어떻겠습니까. 이 때문에 차마 자식을 버리고 義를 행한 것이니, 義 없이 노나라에서 살아갈 수는 없습니다." 하였다.

齊將問所抱者誰也며 所棄者誰也오하니 對曰 所抱者는 妾兄之子也요 所棄者는 妾之子也니이다 見軍之至하고 力不能兩護라 故棄妾之子로소이다 齊將曰 子之於母에 其親愛也가 (痛甚)〔甚痛〕[86] 於心이어늘 今釋之하고 而反抱兄之子는 何也오 婦人曰 己之子는 私愛也요 兄之子는 公義也니 夫背公義而嚮私愛하여 亡兄子而存妾子인댄 幸而得(幸)〔免〕①[87]인들 則魯君不吾畜(휵)하고 大夫不吾養하며 庶民國人不吾與也하리니 夫如是면 則脅肩無所容하고 而累足無所履也리이다 子雖痛乎나 獨謂義何잇고 故로 忍棄子而行義니 不能無義而視魯國②이니이다

① 【校注】 幸而得(幸)〔免〕: 司馬溫公의 《家範》에는 〈뒤의 '幸'이〉 '免'으로 되어 있다.[88]
溫公家範作免.

② 不能無義而視魯國 : '視'는 '生'과 같은 의미이니, '길이 살아 오래도록 본다.〔長生久視[89]〕'의 '視'와 같다.
視, 猶生也, 如長生久視之視.

이에 齊나라 장수는 군대의 진격을 멈추고, 사람을 보내 제나라 임금에게 말하게 하기를 "魯나라는 정벌할 수 없습니다. 막 국경에 이르러보니, 山野에 사는 일개 아낙일 뿐인데도 오히려 절조를 지키고 의를 행하여 사사로운 情으로 公義를 해치지 않을 줄 아니, 하물며 朝廷 大臣과 士大夫야 말할 것이 있겠습니까. 청컨대 還軍하겠습니다." 하니, 제나라 임금이 허락하였다. 노나라 임금이 이를 듣고 부인에게 束帛 100端을 하사하고, '義姑姊'라 이름하였다.

於是에 齊將按兵而止하고 使人言於齊君曰 魯未可伐也니이다 乃至於境하니 山澤之婦人耳어늘

86) (痛甚)〔甚痛〕: 저본에는 '痛甚'으로 되어 있으나, 《太平御覽》, 《事文類聚》, 《山堂肆考》 등에 의거하여 '甚痛'으로 바로잡았다.

87) (幸)〔免〕: 저본에는 '幸'으로 되어 있으나, 《家範》에 의거하여 '免'으로 바로잡았다.

88) 司馬溫公의……있다 : 宋나라 司馬光의 《家範》 卷7 〈姑姊妹〉에 보인다.

89) 長生久視 : 《道德經》에 보이는 말로, 장구하게 살아가는 것을 의미한다. 《道德經》 第59章에 "나라를 소유한 어미는 장구할 수 있으니, 이를 뿌리를 깊이 하고 꼭지를 단단히 하여 길이 살아 오래 보는 도라고 한다.〔有國之母 可以長久 是謂深根固蔕 長生久視之道〕"라고 하였다.

猶知持節行義하여 不以私害公하니 而況於朝臣士大夫乎잇가 請還하노이다 齊君許之하다 魯君聞之하고 賜婦人束帛百端①하고 號曰義姑姊[90]라하다

① 賜婦人束帛百端 : 幣帛의 수는 10箇가 1束이니, 100端은 50箇이다.[91]
幣帛之數, 十箇爲束, 百端, 五十箇也.

군자가 이르기를 "義姑姊는 公正하고 지성스럽고 미더워 義를 행하는 데 과감하였다."라고 하였다. 義는 위대하도다! 비록 일개 부인에게 있었는데도 나라가 오히려 이를 힘입었으니, 하물며 禮義로 나라를 다스림에야 말할 것이 있겠는가. ≪詩經≫에 이르기를 "정직한 덕행이 있으면 사방의 나라가 순종한다."[92]라고 하였으니, 이를 두고 한 말이다.

〔君子謂 義姑姊는〕[93] 公正誠信①하여 果於行義라하니라 夫義는 其大哉인저 雖在匹婦나 國猶賴之하니 況以禮義治國乎아 詩曰 有覺德行이면 四國順之라하니 此之謂也라

① 公正誠信 : '公' 위에 응당 '君子謂義姑姊' 6자가 빠졌을 것이다.
公上當脫君子謂義姑姊六字.

頌은 다음과 같다.

齊나라 군주가 魯나라를 공격할 때
시골의 義姑姊에게 節義가 있었다네
군대를 보고 산으로 달아날 때
아들을 버리고 조카를 안고 갔다오
제나라 장수가 이를 묻고는

---

90) 姊 : ≪太平御覽≫, ≪事文類聚≫, ≪山堂肆考≫에는 모두 없다.

91) 幣帛의……50箇이다 : '10箇'는 10箇의 끝〔端〕이라는 의미로, 비단 5匹을 말한다. 옛날에는 '匹'을 '兩'이라고도 하였는데, 이것은 비단 1匹에는 두 개의 끝〔端〕이 있기 때문이다. 따라서 10箇〔端〕가 5匹〔兩〕이고, 5匹이 곧 1束이며, 100端은 50匹이다. ≪禮記≫ 〈雜記 下〉에 "納幣는 1束이니, 1束은 5兩이고 1兩은 5尋이다.〔納幣一束 束五兩 兩五尋〕"라고 하였다. 그러므로 '五十箇'는 '五十匹'의 오류인 듯하다.

92) 정직한……순종한다 : ≪詩經≫ 〈大雅 抑〉에 보인다.

93) 〔君子謂 義姑姊〕 : 저본에는 '君子謂 義姑姊'가 없으나, 王照圓의 注에 의거하여 보충하였다.

의리를 중시함을 어질게 여겼다네
한 부인이 의를 행함으로 말미암아
제나라 군대가 마침내 멈추었다네

頌曰 齊君攻魯에 義姑有節이로다 見軍走山할새 棄子抱姪이로다 齊將問之하고 賢其推理로다 一婦爲義로 齊兵遂止로다

5-7 代나라 임금의 趙夫人 代趙夫人

代나라 임금의 趙夫人은 趙簡子[94]의 딸이자 趙襄子[95]의 누나이며 대나라 왕의 夫人이다. 簡子가 죽어 장례를 치른 뒤, 아들 襄子가 喪服을 벗기도 전에 북쪽으로 夏屋山에 올라가 대나라 왕을 유인하여 廚人으로 하여금 국자를 잡고 대나라 왕과 從者들을 접대하게 하고는, 술을 돌린 뒤 몰래 宰人 各으로 하여금 국자로 대나라 왕과 종자들을 擊殺하게 하였다. 이어 군사를 일으켜 대나라 땅을 평정하고 자신의 누나인 조부인을 맞이하였다.

代趙夫人者는 趙簡子之女요 襄子之姊요 代王之夫人也라 簡子旣葬하고 襄子未除服에 (地)〔北〕[96]登夏屋①하여 誘[97]代王하여 使廚人으로 持斗[98]以食(사)代王②及從者하고 行斟에 陰令宰人各으로 以(一)[99]斗擊殺代王及從者③[100]하다 因擧[101]兵平代地하고 而迎其姊趙夫人하다

① (地)〔北〕登夏屋 : '地'자는 誤字이다. ≪史記≫ 卷43 〈趙世家〉에는 '北'으로 되어 있다. 地字誤. 史記世家作北.

② 使廚人 持斗以食代王 : '斗'는 ≪史記≫에는 '枓'로 되어 있다. '주'는 구기〔勺〕이니, 설명하는 자가 이르기를 "모양은 方形이고 자루가 있으며 물을 담아 따르는 기구이다."라고 하였다.

94) 趙簡子 : 春秋時代 晉나라의 大夫 趙鞅으로, 諡號가 簡이다. 趙孟이라고도 한다.

95) 趙襄子 : 春秋時代 晉나라의 大夫 趙無恤로, 諡號가 襄이다. 조간자의 아들이다.

96) (地)〔北〕 : 저본에는 '地'로 되어 있으나, 王照圓의 注에 의거하여 '北'으로 바로잡았다.

97) 誘 : ≪史記≫에는 '請'으로 되어 있다.

98) 持斗 : ≪史記≫에는 '操銅枓'로 되어 있다.

99) (一) : 저본에는 '一'이 있으나, 王照圓의 注에 의거하여 衍文으로 처리하였다.

100) 者 : ≪史記≫에는 '官'으로 되어 있다.

101) 擧 : ≪史記≫에는 '興'으로 되어 있다.

斗, 史記作枓(주). 枓, 勺也. 說者謂"形方有柄, 取斟水器."

③ 陰令宰人各 以(一)斗擊殺代王及從者 : ≪史記集解≫에 "'各'은 어떤 판본에는 '雒'으로 되어 있다."라고 하였으니, 이는 宰人의 이름이다. ≪史記≫에는 '枓' 위에 '一'자가 없다. 여기의 '一'은 衍字이다.

史記集解, 各一作雒, 蓋宰人名也. 史記, 枓上無一字, 此衍.

그러자 夫人이 말하기를 "내가 先君의 명을 받아 代나라 王을 섬긴 지가 지금 십여 년이 되었네. 대나라에 중대한 죄악이 없는데도 主君[102]이 대나라 왕을 살해하였네. 지금 대나라가 이미 멸망하였으니, 내 장차 어디로 돌아가겠는가. 그리고 내가 듣건대, 婦人의 의는 두 남편을 섬기지 않는다고 하였으니, 내 어찌 두 남편을 섬기겠는가. 나를 맞이하여 어디로 가려 하는가. 아우 때문에 남편을 경시하는 것은 의가 아

代趙夫人

102) 主君 : 임금이나 卿大夫에 대한 칭호로, 여기서는 大夫 趙襄子를 가리킨다.

니고, 남편 때문에 아우를 원망하는 것은 仁이 아니네. 나는 감히 원망하지도 않겠지만 또한 돌아가지도 않겠네." 하고는, 마침내 울면서 하늘을 부르짖고 靡笄 땅에서 스스로 목숨을 끊으니, 대나라 사람들이 모두 부인을 그리워하였다.

夫人曰 吾受先君之命하여 事代(之)[103]王①②이 今十有餘年矣라 代無大故로대 而主君殘之③라 今代已亡하니 吾將奚歸리오 且吾聞之호니 婦人(執)〔之〕[104]義無二夫④라하니 吾豈有二夫哉리오 欲迎我何之오 以弟慢夫⑤는 非義也요 以夫怨弟는 非仁也니 吾不敢怨이어니와 然亦不歸라하고 遂泣而呼天하고 自殺於靡(마)[105]笄(계)之地⑥하니 代人皆懷之러라

① 事代(之)王 : '之'자는 衍字이다.
之字衍.

② 【校注】 事(代)之王 : 어떤 판본에는 '之'자가 없다.
一本無之字.

③ 代無大故 而主君殘之 : 大夫인 君[106]을 '主'라 한다. '殘'은 戕殺함이다.
大夫君曰主. 殘, 戕殺之也.

④ 【校注】 婦人(執)〔之〕義無二夫 : '之'는 舊本에는 '執'으로 잘못되어 있다. ≪太平御覽≫ 〈人事部 82 貞女下〉에 따라 校勘 改正하였다.
之, 舊誤執. 從太平御覽人事部〔八〕[107]十二校改.

⑤ 以弟慢夫 : ≪태평어람≫의 이 구절을 인용한 곳의 注에 "경시하여 버려두는 것은 節義를 세우는 것이 아니라는 말이다."[108]라고 하였다.
太平御覽引注云 "謂慢棄, 不爲立節."

⑥ 自殺於靡笄之地 : '靡'는 '摩'와 같다. ≪史記≫에는 "비녀를 갈아 목을 찔러 자살하니,

---

103) (之) : 저본에는 '之'가 있으나, 王照圓의 注와 ≪御定內則衍義≫에 의거하여 衍文으로 처리하였다.

104) (執)〔之〕 : 저본에는 '執'으로 되어 있으나, ≪列女傳校注≫, ≪列女傳集注≫, ≪太平御覽≫ 등에 의거하여 '之'로 바로잡았다.

105) 靡 : '靡'는 音이 '마'로, 靡, 摩, 磨 세 자는 古字에 통용하였다.

106) 大夫인 君 : 大夫로서 家臣을 둔 사람을 가리킨다. 참고로 ≪禮記集說≫ 〈喪大記〉에 "大夫인 君은 문밖에서 맞이하지 않는다.〔大夫君 不迎于門外〕"라고 하였는데, 이에 대한 陳澔의 注에 "대부의 신하는 자신의 대부를 '君'이라 한다. 그러므로 '大夫君'이라 한 것이다.〔大夫之臣 亦以大夫爲君 故曰大夫君也〕"라고 하였다.

107) 〔八〕 : 저본에는 '八'이 없으나, ≪太平御覽≫에 의거하여 보충하였다.

108) 경시하여……말이다 : ≪太平御覽≫ 卷441 〈人事部 82 貞女下〉의 '以弟慢夫 非義'에 대한 注에 보인다.

代나라 사람들이 이를 가련하게 여겨 부인이 자살한 곳을 이름하여 靡笄山이라 하였다."로 되어 있다.
靡, 與摩同. 史記作"摩笄自殺, 代人憐之, 所死地, 名之爲靡笄之山".

군자가 이르기를 "趙夫人은 부부간의 도리에 잘 처신하였다."라고 하였다. ≪詩經≫에 이르기를 "어그러지지 아니하고 해치지 아니하면, 법도가 되지 않음이 적을 것이다."[109]라고 하였으니, 이를 두고 한 말이다.

君子謂 趙夫人은 善處夫婦之間이라하니라 詩云 不僭不賊이면 鮮不爲則(칙)이라하니 此之謂也라

頌은 다음과 같다.

趙襄子는
代夫人의 아우라네
代王을 습격하여 멸망시키고
누나를 맞이하여 데려가려 하니
누나가 의리를 내세우며
절조와 예의를 설파하였다오
돌아가지도 원망하지도 않고
끝내 머물러 들에서 목숨을 끊었다네

頌曰 惟趙襄子는 代夫人弟로다 襲滅代王하고 迎取其姊하니 姊引義理하여 稱引節禮①로다 不歸不怨하고 遂留野死②로다

① 【校注】 稱引節禮 : '引'은 어떤 판본에는 '說'로 되어 있다.
引, 一本作說.

② 【集注】 遂留野死 : ≪禮記≫ 〈祭法〉에 "舜임금은 백성들의 일에 부지런히 힘쓰시다가 들에서 돌아가셨다."라고 하였다.
祭法, 舜勤(民)〔衆〕[110]事而野死.

---

109) 어그러지지……것이다 : ≪詩經≫ 〈大雅 抑〉에 보인다.
110) (民)〔衆〕 : ≪列女傳集注≫에는 '民'으로 되어 있으나, ≪禮記≫에 의거하여 '衆'으로 바로잡았다.

5-8 齊나라의 의로운 繼母 齊義繼母

齊나라의 의로운 繼母는 齊나라의 두 아들의 어머니이다. 宣王[111] 때를 당하여 어떤 사람이 길에서 싸우다가 죽었다. 관리가 조사해보니 한군데 創傷을 입었고, 두 아들 형제가 그 곁에 서있었다. 관리가 신문하자, 형이 말하기를 "내가 죽였소." 하였다. 그러자 동생이 말하기를 "형이 아니라 내가 죽였소." 하였다. 일 년이 지나도록 관리가 판결하지 못하여 이를 재상에게 보고하였는데, 재상 또한 판결하지 못하여 宣王에게 아뢰었다. 왕이 말하기를 "지금 둘 다 용서하면 이는 죄가 있는 자까지 풀어주는 것이고, 둘 다 죽이면 죄가 없는 자까지 주벌하는 것이다. 寡人이 헤아리건대, 그 어미가 자식의 善惡을 잘 알고 있을 것이니, 한 번 그 어미에게 물어서 누구를 죽이고 누구를 살리고자 하는지 들어보라." 하였다.

齊義繼母者는 齊二子之母也라 當宣王時하여 有人鬭死於道者라 吏訊之하니 被一創①하고 二子兄弟立其傍이러라 吏問之하니 兄曰 我殺之라 弟曰 非兄也라 乃我殺之라하다 期年토록 吏不能決하여 言之於相이어늘 相不能決하여 言之於王하니 王曰 今皆赦之면 是縱有罪也요 皆殺之면 是誅無辜也라 寡人度(탁)其母能知子善惡[112]이니 試問其母하여 聽其所欲殺活하라

① 吏訊之 被一創 : '訊'은 査問이고, '創'은 創傷이다.
訊, 問也. 創, 傷也.

재상이 그 어머니를 불러 묻기를 "당신 아들이 사람을 죽였는데, 형제가 서로 대신 죽겠다고 하여 관리가 판결을 하지 못하였소. 임금께 이를 아뢰었더니, 임금께서는 인자하신 분이시기에 당신에게 누구를 죽이고 누구를 살리고자 하는지 물어보라 하셨소." 하니, 그 어머니가 울면서 대답하기를 "작은 놈을 죽이소서." 하였다.

相召其母하여 問之曰 母之子殺人이로대 兄弟欲相代死하여 吏不能決이라 言之於王이러니 王有仁惠라 故로 問母何所欲殺活하시니라 其母泣而對曰 殺其少者하소서

111) 宣王 : 戰國時代 齊나라 임금으로, 田氏이고 이름은 辟彊이다.

112) 其母能知子善惡 : ≪太平御覽≫ 권422 〈人事部 63 義婦〉에는 '其母必知其子之善惡'으로 되어 있다.

재상이 그 말을 듣고는 인하여 묻기를 "무릇 작은 자식을 사람들이 더 사랑하는 법인데, 지금 그를 죽이고자 하는 것은 어째서이오?" 하니, 그 어머니가 대답하기를 "작은 놈은 저의 아들이고, 큰 놈은 前妻의 아들입니다. 그 아비가 병들어 장차 죽으려 할 때, 저에게 큰 놈을 부탁하여 말하기를 '잘 기르고 보살펴주시오.' 하기에, 제가 '그렇게 하겠습니다.' 하였습니다. 지금 이미 남의 부탁을 받고 남에게 허락하였으니, 어찌 남의 부탁을 잊고 내가 허락한 말을 저버릴 수 있겠습니까. 그리고 형을 죽이고 동생을 살리면 이는 사적인 사랑으로 공적인 의리를 폐기하는 것이며, 언약을 저버리고 신의를 잊으면 이는 죽은 이를 속이는 것입니다. 언약을 매듭짓지 못하고 이미 허락한 것을 지키지 못하면 어떻게 세상에 살아갈 수 있겠습니까. 자식이 비록 애통하지만, 장차 義에 있어 어떻겠습니까."라고 하면서, 눈물을 흘려 옷깃을 적셨다.

相受其言하고 因而問之曰 夫少子者는 人之所愛也①어늘 今欲殺之는 何也오 其母對曰 少者는 妾之子也요 長者는 前妻之子也니이다 其父疾且死之時에 屬(촉)之於妾曰 善養視之라하여 妾曰 諾다하니이다 今旣受人之託하고 許人以諾하니 豈可以忘人之託하고 而不信其諾邪잇가 且殺兄活弟면 是以私愛廢公義也요 背言忘信이면 是欺死者也니이다 夫言不約束하고 已諾不分②이면 何以居於世哉리잇고 子雖痛乎나 獨謂(行)〔義〕[113]何③잇고하고 泣下霑襟이러라

① 【集注】 夫少子者 人之所愛也 : ≪戰國策≫ 〈趙策〉에 "太后가 말하기를 '丈夫도 그 작은 자식을 사랑하는가?' 하니, 대답하기를 '부인보다 심합니다.' 하였다."라고 하였다.
趙策, 太后曰 "丈夫亦愛憐其少子乎?" 對曰 "甚於夫人."

② 【校注】 夫言不約束 已諾不分 : 司馬溫公의 ≪家範≫에는 '失言忘約已諾不信'으로 되어 있다.[114]
溫公家範作"失言忘約 已諾不信".

③ 子雖痛乎 獨謂(行)〔義〕何 : ≪藝文類聚≫의 이 구절을 인용한 곳에는 '行'이 '義'로 되어 있다.[115] 여기의 '行'은 오류이다.
藝文類聚引行作義, 此誤.

---

113) (行)〔義〕 : 저본에는 '行'으로 되어 있으나, 王照圓의 注, ≪藝文類聚≫, ≪太平御覽≫에 의거하여 '義'로 바로잡았다.

114) 司馬溫公의……있다 : 宋나라 司馬光의 ≪家範≫ 卷3 〈母〉에 보인다.

115) 藝文類聚의……있다 : ≪藝文類聚≫ 卷21 〈人事部 5 友悌〉에 보인다.

齊義繼母

재상이 들어가 왕에게 말하니, 왕이 그 의로움을 아름답게 여기고 그 행실을 높이 여겨 두 형제를 모두 사면하여 죽이지 않았다. 그리고 그 어머니의 이름을 높여 '義母'라 하였다.

相入言於王하니 王美其義하고 高其行하여 皆赦不殺하고 而尊其母號曰義母라하다

군자가 이르기를 "義母는 신실하고 의를 좋아하며, 언약을 지키고 겸양하였다."라고 하였다. ≪詩經≫에 이르기를 "愷悌한 군자를 사방에서 법으로 삼으리라."[116]라고 하였으니, 이를 두고 한 말이다.

君子謂 義母는 信而好義하고 絜(계)而有讓①이라하니라 詩曰 愷悌君子를 四方爲則하리라하니 此之

116) 愷悌한……삼으리라 : ≪詩經≫ 〈大雅 卷阿〉에 보인다.

謂也라

① 絜而有讓 : '絜'는 잡는다는 뜻이니, 승낙한 말을 지켜 굳게 변치 않음을 말한다.
絜, 挈(설)也. 言執持然諾, 堅固不移也.

頌은 다음과 같다.

의로운 계모가 미덥고 지성스러우니
공평하고 정직하며 예를 알았다네
친아들과 의붓아들이 죄를 지은 뒤
서로 양보하여 마지않았다오
관리가 판결하지 못하자
왕이 어미에게 묻게 하였도다
믿음을 지키고 의를 행하여
끝내 두 아들이 사면되었다네

頌曰 義繼信誠하니 公正知禮로다 親假有罪①에 相讓不已로다 吏不能決이어늘 王以問母로다 據信行義하여 卒免二子로다

① 親假有罪 : '親'은 친아들이고, '假'는 의붓아들이다.
親, 親子. 假, 假子也.

5-9 魯나라 秋胡子의 介潔한 婦人 魯秋潔婦

魯나라 秋胡子의 개결한 婦人은 노나라 추호자의 아내이다. 추호자가 혼인한 지 5일 만에 집을 떠나 陳나라에서 벼슬살이를 하다가 5년 만에 돌아왔는데, 집에 도착하기 전에 길가에서 어떤 아리따운 부인이 한창 뽕을 따고 있는 것을 보았다. 추호자가 그녀에게 반하여 수레에서 내려 이르기를 "그대는 땡볕 아래 뽕을 따고 나는 먼 길을 왔으니, 뽕나무 그늘 아래 의지하여 밥을 먹고 짐을 내리고 쉬었으면 하오." 하였다. 부인이 뽕 따기를 그치지 않자, 추호자가 이르기를 "농사에 힘쓰는 것이 풍년을 만나는 것만 못하고, 蠶桑에 힘쓰는 것이 公卿을 만나는 것만 못하다 하였소. 지금 나에게 금이 있으니, 부인에게 주고 싶소." 하니, 부인이 말하기를 "아! 뽕을 따

며 힘써 일하는 것은 실을 뽑아 옷감을 짜서 衣食에 이바지하고 兩親을 봉양하고 남편을 봉양하려는 것일 뿐입니다. 저는 금을 원하지 않고 그저 그대에게 딴 마음이 없기를 바라고, 저 또한 음탕한 뜻이 없으니, 그대의 짐과 상자의 금을 거두시지요." 하였다. 추호자가 마침내 떠나갔다.

〔魯秋〕[117]潔婦者는 魯秋胡子〔之〕[118]妻也①라 〔秋胡子〕[119]旣納之五日에 去而[120](官)〔宦〕[121]於陳②③이라가 五年乃歸로대 未至家하여 見路傍〔有一美〕[122]婦人〔方〕[123]採桑④하다 秋胡子悅之[124]하여 下車謂曰 若曝採桑⑤하고 吾行道遠하니 願託桑蔭下湌(찬)⑥하고 下齎休焉⑦하노라 婦人採桑不輟이어늘 秋胡子謂曰 力田不如逢豐年[125]이요 力桑不如見(國)〔公〕[126]卿⑧[127]이라하니 〔今〕[128]吾有金하니 願以與夫人⑨하노라 婦人曰 嘻라 夫採桑力作은 紡績織紝(임)하여 以供衣食하고 奉二親하고 養夫子〔而已矣〕[129]니이다 吾不願金⑩이오 所願卿[130]無有外意하고 妾[131]亦無淫泆之志[132]니 收子之齎與[133]笥(사)金하소서 秋胡子遂去하다

---

117) 〔魯秋〕: 저본에는 '魯秋'가 없으나, ≪太平御覽≫에 의거하여 보충하였다.

118) 〔之〕: 저본에는 '之'가 없으나, ≪藝文類聚≫, ≪太平御覽≫, ≪文選≫ 注에 의거하여 보충하였다.

119) 〔秋胡子〕: 저본에는 '秋胡子'가 없으나, ≪藝文類聚≫, ≪太平御覽≫, ≪文選≫ 注에 의거하여 보충하였다.

120) 去而 : ≪藝文類聚≫와 ≪太平御覽≫에는 모두 '而去'로 되어 있다.

121) (官)〔宦〕: 저본에는 '官'으로 되어 있으나, ≪列女傳校注≫, ≪列女傳集注≫, ≪藝文類聚≫, ≪文選≫ 注에 의거하여 '宦'으로 바로잡았다.

122) 〔有一美〕: 저본에는 '有一美'가 없으나, ≪藝文類聚≫와 ≪太平御覽≫에 의거하여 보충하였다.

123) 〔方〕: 저본에는 '方'이 없으나, ≪藝文類聚≫와 ≪太平御覽≫에 의거하여 보충하였다.

124) 悅之 : ≪藝文類聚≫와 ≪太平御覽≫에는 모두 없다.

125) 豐年 : ≪藝文類聚≫에는 '少年'으로 되어 있고, ≪太平御覽≫에는 '年'으로 되어 있다.

126) (國)〔公〕: 저본에는 '國'으로 되어 있으나, ≪藝文類聚≫에 의거하여 '公'으로 바로잡았다.

127) 卿 : ≪太平御覽≫에는 '郎'으로 되어 있다.

128) 〔今〕: 저본에는 '今'이 없으나, ≪藝文類聚≫와 ≪文選≫ 注에 의거하여 보충하였다.

129) 〔而已矣〕: 저본에는 '而已矣'가 없으나, ≪藝文類聚≫와 ≪太平御覽≫에 의거하여 보충하였다.

130) 卿 : ≪太平御覽≫에는 이 뒤에 '事上'이 더 있다.

131) 妾 : ≪太平御覽≫에는 이 뒤에 '事夫家'가 더 있다.

132) 志 : ≪太平御覽≫에는 이 뒤에 '子去矣'가 더 있다.

133) 與 : ≪太平御覽≫에는 이 뒤에 '子'가 더 있다.

① 〔魯秋〕潔婦者 魯秋胡子〔之〕妻也 : ≪文選≫ 注 및 ≪藝文類聚≫의 이 구절을 인용한 곳에는 '潔婦' 위에 '魯秋胡' 3자가 있고, '妻' 위에 '之'자가 있으며, 아래에는 '秋胡子' 3자가 중첩되어 있다.[134]

文選注及藝文類聚引潔婦上有魯秋胡三字, 妻上有之字也. 下疊秋胡子三字.

② 去而(官)〔宦〕於陳 : ≪예문유취≫ 및 ≪문선≫ 注의 이 구절을 인용한 곳에는 '官'이 모두 '宦'으로 되어 있다.

類聚及選注引官俱作宦.

③ 【校注】 去而(官)〔宦〕於陳 : '宦'은 舊本에는 '官'으로 잘못되어 있다. ≪문선≫ 注, ≪예문유취≫, ≪太平御覽≫ 〈人事部82 貞女下〉·〈宗親部10 夫妻〉에 따라 校勘 改正하였다.

宦, 舊誤官. 從文選注·藝文類聚·太平御覽人事部宗親部十校改.

④ 見路傍〔有一美〕婦人〔方〕採桑 : ≪예문유취≫ 및 ≪문선≫ 注의 이 구절을 인용한 곳에는 '有美婦人方採桑'으로 되어 있다.[135] 여기에는 '有', '美', '方' 3자가 빠졌다.

類聚及選注引作"有美婦人方採桑." 此脫有美方三字.

⑤ 若曝採桑 : ≪예문유취≫의 이 구절을 인용한 곳에는 "더운 날 그대는 땡볕에 홀로 뽕을 따고"로 되어 있다.

類聚引作"暑日若曝獨採桑".

⑥ 願託桑蔭下湌 : ≪예문유취≫의 이 구절을 인용한 곳에는 '蔭'이 '陰'으로 되어 있고, '下湌'은 '下一食'으로 되어 있다.

類聚引蔭作陰, 下湌作下一食.

⑦ 下齎休焉 : '齎'는 行裝에 지니고 있는 짐이다. '休'는 쉼이다.

齎, 行裝所持也. 休, 息也.

⑧ 力桑不如見(國)〔公〕卿 : ≪예문유취≫의 이 구절을 인용한 곳에는 '國'이 '公'으로 되어 있다.

類聚引國作公.

⑨ 〔今〕吾有金 願以與夫人 : ≪예문유취≫ 및 ≪문선≫ 注의 이 구절을 인용한 곳에는 '吾' 위에 모두 '今'자가 있다. 여기에는 빠졌다.

類聚及選注引吾上俱有今字, 此脫.

⑩ 吾不願金 : ≪예문유취≫ 및 ≪문선≫ 注의 이 구절을 인용한 곳에는 '나는 남의 금을

---

134) 文選……있다 : ≪文選≫ 卷21 〈秋胡詩〉의 唐나라 李善의 注와 ≪藝文類聚≫ 卷18 〈人部2 賢婦人〉에 보인다.

135) 예문유취……있다 : ≪藝文類聚≫와 ≪太平御覽≫에는 모두 '見路旁有一美婦人方採桑'으로 되어 있고, ≪文選≫ 注에는 '見路旁有美婦人方採桑'으로 되어 있다.

원하지 않고'로 되어 있다.
類聚及選注引作"吾不願人之金".

집에 도착하여 금을 받들어 어머니에게 드렸다. 어머니가 사람을 시켜 그 아내를 불러오게 하여 아내가 왔는데 바로 조금 전 뽕을 따던 부인이었다. 추호자가 부끄러워하자, 부인이 말하기를 "당신이 상투를 묶고[136] 몸을 닦아 어버이를 하직하고 떠나가 벼슬살이를 하다가 5년 만에야 돌아오는 길이니, 응당 기뻐하며 곧장 치달려 먼지를 날리며 빨리 도착하여 어버이를 만나보기를 생각해야 하건만, 지금 도리어 길가의 여인에게 반하여 당신의 짐을 내리고 금을 주려고 하였습니다. 이는 어머니

魯秋潔婦

136) 상투를 묶고 : 원문의 '束髮'은 상투를 묶는 것으로, 成童의 代稱으로 쓰인다. ≪禮記≫ 〈玉藻〉에 "童子의 예절은 검은 삼베옷에 비단으로 선을 두르고 비단 끈에 맺는 곳도 비단으로 아우르며 비단으로 상투를 묶으니, 모두 붉은 비단이다.〔童子之節也 緇布衣錦緣 錦紳幷紐 錦束髮 皆朱錦也〕"라고 하였다.

를 잊은 것이니, 어머니를 잊음은 효성스럽지 못한 것입니다. 女色을 좋아하고 음탕한 것은 더러운 행실이니, 더러운 행실은 의롭지 못한 것입니다. 무릇 어버이를 섬김이 효성스럽지 못하면 임금을 섬김이 충성스럽지 못할 것이고, 집안에 처함이 의롭지 못하면 직무를 다스림이 순조롭지 못할 것이니, 孝와 義가 모두 없으면 반드시 어떤 일도 이루지 못할 것입니다. 저는 효성스럽지 못하고 의롭지 못한 사람을 차마 보지 못하겠습니다. 당신은 改娶하십시오. 저는 改嫁하지 않겠습니다." 하고, 마침내 떠나가 동쪽으로 달려가 河水에 몸을 던져 죽고 말았다.

至[137]家하여 奉金遺母하다 〔母〕[138]使人(喚)〔呼其婦〕[139]하여 婦至①[140]하니 乃嚮採桑者也러라 秋胡子[141]慙이어늘 婦曰 子束髮〔脩身〕②[142]하여 辭親往仕③라가 五年乃還④하니 當(所悅)〔懽喜〕[143]하여 〔乍〕[144]馳〔乍〕[145]驟하여 揚塵疾至⑤⑥⑦하여 〔思見親戚〕[146]이어늘 今也乃悅路傍婦人하여 下子之(糧)〔裝〕⑧[147]하고 以金予之⑨하니 是忘母也니 忘母不孝요 好色淫泆은 是汚行也니 汚行不義니이다 夫事親不孝면 則事君不忠하고 處家不義면 則治官不理하리니 孝義竝亡[148]이면 必不遂矣리이다 妾不忍見〔不孝不義之人〕[149]하니 子改娶矣하소서 妾亦不嫁호리이다하고 遂去而東走하여 投河而死[150]하다

137) 至 : ≪太平御覽≫에는 이 앞에 '歸'가 더 있다.

138) 〔母〕 : 저본에는 '母'가 없으나, 王照圓의 注에 의거하여 보충하였다.

139) (喚)〔呼其婦〕 : 저본에는 '喚'으로 되어 있으나, 王照圓의 注에 의거하여 '呼其婦'로 바로잡았다.

140) 〔母〕使人(喚)〔呼其婦〕 婦至 : ≪藝文類聚≫에는 '母使人呼其婦'로 되어 있고, ≪太平御覽≫에는 '母使人喚其婦 婦至'로 되어 있다.

141) 子 : ≪太平御覽≫, ≪文選≫ 注에는 이 뒤에 '見之而'가 더 있다.

142) 〔脩身〕 : 저본에는 '脩身'이 없으나, ≪列女傳校注≫, ≪太平御覽≫, ≪文選≫ 注에 의거하여 보충하였다.

143) (所悅)〔懽喜〕 : 저본에는 '所悅'로 되어 있으나, ≪太平御覽≫에 의거하여 '懽喜'로 바로잡았다.

144) 〔乍〕 : 저본에는 '乍'가 없으나, ≪太平御覽≫에 의거하여 보충하였다.

145) 〔乍〕 : 저본에는 '乍'가 없으나, ≪太平御覽≫에 의거하여 보충하였다.

146) 〔思見親戚〕 : 저본에는 '思見親戚'이 없으나, ≪太平御覽≫에 의거하여 보충하였다.

147) (糧)〔裝〕 : 저본에는 '糧'으로 되어 있으나, ≪太平御覽≫에 의거하여 '裝'으로 바로잡았다.

148) 亡 : ≪太平御覽≫에는 이 뒤에 '於身'이 더 있다.

149) 〔不孝不義之人〕 : 저본에는 '不孝不義之人'이 없으나, ≪太平御覽≫에 의거하여 보충하였다.

150) 投河而死 : ≪西京雜記≫에는 '赴沂水而死'로 되어 있다.

① 〔母〕使人(喚)〔呼其婦〕 婦至 : ≪文選≫ 注의 이 구절을 인용한 곳에는 "어머니가 사람을 시켜 그 아내를 불러오게 하였는데 아내가 이르니〔母使人呼其婦 婦至〕"로 되어 있다. 여기에는 '母', '其', '婦' 3자가 빠졌고, 또 '呼'가 '喚'으로 잘못되어 있다.

選注引作"母使人呼其婦婦至". 此脫母其婦三字, 又呼誤作喚.

② 【校注】〔脩身〕 : 2자가 舊本에는 빠졌다. ≪문선≫ 注와 ≪太平御覽≫ 〈宗親部〉에 따라 校勘 增補하였다.

二字舊脫. 從文選注太平御覽宗親部校增.

③ 子束髮〔脩身〕 辭親往仕 : ≪문선≫ 注의 이 구절을 인용한 곳에는 '束髮' 아래에 '修身' 2자가 있다. 여기에는 빠졌다.

選注引束髮下有修身二字, 此脫.

④ 五年乃還 : ≪문선≫ 注의 이 구절을 인용한 곳에는 '還' 위에 '得'자가 있다.

選注引還上有得字.

⑤ 當(所悅)〔懽喜〕……揚塵疾至 : ≪문선≫ 注의 이 구절을 인용한 곳에는 '當' 아래에 '見親戚' 3자가 있고, '所悅' 이하 8자가 없다. ≪태평어람≫의 이 구절을 인용한 곳에는 "응당 기뻐하며 곧바로 치달려서 먼지를 날리며 빨리 도착하여 친척을 만나기를 생각해야 하건만……"으로 되어 있다. 따라서 이곳과 ≪문선≫ 注에는 모두 缺文과 脫字가 있다는 것을 알 수 있는데, 이곳은 더욱 잘못되어 읽을 수가 없다.

選注引當下有見親戚三字, 而無所悅以下八字. 太平御覽引作"當懽喜, 乍馳乍驟, 揚塵疾至, 思見親戚"云云. 乃知此及選注, 俱有缺脫, 而此更誤, 不可讀也.

⑥ 【校注】 當(所悅)〔懽喜〕……揚塵疾至 : 段玉裁[151]의 校注에 말하기를 "'所'는 아마 '欣'의 誤字인 듯하다."라고 하였다. ≪문선≫ 注에는 '當見親戚'으로 되어 있고, ≪태평어람≫ 〈종친부〉에는 '至' 아래에 '思見親' 3자가 있다. 아마 본래는 '思見親戚' 한 구절이 있었을 듯한데, 지금은 빠졌다. 옛날에는 '父母'를 일러 親戚이라 하였다.

段校曰 "所蓋欣之誤." 文選注作"當見親戚", 太平御覽宗親部至下有"思見親"三字. 疑本有"思見親戚"一句, 今脫. 古者謂父母爲親戚.

⑦ 【校正】 當(所悅)〔懽喜〕……揚塵疾至 : 胡承珙[152]이 상고해보건대, '所'는 아마 '忻'자나 '訢'자의 誤字인 듯하다. 또 ≪詩經≫의 '惟是褊心 是以爲刺'를 인용하였는데, ≪毛詩≫에는 '惟'가 '維'로 되어 있으나, 王應麟[153]의 ≪詩考≫에 실린 石經 ≪魯詩≫의 殘碑에

151) 段玉裁 : 1735~1815. 淸代의 訓詁學家이자 經學家로, 자는 若膺, 호는 懋堂이다. 文字學에 특히 뛰어났으며 校勘에 정심하였다. 저서에 ≪說文解字注≫, ≪六書音韻表≫, ≪古文尙書撰異≫, ≪毛詩故訓傳定本≫, ≪經韻樓集≫ 등이 있다.

152) 胡承珙 : 1776~1832. 淸나라 학자로, 자는 景孟, 호는 墨莊, 安徽 涇縣 사람이다. 저서에 ≪永是堂詩文集≫, ≪毛詩後箋≫, ≪小爾雅義證≫, ≪儀禮古今文疏義≫, ≪爾雅古義≫ 등이 있다.

는 정말 '惟'로 되어 있으니, 이 또한 하나의 증거이다.[154]
承珙案所疑忻字或訢(흔)字之誤. 又引詩"惟是褊心, 是以爲刺", 毛詩惟作維. 王應麟詩考, 載石經魯詩殘碑, 正作惟, 此亦一證.

⑧【校注】(糧)〔裝〕: 舊本에는 '糧'으로 잘못되어 있다. ≪문선≫ 注와 ≪태평어람≫〈종친부〉에 따라 校勘 改正하였다.
舊誤糧. 從文選注太平御覽宗親部校改.

⑨ 下子之(糧)〔裝〕以金予之 : ≪문선≫ 注의 이 구절을 인용한 곳에는 '糧'이 '裝'으로 되어 있고, '予'가 '與'로 되어 있다.
選注引糧作裝, 予作與.

군자가 말하기를 "潔婦는 善에 靜純하였다."라고 하였다. 무릇 不孝는 그 어버이를 사랑하지 않고 다른 사람을 사랑하는 것보다 큰 것이 없으니, 秋胡子가 그런 점이 있었다. 孔子가 말하기를 "善을 보고는 미치지 못할 듯이 하며, 不善을 보고는 끓는 물을 더듬는 것처럼 하라."[155]라고 하였으니, 추호자의 아내를 두고 한 말이다. ≪詩經≫에 이르기를 "오직 이 마음이 좁은지라 이 때문에 풍자하노라."[156]라고 하였으니, 이를 두고 한 말이다.

君子曰 潔婦는 精於善이라하니라 夫不孝莫大於不愛其親而愛(其)〔他〕[157]人①이니 秋胡子有之矣로다 (君)〔孔〕[158]子曰② 見善如不及하고 見不善如探湯하라하니 秋胡子婦之謂也라 詩云 惟是褊(편)心③이라 是以爲刺하노라하니 此之謂也라

① 夫不孝莫大於不愛其親而愛(其)〔他〕人 : ≪孝經≫의 글에 근본한 말이다.[159] '其人'은 응

153) 王應麟 : 1223~1296. 宋나라 학자로, 자는 伯厚이고, 호는 深寧居士 또는 厚齋이다. 宋 理宗 때 博學宏詞科에 급제하여 禮部尙書兼給事中에 올랐다. 저서에 ≪困學記聞≫, ≪玉海≫, ≪三字經≫, ≪漢藝文志考證≫, ≪詩考≫ 등이 있다.

154) 또……증거이다 : ≪毛詩≫의 '維'가 誤字일 수도 있다는 말이다.

155) 善을……하라 : ≪論語≫〈季氏〉에 보이는 구절로, 孔子가 말하기를 "善을 보고는 미치지 못할 듯이 하며, 不善을 보고는 끓는 물을 더듬는 것처럼 하는 자를 나는 그러한 사람을 보았고, 그러한 말을 들었노라.〔見善如不及 見不善如探湯 吾見其人矣 吾聞其語矣〕"라고 하였다.

156) 오직……풍자하노라 : ≪詩經≫〈魏風 葛屨〉에 보인다.

157) (其)〔他〕: 저본에는 '其'로 되어 있으나, 王照圓의 注에 의거하여 '他'로 바로잡았다.

158) (君)〔孔〕: 저본에는 '君'으로 되어 있으나, 王照圓의 注에 의거하여 '孔'으로 바로잡았다.

159) 孝經의……말이다 : ≪孝經≫〈聖治章〉에 "자기 어버이를 사랑하지 않고 타인을 사랑하는 것을 悖德이라 하고, 자기 어버이를 공경하지 않고 타인을 공경하는 것을 悖禮라 한다.〔不愛其

당 '他人'이 되어야 하니, 이는 위의 〈'其親'과〉 연관되어 잘못된 오류이다.
本孝經文. 其人當作他人, 此涉上而誤.

② (君)〔孔〕子曰 : 위에 이미 '君子曰' 3자가 있으니, 이는 衍文으로 의당 刪去해야 한다. 아니면 '君子'는 응당 '孔子'가 되어야 한다.
上已有"君子曰"三字, 此衍宜刪. 或君子, 當作孔子.

③ 惟是褊心 : ≪毛詩≫에는 '惟'가 '維'로 되어 있다.
毛詩惟作維.

頌은 다음과 같다.

秋胡子가 서쪽으로 가서 벼슬하다가
오 년 만에 집으로 돌아왔도다
아내를 만났으나 알아보지 못하고
마음속에 음탕한 생각을 품었다네
아내는 지조가 변함이 없었으니
돌아와 서로 부부임을 알았다오
의롭지 못한 남편을 수치로 여겨
마침내 동쪽으로 河水에 몸을 던졌다네

頌曰 秋胡西仕라가 五年乃歸로다 遇妻不識하고 心有淫思로다 妻執無二러니 歸而相知로다 恥夫無義하여 遂東赴河로다

5-10 周나라 主父의 충직한 媵妾 周主忠妾

周나라 主父의 충직한 媵妾은 周나라 大夫의 아내를 따라온 媵妾이다. 大夫를 일컬어 主父라 하는데,[160] 主父가 衛나라로부터 周나라에 가서 벼슬살이를 하다가

親而愛他人者 謂之悖德 不敬其親而敬他人者 謂之悖禮〕"라고 하였다.

160) 大夫를……하는데 : 山東大學出版社本 ≪列女傳譯注≫의 張濤의 注에 "아마도 오류가 있는 듯하다. 婢妾이 남자 주인을 일컬어 '主父'라 하고, 여자 주인을 일컬어 '主母'라 한다.〔疑有誤 婢妾稱男主人爲主父 女主人爲主母〕"라고 하였다. '主'는 春秋戰國時代 大夫에 대한 호칭으로, 大夫의 아내도 남편의 호칭을 따라 '主'라 하였다. 국회도서관소장 諺解本 ≪고열녀전≫에는 "대부

2년 만에 장차 돌아오려고 하였다. 그 아내가 이웃 남자와 정을 통하고 있었는데, 主父에게 들킬까 두려워 그 姦夫가 이를 근심하니, 아내가 말하기를 "걱정하지 마오. 내가 독이 든 술을 빚어서 봉해 두고 기다리는 중이오." 하였다.

周主忠妾者는 周大夫妻之媵妾也라 大夫號主父라 自衛仕於周라가 二年①且歸라 其妻淫於隣人이러니 恐主父覺하여 其淫者憂之어늘 妻曰 無憂也어다 吾爲毒酒하여 封以待之矣니라

① 自衛仕於周 二年 : ≪藝文類聚≫와 ≪初學記≫의 이 구절을 인용한 곳에는 '周나라 왕실의 대부가 周나라에서 벼슬하였다.'로 되어 있다.[161] ≪戰國策≫에 이르기를 "周나라의 上埊에 어떤 丈夫가 벼슬살이를 하면서 3년 동안 돌아오지 않았다."라고 하였다.[162]
藝文類聚・初學記引作"周室大夫仕於周." 戰國策云 "周之上埊(지), 有丈夫官三年不歸."

사흘 뒤에 主父가 도착하자, 그 아내가 말하기를 "제가 당신을 위로하기 위해 술을 빚어 봉해 두고 기다리고 있었습니다." 하고는, 媵婢로 하여금 술을 가져다 올리도록 하였다. 잉비는 그것이 독이 든 술이라는 것을 알아차리고는, 내심 술을 올리

를 이름하여 주부라 하는지라"라고 풀이하였다.

161) 藝文類聚와……있다 : ≪藝文類聚≫ 卷35 〈人部19 婢〉와 ≪初學記≫ 卷19 〈人部下 奴婢第6〉에 보인다. 참고로 ≪太平御覽≫도 같다.

162) 戰國策에……하였다 : ≪戰國策≫ 卷29 〈燕策〉에 보인다. 참고로 여기에는 "신이 왕을 위해 비유해보겠습니다. 옛날에 周나라의 上埊에 일찍이 이런 일이 있었습니다. 그 丈夫가 벼슬살이를 하면서 3년 동안 돌아오지 않으니, 그 아내가 다른 사내를 사랑하였습니다. 그 情夫가 '그대의 남편이 돌아오면 장차 어찌한단 말이오.' 하자, 그 아내가 '걱정하지 마십시오. 내가 이미 약이 든 술을 빚어 남편이 오는 것에 대비하고 있습니다.' 하였습니다. 이윽고 그 장부가 과연 돌아오자, 이에 그 妾으로 하여금 약이 든 술을 따라 올리게 하였습니다. 그 첩이 이를 알고는 중도에 서서 생각하기를 '내가 이 술을 우리 주부에게 마시게 하면 우리 주부를 살해하는 것이고, 이 일을 우리 주부에게 고하면 우리 主母를 내쫓는 것이니, 우리 주부를 살해하고 우리 주모를 내쫓기 보다는 차라리 거짓으로 넘어져 엎지르는 것이 낫겠다.' 하고는, 이에 거짓으로 쓰러지며 엎어졌습니다. 그러자 그 아내가 말하기를 '먼 길을 온 당신을 위해 일부러 맛난 술을 담근 것인데, 지금 첩이 받들고 가다가 엎어졌습니다.' 하니, 그 장부가 알지 못하고 그 첩을 결박하여 매질하였습니다.〔臣請爲王譬 昔周之上埊 嘗有之 其丈夫官三年不歸 其妻愛人 其所愛者曰 子之丈夫來 則且奈何乎 其妻曰 勿憂也 吾已爲藥酒而待其來矣 已而 其丈夫果來 於是因令其妾酌藥酒而進之 其妾知之 半道而立 慮曰吾以此飮吾主父 則殺吾主父 以此事告吾主父 則逐吾主母 與殺吾父逐吾主母者 寧佯躓而覆之 於是因佯僵而仆之 其妻曰 爲子之遠行來之 故爲美酒 今妾奉而仆之 其丈夫不知 縛其妾而笞之〕"라고 하였다.

면 주부를 죽이는 것이니 의롭지 못한 짓이고, 사실을 말하면 또 主母를 죽이는 것이니 충성스럽지 못한 짓이라 생각하여, 머뭇거리다가 이어 거짓으로 쓰러지며 술을 엎지르니, 주부가 노하여 매질을 하였다. 이윽고 아내는 잉비가 사실을 발설할까 두려워 다른 過失을 트집 잡아 매질하여 죽이려고 하였는데, 잉비는 장차 죽을 줄 알면서도 끝끝내 발설하지 않았다.

三日에 主父至하니 其妻曰 吾爲子勞하여 封酒相待러니이다하고 使媵婢로 取酒而進之하다 媵婢心知其毒酒也하고 計念進之則殺主父니 不義요 言之又殺主母니 不忠이라하여 猶與①라가 因陽僵覆(복)酒②하니 主(大)〔父〕[163] 怒而笞之③④하다 旣已오 妻恐媵婢言之하여 因以他過笞欲殺之어늘 媵知將死로대 終不言이러라

① 猶與 : 의혹하여 결정하지 못함을 말한다. ≪禮記≫ 〈曲禮〉에 말하기를 "猶與를 결정한다."라고 하였다.[164]
言疑惑不定也. 曲禮曰 "定猶與."

② 因陽僵覆酒 : '陽'은 '佯'과 같고, '僵'은 '仆'와 같다. ≪戰國策≫에 말하기를 "거짓으로 쓰러지며 엎어졌다."라고 하였다. '覆'은 기울여 엎는 것을 말한다.
陽, 與佯同. 僵, 猶仆也. 國策曰 "因佯僵而仆之." 覆, 謂傾覆也.

③ 主(大)〔父〕怒而笞之 : '大'는 '父'자의 誤字인 듯하다. ≪藝文類聚≫와 ≪初學記≫의 이 구절을 인용한 곳에는 모두 '主父'로 되어 있다.
大蓋父字之誤也. 類聚・初學記, 俱引作主父.

④ 【校注】 主(大)〔父〕怒而笞之 : '父'는 舊本에는 '大'로 잘못되어 있다. ≪초학기≫ 〈人部下〉, ≪예문유취≫ 〈人部 19〉, ≪太平御覽≫ 〈人事部 141〉에 따라 校勘 改正하였다.
父舊誤大. 從初學記人部下・藝文類聚人部十九・太平御覽人事部一百四十一校改.

---

163) (大)〔父〕: 저본에는 '大'로 되어 있으나, 王照圓의 注에 의거하여 '父'로 바로잡았다.

164) 禮記……하였다 : ≪禮記≫ 〈曲禮 上〉에 "거북점을 '卜'이라 하고 주역점을 '筮'라 하니, 卜筮는 선대의 聖王이 사람들로 하여금 時日을 믿게 하고 귀신을 공경하고 法令을 두려워하게 한 것이며, 사람들로 하여금 혐의를 결단하고 猶與를 결정하게 한 것이다.〔龜爲卜 筴爲筮 卜筮者 先聖王之所以使民信時日 敬鬼神 畏法令也 所以使民決嫌疑 定猶與也〕"라고 하였다. 이에 대한 孔穎達의 疏에 "≪說文解字≫에 '猶는 짐승의 이름이니 원숭이 종류이고, 與 또한 짐승의 이름이니 코끼리 종류이다. 두 짐승은 모두 나아가고 물러남에 의심이 많은데, 사람 가운데 의혹이 많은 자가 이와 비슷하기 때문에 이를 猶與라 이른다.' 하였다.〔說文云 猶獸名 玃屬 與亦是獸名 象屬 此二獸 皆進退多疑 人多疑惑者 似之 故謂之猶與〕"라고 하였다.

周主忠妾

主父의 아우가 그 일을 듣고는 주부에게 자세히 내막을 고하니, 주부가 깜짝 놀라 마침내 媵婢를 풀어주고 그 아내를 매질하여 죽여 버렸다. 그러고는 사람을 시켜 몰래 잉비에게 물어보게 하기를 "너는 그 사실을 알면서도 어찌하여 말하지 않고 도리어 죽을 뻔하였느냐?" 하니, 잉비가 말하기를 "〈말을 하면〉 主母를 죽여서 제가 사는 것이고 또 주모의 이름을 더럽히는 것이니, 제가 죽으면 죽었지 어찌 이를 말하겠습니까." 하였다.

主父弟聞其事하고 **具以告主父**하니 **主父驚**하여 **乃免媵婢**하고 **而笞殺其妻**하다 **使人陰問媵婢曰 汝知其事**어늘 **何以不言**하고 **而反幾死乎**아 **媵婢曰 殺主以自生**①이오 **又有辱主之名**하리니 **吾死則死耳**어니와 **豈言之哉**리잇가

① 殺主以自生 : '主'는 主母를 이른다. ≪國語≫에 "主孟은 나에게 술 한 잔 주시오."라고 하였는데, 韋昭의 注에 이르기를 "大夫의 아내를 '主'라 일컬으니, 남편의 호칭을 따른 것이다."라고 하였다.[165]

主謂主母也. 國語曰"主孟啗(담)我", 注云 "大夫之妻稱主, 從夫稱也."

主父가 그 의로움을 높이 여기고 그 뜻을 귀하게 여겨 장차 맞이하여 아내로 삼으려 하니, 媵婢가 사양하여 말하기를 "主母가 욕되이 죽었는데 저 혼자 살고자 하면 이는 禮가 없는 것이요, 주모의 자리에 대신 들어가고자 하면 이는 禮에 어긋나는 것입니다. 예가 없는 것과 예에 어긋나는 것 가운데 한 가지만 있으면 그나마 괜찮겠지만, 지금 둘 다 가진다면 살아가기 어려울 것입니다."라고 하고는, 스스로 목숨을 끊으려 하였다. 主父가 이를 듣고 마침내 幣帛을 후하게 하여 다른 곳으로 시집보내려 하니, 사방 이웃들이 다투어 그녀에게 장가들고자 하였다.

主父高其義하고 貴其意하여 將納以爲妻하니 媵婢辭曰 主辱而死로대 而妾獨生인댄 是無禮也요 代主之處인댄 是逆禮也니 無禮逆禮에 有一猶愈어니와 今盡有之인댄 難以生矣리이다하고 欲自殺하다 主聞之[166]하고 乃厚幣而嫁之하니 四隣爭娶之러라

군자가 이르기를 "충직한 잉첩은 어질고 후덕하도다."라고 하였다. 무릇 아름다운 명성은 아무리 미약하더라도 들리지 않음이 없고, 훌륭한 행실은 아무리 은미하더라도 드러나지 않음이 없다. ≪詩經≫에 이르기를 "말에 응답하지 않음이 없고, 덕에 보답하지 않음이 없다."[167]라고 하였으니, 이를 두고 한 말이다.

君子謂 忠妾爲仁厚라하니라 夫名無細而不聞이요 行無隱而不彰이라 詩云 無言不酬[168]며 無德不報니라하니 此之謂也라

頌은 다음과 같다.

165) 國語에……하였다 : ≪國語≫ 卷8 〈晉語 2〉에 "술이 반쯤 취하였을 때 優施가 일어나 춤을 추면서 里克의 아내에게 일러 말하기를 '主孟은 나에게 술 한 잔 주시오. 내가 里克으로 하여금 한가하고 즐겁게 임금을 섬기도록 해 드리겠습니다.' 하였다.〔中飮 優施起舞 謂里克妻曰 主孟啗我 我教兹暇豫事君〕"라고 하였는데, 이에 대한 吳나라 韋昭의 注에 "大夫의 아내를 '主'라 일컬으니, 남편의 호칭을 따른 것이다. '孟'은 里克의 아내의 字이다."라고 하였다.

166) 主聞之 : ≪太平御覽≫에는 '主父'로 되어 있다.

167) 말에……없다 : ≪詩經≫ 〈大雅 抑〉에 보인다.

168) 酬 : ≪詩經≫에는 '讎'로 되어 있다.

周나라 主父의 충직한 媵妾은
자애롭고 어질며 차례가 있었도다
주부의 아내가 음란하고 사벽하여
약이 든 술로 주부를 독살하려 하였다네
잉첩을 시켜 받들어 올리게 하자
일부러 넘어져 화를 막았다오
충직함이 주부를 온전하게 하였으니
마침내 두터이 그 복을 받았다네

頌曰 周主忠妾은 慈惠有序로다 主妻淫僻하여 藥酒毒主로다 使妾奉進이어늘 僵以除賊이로다 忠全其主하니 終蒙其福이로다

5-11 魏나라의 節義 있는 乳母 魏節乳母

魏나라의 節義 있는 乳母는 魏나라 公子의 乳母이다. 秦나라가 위나라를 공격하여 패배시킨 뒤, 위나라 왕 瑕를 죽이고 여러 공자들도 모두 죽여 버렸는데, 한 공자만 잡지 못하였다. 이에 위나라에 令을 내리기를 "공자를 잡아 오는 자는 황금 千鎰을 하사할 것이고, 숨기는 자는 罪가 滅族에 이를 것이다." 하였다.

魏節乳母者는 魏公子之乳母〔也〕①[169]라 秦攻魏하여 破之하고 殺魏王瑕②하고 誅諸公子로대 而一公子不得이라 令魏國曰 得公子者는 賜金千鎰하고 匿之者는 罪至夷③하리라

① 魏公子之乳母〔也〕: '母' 아래 '也'자가 빠졌다.
母下脫也字.

② 殺魏王瑕 : ≪史記≫에는 '殺'은 '虜'로 되어 있고, '瑕'는 '假'로 되어 있다.
史記殺作虜, 瑕作假.

③ 匿之者 罪至夷 : '匿'은 숨긴다는 뜻이다. '夷'는 멸한다는 뜻이니, 그 가족을 모두 죽여 없애는 것을 말한다.
匿, 隱也. 夷, 滅也, 言滅其族.

---

169) 〔也〕: 저본에는 '也'가 없으나, 王照圓의 注에 의거하여 보충하였다.

절의 있는 乳母가 公子와 함께 도망하였는데, 위나라의 옛 신하가 유모를 보고 알아보며 말하기를 "유모는 아무 탈이 없는가?" 하니, 유모가 말하기를 "아! 제가 공자를 어찌하면 좋겠습니까?" 하였다. 옛 신하가 말하기를 "지금 공자는 어디 있는가? 내 들으니 秦나라의 令에 '공자를 잡아 오는 자가 있으면 황금 千鎰을 하사하고, 숨기는 자는 罪가 滅族에 이를 것이다.' 하였으니, 유모가 만약 말을 하면 千金을 얻을 수 있을 것이지만, 알면서도 말하지 않으면 형제들까지 씨가 마를 것이네." 하니, 유모가 말하기를 "아! 저는 공자가 있는 곳을 모릅니다." 하였다. 옛 신하가 말하기를 "나는 공자가 유모와 함께 달아났다고 들었네." 하니, 유모가 말하기를 "제가 비록 안다 해도 끝내 말할 수 없습니다." 하였다.

節乳母與公子俱逃러니 魏之故臣見乳母而識之曰 乳母無恙乎아 乳母曰 嗟乎라 吾柰公子何잇고 故臣曰 今公子安在아 吾聞秦令曰 有能得公子者인댄 賜金千鎰하고 匿之者는 罪至夷라하니 乳母儻(당)言之면 則可以得千金이어니와 知而不言이면 則昆弟無類矣리라 乳母曰 吁라 吾不知公子之處로소이다 故臣曰 我聞公子與乳母俱逃라 母曰 吾雖知之라도 亦終不可以言이니이다

옛 신하가 말하기를 "지금 魏나라가 이미 멸망하였고 王族도 이미 멸족되었는데, 자네가 公子를 숨기는 것은 오히려 누구를 위해서인가?" 하니, 유모가 한숨을 쉬며 말하기를 "무릇 이익을 보고 윗사람을 배반하는 것은 逆이고, 죽음을 두려워하여 義를 저버리는 것은 亂이니, 지금 逆과 亂을 가지고서 이익을 구하는 짓은 저는 하지 않습니다. 그리고 무릇 남을 위해 자식을 기르는 것은 힘써 살리고자 해서이지 죽이기 위해서가 아니니, 어찌 상금이 이롭고 주벌이 두렵다는 이유로 정대한 義를 폐하고 도리에 어긋나는 행위를 할 수 있겠습니까. 저는 살아 있는 한 공자로 하여금 잡히게 할 수 없습니다." 하였다. 그리고는 마침내 공자를 안고 깊숙한 藪澤 속으로 달아났다.

故臣曰 今魏國已破亡하고 族已滅이어늘 子匿之는 尙誰爲乎아 母吁而言曰 夫見利而反上者는 逆也요 畏死而棄義者는 亂也니 今持逆亂하여 而以求利는 吾不爲也로소이다 且夫凡爲人養子者는 務生之요 非爲殺之也니 豈可利賞畏誅之故로 廢正義而行逆節哉리잇고 妾不能生而令公子禽也로소이다하고 遂抱公子하여 逃於深澤之中하다

魏節乳母

옛 신하가 이 사실을 秦나라 군사에게 고하자 진나라 군사들이 쫓아가 발견하고는 다투어 활을 쏘니, 乳母가 자신의 몸으로 公子를 가려 화살이 수십 발이나 몸에 박혀 공자와 함께 죽고 말았다. 秦나라 왕이 이를 듣고는 그 충성을 지키고 의리에 죽은 것을 귀히 여겨 마침내 卿의 禮로 장례를 치러 주고 太牢[170]로 제사를 지내 주었으며, 그 오빠에게 은택을 베풀어 五大夫[171]로 삼고 황금 百鎰을 하사하였다.

故臣以告秦軍이어늘 秦軍追見하여 爭射之하니 乳母以身爲公子蔽하여 矢著(착)身者數十[①]이라 與公子俱死하다 秦王聞之하고 貴其守忠死義하여 乃以卿禮葬之하고 祠以太牢하며 寵其兄爲五

---

170) 太牢 : 祭祀에 소, 양, 돼지의 세 희생이 모두 갖추어진 것을 말한다.

171) 五大夫 : 秦代의 爵位 이름으로, 20等級의 작위 가운데 9번째 작위이다. 참고로 20등급의 작위는 다음과 같다. 1 公士, 2 上造, 3 簪嫋, 4 不更, 5 大夫, 6 官大夫, 7 公大夫, 8 公乘, 9 五大夫, 10 左庶長, 11 右庶長, 12 左更, 13 中更, 14 右更, 15 少上造, 16 大上造, 17 駟車庶長, 18 大庶長, 19 關內侯, 20 徹侯.

大夫②하고 賜金百鎰이러라

① 矢著身者數十 : ≪韓詩外傳≫ 卷9에는 “열 두 대의 화살을 맞았다.”라고 하였다.
韓詩外傳云 “著十二矢.”

② 寵其兄爲五大夫 : ‘五大夫’는 아홉 번째 爵位이다.
五大夫, 第九爵也.

군자가 이르기를 “절의 있는 乳母는 자애롭고 돈후하며, 의를 중시하고 재물을 가벼이 여겼다.”라고 하였다. 禮에 어린아이의 방을 宮中에 〈따로〉 만들고 여러 妾과 의탁할 만한 자 중에서 가리되,[172] 반드시 그 마음씨가 寬裕하고 慈惠로우며 溫良하고 恭敬하며 謹愼하고 말이 적은 자를 구하여, 그들로 하여금 자식의 스승〔師〕으로 삼고 그 다음가는 사람은 慈母로 삼고 그 다음가는 사람은 保母를 삼아서,[173] 모두 자식의 방에 거처하면서 양육 보전하게 하고, 다른 사람은 일이 없으면 그 방에 가지 못하게 하였다. 무릇 성품이 자애롭기 때문에 능히 사랑을 쏟는 것이다. 그러므로 젖을 먹이는 개는 범을 물기도 하고 알을 품은 닭은 살쾡이를 쪼기도 하는 것이니, 이는 사랑이 가슴속에서 나왔기 때문이다. ≪詩經≫에 이르기를 “길가에 죽은 사람이 있으면 오히려 묻어주기도 한다.”[174]라고 하였으니, 이를 두고 한 말이다.

君子謂 節乳母는 慈惠敦厚하고 重義輕財라하니라 禮에 爲[175]孺子室於宮하고 擇諸母及[176]阿者①②호대 必求其寬(然)〔裕〕[177]慈惠③④하고 溫良恭敬하고 愼而寡言者하여 使爲子師하고 次[178]爲慈母하고 次[179]爲保母하여 皆居子室하여 以養全之[180]하고 他人無事不得[181]往하니라 夫慈故能

---

172) 여러……가리되 : 원문은 ‘擇諸母及阿者’인데, ≪禮記集說≫ 〈內則〉의 陳澔의 注에 “‘諸母’는 여러 妾이고, ‘可者’는 비록 여러 妾의 반열은 아니나 혹 傅御의 등속 가운데 자식의 스승이 될 만한 자를 이른다.〔諸母 衆妾也 可者 謂雖非衆妾之列 或傅御之屬 可爲子師者也〕”라고 하였다.

173) 그들로……삼아서 : 陳澔의 注에 “師는 善한 道로써 자식을 가르치는 자요, 慈母는 그 자식의 하고자 하는 것과 싫어하는 것을 살피는 자요, 保母는 그의 잠자리와 거처함을 편안히 하는 자이다.〔師 敎以善道者 慈母 審其欲惡者 保母 安其寢處者〕”라고 하였다.(≪禮記集說≫ 〈內則〉)

174) 길가에……한다 : ≪詩經≫ 〈小雅 小弁〉에 보인다.

175) 爲 : ≪禮記≫ 〈內則〉에는 이 앞에 ‘異’가 더 있다.

176) 及 : ≪禮記≫에는 ‘與’로 되어 있다.

177) (然)〔裕〕 : 저본에는 ‘然’으로 되어 있으나, ≪列女傳校注≫에 의거하여 ‘裕’로 바로잡았다.

178) 次 : ≪禮記≫에는 이 앞에 ‘其’가 더 있다.

179) 次 : ≪禮記≫에는 이 앞에 ‘其’가 더 있다.

愛라 乳狗搏虎하고 伏鷄搏狸⑤⑥하니 恩出於中心也일새니라 詩云 行有死人이어든 尙或墐(근)之라하니 此之謂也라

① 擇諸母及阿者 : '阿'는 기댄다는 뜻이니, 의탁할 만함을 말한다. ≪禮記≫ 〈內則〉에는 '可'로 되어 있으니, 발음으로 가차한 글자일 뿐이다. 만약 讀音을 '可'로 하면, 여러 妾들 중에서 가리면 곧 그 가한 자를 가리는 것이니, 어찌 다시 '가한 자〔可者〕'를 말할 필요가 있겠는가.
阿, 倚也, 言可倚託也. 內則(칙)作可, 蓋聲借字耳. 若讀作可, 則擇於諸母, 卽擇其可矣. 何假更言可者也.

② 【校注】 擇諸母及阿者 : ≪예기≫ 〈내칙〉에는 '可者'로 되어 있고, 鄭玄의 注에 "'可者'는 傅御의 등속이다."라고 하였다. 〈齊孝孟姬傳〉과 〈楚平伯嬴傳〉을 상고해보면 모두 '保阿'라고 말하였으니,[182] 아마 ≪예기≫에도 '阿'로 되었을 터인데 그 반이 빠지고 문드러진 것일 뿐인 듯하다. ≪說文解字≫에 "'妿'는 여자 스승이다. 讀音은 '阿'와 같다."라고 하였으니,[183] '妿'가 正字이고 '阿'가 假借字이다.
禮記內則作可者, 鄭注"可者傅御之屬". 案齊孝孟姬傳・楚平伯嬴傳, 皆言保阿, 疑禮亦作阿, 脫壞其半耳. 說文"妿(아)女師也, 讀若阿", 妿正字, 阿假借字.

③ 必求其寬(然)〔裕〕慈惠 : ≪예기≫ 〈내칙〉에는 '然'이 '裕'로 되어 있다.
內則然作裕.

④ 【校注】 必求其寬仁慈惠 : '仁'은 舊本에는 '然'으로 잘못되어 있다. 다른 판본에 따라 校勘 改正하였다. ≪예기≫에는 '裕'로 되어 있다.
仁舊誤然. 從別本校改. 禮記作裕.

⑤ 乳狗搏虎 伏鷄搏狸 : '乳'는 젖을 먹이는 것이다. '伏'이란 말은 품는다는 뜻이다. '搏'은 공격함이니, 모두 자기 새끼를 해칠까 두려워해서이다.
乳者, 乳哺之也. 伏之言, 抱也. 搏, 擊也, 皆恐傷其子.

⑥ 【集注】 乳狗搏虎 伏鷄搏狸 : ≪荀子≫ 卷2 〈榮辱篇〉에 "젖을 먹이는 돼지는 범을 들이받고, 젖을 먹이는 개는 멀리 나가 놀지 않는다."라고 하였고, ≪淮南子≫ 卷17 〈說林訓〉에 "젖을 먹이는 개가 범을 물고 알을 품은 닭이 살쾡이를 쪼는 것은 사랑을 쏟는 대상에는 자신의 힘을 헤아리지 않기 때문이다."라고 하였다.
荀子乳彘觸虎, 乳狗不遠遊. 淮南子乳狗之噬(서)虎也, 伏鷄之搏狸也, 恩之所加, 不量其力.

---

180) 以養全之 : ≪禮記≫에는 없다.
181) 得 : ≪禮記≫에는 없다.
182) 齊孝孟姬傳과……말하였으니 : 본서 卷4 〈齊孝孟姬〉와 〈楚平伯嬴〉에 자세히 보인다.
183) 說文解字에……하였으니 : ≪說文解字≫ 卷12 〈女部〉에 보인다.

頌은 다음과 같다.

秦나라가 魏나라를 멸망시킨 뒤
魏王의 자손에게 돈을 걸었다네
公子를 양육하던 유모가
공자와 함께 도망하여 숨었다오
절의를 지키고 임무를 고집하여
이익을 위해 배반하지 않았도다
마침내 죽음도 두려워하지 않았으니
이름이 드러나 세상에 남았다오

頌曰 秦旣滅魏하고 購其子孫이로다 公子乳母가 與俱(遁逃)〔逃遁〕①[184)]이로다 守節執事하여 不爲利違로다 遂死不顧하니 名號顯遺②③로다

① 與俱(遁逃)〔逃遁〕: 응당 '逃遁'이 되어야 한다. 문장이 잘못 도치되었고, 게다가 韻도 맞지 않는다.
當作逃遁. 文誤倒, 又失韻.

② 名號顯遺 : '遺'자는 오류인 듯하다.
遺字蓋誤.

③【集注】名號顯遺 : 王照圓이 이르기를 "'遺'자는 오류인 듯하다."고 하였다. 내가 상고해 보건대, '遺'에는 留의 뜻과 餘의 뜻이 있으니, 의미가 통한다.
王云 "遺字蓋誤." 道管案遺有留義餘義, 可通.

5-12 梁나라의 節義 있는 姑母 梁節姑姊

梁나라의 節義 있는 姑母는 梁나라의 婦人이다. 그 집에 불이 났을 때 오빠의 아들과 자신의 아들이 방안에 있었는데, 오빠의 아들을 구하려고 들어갔다가 자신의 아들만 찾아내고 오빠의 아들은 찾아내지 못하였다.

梁節姑姊者①는 梁之婦人也라 (因)〔其室〕[185)] 失火②에 兄子與(其)[186)] 己子[187)] 在內中③④⑤이어늘

184) (遁逃)〔逃遁〕: 저본에는 '遁逃'로 되어 있으나, 王照圓의 注에 의거하여 '逃遁'으로 바로잡았다.

欲取兄子라가 輒得其子하고 獨不得兄子라

① 梁節姑姊者 : '姊'는 응당 妹가 되어야 한다.[188] 지금 판본은 모두 잘못되었고, 오직 ≪春秋左氏傳≫에 대한 ≪經典釋文≫의 주석에만 잘못되지 않았는데, 이 ≪列女傳≫을 인용하면서 "梁나라에 節姑妹가 있다 하였는데, 아버지의 누이동생을 이른다."라고 하였으니,[189] 옳다.

姊當作妹. 今本俱誤, 唯左傳釋文不誤, 引此傳"稱梁有節姑妹, 謂父之妹也", 是矣.

② (因)〔其室〕失火 : ≪太平御覽≫의 이 구절을 인용한 곳에는 '其室失火'로 되어 있다.
太平御覽引作"其室失火".

③ 兄子與(其)己子在內中 : '其'자나 '己'자가 衍字이다.
其字或己字衍.

④【校注】兄子與(其)己子 : '己' 위에 舊本에는 '其'자가 더 들어가 있다. ≪태평어람≫ 〈宗親部3 姑〉에 따라 校勘 删去하였다. 또 〈人事部63 義婦〉에는 '與其子'로 되어 있고 '己'자가 없다.
己上舊衍其字, 從太平御覽校删. 又人事部作"與其子", 無己字.

⑤【校正】子在內中 : 王念孫[190]이 상고해보건대, '內中'의 '中'은 衍文이 아니다. 옛날에 室을 일러 內라 하였다. ≪尚書大傳≫ 卷3에 "天子의 堂은 너비가 9雉[191]이니, 그 너비를 3등분하여 2로 內를 삼고, 그 內를 5등분하여 1로 高를 삼는다."라고 하였고, ≪史記≫ 卷118 〈淮南王安傳〉에 "太子를 폐하여 妃와 內를 같이하게 하였다."라고 하였고, ≪漢書≫ 卷49 〈鼂錯傳〉에 "집에 하나의 堂과 둘의 內가 있었다."라고 한 것이 이것이다. 따라서 '內中'은 室中이니, ≪韓非子≫ 卷10 〈內儲說篇〉에 "燕나라 사람 李季는 멀리 나가 놀기를 좋아하였다. 그 아내가 어떤 선비와 私通하였는데, 李季가 갑자기 왔을 때 선비가 內中에 있었다."라고 하였고, ≪사기≫ 卷28 〈封禪書〉에 "芝草가 궁전의 房內中

---

185) (因)〔其室〕: 저본에는 '因'으로 되어 있으나, ≪藝文類聚≫와 ≪太平御覽≫에 의거하여 '其室'로 바로잡았다.

186) (其) : 저본에는 '其'가 있으나, ≪列女傳校注≫에 의거하여 衍文으로 처리하였다.

187) (其)己子 : ≪藝文類聚≫에는 '二子'로 되어 있고, ≪太平御覽≫에는 '己子三人'으로 되어 있다.

188) 응당……한다 : 이에 대한 자세한 내용은 본서 卷5 〈魯義姑姊〉의 原注에 자세히 보인다.

189) 오직……하였으니 : 唐나라 陸德明의 ≪經典釋文≫ 卷18 〈春秋左氏音義之四 襄三第十六〉의 '傳二十一年公姑姊'에 보인다.

190) 王念孫 : 1744~1832. 淸나라 經學家로, 자는 懷祖, 호는 石臞, 江蘇 高郵 사람이다. 어려서부터 총명하여 8세 때 十三經을 독파하였으며, 翰林院庶吉士, 工部主事 등을 역임하였다. 저서에 ≪讀書雜志≫, ≪釋大≫, ≪王石臞先生遺文≫ 등이 있다.

191) 雉 : 古制에 높이 1丈, 길이 3丈이 1雉이다.

에 났다."라고 하였고, 이어서 卷49 〈外戚世家〉에 "딸이 도망하여 內中의 침상 아래에 숨었다."라고 하였고, ≪한서≫ 卷6 〈武帝紀〉에 "甘泉宮의 內中에 芝草가 났다."라고 하였고, 이에 대한 顔師古의 注에 "'內中'은 後庭의 방이다."라고 한 것이 이것이다.

念孫案內中之中, 非衍文. 古者謂室爲內, 書大傳曰"天子堂廣九雉, 三分其廣, 以二爲內. 五分其內, 以一爲高", 史記淮南傳曰"閉太子, 使與妃同內", 漢書鼂錯(조)傳曰"家有一堂二內", 是也. 內中, 室中也. 韓子內儲說篇曰"燕人李季好遠出, 其妻私有通于士, 季突至, 士在內中", 史記封禪書曰"有芝生殿房內中", 續外戚世家曰"女亡匿內中牀下", 漢書武帝紀曰"甘泉宮內中產芝", 顔籀(주)曰"內中, 謂後庭之室", 是也.

불이 세차게 타올라 더 이상 들어갈 수 없게 되자, 부인이 스스로 불 속에 뛰어들어 죽으려 하였다. 그 벗이 막으며 말하기를 "그대가 본래 오빠의 아들을 구하러 갔다가 황망 중에 갑자기 잘못 그대의 아들을 구했으니, 마음이 어떻겠습니까마는 어찌 스스로 불 속에 뛰어들기까지 한단 말이오." 하니, 부인이 말하기를 "梁나라에 어찌 집집마다 고하고 사람마다 이해시킬 수 있겠소. 의롭지 못하다는 오명을 입고서 무슨 낯짝으로 형제들과 나라 사람들을 대하겠소. 내 다시 내 아들을 불에 던지고

梁節姑姊

싶지만 어미의 恩情을 잃어버리는 짓이오. 나는 형세로 보아 살아갈 수 없소." 하고는, 끝내 불 속에 뛰어들어 죽고 말았다.

火[192]盛하여 不得復入이어늘 婦人將自趣[193]火하니 其友[194]止之曰 子本欲取兄之子러기 惶恐卒誤得爾子①하니 中心謂何[195]리오마는 何至自赴火리오 婦人曰 梁國에 豈可戶告人曉也[196]리오 被不義之名하고 何面目以見兄弟國人哉리오 吾欲復投吾子나 爲失母之恩②③[197]이라 吾勢不可以生[198]이라하고 遂赴火而死하다

① 【校注】 惶恐卒誤得爾子 : '卒'은 '猝'과 같다.
卒, 與猝同.

② 吾欲復投吾子 爲失母之恩 : '投'는 〈자식을〉 불 속에 던지는 것을 이른다. 전에 이미 한두 번 자식을 던졌을 것이니, 어머니의 사랑을 잃은 것이 무엇이 이보다 심하겠는가. 節姑姊는 또한 잔인하다 하겠다!
投謂投諸火也. 前已一再投之矣, 失母之恩孰甚焉. 節姑姊亦忍矣哉!

③ 【集注】 吾欲復投吾子 爲失母之恩 : 내가 상고해보건대, ≪列女傳補注≫에서 "전에 이미 한두 번 던졌다."는 것은 명확한 기록이 없다. '다시 던지고 싶다.〔復投〕'는 말은 본래 불 속에 갇혀 있었는데 지금 잘못 데리고 나왔으므로 다시 던져 넣고 싶다는 말이다.
道管案"前已一再投", 無明文. "復投"云者, 謂本陷火中, 今誤取出, 欲復投入也.

군자가 이르기를 "절의 있는 고모는 깨끗하고 오점이 없었다."라고 하였다. ≪詩經≫에 이르기를 "저 그 사람이여, 목숨을 버리면서 변치 않았도다."[199]라고 하였으니, 이를 두고 한 말이다.

君子謂 節姑姊는 潔而不汚라하니라 詩曰 彼其之子여 舍命不渝(투)로다하니 此之謂也라

192) 火 : ≪太平御覽≫에는 이 앞에 '及'이 있다.
193) 趣 : ≪太平御覽≫에는 '赴'로 되어 있다.
194) 友 : ≪太平御覽≫에는 '夫'로 되어 있다.
195) 中心謂何 : ≪太平御覽≫에는 '至於中心 亦已足矣'로 되어 있다.
196) 也 : ≪藝文類聚≫와 ≪太平御覽≫에는 모두 '耶'로 되어 있다.
197) 爲失母之恩 : ≪太平御覽≫에는 '又失母子之情'으로 되어 있다.
198) 吾勢不可以生 : ≪太平御覽≫에는 '誓不生'으로 되어 있다.
199) 저……않았도다 : ≪詩經≫ 〈鄭風 羔裘〉에 보인다.

頌은 다음과 같다.

梁나라의 節義 있는 고모는
의리에 의거하고 도리를 지켰다네
자식과 조카가 함께 방안에 있을 때
불이 그만 크게 일어났다네
조카를 꺼내려고 뛰어들었다가
엉겁결에 자기 자식만 구했다오
거센 불길 속에 스스로 뛰어들어
사심이 없었음을 밝혔다네

頌曰 梁節姑姊는 據義執理로다 子姪同內에 火大發起로다 欲出其姪이라가 輒得厥子로다 火盛自投하여 明不私己로다

5-13 珠崖의 두 의로운 여인　珠崖二義

두 의로운 여인은 珠崖 수령의 後妻 및 前妻 소생의 딸이다. 딸은 이름이 初이고 나이는 열 세 살이었다. 주애 고을에는 진주가 많이 나 繼母가 큰 진주를 꿰어 팔찌를 만들어 차고 있었다. 수령이 죽어 상여를 고향으로 운구하게 되었을 때, 法令에 진주를 숨기고 관문에 들어서는 자는 사형에 처하였으므로 계모는 그 진주 팔찌를 버려 버렸다. 그런데 그 아홉 살 난 아들이 이를 예쁘게 여겨 가져다 어미의 鏡臺 속에 넣어두었는데, 아무도 이를 알지 못하였다.

二義者는 珠崖令之後妻①와 及前妻之女也라 女名初요 年十三이라 珠崖多珠라 繼母連大珠하여 以爲繫臂②러라 及令死하여 當送喪할새 法에 內(납)珠入於關者死③라 繼母棄其繫臂珠러니 其子男年九歲라 好而取之하여 置之[200]母鏡(奩(렴))〔籢(렴)〕[201]中④하니 皆莫之知[202]라

200) 之 : ≪太平御覽≫에는 '其'로 되어 있다.
201) (奩)〔籢〕: 저본에는 '奩'으로 되어 있으나, 王照圓의 注에 의거하여 '籢'으로 바로잡았다. 아래도 같다.
202) 皆莫之知 : ≪太平御覽≫에는 '母不知也'로 되어 있다.

① 珠崖令之後妻 : '令'자는 오류이다.[203] ≪後漢書≫ 卷33 〈郡國志〉에 따르면 '朱崖'는 合浦郡에 속해 있다. 따라서 여기에서 말한 朱崖令은 응당 後漢 때에 있었던 것이니, 그 오류가 분명하다. 漢 武帝 元封 元年(B.C. 110)에 珠崖郡을 세웠다. ≪漢書≫ 卷64 〈賈捐之傳〉에 보인다.

令字誤也. 後漢郡國志, 朱崖屬合浦郡, 此稱朱崖令, 則當在後漢時, 其誤審矣. 漢武帝元封元年, 立珠崖郡. 見賈捐之傳.

② 繼母連大珠 以爲繫臂 : '連'은 엮는다는 뜻이다. '繫臂'는 끈으로 진주를 꿰어 팔에 매어 장식하는 것이다. ≪急就篇≫ 卷3에 "琅玕과 虎魄龍을 팔에 차고, 璧碧과 珠璣와 玫瑰罋을 찼도다."라고 하였다.

連, 綴也. 繫臂, 以繩貫珠, 繫臂爲飾也. 急就篇曰"係臂琅玕虎魄龍, 璧碧珠璣玫(매)瑰罋(옹)."

③ 法 內珠入於關者死 : '內'은 '納'과 같다. 珠崖 고을은 진주가 났기 때문에 珠崖라는 이름이 붙었는데, 청렴하지 못한 官吏가 사사로이 진주를 싸서 감추고 관문에 들어설까 염려하였기 때문에 이를 범한 자는 법으로 사형에 처한 것이다.

內, 與納同. 珠崖以産珠得名, 恐官吏不廉, 私自懷挾入關, 故坐此者, 法至死也.

④ 置之母鏡(奩)〔籢〕中 : '奩'은 응당 '籢'이 되어야 하니, 거울을 담는 기구이다. 或者는 말하기를 "香을 담는 기구이니, 籢이라 부르기도 한다. 그 글자는 또 匲으로 쓰기도 한다."라고 하였다.

奩當作籢, 盛鏡之器也. 或曰"盛香器, 亦名籢. 其字又作匲(렴)也."

마침내 상여를 받들고 돌아가 海關에 이르니, 관문의 장관과 아전이 검문 수색하다가 계모의 鏡臺 속에서 진주 10개를 찾아내었다. 아전이 말하기를 "아! 이는 법을 범한 것이니, 어찌할 수가 없소. 누가 벌을 받을 사람이오?" 하니, 初가 좌우를 둘러보다가 마음속으로 계모가 경대 속에 간직해두었을까 두려워하여 마침내 "제가 벌을 받아야 합니다." 하였다. 아전이 "어찌된 일인가?" 하니, 대답하기를 "아버지가 불행하게도 돌아가시자 부인이 팔찌를 풀어서 버려 버렸는데, 제가 아까운 생각에 다시 주워 부인의 경대 속에 넣어두었습니다. 부인은 모르는 일입니다." 하였다. 계모가 이를 듣고 황급하게 달려가 初에게 묻자, 初가 말하기를 "부인이 버린 진주를 제가 다시 가져다 부인의 경대 속에 넣어둔 것이니, 제가 응당 벌을 받아야

---

203) 令……오류이다 : 劉向의 ≪列女傳≫은 前漢 때 지어졌는데, 前漢 때에는 朱崖가 郡이었고, 後漢 때 비로소 縣이 되었으므로, 縣令을 가리키는 珠崖令이 아니라 郡守를 가리키는 珠崖守가 되어야 한다는 말이다.

합니다." 하였다.

遂奉喪歸하여 至海關하니 關候(士)〔主〕[204]吏①搜索이라가 得珠十枚於繼母鏡(奩)〔籢〕中하다 吏曰 嘻라 此値法②이니 無可柰何라 誰當坐者오 初在左右顧라가 心恐母(云)〔去〕[205]置鏡(奩)〔籢〕中하여 乃曰 初當坐之니이다 吏曰 其狀何如오 對曰 君不幸에 夫人解繫臂棄之어늘 初心惜之하여 取而置夫人鏡(奩)〔籢〕中이니 夫人不知也니이다 繼母聞之하고 遽疾行問初하니 初曰 夫人所棄珠를 初復取之하여 置夫人(奩)〔籢〕中이니 初當坐之니이다

① 關候(士)〔主〕吏 : '士'는 응당 主가 되어야 하니, 字形이 비슷해서 생긴 誤字이다.
士當作主, 字形之誤也.

② 吏曰嘻 此値法 : '値'는 해당한다는 뜻이니, 법을 범하여 사형에 해당함을 말한다.
値, 當也. 言犯法當刑也.

③ 【校注】 心恐母(云)〔去〕置鏡(奩)〔籢〕中 : '去'는 舊本에는 '云'으로 잘못되어 있다. 司馬溫公의 ≪家範≫의 인용문에 따라 校勘 改正하였다. 상고해보건대, '去'는 '弆'와 같다. ≪三國志≫ 〈魏志〉 卷29 〈華陀傳〉의 裴松之의 注에 "古語에 藏을 去라 하였다."라고 하였는데, 去가 藏이 되는 것은 廢가 置가 되는 것과 같다.
去舊誤云, 從溫公家範引校改. 案去與弆(거)同, 魏志華陀傳, 裴松之注云 "古語以藏爲去." 蓋去之爲藏, 猶廢之爲置也.

④ 【集注】 心恐母(云)〔去〕置鏡(奩)〔籢〕中 : 내가 상고해보건대, '去置'는 '解置'라는 말과 같으니, 곧 下文의 '풀어서 화장 상자 속에 버려두었다.'는 것이다.
道管案去置猶言解置, 卽下文解去之而置奩中.

계모도 마음속으로 初의 말이 사실이라 여겼으나, 初를 불쌍하게 여겨 마침내 아전에게 이르기를 "잠시만 기다리고 제발 아이를 추궁하지 마시오. 아이는 정말 모르는 일입니다. 이 진주는 저의 팔찌입니다. 남편이 불행하게도 세상을 떠나 제가 이를 풀어서 경대 속에 버려두었는데, 상여를 모셔야 할 때가 닥치자 길은 멀고 어린 아이들까지 함께 데리고 가느라 까맣게 잊어버렸습니다. 제가 응당 벌을 받아야 합니다." 하니, 初가 고집하여 "정말로 제가 가져왔습니다." 하였다. 계모가 또 "아이는 단지 양보하는 것일 뿐입니다. 정말로 제가 가져왔습니다." 하고는, 눈물을 스스로

204) (士)〔主〕: 저본에는 '士'로 되어 있으나, 王照圓의 注에 의거하여 '主'로 바로잡았다.
205) (云)〔去〕: 저본에는 '云'으로 되어 있으나, ≪列女傳校注≫와 ≪列女傳集注≫에 의거하여 '去'로 바로잡았다.

금치 못하자, 딸 또한 "부인이 제가 고아가 된 것을 불쌍하게 여겨 억지로 저를 살리고자 하는 것일 뿐입니다. 부인은 정말로 모르는 일입니다." 하고는, 또 엉엉 울어 눈물이 목을 타고 흐르니, 상여를 따라오던 이들이 모두 울음을 터뜨렸으며 곁에 있던 사람들까지 슬픔에 울컥하여 코끝을 시큰거리고 눈물을 뿌리지 않는 이가 없었다.

母意亦以初爲實이나 然憐之하여 乃因謂吏曰 願且待하고 幸無劾兒①하소서 兒誠不知也니이다 此珠는 妾之繫臂也니 君不幸에 妾解去之하여 而置(奩)〔籢〕中이러니 迫奉喪에 道遠하고 與弱小俱②하여 忽然忘之니 妾當坐之니이다 初固曰 實初取之니이다 繼母又曰 兒但讓耳니 實妾取之니이다하고 因涕泣不能自禁이어늘 女亦曰 夫人哀初之孤하여 欲强活初(身)〔耳〕③④206)니 夫人實不知也니이다하고 又因哭泣하여 泣下交頸하니 送葬者盡哭하고 哀(慟)〔動〕207)傍人⑤⑥하여 莫不爲酸鼻揮涕러라

① 願且待 幸無劾兒 : '劾'은 추핵한다는 뜻이니, 죄가 있는지 조사하는 것이다.
劾, 推覈也, 所以覈有罪也.

② 與弱小俱 : '俱'는 함께한다는 뜻이다. 아녀자들과 함께 가다보니 정신이 복잡하고 어지러워 기억하지 못하였다는 말이다.
俱, 偕也. 言與兒女輩偕行, 意緖煩亂, 無所省記也.

③ 欲强活初(身)〔耳〕 : ≪太平御覽≫의 이 구절을 인용한 곳에는 '身'이 '耳'로 되어 있으니,208) 이는 아마도 字形이 비슷해서 생긴 誤字인 듯하다.
太平御覽引身作耳. 此蓋形誤.

④ 【校注】 欲强活初(身)〔耳〕 : 舊本에는 '身'으로 잘못되어 있다. ≪태평어람≫ 〈珍寶部2〉에 따라 校勘 改正하였다.
舊誤身. 從太平御覽珍寶部二校改.

⑤ 哀(慟)〔動〕傍人 : '慟'은 응당 '動'이 되어야 하니, '忄'傍이 잘못 더 들어간 것일 뿐이다.
慟當爲動. 誤衍其傍耳.

⑥ 【校注】 哀(慟)〔動〕傍人 : '動'은 舊本에는 '慟'으로 잘못되어 있다. ≪태평어람≫ 〈人事部56〉에 따라 校勘 改正하였다.
動舊誤慟. 從太平御覽人事部五十六校改.

---

206) (身)〔耳〕 : 저본에는 '身'으로 되어 있으나, 王照圓의 注에 의거하여 '耳'로 바로잡았다.
207) (慟)〔動〕 : 저본에는 '慟'으로 되어 있으나, 王照圓의 注에 의거하여 '動'으로 바로잡았다.
208) 太平御覽의……있으니 : ≪太平御覽≫ 卷803 〈珍寶部2 珠下〉에 보인다.

珠崖二義

관문의 아전이 붓을 잡고 조서를 쓸 때 한 글자도 쓰지 못하였고, 관문의 장관도 눈물을 흘리며 종일토록 차마 판결하지 못하다가, 마침내 말하기를 "어미와 자식이 의리가 이와 같으니, 내가 차라리 벌을 받을지언정 차마 법대로 治罪하지 못하겠다. 게다가 또 서로 양보하니, 누구 말이 맞는지 어떻게 알겠는가." 하고는, 마침내 진주를 버려 버리고 그들을 보내주었다. 떠난 뒤에야 어린 아들이 저 혼자 가져다 넣었다는 사실이 알려졌다.

關吏執筆書劾에 不能就一字①하고 關候垂泣하여 終日不能忍[209]決이라가 乃曰 母子有義如此하니 吾寧坐之언정 不忍加文이라 且又相讓하니 安知孰是리오하고 遂棄珠而遣之하다 旣去에 後乃知男獨取之也러라

① 關吏執筆書劾 不能就一字 : '就'는 이룬다는 뜻이니, 범죄 사실에 대한 진술서를 작성하

209) 忍 : ≪家範≫과 ≪太平御覽≫에는 모두 없다.

지 못하였다는 말이다.

就, 成也. 言不能成獄辭.

군자가 이르기를 "두 의로운 여인은 자애롭고 효성스럽도다."라고 하였다. ≪論語≫에 이르기를 "아버지가 자식을 위해 숨겨주고 자식이 아버지를 위해 숨겨주니, 정직함은 그 가운데 있는 것이다."[210]라고 하였다. 繼母와 假女[211]로 말하면 서로 양보하여 죽기를 다투어 그 애처로움이 곁에 있던 사람들까지 감동시켰으니, 정직하다고 이를 만하겠다.

君子謂 二義慈孝라하니라 論語曰 父爲子隱하고 子爲父隱하니 直在其中矣라 若繼母與假女는 推讓爭死하여 哀感傍人하니 可謂直耳로다

頌은 다음과 같다.

珠崖 수령의 부인은
어머니로서의 은덕이 지극하였도다
假女와 繼母가 서로 양보하니
어린 딸이 또한 어질었다네
진주를 가지고 관문으로 갔다가
서로가 벌을 받으려 하였다오
두 여인의 의가 이와 같으니
세상에 길이 전해질 것이로다

頌曰 珠崖夫人은 甚有母恩이로다 假繼相讓하니 維女亦賢이로다 納珠於關에 各自伏辜이로다 二

---

210) 아버지가……것이다 : ≪論語≫ 〈子路〉에 보이는 구절로, "葉公이 孔子에게 말하기를 '우리 무리에 몸을 정직하게 행하는 자가 있으니, 그의 아버지가 양을 훔치자, 아들이 그것을 증명하였습니다.' 하니, 공자가 말하기를 '우리 무리의 정직한 자는 이와 다르다. 아버지가 자식을 위하여 숨겨주고 자식이 아버지를 위하여 숨겨주니, 정직함은 그 가운데 있는 것이다.' 하였다.〔葉公語孔子曰 吾黨有直躬者 其父攘羊 而子證之 孔子曰 吾黨之直者 異於是 父爲子隱 子爲父隱 直在其中矣〕"라고 하였다.

211) 假女 : 의붓딸을 말한다.

義如此하니 爲世所傳이로다

5-14 郃陽의 우애 있는 누이 郃(합)陽友娣

우애 있는 누이는 郃陽 고을 任延壽의 아내이다. 字는 季兒이고 세 자녀를 두었다. 계아의 오빠 季宗이 부친을 安葬하는 일로 延壽와 다투다가 연수가 그 친구 田建과 몰래 계종을 살해하였다.

友娣者는 郃陽邑任延壽之妻也①라 字季兒요 有三子라 季兒兄季宗이 與延壽로 爭葬父事②라가 延壽與其友田建으로 陰殺季宗하다

① 友娣者 郃陽邑任延壽之妻也 : '友'는 사랑한다는 뜻이다. '娣'는 여동생이다. 郃陽縣은 左馮翊에 속해 있는 縣으로, ≪漢書≫ 卷28 〈地理志 第8上〉에 보인다.
友, 愛也. 娣, 女弟也. 郃陽縣, 屬左馮翊, 見漢地理志.

② 與延壽 爭葬父事 : 그 사건은 지금 자세히 알 수 없다.
其事今所未詳.

그 뒤 전건만 홀로 사형을 당하고 연수는 赦免을 만나 풀려났다. 이에 계아에게 이를 말해주니, 계아가 "아! 어찌하여 이제야 나에게 알려준단 말입니까." 하고는, 마침내 옷깃을 떨치고 떠나가려 하면서 묻기를 "우리 오라버니를 함께 죽인 공범이 누구입니까?" 하였다. 연수가 "전건이오. 전건은 이미 사형을 당하였으니, 나만 벌을 받으면 되오. 당신이 나를 죽이면 끝이오." 하니, 계아가 "남편을 죽이는 것은 의롭지 못한 것이고, 오라버니의 원수를 섬기는 것 또한 의롭지 못한 것입니다." 하였다. 연수가 "내 감히 당신을 붙잡아 둘 수 없소. 車馬와 집안의 재물을 모두 당신에게 보내고자 하니, 당신이 가는 곳을 알려주시오." 하니, 계아가 "제가 응당 어디로 가겠습니까? 오라버니가 죽었는데도 원수를 갚지도 못하고, 당신과 枕席을 함께하면서도 우리 오라버니를 죽이게 하였습니다. 그리하여 안으로는 시댁 식구들과 화목하게 살 수도 없고 또 오라버니의 원수를 놓아줄 수밖에 없는 처지이니, 무슨 낯짝으로 살아서 하늘을 이고 땅을 밟을 수 있겠습니까." 하였다. 이에 연수는 부끄러워하며 떠나가서 감히 계아를 보지 못하였다.

建獨坐死하고 延壽會赦하여 乃以告季兒하니 季兒曰 嘻라 獨今乃語我乎잇가 遂振衣欲去①에 問

曰 所與共殺吾兄者爲誰잇고 延壽曰 田建이라 田建已死하니 獨我當坐之라 汝殺我而已라 季兒曰 殺夫不義요 事兄之讎亦不義니이다 延壽曰 吾不敢留汝라 願以車馬及家中財物盡以送汝하노니 聽汝所之어다 季兒曰 吾當安之리잇고 兄死而讎不報하고 與子同枕席이로대 而使殺吾兄하여 內不能和夫家하고 又縱兄之仇니 何面目以生而戴天履地乎잇고 延壽慙而去하여 不敢見季兒러라

① 遂振衣欲去 : '振'은 턴다는 뜻이니, 옷을 털어 더러운 티끌을 제거함이다.
振, 動也. 動衣去塵也.

계아가 마침내 그 큰딸에게 고하기를 "네 아비가 우리 오라버니를 죽였으니, 의리상 머무를 수가 없고 또 끝내 다시 改嫁하지도 않을 것이다. 나는 너를 버리고 죽을 것이니, 네 두 동생들을 잘 보살피거라." 하고는, 마침내 끈으로 스스로 목을 매 죽었다. 馮翊王 讓이 이를 듣고 그 의로움을 훌륭하게 여겨 고을에 명을 내려 그 세 자녀를 復戶[212]하고 그 무덤에 旌表하게 하였다.

季兒乃告其大女曰 汝父殺吾兄하니 義不可以留요 又終不復嫁矣라 吾去汝而死하리니 善視汝兩弟어다하고 遂以繈(강)自經而死①하다 馮[213]翊王讓聞之하고 大其義하여 令縣復(복)其三子하고 而表其墓하다

① 遂以繈自經而死 : '繈'은 울퉁불퉁 마디가 있는 실이다. ≪玉篇≫에 "돈꿰미이다."라고 하였다. ≪漢書≫ 卷24 〈食貨志 第4下〉에 "돈꿰미를 저장해둔 것이 천만 꿰미이다."라고 하였다.
繈, 絲之粗纇(뢰)有節者也. 玉篇 "錢貫也." 漢食貨志 "臧繈千萬."

군자가 이르기를 "우애 있는 누이는 오빠의 원수를 잘 갚았도다."라고 하였다. ≪詩經≫에 이르기를 "어그러지지 아니하고 해치지 아니하면, 법도가 되지 않음이 적을 것이다."[214]라고 하였으니, 계아가 바로 법도가 될 만하다 할 것이다.

君子謂 友娣는 善復(복)兄仇라하니라 詩曰 不僭不賊이면 鮮不爲則(칙)이라하니 季兒可以爲則矣로다

---

212) 復戶 : 충신, 효자, 열녀 등에게 부역과 조세 따위를 종신토록 면제해주는 것을 말한다.
213) 馮 : ≪家範≫에는 이 앞에 '左'가 있다.
214) 어그러지지……것이다 : ≪詩經≫ 〈大雅 抑〉에 보인다.

郃陽友娣

頌은 다음과 같다.

李兒는 도의를 지키며 살았건만
남편이 그 오빠를 살해하였다네
오빠의 원수를 갚고 싶었으나
의리로 보아 행할 수 없었다오
머물지도 못하고 떠나지도 못하여
마침내 스스로 목숨을 끊었도다
馮翊王이 그 무덤에 旌表하여
의리가 분명함을 찬미하였다네

頌曰 李兒樹義언마는 夫殺其兄이로다 欲復兄讎나 義不可行이로다 不留不去하고 遂以自殃이로다 馮翊表墓하여 嘉其義明이로다

5-15 京師의 절개 있는 여인 京師節女

京師의 절개 있는 여인은 長安 大昌里 사람의 아내이다. 그녀의 남편에게 원수가 있어 그녀의 남편에게 복수를 하고자 하였으나 방도가 없었는데, 그 아내가 어질고 효성스러우며 義가 있다는 소리를 듣고는 그 아내의 아버지를 겁박하여 딸에게 중간에서 염탐하도록 약속하게 하였다.

京師節女者는 長安大昌里人之妻[215]也①라 其夫有仇人[216]하여 欲報其夫而無道徑이러니 聞其妻之仁孝有義하고 乃劫其妻之父하여 使要其女爲中(譑)〔詗(형)〕②③④[217]하다

① 長安大昌里人之妻也 : ≪三輔黃圖≫의 이 구절을 인용한 곳에는 '之妻' 두 글자가 없다.[218]
三輔黃圖引無之妻二字.

② 使要其女爲中(譑)〔詗〕: '要'는 약속한다는 뜻이다. ≪藝文類聚≫의 이 구절을 인용한 곳에는 '中譑'이 '中間'으로 되어 있다.[219]
要, 約也. 藝文類聚引中譑作中間.

③【校注】使要其女爲中(譑)〔詗〕: 상고해보건대, '譑'은 곧 '詗'의 誤字이다. ≪史記≫ 卷118 〈淮南王安傳〉에 "중간에서 長安을 염탐하게 하였다."라고 하였는데, ≪史記集解≫에 徐廣이 말하기를 "'詗'은 엿보아 살피는 것에 대한 명칭이니, 독음은 空과 政의 反切音이다."라고 하였다." ≪예문유취≫와 ≪太平御覽≫에는 '中間'으로 되어 있다.
按譑乃詗之誤. 史記淮南王安傳, "爲中詗長安", 集解徐廣曰 "詗伺候探察之名, 音空政反." 藝文類聚・太平御覽作中間.

④【校正】使要其女爲中(譑)〔詗〕: 王引之[220]가 상고해보건대, '譑'은 곧 '詗'의 誤字이다. '詗'은 틈을 엿보는 것을 말한다. ≪漢書≫ 卷44 〈淮南王安傳〉에 "중간에서 장안을 염탐하게 하였다."라고 하였다.
引之案譑乃詗之誤. 詗, 伺間之謂也. 漢書淮南王傳, "爲中詗長安".

---

215) 之妻 : ≪三輔黃圖≫와 ≪太平御覽≫에는 모두 없다.

216) 仇人 : ≪藝文類聚≫와 ≪太平御覽≫에는 모두 '仇家'로 되어 있다.

217) (譑)〔詗〕: 저본에는 '譑'로 되어 있으나, ≪列女傳校注≫와 王引之의 校正에 의거하여 '詗'으로 바로잡았다.

218) 三輔黃圖의……없다 : ≪三輔黃圖≫ 卷2 〈長安城中閭里〉에 보인다.

219) 藝文類聚의……있다 : ≪藝文類聚≫ 卷33 〈人部17 報讐〉에 보인다.

220) 王引之 : 1766~1834. 淸나라 학자로, 자는 伯申, 호는 曼卿, 시호는 文簡이다. 王念孫의 長子이다. 저서에 ≪經義述聞≫, ≪經傳釋詞≫ 등이 있다.

京師節女

아버지가 그 딸을 불러 계책을 말하니, 딸이 생각하기를 '그자의 말을 듣지 않으면 아버지를 죽일 것이니 효성스럽지 못한 일이고, 그자의 말을 들으면 남편을 죽일 것이니 의롭지 못한 일이다. 효성스럽지 못하고 의롭지 못하면 비록 목숨이 붙어 있어도 세상에 살아가지 못할 것이다.'라고 하고는, 자신의 몸으로 이를 감당하고자 하여 마침내 허락하고, 이어 말하기를 "밤에 누대 위에서 새로 머리를 감고 동쪽으로 머리를 두고 누워 있는 자가 남편일 것이니, 제가 문을 열고 기다리겠습니다." 하였다. 그리고는 집으로 돌아와 그 남편에게 청하여 다른 곳에 눕도록 한 뒤, 이어 자신이 머리를 감고 누대 위에 올라가 머리를 동쪽으로 두고 문을 열어 둔 채 누워 있었다.

父呼其女하여 告之〔計〕하니 女(計)[221]念[222]不聽之①則殺父하리니 不[223]孝요 聽之則殺夫하리니

---

221) 告之〔計〕 女(計) : 저본에는 '告之 女計'로 되어 있으나, 王照圓의 注에 의거하여 '告之計 女'로 바로잡았다.

不[224]義라 不孝不義면 雖生不可以行於世라하고 欲以身當之하여 乃且許諾[225]하고 (曰旦日)〔因曰 夜〕[226]在樓上②新沐[227]하고 東首臥가 則是矣리니 妾請開戶牖待之호리라하고 還其家하여 乃告其夫[228]하여 使臥他所하고 因自沐居樓上하여 東首開戶牖(유)而臥러라

① 父呼其女……女(計)念不聽之 : ≪藝文類聚≫의 이 구절을 인용한 곳에는 '女計'가 '計女'로 되어 있다. '計'자는 윗 구절에 속하니, 여기의 글은 잘못 도치된 것일 뿐이다. 類聚引女計作計女. 計字屬上句. 此文誤倒耳.

② 乃且許諾 (曰旦日)〔因曰 夜〕在樓上 : ≪예문유취≫의 이 구절을 인용한 곳에는 '曰旦'이 '因曰' 2자로 되어 있고, '日'은 '夜'로 되어 있다. 지금 판본은 모두 잘못되었다. 類聚引曰旦作因曰二字, 日作夜. 今本俱誤.

밤중에 그 원수가 과연 찾아와 머리를 베어 가지고 갔는데, 날이 밝은 뒤에 살펴보니 그 아내의 머리였다. 원수가 이를 애통하게 여기고 그 아내가 의가 있다 하여 마침내 그 남편을 내버려두고 죽이지 않았다.

夜半에 仇家果至하여 斷頭持去로대 明而視之하니 乃其妻之頭也러라 仇人哀痛之하고 以爲有義라하여 遂釋不殺其夫하다

군자가 이르기를 "절개 있는 여인은 어질고 효성스러워 부모에 대한 은혜와 남편에 대한 의리에 두터웠다."라고 하였다. 무릇 仁義를 중시하고 죽음을 가벼이 여기는 자는 행실이 고상한 자이다. ≪論語≫에 이르기를 "군자는 몸을 죽여 인을 이루고, 삶을 구하여 인을 해침이 없다."[229]라고 하였으니, 이를 두고 한 말이다.

---

222) 父呼其女……女(計)念 : ≪藝文類聚≫에는 '父呼其女而告之計 女念'으로 되어 있다.

223) 不 : ≪太平御覽≫에는 이 앞에 '殺父'가 더 있다.

224) 不 : ≪太平御覽≫에는 이 앞에 '殺夫'가 더 있다.

225) 乃且許諾 : ≪藝文類聚≫에는 '曰諾'으로 되어 있다.

226) (曰旦日)〔因曰 夜〕 : 저본에는 '曰旦日'로 되어 있으나, 王照圓의 注에 의거하여 '因曰 夜'로 바로잡았다.

227) 沐 : ≪藝文類聚≫와 ≪太平御覽≫에는 모두 이 뒤에 '頭'가 더 있다.

228) 還其家 乃告其夫 : ≪太平御覽≫에는 '還謫其夫'로 되어 있다.

229) 군자는……없다 : ≪論語≫ 〈衛靈公〉에 보이는 구절로, "志士와 仁人은 삶을 구하여 인을 해침이 없고, 몸을 죽여 인을 이루는 경우는 있다.〔志士仁人 無求生以害仁 有殺身以成仁〕"라고 하였다.

君子謂 節女는 仁孝하여 厚於恩義也라하니라 夫重仁義輕死亡은 行之高者也라 論語曰 君子殺身以成仁이요 無求生以害仁이라하니 此之謂也라

頌은 다음과 같다.

京師의 절개 있는 여인은
남편의 원수가 아버지를 겁박하여
딸에게 정탐을 요구하니
감히 허락하지 않을 수 없었다네
시기와 장소를 정한 뒤
남편과 잠자리를 바꾸었도다
몸을 죽여 인을 이루었으니
의가 천하에 으뜸이로다

頌曰 京師節女는 夫讎劫父하여 要女間之하니 不敢不許로다 期處既成에 乃易其所로다 殺身成仁하니 義冠天下①로다

①【校注】下 : 古音은 戶〔hù〕이다.
古音戶.

列女傳補注 卷六

福山 王照圓

언변이 뛰어나고 학식이 통창한 여인들에 대한 전 辯通傳

〈辯通傳〉은 언변이 뛰어나고 학식이 통창한 여인들의 전기로, 총 15편으로 구성되어 있다. 간략한 내용은 다음과 같다.

① 甯戚이 읊조린 〈白水〉의 뜻을 설명해준 齊나라 管仲의 첩 婧. ② 아들이 무고하게 벼슬을 잃자 직접 왕을 찾아가 넌지시 깨우친 楚나라 江乙의 어머니. ③ 남편이 활을 만들다가 주벌을 당하게 되자 직접 대궐에 나아가 활에 대해 조목조목 설명한 晉나라의 활 만드는 工人의 아내. ④ 아비가 홰나무를 손상시켜 사형을 당하게 되자 정승 晏子에게 달려가 先王의 일을 진달한 齊나라의 홰나무를 손상시킨 자의 딸 婧. ⑤ 大夫의 수레와 부딪쳐 채찍질을 당하게 되자 억울함을 조리 있게 개진한 楚나라 시골의 말을 잘한 여인. ⑥ 人情에 통달하고 禮를 알아 孔子에게 칭찬을 받은 阿谷의 빨래하던 處女. ⑦ 아비가 기약을 어겨 주벌을 당하게 되자 노를 잡고 달려가 趙簡子를 설득한 趙氏 땅 나루터 아전의 딸 娟. ⑧ 아들이 반란을 일으켜 어미까지 사형에 처하게 되자 趙襄子에게 나아가 반론을 제기한 趙氏 땅의 邑宰인 佛肸의 어머니. ⑨ 왕이 오래도록 정사를 다스리지 아니하여 나라가 위태로워지자 간신을 물리치고 어진 이를 등용해야 한다고 직간한 齊 威王의 첩 虞姬. ⑩ 추하기 짝이 없어 버림받은 신세가 되자 직접 궁궐에 나아가 나라의 위태로움을 진달한 齊나라의 醜女 鍾離春. ⑪ 사리에 통달하고 예의가 있으며 간하는 말이 매우 분명한 齊나라의 커다란 혹이 난 여인. ⑫ 얼굴이 몹시 추하여 아무도 받아주지 않자 직접 대궐에 나아가 나라의 정사를 조목조목 논한 齊나라의 고아로 쫓겨난 여인. ⑬ 깃발을 들고 기다리다가 왕을 알현하여 나라의 화란을 진달한 楚나라의 어린 처녀 莊姪. ⑭ 자신의 처지를 분명하고 조리 있게 열거하여 길쌈하는 이웃에게 버림을 받지 않은 齊나라의 가난한 여인 徐吾. ⑮ 아비가 죄를 지어 肉刑을 받게 되자 글을 올려 아비의 죄를 代贖하고자 한 齊나라 太倉令의 딸 緹

縈에 대한 이야기이다.

【小序】 언변이 뛰어나고 학식이 통창한 이들로 말하면, 文辭가 좇을 만하다네. 유사한 일을 끌어다 비유하며, 禍亂 속으로 몸을 던졌다네. 추키고 꺾는 일체의 말을, 뒤에 다시는 거듭하지 않았다네. 끝내 능히 한결같은 마음으로, 매우 공정하게 뜻을 개진하였다네. 처첩이 이를 본받으면, 세상에서 칭송을 받으리라.

惟若辯通, 文辭可從. 連類引譬, 以投禍凶. 推摧一切, 後不復重. 終(得)〔能〕[1]一心, 開意甚公. 妻妾則焉, 爲世所誦.

6-1 齊나라 管仲[2]의 첩 婧　齊管妾婧

妾婧은 齊나라 정승 管仲의 첩이다. 甯戚[3]이 桓公[4]을 만나보고자 하였으나 말미암을 방도가 없었다. 이에 남의 종이 되어 수레를 밀고 나아가 제나라 東門 밖에서 묵었다. 환공이 나갈 때 영척이 쇠뿔을 두드리며 처량하게 노래를 불렀는데[5] 매우 슬펐다. 환공이 기이하게 여겨 관중으로 하여금 맞이하게 하자, 영척이 일컫기를 "넓고 넓도다, 흰 물이여!" 하였다.

1) (得)〔能〕: 저본에는 '得'으로 되어 있으나, ≪古列女傳≫에 의거하여 '能'으로 바로잡았다.

2) 管仲 : 춘추시대 齊나라의 정치가로, 이름은 夷吾이고, 자가 仲이다. 桓公을 도와 諸侯의 霸者로 만들었다.

3) 甯戚 : 춘추시대 衛나라 사람으로, 齊나라에 들어가 大夫가 되었다.

4) 桓公 : 齊나라 임금으로, 姜姓 呂氏이고 이름은 小白이다. 釐公의 아들이고, 襄公의 동생으로, 즉위한 후 管仲을 중용하여 제나라를 부강하게 만들고 春秋五霸의 하나가 되었다.

5) 처량하게……불렀는데 : 원문의 '商歌'는 商聲으로 부르는 노래로, 처량한 노래를 뜻한다. 참고로 甯戚이 이때 부른 노래는 이른바 〈白石歌〉로, 그 첫째 수에 "남산은 눈부시고, 백석은 깨끗하도다. 태어나 선양하던 요순시대를 못 만났으니, 짧은 베 홑옷은 겨우 정강이만 가리누나. 저녁부터 소를 먹이며 한밤중에 이르니, 긴긴 밤 지루해라 언제나 아침이 올꼬.〔南山矸 白石爛 生不逢堯與舜禪 短布單衣適至骭 從昏飯牛薄夜半 長夜漫漫何時旦〕"라고 하였고, 둘째 수에 "창랑의 물에 흰 돌이 깨끗한데, 물속에는 팔뚝만 한 잉어가 노니누나. 해진 베 홑옷은 겨우 정강이를 가리는데, 맑은 아침부터 소를 먹이다 한밤중이 되었네. 누런 송아지 비탈에 올라 쉬기도 하는데, 나는 장차 너를 버리고 제나라를 도우련다.〔滄浪之水白石粲 中有鯉魚長尺半 弊布單衣裁至骭 淸朝飯牛至夜半 黃犢上坂且休息 吾將捨汝相齊國〕"라고 하였다. 후에 이 노래는 〈白石歌〉, 〈扣角歌〉, 〈飯牛歌〉, 〈南山歌〉, 〈商歌〉 등으로 불리며 貧寒한 선비가 세상에 쓰이기를 구하는 典故로 많이 쓰였다.(≪樂府詩集≫ 卷83 〈雜歌謠辭1 商歌2首〉)

妾婧(정)者①는 齊相管仲之妾也라 甯(녕)戚欲見桓公이로대 道無從이라 乃爲人僕하여 將車宿齊東門之外②라 桓公因出에 甯戚擊牛角而商歌한대 甚悲하니 桓公異之하여 使管仲迎之어늘 甯戚稱曰 浩浩乎白水여하다

① 妾婧者 : '婧'은 才辯이 있는 자에 대한 명칭으로, 독음이 菁(정)〔jīng〕이다.
婧, 有才辯之名也, 音菁.

② 將車宿齊東門之外 : '將'은 떠밀고 나아간다는 뜻이다.
將, 扶進也.

관중이 무슨 뜻인지 알지 못하여 5일 동안이나 조회에도 나아가지 않고 근심하는 낯빛이 있자, 그 첩 婧이 나아가 말하기를 "지금 주군께서 5일 동안 조회에 나아가지 않고 근심하는 낯빛이 있으니, 감히 여쭙건대 국가의 일 때문입니까? 주군의 일 때문입니까?" 하니, 관중이 말하기를 "네가 알 바 아니니다." 하였다. 그러자 정이 말하기를 "제가 들으니, 늙은이를 늙었다 여기지 말고 천한 이를 천하다 여기지 말며, 어린이를 어리다 여기지 말고 약한 이를 약하다 여기지 말라 하였습니다." 하였다.

管仲不知所謂하여 不朝五日하고 而有憂色이어늘 其妾婧進曰 今君不朝五日而有憂色하니 敢問國家之事邪잇가 君之謀也잇가 管仲曰 非汝所知也라 婧曰 妾聞之也하니 毋老老하고 毋賤賤하며 毋少少하고 毋弱弱이라하니이다

관중이 말하기를 "무슨 말이냐?" 하니, 婧이 말하기를 "옛날에 太公望[6]은 나이 일흔에 朝歌[7]의 저자에서 소를 잡다가 여든에 천자의 스승이 되었고 아흔에 齊나라에 봉해졌으니, 이로 말미암아 살펴보면 늙은이를 늙었다 할 수 있겠습니까. 伊尹[8]은

6) 太公望 : 周나라 초기의 재상으로, 성은 姜이고 이름은 尙이다. 文王과 武王을 보좌하여 殷나라를 멸망시키고 천하를 평정하여 그 공으로 齊나라에 봉해져 始祖가 되었다. 일흔의 나이가 되도록 渭水 가에서 낚시를 하며 세월을 보내고 있었는데, 이곳으로 사냥 나온 문왕에게 발탁되어 太師가 되었으며, 문왕의 조부 太公이 늘 얻기를 바라던 사람이라고 하여 '太公望'이라는 이름이 붙었다.

7) 朝歌 : 商나라 都城으로, 지금의 河南省 淇縣이다.

8) 伊尹 : 商나라 초기의 大臣으로, 이름이 伊이고, 尹은 官名이다. 家奴 출신으로, 有莘氏의 딸이 湯王에게 시집갈 때 媵臣으로 따라갔다가 탕왕의 인정을 받아 등용되었다. 夏나라를 멸망시키고 商나라를 건국하는 데 큰 공을 세웠다.

齊管妾婧

有㜪氏의 媵臣[9)]이었으나 湯王이 그를 세워 三公으로 삼자 천하의 다스림이 태평해졌으니, 이로 말미암아 살펴보면 천한 이를 천하다 할 수 있겠습니까. 皐陶의 아들은 태어난 지 다섯 해 만에 禹임금을 도왔으니, 이로 말미암아 살펴보면 어린이를 어리다 할 수 있겠습니까. 駃騠라는 준마는 태어난 지 이레 만에 제 어미를 뛰어넘으니, 이로 말미암아 살펴보면 약한 이를 약하다 할 수 있겠습니까." 하였다.

管仲曰 何謂也오하니 〔婧曰〕[10)] 昔者에 太公望[①]은 年七十에 屠牛於朝歌市라가 八十爲天子師하고

9) 媵臣 : '媵'은 고대 혼인제도의 하나로 제후의 딸이 시집갈 때 함께 가는 사람을 말하는데, 여자는 媵妾이라 하였고 남자는 媵臣이라 하였다. 참고로 ≪史記≫ 권3 〈殷本紀〉에, 伊尹이 湯王을 聖君으로 만들고 싶어도 방법이 없자 有莘氏의 媵臣이 된 뒤에 "솥과 도마를 지고 찾아가서 음식 요리를 가지고 湯王을 설득하여 王道에 이르게 했다.〔負鼎組 以滋味說湯 致于王道〕"라고 하였는데, ≪孟子≫ 〈萬章 上〉에는 "이윤이 堯舜의 도를 가지고 탕왕에게 요구했다는 말은 들었지만, 음식 요리를 가지고 요구했다는 말은 듣지 못했다.〔聞其以堯舜之道要湯 未聞以割烹也〕"라고 하였다.

九十而封於齊하니 由是觀之하면 老可老邪잇가 夫伊尹은 有㜪氏之媵臣也나 湯立以爲三公에 天下之治太平하니 由是觀之하면 賤可賤邪잇가 睪(고)子는 生五歲而贊禹②하니 由是觀之하면 少可少邪잇가 駃騠(결제)는 生七日而超其母③하니 由是觀之하면 弱可弱邪잇가하다

① 昔者 太公望 : 이는 모두 婧의 말이다. '昔者' 위에 '婧曰' 2자가 빠졌다.
此皆婧之言也. 昔者上脫婧曰二字.

② 睪子 生五歲而贊禹 : '睪'는 '皐'와 같다. ≪史記正義≫의 이 구절을 인용한 곳에는 '陶子生五歲而佐禹'로 되어 있고,[11] 曹大家[12]의 주에 이르기를 "陶子는 皐陶의 아들 伯益이다."라고 하였다.[13]
睪, 與皐同. 史記正義引作"陶(요)子生五歲而佐禹". 曹大家注云"陶子者, 皐陶之子伯益也."

③ 駃騠 生七日而超其母 : '駃騠'는 수말과 암나귀 사이에서 태어난 노새 종류[14]의 준마 이름으로, 어미 배를 가르고 태어나며 태어난 지 7일 만에 제 어미를 뛰어넘으니, 그 강한 힘을 말한 것이다.
駃騠, 馬父驘(라)子之駿名也, 剖母腹而生, 生七日而踰其母, 言其强力.

이에 관중이 자리에서 내려와 사과하며 말하기를 "내 그대에게 그 까닭을 얘기하리다. 지난날 公께서 나로 하여금 甯戚을 맞이하게 하였을 때, 영척이 말하기를 '넓고 넓도다, 흰 물이여!' 하였는데, 내 이 말이 무슨 뜻인지 알지 못하여 이 때문에 근심하고 있었소." 하니, 그 첩이 웃으며 말하기를 "남이 이미 주군에게 말해주었는데 주군께서는 몰랐단 말입니까. 옛날에 〈白水〉라는 詩가 있으니, 시에 이르지 않았습니까. '넓고 넓은 흰 물이여, 유유히 헤엄치는 물고기로다. 임금이 와서 나를 부르시니, 내 장차 어디에 거처하겠는가. 나라가 안정되지 못하였으니, 나를 따르는 것이 어떻겠는가.'라고 하였으니, 이는 영척이 나라에 벼슬하고자 하는 것입니다." 하

10) 〔婧曰〕 : 저본에는 '婧曰'이 없으나, 王照圓의 注에 의거하여 보충하였다.

11) 史記正義의……있고 : ≪史記正義≫ 卷5 〈秦本紀第5〉에 "女脩가 베를 짤 때 玄鳥가 알을 떨어뜨리기에 女脩가 이를 삼키고 아들 大業을 낳았다.〔女脩織 玄鳥隕卵 女脩呑之 生子大業〕"라고 하였는데, 이에 대한 주에 보인다.

12) 曹大家 : 後漢의 班昭를 가리킨다. 班彪의 딸이자 班固·班超의 누이로, 자는 惠班이다. 曹世叔에게 시집갔으나 일찍 과부가 되었다. 여러 차례 궁에 들어가 황후와 귀인들을 가르쳤으므로 '大家'라는 칭호를 받았다. 大家는 여자의 존칭이다.

13) 曹大家의……하였다 : 이 또한 ≪史記正義≫ 卷5 〈秦本紀第5〉에 보인다.

14) 수말과……종류 : 원문의 '馬父贏子'는 수말〔馬父〕과 암나귀〔驢母〕 사이에서 태어난 노새라는 뜻으로, ≪說文解字≫ 卷10 〈馬部〉에 보인다.

였다.

於是에 管仲乃下席而謝曰 吾請語子其故호리라 昔日에 公使我迎甯戚할새 甯戚曰 浩浩乎白水로다하여늘 吾不知其所謂라 是故憂之호라 其妾笑曰 人已語君矣어늘 君不知識邪잇가 古有白水之詩①하니 詩不云乎잇가 浩浩白水여 (儵(숙)儵)〔鯈(조)鯈〕[15]之魚②③로다 君來召我시니 我將安居리오 國家未定하니 從我焉如오하니 此甯戚之欲得仕國家也④니이다

① 古有白水之詩 : 逸詩이다.
 逸詩也.

② 浩浩白水 (儵儵)〔鯈鯈〕之魚 : ≪管子≫ 권16 〈小問〉에는 '넓고 넓은 물이요, 떼 지어 헤엄치는 물고기로다.'로 되어 있다.
 管子小問篇作"浩浩者水, 育育者魚".

③【校注】浩浩白水 (儵儵)〔鯈鯈〕之魚 : '鯈'는 舊本에는 '儵'으로 잘못되어 있다. ≪詩攷≫에 따라 校勘 改正하였다.
 鯈, 舊誤儵. 從詩攷校改.

④ 君來召我……此甯戚之欲得仕國家也 : ≪관자≫ 권16 〈소문〉에는 "'아직 室家가 없으니, 어디에서 나를 불러 살게 할까?' 하였으니, 영자는 아내를 원하는 것입니다."로 되어 있어, 여기와는 같지 않다.
 管子作"未有室家, 而安召我居? 甯子其欲室乎", 與此不同.

관중이 크게 기뻐하고는 이를 환공에게 보고하였다. 환공이 이에 官府를 修築하고 닷새 동안 재계한 뒤 甯子를 만나보고 이어 그를 보좌로 삼으니, 제나라가 잘 다스려졌다.

管仲大悅하고 以報桓公하다 桓公乃修官府하고 齋戒五日하고 見甯子하고 因以爲佐하니 齊國以治러라

君子가 이르기를 "첩 婧은 더불어 도모할 만하다."라고 하였다. ≪詩經≫에 이르기를 "先賢이 말씀하시되, 꼴 베고 나무하는 사람에게도 물어보라 하셨다."[16]라고 하

15) (儵儵)〔鯈鯈〕: 저본에는 '儵儵'으로 되어 있으나, ≪古列女傳≫, ≪列女傳校注≫, ≪列女傳集注≫, ≪三家詩拾遺≫ 등에 의거하여 '鯈鯈'로 바로잡았다.

16) 先賢이……하셨다 : ≪詩經≫ 〈大雅 板〉에 보인다.

였으니, 이를 두고 한 말이다.

君子謂 妾婧은 爲可與謀라하니라 詩云 先民有言호대 詢于芻蕘라하니 此之謂也라

頌은 다음과 같다.

환공이 영척을 만난 뒤
관중에게 맞이하라 명하였도다
영척이 〈白水〉 詩를 읊조렸으나
관중은 근심하고 의혹하였다네
첩이 나아가 묻고는
그 시의 뜻을 설명해주었다오
관중이 기뻐하며 환공에게 보고하니
제나라가 이 때문에 잘 다스려졌다네

頌曰 桓遇甯戚하고 命管迎之로다 甯戚白水로대 管仲憂疑로다 妾進問焉하고 爲說其詩로다 管嘉報公하니 齊得以治로다

6-2 楚나라 江乙[17]의 어머니 楚江乙母

楚나라 大夫 江乙의 어머니이다. 恭王[18] 당시에 강을이 郢의 대부였는데 王宮에 도적이 들자 令尹[19]이 강을에게 죄를 물어 왕에게 청하여 강을을 축출하였다. 물러나 집에 있은 지 얼마 지나지 않았을 때, 그 어미가 베〔布〕 여덟 尋을 잃어버리고 왕에게 가서 말하기를 "제가 간밤에 베 여덟 심을 잃었는데, 영윤이 훔쳤습니다." 하였다.

17) 江乙 : 戰國時代 楚나라 策士로, 江一이라고도 하며, ≪韓非子≫에는 江乞로 되어 있다. 魏나라 출신으로 楚나라에서 벼슬하였으며, 計謀에 뛰어났다. 이른바 '狐假虎威'의 故事가 그에게서 나왔다.

18) 恭王 : 春秋時代 楚나라 임금으로, 共王이라고도 한다. 芈(미)姓 熊氏로, 이름은 審이다.

19) 令尹 : 춘추전국시대 楚나라의 최고 관직의 명칭이다.

楚江乙母

楚大夫江乙之母也라 當恭王之時하여 乙爲郢(영)大夫①러니 有入王宮中盜者어늘 令尹[20]以罪乙하여 請於王而絀之②하다 處家無幾何[21]에 其母亡布八尋③하고 乃往言於王曰 妾夜亡布八尋하니 令尹盜之니이다

① 當恭王之時 乙爲郢大夫 : '恭王'은 莊王의 아들이다. ≪戰國策≫ 卷14 〈楚策1〉에 따르면 江乙은 荊[22] 宣王[23] 시대에 해당하는 인물이다. '郢'은 초나라의 別邑이다. 혹자는 초나라 都邑이라고도 한다.
恭王, 莊王之子. 戰國策, 乙當荊宣王之時. 郢, 楚別邑也. 或曰楚都.

② 請於王而絀之 : '絀'은 내친다는 뜻이다.

---

20) 令尹 : ≪渚宮舊事≫에는 이 뒤에 '昭奚恤'이 더 있다.

21) 何 : ≪藝文類聚≫와 ≪太平御覽≫에는 모두 없다.

22) 荊 : 楚나라의 옛 이름이다.

23) 宣王 : 戰國時代 楚나라 임금으로, 羋姓 熊氏이고 이름은 良夫이다. 肅王의 아우로 肅王에게 아들이 없어 동생인 良夫가 지위를 계승하였다.

絀, 黜也.

③ 其母亡布八尋 : 8尺이 1尋이고 倍尋이 1常이며, 5尺이 1墨이고 倍墨이 1丈이니, 8尋은 길이가 6丈 4尺이다. '亡'은 잃어버림이다.
八尺爲尋, 倍尋爲常, 五尺爲墨, 倍墨爲丈. 八尋, 長六丈四尺也. 亡, 失也.

왕이 바야흐로 小曲의 臺에 있었는데, 令尹이 모시고 있었다. 왕이 강을의 어미에게 말하기를 "영윤이 정말로 훔쳤다면 寡人은 그가 부귀하다 해서 법을 행하지 아니하지는 않을 것이오. 그러나 만약 훔치지도 않았는데 무고하는 것이라면 초나라에 常法이 있소." 하니, 어미가 말하기를 "영윤이 직접 훔친 것이 아니라, 다른 사람으로 하여금 훔치게 한 것입니다." 하였다. 왕이 말하기를 "그가 어떻게 다른 사람으로 하여금 훔치게 하였소?" 하니, 대답하기를 "옛날 孫叔敖[24]가 영윤이었을 때는 백성들이 길에 떨어진 물건을 줍지 않았으며, 문을 걸어 잠그지 않아도 도적이 저절로 없어졌습니다. 그런데 지금 영윤이 다스리자 耳目이 聽明하지 못하여 도적이 공공연히 횡행하고 있습니다. 이 때문에 도적으로 하여금 저의 베를 훔칠 수 있게 한 것이니, 이것이 다른 사람으로 하여금 훔치게 한 것과 무엇이 다릅니까." 하였다.

王方在小曲之臺러니 令尹侍焉이라 王謂母曰 令尹信盜之면 寡人不爲其富貴而不行法焉이어니와 若不盜而誣之면 楚國有常法①[25]이라 母曰 令尹不[26]身盜之也라 乃使人盜之니이다 王曰 其使人盜柰何오 對曰 昔孫叔敖之爲令尹也엔 道不拾遺하고 門不閉關②이로대 而盜賊自息[27]이러니 今令尹之治也엔 耳目不明하여 盜賊公行[28]이라 是故로 使盜得盜妾之布니 是與使人盜로 何以異也잇가

① 【校注】 楚國有常法 : ≪藝文類聚≫의 이 구절을 인용한 곳의 注에 이르기를 "常法은 남을 무고하여 죄에 빠뜨린 사람은 그 죄로 처벌하는 것을 말한다." 하였다.[29] 살펴보건

24) 孫叔敖 : 春秋時代 楚나라 재상으로, 芈姓 蔿氏이고 이름이 敖, 자가 孫叔이다. 莊王을 도와 霸業을 이루었으나, 천성이 매우 청렴하였으므로 그가 죽은 뒤 妻子가 땔나무를 팔아 생활할 정도로 가난하였다.

25) 法 : ≪渚宮舊事≫에는 '刑'으로 되어 있다.

26) 不 : ≪藝文類聚≫에는 '非'로 되어 있다.

27) 息 : ≪渚宮舊事≫와 ≪藝文類聚≫에는 모두 '禁'으로 되어 있다.

28) 公行 : ≪藝文類聚≫에는 '縱橫'으로 되어 있다.

29) 藝文類聚의……하였다 : ≪藝文類聚≫ 卷85 〈布帛部 布〉에 보인다.

대 '其'자 위에 '以'자가 빠진 듯하다.
藝文類聚引注云"常法, 謂誣罪人, 其罪罪之." 案其字上, 疑脫以字.

② 門不閉關 : '關'은 橫木으로 문을 잠그는 것이다.
關, 以橫木持門戶也.

왕이 말하기를 "영윤은 위에 있고 도적은 아래에 있어 영윤은 모르는 일이니, 그에게 무슨 죄가 있단 말이오?" 하니, 어미가 말하기를 "아, 대왕의 말씀이 어쩌면 이리도 잘못되었단 말입니까. 지난날 제 아들이 郢의 대부였을 때 왕궁의 물건을 훔친 도적이 있어 제 아들이 연좌되어 축출당했습니다. 제 아들인들 또한 어찌 이를 알았겠습니까마는, 그런데도 끝내 연좌되었습니다. 영윤은 유독 어떤 사람이기에 이 일이 과실이 되지 않는단 말입니까. 옛날에 周 武王이 말하기를 '백성들에게 과실이 있는 것은 책임이 나 한 사람에게 있다.'[30]라고 하였습니다. 윗사람이 밝지 못하면 아래 백성이 다스려지지 않고, 재상이 현명하지 못하면 나라가 편안하지 못하니, 이른바 '나라에 사람이 없다.'는 것은 정말로 사람이 없다는 것이 아니라, 사람을 잘 다스리는 사람이 없다는 것입니다. 왕께서는 살피소서." 하였다.

王曰 令尹在上하고 寇盜在下라 令尹不知하니 有何罪焉고 母曰 吁라 何[31]大王之言過也잇가 昔日妾之子爲郢大夫에 有盜王宮中之物者라 妾子坐而絀[32]하니 妾子亦豈知之哉리오마는 然終坐之니이다 令尹獨何人이완대 而不以是爲過也잇가 昔者에 周武王有言曰 百姓有過는 在予一人이라하니이다 上不明則下不治하고 相不賢則國不寧하나니 所謂國無人者는 非無人也라 無理[33]人者也①니이다 王其察之하소서

① 無理人者也 : '理'는 다스림이다.
理, 治也.

왕이 말하기를 "훌륭하다. 영윤만 기롱한 것이 아니라, 과인도 기롱한 것이다." 하고는, 관리에게 명하여 강을 어머니의 베를 보상하게 하고 이어 황금 10鎰[34]을 하

30) 백성들에게……있다 : ≪書經≫ 〈周書 泰誓中〉에 보인다.
31) 何 : ≪渚宮舊事≫에는 없다.
32) 坐而絀 : ≪藝文類聚≫에는 '坐而黜之'로, ≪太平御覽≫에는 '坐之而黜'로 되어 있다.
33) 理 : ≪渚宮舊事≫에는 '治'로 되어 있다.

사하였는데, 어미가 금과 베를 사양하면서 말하기를 "제가 어찌 재물을 탐하여 대왕을 범한 것이겠습니까. 영윤의 다스림을 원망한 것일 뿐입니다." 하고는, 마침내 떠나가 받으려 하지 않았다. 왕이 말하기를 "어미의 지혜가 이와 같으니, 그 아들이 틀림없이 어리석지 않을 것이다." 하고, 마침내 다시 江乙을 불러 등용하였다.

王曰 善하다 **非徒譏令尹**이라 **又譏寡人**①이로다하고 **命吏償母之布**②하고 **因賜金**(千)〔十〕[35]**鎰**③이어늘 **母讓金布曰 妾豈貪貨而**(失)〔干〕[36]**大王哉**④잇가 **怨令尹之治也**니이다하고 **遂去**하여 **不肯受**하다 **王曰 母智若此**하니 **其子必不愚**라하고 **乃復召江乙而用之**하다

① 非徒譏令尹 又譏寡人 : '譏'는 간한다는 뜻이고, 또 기찰한다는 뜻이다.
譏, 諫也. 又呵察也.

② 命吏償母之布 : '償'은 돌려준다는 뜻이다.
償, 還也.

③ 【校注】 因賜金(千)〔十〕鎰 : '十'은 舊本에 '千'으로 잘못되어 있다. ≪藝文類聚≫와 ≪太平御覽≫에 따라 校勘 改正하였다.
十舊誤千. 從藝文類聚・太平御覽校改.

④ 【校注】 妾豈貪貨而(失)〔干〕大王哉 : '干'은 舊本에 '失'로 잘못되어 있다. ≪예문유취≫와 ≪태평어람≫에 따라 校勘 改正하였다.
干舊誤失. 從藝文類聚・太平御覽校改

군자가 이르기를 "강을의 어머니는 넌지시 깨우치기를 잘하였도다."라고 하였다. ≪시경≫에 이르기를 "계책이 원대하지 못한지라, 이 때문에 크게 간하노라."[37]라고 하였으니, 이를 두고 한 말이다.

君子謂 乙母는 **善以微喩**①라하니라 **詩云 猷之未遠**이라 **是用大諫**하노라하니 **此之謂也**라

① 君子謂……善以微喩 : '喩'는 '諭'와 같으니, 깨우친다는 뜻이다.
喩, 與諭同, 曉譬也.

---

34) 鎰 : 古代 重量 單位로, 1鎰은 20兩 혹은 24兩에 해당한다.

35) (千)〔十〕 : 저본에는 '千'으로 되어 있으나, ≪列女傳校注≫, ≪列女傳集注≫, ≪藝文類聚≫, ≪太平御覽≫ 등에 의거하여 '十'으로 바로잡았다.

36) (失)〔干〕 : 저본에는 '失'로 되어 있으나, ≪列女傳校注≫, ≪列女傳集注≫, ≪藝文類聚≫, ≪太平御覽≫ 등에 의거하여 '干'으로 바로잡았다.

37) 계책이……간하노라 : ≪詩經≫ 〈大雅 板〉에 보인다.

頌은 다음과 같다.

江乙이 벼슬을 잃으니
그 어미가 마음이 격동하였도다
돌아온 뒤 집에 있을 때
베 여덟 심을 잃어버리자
영윤을 지목하여 꾸짖으니
말이 매우 법도가 있었다네
왕이 다시 강을을 등용하고
어미에게 금과 베를 하사하였도다

頌曰 江乙失位하니 乙母動心이로다 旣歸家處에 亡布八尋이어늘 指責令尹하니 辭甚有度로다 王復用乙하고 賜母金布로다

6-3 晉나라 활 만드는 工人의 아내　晉弓工妻

활 만드는 工人의 아내는 晉나라 繁人의 딸이다. 平公[38] 당시에 그 남편으로 하여금 활을 만들게 하였는데 3년 만에야 완성하였다. 평공이 활을 당겨 쏘아 보았는데 한 겹의 미늘조차 뚫지 못하는 것이었다. 평공이 격노하여 장차 弓人을 죽이려 하니, 궁인의 아내가 알현을 청하며 말하기를 "번인의 딸이자 궁인의 처입니다. 원컨대 임금을 알현하고자 합니다." 하였다.

弓工妻者는 晉繁人之女也라 當平公之時하여 使其夫爲弓[39]한대 三年乃成하다 平公引弓而射에 不穿一札①이어늘 平公怒하여 將殺弓人하니 弓人之妻請見曰 繁[40]人之子요 弓人之妻也②니 願有謁於君하노이다

① 平公引弓而射 不穿一札 : '札'은 갑옷미늘이다. ≪太平御覽≫의 이 구절을 인용한 곳의 綦毋邃[41]의 注에 말하기를 "札은 鎧이다."라고 하였는데,[42] '鎧'는 곧 갑옷이다.

38) 平公 : 春秋時代 晉나라 임금으로, 성은 姬, 이름은 彪이다.
39) 當平公之時 使其夫爲弓 : ≪韓詩外傳≫에는 '齊景公使人爲弓'으로 되어 있다.
40) 繁 : ≪韓詩外傳≫에는 '蔡'로 되어 있다.

札, 甲葉也. 太平御覽引綦毋邃注曰"札, 鎧(개)也." 鎧, 卽甲.

② 繁人之子 弓人之妻也 : ≪태평어람≫의 이 구절을 인용한 곳의 기모수의 注에 말하기를 "번인은 官名이다."라고 하였다.
御覽引綦毋邃注曰"繁人, 官名."

평공이 그녀를 만나보니, 궁인의 아내가 말하기를 "임금께서는 옛날 公劉[43]의 행실에 대해 들어보셨는지요? 양과 소가 갈대를 밟고 다니자 측연히 백성을 위해 가슴 아파하였습니다.[44] 은혜가 초목에까지 미쳤으니, 어찌 죄 없는 이를 죽이고자 하였겠습니까. 秦 穆公은 도적이 자신의 준마를 훔쳐 잡아먹었으나 도리어 그에게 술을 마시게 해주었으며, 楚 莊王은 신하가 자기 부인의 옷을 잡아당겼으나 갓끈을 끊게 하고 더불어 술을 마시며 크게 즐겼습니다. 이 세 임금은 어짊이 천하에 드러나 끝내 그 보답을 누리고 이름이 지금까지 전하고 있습니다. 옛날 堯임금은 띠 지붕을 가지런하게 자르지 않았고 떡갈나무 서까래를 깎지 않았으며 흙 계단을 세 층만 쌓고서도[45] 오히려 집을 짓는 자는 수고롭고 거처하는 자는 편안하다고 여겼습니다.

지금 저의 남편도 이 활을 제작하면서 그 공정이 역시 수고로웠습니다. 그 몸체는

41) 綦毋邃 : 南北朝時代 晉 穆帝와 晉 哀帝 때 사람으로, 자세한 이력은 미상이다. 저서에 ≪列女傳≫, ≪孟子注≫, ≪二京賦音≫ 등이 있었으나, 모두 망실되었다.

42) 太平御覽의……하였는데 : ≪太平御覽≫ 卷347 〈兵部78 弓〉에 보인다. 이하 '綦毋邃의 注'도 같다.

43) 公劉 : 周나라 시조인 后稷의 曾孫으로, 일찍이 백성들에게 농업을 권장, 발전시킴으로써 衣食을 충족하게 하였다. 자세한 내용은 ≪詩經≫ 〈大雅 公劉〉에 보인다.

44) 양과……아파하였습니다 : 참고로 ≪吳越春秋≫ 卷1 〈吳太伯傳〉에 "公劉는 성품이 인자하여 다닐 적에 살아있는 풀을 밟지 않았으며, 수레를 타고 다닐 적에는 갈대를 피하였다.[公劉慈仁 行不履生草 運車以避葭葦]"라고 하였다.

45) 옛날……쌓고서도 : 참고로 ≪史記≫ 卷130 〈太史公自序〉에 "墨家 또한 堯舜의 道를 숭상하여 그들의 덕행에 대해 말하기를 '당의 높이는 세 자이고, 흙으로 만든 계단은 세 층이며, 띠풀로 이은 지붕은 가지런히 자르지도 않았고, 떡갈나무 서까래는 깎지도 않았다. 흙으로 만든 밥그릇에 밥을 담아 먹고 흙으로 만든 국그릇에 국을 담아 마셨는데, 현미나 기장으로 지은 밥에다 명아주잎과 콩잎으로 끓인 국을 먹었다. 여름에는 갈포로 만든 옷을 입고, 겨울에는 사슴 가죽으로 만든 옷을 입고 지냈다.'라고 한다.[墨者亦尙堯舜道 言其德行曰 堂高三尺 土階三等 茅茨不翦 采椽不刮 食土簋 啜土刑 糲粱之食 藜藿之羹 夏日葛衣 冬日鹿裘]"라고 하였다.

晉弓工妻

泰山의 비탈에서 자라난 나무로 하루에 세 번 陰을 관찰하고 세 번 陽을 관찰하였으며, 燕나라에서 난 쇠뿔을 붙이고 荊나라에서 난 사슴 힘줄로 묶고 河水에서 난 물고기 부레풀로 붙였으니, 이 네 가지는 모두 천하의 가장 좋은 재료를 가려뽑은 것입니다. 그런데도 임금께서는 한 겹의 미늘조차 뚫지 못하시니, 이는 임금께서 제대로 쏘지 못해서입니다. 그런데도 도리어 저의 남편을 죽이려 하시니, 또한 잘못된 것이 아니겠습니까. 제가 듣건대 활 쏘는 법도는 왼손은 마치 바위를 막는 듯이 하고 오른손은 마치 가지를 붙잡은 듯이 하여 오른손이 화살을 놓되 왼손이 알지 못하게 한다 하였으니, 이것이 활 쏘는 법도입니다." 하였다.

平公見之하니 妻曰 君聞昔者公劉之行乎잇가 羊牛踐葭葦(가위)어늘 惻然爲民痛之[①]하니이다 恩及草木하니 豈欲殺不辜者乎리잇가 秦穆公은 有盜食其駿馬之肉이로대 反飮之以酒하고 楚莊王은 臣援其夫人之衣로대 而絶纓與飮大樂[②]하니 此三君者는 仁著於天下하여 卒享其報하고 名垂至今이니이다 昔帝堯는 茅茨(자)不翦하고 采椽不斲(착)하고 土階三等[③]이로대 猶以爲爲之者勞하고

居之者逸也니이다 今妾之夫도 治造此弓에 其爲之亦勞〔矣〕④[46]니이다 其幹生於太山之阿니 一日三覩陰하고 三覩陽⑤하며 傅以燕牛之角하고 纒以荊麋之筋하고 糊[47]以(阿)〔河〕[48]魚之膠⑥⑦⑧하니 此四者는 皆天下之妙選也[49]니이다 而君不能以穿一札하니 是君之不能射也어늘 而反欲殺妾之夫하니 不亦謬乎잇가 妾聞射之道는 左手如拒〔石〕⑨[50]하고 右手如附枝하여 右手發之호대 左手不知⑩라하니 此蓋射之道也니이다

① 君聞昔者……惻然爲民痛之 : ≪詩經≫ 〈大雅 行葦〉 詩에 말하기를 "우북한 저 길가의 갈대를, 소와 양이 밟지 말게 하라."[51]라고 하였는데, 여기에서는 이를 인용하여 公劉의 일로 여겼으니, 이는 ≪魯詩≫[52]의 설이다.
大雅行葦之詩曰 "敦(단)彼行葦, 牛羊勿踐履." 此引以爲公劉之事, 蓋魯詩說也.

② 而絶纓與飮大樂 : '纓'은 갓끈이다. 일이 ≪韓詩外傳≫에 보인다.[53] 上文의 '말을 훔쳐서 잡아먹었으나 도리어 술을 마시게 해주었다.'는 것은 ≪史記≫에 보인다.[54]

---

46) 〔矣〕 : 저본에는 '矣'가 없으나, ≪列女傳校注≫, ≪列女傳集注≫, ≪藝文類聚≫, ≪太平御覽≫ 등에 의거하여 보충하였다.

47) 糊 : ≪列女傳校注≫에는 '餬'로 되어 있다.

48) (阿)〔河〕 : 저본에는 '阿'로 되어 있으나, ≪列女傳校注≫, ≪藝文類聚≫, ≪太平御覽≫ 등에 의거하여 '河'로 바로잡았다.

49) 其幹生於太山之阿……皆天下之妙選 : ≪韓詩外傳≫에는 '此弓者 太山之南 烏號之柘 騂牛之角 荊麋之筋 河魚之膠也 四物者 天下之練材也'로 되어 있다.

50) 〔石〕 : 저본에는 '石'이 없으나, ≪列女傳校注≫, ≪列女傳集注≫, ≪太平御覽≫ 등에 의거하여 보충하였다.

51) 우북한……하라 : ≪詩經≫ 〈大雅 行葦〉에 보인다.

52) 魯詩 : 漢나라 초기에 魯나라 사람 申培가 전한 ≪詩經≫으로, 西晉 때 망실되었다. 참고로 한나라 초기에 전해진 ≪시경≫에는 ≪노시≫와 齊나라 사람 轅固가 전한 ≪齊詩≫, 燕나라 사람 韓嬰이 전한 ≪韓詩≫가 있었는데, 모두 망실되고 지금은 ≪한시≫ 가운데 ≪外傳≫만 남아 있다. 또 魯나라 사람 毛亨과 毛萇이 전한 ≪毛詩≫가 있는데, 이것이 지금의 ≪시경≫이다.

53) 일이……보인다 : 이른바 '絶纓報德'의 고사로, ≪韓詩外傳≫ 卷7, ≪說苑≫ 卷6 〈復恩〉 등에 보인다. 楚 莊王이 신하들과 酒宴을 베풀었을 때 촛불이 꺼지자 왕후의 옷을 잡아당긴 자가 있었다. 왕후가 그 신하의 갓끈을 끊고는 왕에게 고자질하였으나, 莊王은 신하들 모두에게 갓끈을 끊도록 명한 뒤 불을 다시 밝히고 신하들과 즐겁게 술을 마시고 파하였는데, 뒤에 그 신하가 전장에서 목숨을 걸고 報恩하였다는 고사가 전한다.

54) 上文의……보인다 : 이른바 '盜馬報恩'의 고사로, ≪史記≫ 卷5 〈秦本紀〉, ≪呂氏春秋≫ 〈愛士〉, ≪韓詩外傳≫ 卷10, ≪說苑≫ 卷6 〈復恩〉 등에 보인다. '穆公'은 '繆公'이라고도 한다. 秦 繆公이 일찍이 駿馬를 잃어버렸는데, 岐山 아래의 野人 300여 명이 이 말을 잡아먹었다. 관원이 이들을 체포하여 법대로 처형하려 하자, 목공은 "군자는 축산물 때문에 사람을 해치지 않는 법이다. 내가 듣건대 명마의 고기를 먹고 술을 마시지 않으면 사람을 해친다고 하였다.〔君

纓, 冠纓也. 事見韓詩外傳. 上文盜食馬肉, 反飮之以酒, 見史記.

③ 昔帝堯……土階三等 : '茨'는 띠나 갈대로 지붕을 이는 것이다. 采木은 상수리나무와 흡사한데 이 나무로 서까래를 만들면서 깎고 다듬지 않은 것이다. '等'은 층계이니, 세 층은 낮음을 말한다.

茨, 以茅葦蓋屋也. 采木似櫟(력), 以爲椽, 不加斲治也. 等, 階級也. 三等, 言卑也.

④ 【校注】 其爲之亦勞〔矣〕 : '矣'자가 舊本에는 빠졌다. ≪藝文類聚≫와 ≪太平御覽≫에 따라 校勘 增補하였다.

矣字舊脫. 從藝文類聚・太平御覽校增.

⑤ 其榦生於太山之阿……三覩陽 : ≪한시외전≫에서 "太山의 남쪽에 있는 烏號의 산뽕나무[55]이다."라고 한 것이 이것이다. '陰과 陽을 본다.'는 것은 그 〈나무의〉 陰과 陽을 관찰하는 것으로, 해를 향한 쪽이 陽이고 해를 등진 쪽이 陰이다. ≪周禮≫ 〈考工記〉에 말하기를 "반드시 그 음과 양을 새겨서 표시한다."라고 하였다.[56]

韓詩外傳曰"太山之南, 烏號之柘(자)", 是也. 覩陰陽, 察視其陰陽也, 向日爲陽, 背日爲陰. 考工記曰 "必矩其陰陽."

⑥ 糊以(阿)〔河〕魚之膠 : ≪예문유취≫의 이 구절을 인용한 곳에는 '阿'가 '河'로 되어 있으니, ≪한시외전≫과 똑같다. ≪北堂書鈔≫에는 그대로 '阿'로 인용되어 있다.[57] '阿魚'는 未詳이니, 아마도 '河'로 되어 있는 것이 옳은 듯하다. ≪태평어람≫의 이 구절을 인용한 곳의 綦毋邃의 注에 말하기를 "燕나라 뿔은 좋고 楚나라 힘줄은 가늘고 河水의 부레풀은 차지다."라고 하였다.

子不以畜產害人 吾聞食善馬肉不飮酒 傷人〕"라고 하고는, 그들에게 술을 내리고 사면하였다. 그 뒤에 목공이 晉나라를 공격할 적에 이들이 결사적으로 싸워 목공의 위급함을 구원하였다는 고사가 전한다.

55) 烏號의 산뽕나무 : 까마귀가 우는 산뽕나무라는 뜻으로, 탄성이 강한 뽕나무 가지를 가리킨다. ≪淮南子≫ 〈原道訓〉에 "활을 쏘는 자는 烏號弓을 조여 棋衛箭을 당긴다.〔射者扞烏號之弓 彎棋衛之箭〕"라고 하였는데, 이에 대한 주에 "오호는 뽕나무인데, 그 재질이 탄성이 강하다. 까마귀가 뽕나무 가지에 앉았다가 날아가려고 하면 그 가지가 아래로 휘어졌다가 다시 원위치로 돌아가므로 까마귀가 감히 날아가지 못하고 그 가지에서 운다. 그리하여 사람들이 그 가지를 베어 활을 만들어 '오호궁'이라 이름을 붙였다."라고 하였다.

56) 周禮……하였다 : ≪周禮≫ 〈考工記 輪人〉에 보이는 구절로, "무릇 수레바퀴를 자르는 방도는 반드시 그 음과 양을 새겨서 표시해야 하니, 陽은 결이 치밀해서 단단하고 陰은 결이 성글어서 무르다.〔凡斬轂之道 必矩其陰陽 陽也者 稹理而堅 陰也者 疏理而柔〕"라고 하였다. '矩'는 새겨서 표시하는 것을 말한다.

57) 北堂書鈔에는……있다 : 唐나라 虞世南의 ≪北堂書鈔≫ 卷125 〈武功部13 弓46〉의 '泰山之阿'에 대한 明나라 陳禹謨의 補註에 보인다.

藝文類聚引阿作河, 與韓詩外傳同. 北堂書鈔, 仍引作阿. 阿魚未詳, 疑作河者是. 御覽引綦毋邃注曰 "燕角善, 楚筋細, (阿)〔河〕[58]膠粘也."

⑦【校注】 餬以(阿)〔河〕魚之膠 : '河'는 舊本에 '阿'로 잘못되어 있다. ≪한시외전≫, ≪예문유취≫, ≪태평어람≫에 따라 校勘 改正하였다.

河舊誤阿. 從韓詩外傳・藝文類聚・太平御覽校改.

⑧【集注】 其幹生於太山之阿……糊以(阿)〔河〕魚之膠 : ≪주례≫ 〈고공기〉에 "幹은 멀리 날아가게 하고, 角은 빨리 발사되게 하고, 筋은 깊숙이 박히게 하고, 膠는 서로 조화시켜 준다."라고 하였다.[59]

考工記"幹也者以爲遠也, 角也者以爲疾也, 筋也者以爲深也, 膠也者以爲和也."

⑨【校注】 左手如拒〔石〕 : '石'자가 舊本에는 빠졌다. ≪태평어람≫에 따라 校勘 增補하였다. '拒石'은 아래 '附枝'와 짝하는 문장이다. ≪越絶書≫의 "왼손은 마치 태산을 떠밀 듯이 하고, 오른손은 마치 어린아이를 안은 듯이 하라."라는 말과 文意가 서로 똑같다. ≪예문유취≫와 ≪史記索隱≫ 卷4 〈周本紀〉의 이 구절을 인용한 곳[60] 또한 '石'자가 빠졌다.

石字舊脫. 從太平御覽校增. 拒石, 與下附枝對文. 越絶書"左手如附泰山, 右手如抱嬰兒", 文意相同. 藝文類聚・史記周紀索隱引, 亦脫石字.

⑩ 左手如拒〔石〕……左手不知 : '如拒'는 기력이 용맹함을 말한다. '附枝'는 감히 놓지 않는 것이다. '左手不知'는 팔을 움직이지 않는 것이다. ≪한시외전≫에는 "손은 마치 가지를 붙잡은 듯이 하고, 손바닥은 마치 알을 쥔 듯이 하고, 네 손가락은 마치 짧은 몽둥이를 부러뜨릴 듯이 하여 오른손이 화살을 놓되 왼손이 알지 못하게 하라."라고 하였고, ≪월절서≫에는 "왼손은 마치 태산을 떠밀 듯이 하고, 오른손은 마치 어린아이를 안은 듯이 하라."라고 하였다. 이는 여러 글들이 같지 않으나 그 뜻은 모두 서로 비슷하다. '如拒'의 '拒'는 ≪태평어람≫의 이 구절을 인용한 곳에는 '矩'로 되어 있다.[61]

如拒, 言力勇也. 附枝, 不敢縱也. 左手不知, 捥不動也. 韓詩外傳曰 "手若附枝, 掌若握卵,

---

58) (阿)〔河〕 : 저본에는 '阿'로 되어 있으나, ≪列女傳校注≫, ≪藝文類聚≫, ≪太平御覽≫ 등에 의거하여 '河'로 바로잡았다.

59) 周禮……하였다 : ≪周禮≫ 〈考工記 弓人〉에 보이는 구절로, "弓人이 활을 만들 때 여섯 가지 재료를 취하되 반드시 제 때에 해야 하니, 여섯 가지 재료가 모인 뒤에 솜씨 좋은 궁인이 이를 조화시킨다. 幹은 멀고, 角은 빠르고, 筋은 깊숙하고, 膠는 조화시키고, 絲는 견고하고, 漆은 霜露를 받기 때문이다.〔弓人爲弓 取六材必以其時 六材旣聚 巧者和之 幹也者以爲遠也 角也者以爲疾也 筋也者以爲深也 膠也者以爲和也 絲也者以爲固也 漆也者以爲受霜露也〕"라고 하였다.

60) 史記索隱……곳 : ≪史記≫ 卷4 〈周本紀〉에 "왼손으로 활을 지탱하고 오른손으로 화살을 당긴다.〔支左詘右〕"라고 하였는데, 이에 대한 唐나라 司馬貞의 ≪索隱≫에 보인다.

61) 태평어람의……있다 : ≪太平御覽≫ 卷746 〈工藝部3 射下〉에 보인다.

四(枝)〔指〕[62]如斷短杖, 右手發之, 左手不知." 越絶書曰 "左手如附泰山, 右手如抱嬰兒." 此諸文不同, 其意皆相近. 如拒之拒, 御覽引作矩.

평공이 그 말을 법도로 삼아 활을 쏘았더니 일곱 겹의 미늘을 뚫는 것이었다. 그리하여 繁人의 남편은 곧바로 풀려났으며, 황금 3鎰을 하사받았다.

平公以其言〔爲儀〕[63]而射①하니 穿七札이러라 繁人之夫立得出하고 而賜金三鎰하다

① 【校注】 以其言〔爲儀〕而射 : '爲儀' 2자가 舊本에는 빠졌다. ≪太平御覽≫의 이 구절을 인용한 두 곳[64]에 따라 校勘 增補하였다. ≪태평어람≫의 注에 이르기를 "儀는 본받는다는 뜻이다."라고 하였다. ≪藝文類聚≫에는 '以其儀'로 되어 있어 '言爲' 2자가 빠졌고, ≪韓詩外傳≫에는 '以爲儀'로 되어 있다.
爲儀二字舊脫. 從太平御覽兩引校增. 注云 "儀, 法." 藝文類聚作"以其儀", 脫"言爲"二字. 韓詩外傳作"以爲儀".

군자가 이르기를 "弓工의 아내는 더불어 환란에 대처할 만하다."라고 하였다. ≪시경≫에 이르기를 "아로새긴 활이 이미 견고하니, 화살을 발사하기를 이미 고르게 하도다."[65]라고 하였으니, 이는 활 쏘는 데에 법도가 있음을 말한 것이다.

君子謂 弓工妻는 可與處難이라하니라 詩曰 敦(조)弓旣堅하니 舍矢旣鈞이로다하니 言射有法也라

頌은 다음과 같다.

晉 平公이 활을 만들게 하니
삼년 만에야 완성하였다네
평공이 弓工에게 격노하여
장차 형벌을 주려 하였다오
아내가 가서 평공을 설득하여

62) (枝)〔指〕 : 저본에는 '枝'로 되어 있으나, ≪韓詩外傳≫에 의거하여 '指'로 바로잡았다.
63) 〔爲儀〕 : 저본에는 '爲儀'가 없으나, ≪列女傳校注≫에 의거하여 보충하였다.
64) 太平御覽의……곳 : ≪太平御覽≫ 卷347 〈兵部78 弓〉과 卷746 〈工藝部3 射下〉를 가리킨다.
65) 아로새긴……하도다 : ≪詩經≫ 〈大雅 行葦〉에 보인다.

그 몸체와 재료를 열거하고
그 노고를 자세히 설명하니
평공이 마침내 풀어주었다네

頌曰 晉平作弓하니 三年乃成이로다 公怒弓工하여 將加以刑이로다 妻往說公하여 陳其幹材하고 列其勞苦하니 公遂釋之로다

6-4 齊나라 홰나무를 손상시킨 자의 딸[66] 齊傷槐女

齊나라 홰나무를 손상시킨 자의 딸은 홰나무를 손상시킨 衍의 딸이니, 이름은 婧이다. 景公[67]에게 아끼는 홰나무가 있어 사람을 시켜 지키도록 하고, 나무를 세우고 팻말을 걸어 令을 내리기를 "홰나무에 범접하는 자는 형벌에 처하고, 홰나무를 손상시키는 자는 사형에 처하리라." 하였다. 이때 衍이 술에 취해 홰나무를 손상시키니, 景公이 이를 듣고 말하기를 "이 자가 최초로 내 명을 범하였다." 하고는, 관리를 시켜 잡아 가두게 하고 장차 사형에 처하려 하였다.

齊傷槐女者는 傷槐衍之女也니 名婧①이라 景公有所愛槐하여 使人守之하고 植木懸之②하여 下令曰 犯槐者刑이요 傷槐者死라하니라 於是에 衍醉而傷槐하니 景公聞之曰 是先犯我令이라하고 使吏拘之③하고 且加罪焉하다

① 傷槐衍之女也 名婧 : ≪晏子春秋≫에는 '衍'과 '婧'이라는 이름이 없다. 여기에는 父女의 이름이 실려 있는데, 또 그 姓은 실려 있지 않다.
晏子春秋, 無衍婧之名. 此載其名, 又失其姓也.

② 植木懸之 : 나무를 세워 홰나무임을 표시하고 그 위에다 令을 걸어둔 것이다.
樹木以表槐, 懸令其上也.

③ 使吏拘之 : '拘'는 체포함이다.
拘, 執也.

衍의 딸 婧이 두려워한 나머지 마침내 정승 晏子[68]의 문에 나아가 말하기를 "천첩

66) 齊나라……딸 : 참고로 이 이야기는 ≪晏子春秋≫ 卷2 〈內篇 諫下第2〉에도 실려 있는데, 다수의 글자의 출입이 있다.

67) 景公 : 春秋時代 齊나라 임금으로, 이름은 杵臼이다.

이 욕정을 이기지 못하겠으니, 侍妾으로 받아들여 주시기를 원합니다." 하였다. 晏子가 이를 듣고 웃으며 말하기를 "내가 女色을 탐함이 있는가? 어찌하여 늙어서 淫奔한 여자를 보게 되었단 말인가? 아마 사연이 있을 터이니, 받아들여 이리로 오게 하라." 하였다.

婧懼하여 乃造於相晏子之門曰 賤妾不勝其欲하니 願得備數於下[69]하노이다 晏子聞之하고 笑曰 嬰其有淫色乎아 何爲老而見奔고 殆有說하리니 內(납)之하여 至哉①②어다

① 殆有說……至哉 : '殆有說'은 여자가 반드시 설명할 것이라는 말이다. '內'은 '納'과 같으니, '內之'는 여자를 받아들이게 함을 말한다. '至哉'는 재촉하여 오게 함을 말한다. 모두 세 구절로 끊어 읽어야 한다.
殆有說, 言女必有解說也. 內, 與納同. 內之, 言令女入也. 至哉, 言趣(촉)之來也. 凡作三句讀.

② 【校注】 殆有說……至哉 : '殆有說'이 句이고, '內之'가 句이고, '至哉' 2자는 아래 '怪哉'와 연관되어 잘못 들어간 衍文이다. ≪晏子春秋≫에는 "이는 필시 연고가 있을 것이다 하고는, 받아들이게 하였다."로 되어 있다. ≪列女傳≫ 卷6 〈辯通傳 楚處莊姪傳〉의 "불러들이라 하자, 莊姪이 다가왔다."와 文義가 또한 똑같다.
殆有說句, 內之句, 至哉二字, 涉下怪哉誤衍. 晏子春秋作"是必有故, 令內之". 楚處莊姪傳"召之姪至", 文義亦同.

이윽고 문에 들어오자 안자가 멀리서 바라보고 말하기를 "괴이하다. 깊은 근심이 있구나." 하고 다가가 물으니, 대답하기를 "제 아버지 衍은 다행히 성곽 안에 살면서 公家의 백성이 되었습니다. 陰陽이 고르지 못하고 風雨가 때맞지 못하며 五穀이 자라지 못하는 일을 보고 名山과 神水에 기도를 드리고 제사를 지내다가 이때 마신 술 기운을 이기지 못한 나머지 임금의 명을 제일 먼저 범하고 말았습니다. 술에 취해 이 지경에 이르렀으니 죄가 진실로 죽어 마땅합니다마는, 제가 들으니 밝은 임금이 나라를 다스릴 때, 녹봉을 줄이지 않고 형벌을 더하지 않으며, 또 사사로운 원한으로 公家의 법을 해치지 않으며, 여섯 가지 가축[70]을 위하여 사람을 해치지 않으며,

68) 晏子 : 春秋時代 齊나라의 어진 정승 晏嬰으로, 자는 平仲이다. 그는 매우 검약하여 여우 갖옷 한 벌을 30년이나 입었다고 한다.

69) 下 : ≪晏子春秋≫에는 '下陳'으로 되어 있다. '下陳'은 堂下의 婢妾을 줄지어 세우는 자리로, 전하여 지위가 낮은 侍妾을 가리킨다.

70) 여섯……가축 : 말, 소, 양, 닭, 개, 돼지를 가리킨다.

齊傷槐女

들에 나는 풀을 위하여 곡식의 싹을 손상시키지 않는다 하였습니다.

옛날 宋 景公[71] 때 큰 가뭄이 들어 3년 동안이나 비가 오지 않자 太卜[72]을 불러 점을 치니, 점괘에 '응당 사람을 犧牲으로 삼아 제사 지내야 한다.' 하였습니다. 경공이 이에 堂에서 내려와 北面하여 머리를 조아리고 말하기를 '제가 비를 청하는 이유는 우리 백성들을 위해서입니다. 그런데 지금 반드시 응당 사람으로 제사 지내야 한다면 寡人이 스스로 희생이 되겠습니다.' 하니, 말이 끝나기도 전에 사방 천 리 땅에 하늘이 큰 비를 내렸습니다. 그러한 까닭은 어째서이겠습니까? 능히 하늘에 순응하고 백성을 사랑하였기 때문입니다.

그런데 지금 우리 임금께서는 홰나무를 심어두고 범하는 자는 죽이겠다고 영을 내린 뒤, 홰나무 때문에 저의 아버지를 죽여 저의 몸을 외롭게 만들려고 하시니, 저

71) 宋 景公：春秋時代 宋나라 임금으로, 성은 子이고, 이름은 頭曼이다.
72) 太卜：官名으로, 卜官의 長이다.

는 執政(안영)의 법을 손상시키고 明君의 의를 해칠까 두렵습니다. 이웃나라가 이를 들으면 모두 우리 임금은 나무만 사랑하고 사람은 천시한다고 할 터이니, 그래서야 되겠습니까?" 하였다.

既入門에 晏子望見之曰 怪哉라 有深憂로다하고 進而問焉하니 對曰 妾父衍이 幸得充城郭爲公民이러니 見陰陽不調하고 風雨不時하고 五穀不滋之故하여 禱祠於名山神水라가 不勝麴糵(국얼)之味하여 先犯君令하니이다 醉至於此하니 罪故當死어니와 妾聞明君之蒞(리)國也에 不損祿而加刑하고 又不以私恚(에)害公法하며 不爲六畜傷民人하고 不爲野草傷禾苗라하니이다 昔者宋景公之時①②에 大旱하여 三年不雨어늘 召太卜而卜之하니 曰 當以人祀之라하니이다 景公乃降堂하여 北面稽首曰 吾所以請雨者는 乃爲吾民也어늘 今必當以人祀인댄 寡人請自當之호리라하니 言未卒에 天大雨호대 方千里하니 所以然者는 何也잇가 以能順天慈民也일새니이다 今吾君樹槐하고 令犯者死라하여 欲以槐之故로 殺婧之父하여 孤妾之身하니 妾恐傷執政之法하고 而害明君之義也니이다 隣國聞之면 皆謂君愛樹而賤人하리니 其可乎잇가

① 昔者宋景公之時 : 宋 景公은 齊 景公의 후대에 해당하는 인물이다.[73] ≪晏子春秋≫에는 이 이하의 글이 없다.
宋景公, 在齊景公之後. 晏子春秋無此以下文.

② 【校注】 昔者宋景公之時 : ≪안자춘추≫에는 이 글이 없다. ≪史通≫에서 그 年代가 어긋난다고 비판하였는데,[74] 옳다.
晏子春秋無此文. 史通譏其年代乖剌(랄), 是也.

晏子가 惕然히 깨닫고 이튿날 朝會에 나아가 경공에게 일러 말하기를 "제가 들으니, 백성들의 재물과 힘을 다 쓰는 것을 '포악하다〔暴〕'라 하고, 완상거리를 숭상하고 嚴命으로 으르는 것을 '거스르다〔逆〕'라 하고, 刑殺을 바르지 않게 하는 것을 '해치다〔賊〕'라 하니, 이 세 가지는 나라를 지키는 데 가장 큰 재앙이라 하였

73) 宋……인물이다 : 宋 景公 頭曼(B.C. 516~B.C. 453)은 齊 景公 杵臼(B.C.547~B.C.490)보다 30여 년 뒤의 사람이다.

74) 史通에서……비판하였는데 : 唐나라 劉知幾의 ≪史通≫ 卷18 〈外篇 別傳九條〉에 "연대를 대조해보면 자못 어긋난다. 다른 편의 경우에도 이러한 사례가 매우 많다. 楚나라를 논해보면 昭王과 秦 穆公을 동시대라 하였고, 齊나라를 말해보면 晏嬰을 宋 景公의 후대에 해당시켰다.〔校以年代 殊爲乖剌 至於他篇 玆例甚衆 故論楚也 則昭王與秦穆同時 言齊也 則晏嬰居宋景之後〕"라고 하였는데, 이를 가리킨다.

습니다. 지금 임금께서는 백성들의 재물과 힘을 다하여 飮食의 器具를 아름답게 하고 鐘鼓의 樂曲을 번다하게 하고 宮室의 景觀을 극진하게 하니, 이는 포학을 행하는 가장 큰 행위입니다. 완상거리를 숭상하고 엄명으로 으르니, 이는 민심을 거스르는 가장 드러난 행위입니다. 홰나무에 범접하는 자는 형벌에 처하고 홰나무를 손상시키는 자는 사형에 처하게 하여 형살이 바르지 못하니, 이는 백성을 해치는 가장 심한 행위입니다." 하니, 경공이 말하기를 "과인이 공경히 명을 받아들이겠소." 하였다.

晏子惕(척)然而悟하여 明日朝하여 謂景公曰 嬰聞之호니 窮民財力을 謂之暴요 崇玩好 威嚴令을 謂之逆이요 刑殺不正을 謂之賊이니 夫三者는 守國之大殃也라하니이다 今君窮民財力하여 以美飮食之具하고 繁鐘鼓之樂(악)하고 極宮室之觀하니 行暴之大者也요 崇玩好하고 威嚴令하니 是逆民之明者也①요 犯槐者刑이요 傷槐者死라하여 刑殺不正하니 賊民之深者也니이다 公曰 寡人敬受命호리라

① 是逆民之明者也 : '明'은 드러난다는 '著'와 같다.
明, 猶著也.

晏子가 나가자 景公은 즉시 명하여 홰나무를 지키는 일을 그만두고, 令을 걸어두었던 나무를 뽑아버리고, 홰나무를 손상시키는 것과 관련한 법령을 폐지하고, 홰나무를 범했다는 이유로 갇힌 죄수를 풀어주도록 하였다.

晏子出커늘 景公卽時命罷守槐之役하고 拔植懸之木하고 廢傷槐之法하고 出犯槐之囚하다

군자가 말하기를 "홰나무를 손상시킨 자의 딸은 능히 말로써 아버지의 죄를 면하게 하였다."라고 하였다. ≪시경≫에 이르기를 "이것을 궁구하고 이것을 도모하면, 진실로 그러할 것이다."[75]라고 하였으니, 이를 두고 한 말이다.

君子曰 傷槐女는 能以辭免이라하니라 詩云 是究是圖면 亶(단)其然乎인저하니 此之謂也라

頌은 다음과 같다.

75) 이것을……것이다 : ≪詩經≫ 〈小雅 常棣〉에 보인다.

景公이 아끼는 홰나무를
백성이 취하여 손상시켰다네
경공이 장차 죽이려 하니
그 딸이 슬프고 두려운 나머지
晏子에게 달려가 고하여
先王의 일을 진달하였다오
안자가 그를 위해 말하여
마침내 아비가 재앙을 면했다네

頌曰 景公愛槐를 民醉折傷이로다 景公將殺하니 其女悼惶이로다 奔告晏子하여 稱說先王이로다 晏子爲言하여 遂免父殃이로다

6-5 楚나라 시골의 말을 잘한 여인 楚野辨女

楚나라 시골의 말을 잘한 여인은 昭氏의 아내이다. 鄭 簡公[76]이 大夫로 하여금 荊나라[77]에 聘問을 가게 하였는데, 좁은 길에 이르러 어떤 부인이 탄 수레가 대부의 수레와 맞닥뜨려 바퀴통이 부딪쳐 대부의 수레 굴대가 부러지고 말았다.

楚野辨女者는 昭氏之妻也①라 鄭簡公이 使大夫로 聘於荊이어늘 至於狹路하여 有一婦人乘車하여 與大夫〔遇〕②[78]하여 轂(곡)擊而折大夫車軸[79]하다

① 楚野辨女者 昭氏之妻也：昭氏와 屈氏와 景氏는 楚나라의 公族 大家이고 비루한 시골 사람이 아니다. 여기에서 일컬은 것은 들어보지 못하였다.
昭・屈・景, 楚之公族大家, 非鄙野之人. 此稱未聞.

② 【校注】 與大夫〔遇〕：'遇'자가 舊本에는 빠졌다. 《太平御覽》 卷649 〈刑法部15 論肉刑〉에 따라 校勘 增補하였다.
遇字舊脫. 從太平御覽刑法部十五校增.

---

76) 鄭 簡公：春秋時代 鄭나라 임금으로, 성은 姬이고, 이름은 嘉이다.

77) 荊나라：楚나라의 옛 이름이다.

78) 〔遇〕：저본에는 '遇'가 없으나, 《列女傳校注》, 《列女傳集注》, 《太平御覽》 등에 의거하여 보충하였다.

79) 轂擊而折大夫車軸：《太平御覽》에는 '擊折大夫車之軸'으로 되어 있다.

대부가 노하여 부인을 붙잡아 채찍질을 하려 하니, 부인이 말하기를 "제가 들으니, 군자는 노여움을 옮기지 않으며 허물을 거듭하지 않는다 하였습니다.[80] 지금 좁은 길 가운데에서 저는 이미 막다른 곳에 몰렸는데, 대부의 마부는 조금도 물러나려 하지 않았습니다. 이 때문에 대부의 수레가 부서졌는데 도리어 저를 붙잡으니, 어찌 노여움을 옮기는 것이 아니겠습니까. 마부에게 화를 내지 않고 도리어 저에게 화를 내니, 어찌 허물을 거듭하는 것이 아니겠습니까. ≪書經≫ 〈周書 洪範〉에 말하기를 '홀아비와 과부를 업신여기지 말고 높고 드러난 자를 두려워하지 말라.'라고 하였는데,[81] 지금 그대는 대부의 반열에 있으면서 남들의 모범이 되지는 못하고 노여움을 옮기고 허물을 거듭하여 마부는 풀어주고 저는 붙잡아 그 미천하고 약한 사람을 가벼이 여기니, 어찌 홀아비와 과부를 업신여기는 것이 아니라고 할 수 있겠습니까. 저에게 채찍질을 하려면 하십시오. 대부가 善을 잃는 것이 안타까울 따름입니다." 하였다.

大夫怒하여 將執而鞭之하니 婦人曰 妾聞君子不遷怒하고 不貳過라하니이다 今於狹路之中에 妾已極矣①②[82]어늘 而子大夫之僕이 不肯少引③이라 是以로 敗子大夫之車어늘 而反執妾하니 豈不遷怒哉잇가 既不怒僕하고 而反(怨)〔怒〕[83]妾④하니 豈不貳過哉잇가 周書曰 毋侮鰥寡하고 而畏高明⑤⑥하라하여늘 今子列大夫而不爲之表하고 而遷怒貳過하여 釋僕執妾하여 輕其微弱하니 豈可謂不侮鰥寡乎잇가 吾鞭則鞭耳어니와 惜子大夫之喪善也로소이다

① 妾已極矣 : '極'은 '窮'과 같다. 좁은 길이 다하여 더 이상 피할 만한 곳이 없다는 말이다. 極, 猶窮也. 言狹路窮極無可避也.

② 【校正】 妾已極矣 : 牟房[84]이 상고해보건대, ≪爾雅≫ 〈釋詁〉에 "極은 이른다는 뜻이다."

---

80) 노여움을……하였습니다 : ≪論語≫ 〈雍也〉에 보인다. 魯나라 哀公이 孔子에게 弟子 가운데 누가 학문을 좋아하냐고 묻자, 공자가 대답하기를 "顔回라는 자가 학문을 좋아하여 노여움을 옮기지 않으며 허물을 거듭하지 않았는데, 불행하게도 명이 짧아 죽었습니다. 그리하여 지금은 없으니, 아직 학문을 좋아한다는 자를 듣지 못하였습니다.〔有顔回者好學 不遷怒 不貳過 不幸短命死矣 今也則亡 未聞好學者也〕"라고 하였다.

81) 書經……하였는데 : ≪書經≫ 〈周書 洪範〉에는 "煢獨을 학대하지 말고 高明을 두려워하지 말라.〔無虐煢獨 而畏高明〕"로 되어 있다. '煢獨'은 庶民 중에 지극히 미천한 자이고, '高明'은 지위가 있는 자 중에 높고 드러난 자이다.

82) 妾已極矣 : ≪太平御覽≫에는 '妾之避已極矣'로 되어 있다.

83) (怨)〔怒〕 : 저본에는 '怨'으로 되어 있으나, ≪列女傳校注≫, ≪列女傳集注≫, ≪太平御覽≫ 등에 의거하여 '怒'로 바로잡았다.

라고 하였다. 辨女가 스스로 말하기를 “내가 이미 먼저 이곳에 도착하였기 때문에 대부의 마부가 뒤에 도착하고서도 조금도 물러나지 않은 것을 책하는 것이다.”라고 한 것이다.

房案釋詁曰“極, 至也.” 辨女自言“妾已先至其地, 故責大夫之僕後至而不少引却也”.

③ 而子大夫之僕 不肯少引 : ‘子’는 높이는 호칭이다. ‘引’은 ‘却’과 같다. 大夫의 마부가 조금도 물러나려 하지 않았다는 말이니, 이는 그 과실이 마부에게 있는 것이다.

子者, 尊之之稱. 引, 猶卻也. 言子之僕不肯少引却, 是其過在僕.

④ 【校注】 既不怒僕 而反(怨)〔怒〕妾 : 아래 ‘怒’자가 舊本에는 ‘怨’으로 잘못되어 있다. ≪太平御覽≫을 따라 校勘 改正하였다.

下怒字舊誤怨. 從太平御覽校改.

⑤ 周書曰……而畏高明 : 지금의 ≪尙書≫ 〈周書 洪範〉에는 ‘毋虐煢獨’으로 되어 있다. ‘虐’은 어떤 판본에는 ‘侮’로 되어 있기도 하다. 여기의 ‘鰥寡’ 또한 단지 미천하고 약한 사람에 대한 호칭일 뿐이다. 이미 남편이 있다고 하였으니, 곧 鰥寡가 아님이 분명하다.

今書洪範作“毋虐煢(경)獨”. 虐, 本或作侮. 此鰥寡亦但微弱之稱耳. 旣云有夫, 卽非鰥寡, 明矣.

⑥ 【校正】 周書曰……而畏高明 : 胡承珙[85]이 상고해보건대, 지금 ≪상서≫ 〈홍범〉에는 ‘毋虐煢獨’으로 되어 있고, ≪經典釋文≫에는 “馬氏本에는 ‘亡侮’로 되어 있다.”라고 하였다.[86] ≪史記≫ 卷38 〈宋微子世家〉에는 ‘毋侮鰥寡’로 되어 있어 여기와 똑같다. ≪困學紀聞≫에 실린 ≪尙書大傳≫에 인용된 〈홍범〉의 문장에는 ‘毋侮矜寡’로 되어 있다.[87] ‘矜’은 古字에 ‘鰥’과 통용하였다.[88]

承珙案今尙書洪範作“毋虐煢獨”. 釋文云 “馬本作亡(무)侮.” 史記宋世家作“毋侮鰥寡”, 與此同. 困學紀聞載大傳所引洪範文, 作“毋侮矜(관)寡”. 矜, 古通鰥.

대부가 부끄러워 아무 대답도 하지 못하다가 마침내 부인을 풀어주면서 물으니,

---

84) 牟房 : 淸나라 학자로, 原名은 廷相, 자는 陌人, 호는 默人이다. 山東 棲霞 사람으로, 저서에 ≪周公年表≫, ≪投壺算草≫, ≪詩切≫, ≪改定崔氏易林≫, ≪同文尙書≫ 등이 있다.

85) 胡承珙 : 淸나라 학자로, 자는 景孟, 호는 墨莊, 安徽 涇縣 사람이다. 저서에 ≪永是堂詩文集≫, ≪毛詩後箋≫, ≪小爾雅義證≫, ≪儀禮古今文疏義≫, ≪爾雅古義≫ 등이 있다.

86) 經典釋文에는……하였다 : 唐나라 陸德明의 ≪經典釋文≫ 卷4 〈尙書音義下 洪範第六〉의 ‘無虐’에 보인다.

87) 困學紀聞에……있다 : 宋나라 王應麟의 ≪困學紀聞≫ 卷2 〈書〉에 보인다.

88) 矜은……통용하였다 : ≪禮記≫ 〈王制〉에 “늙어서 아내가 없는 자를 ‘矜〔guān〕’이라 한다.〔老而無妻者謂之矜〕”라고 하였다.

대답하기를 "저는 楚나라 시골의 비루한 사람입니다." 하였다. 대부가 말하기를 "나를 따라 鄭나라로 가지 않으시겠소?" 하니, 대답하기를 "이미 狂夫[89] 昭氏가 집안에 있습니다." 하고는, 마침내 떠나갔다.

大夫慙而無以應이라가 遂釋之하고 而問之하니 對曰 妾은 楚野之鄙人也니이다 大夫曰 盍從我於鄭乎아 對曰 旣有狂夫昭氏在內矣니이다하고 遂去하다

군자가 말하기를 "辨女는 능히 말로써 화를 면하였다."라고 하였다. ≪시경≫에 이르기를 "길게 부르짖는 이 말이 차례가 있고 이치가 있다."[90]라고 하였으니, 이를 두고 한 말이다.

君子曰 辨女는 能以辭免이라하니라 詩云 惟號斯言이 有倫有脊이라하니 此之謂也라

頌은 다음과 같다.

辨女가 홀로 수레 타고 가다가
정나라 사신과 맞닥뜨렸다네
정나라 사신의 수레 굴대가 부서지니
여인을 붙잡고 성을 내었도다
여인이 억울함을 개진하였는데
역시 조리가 있었도다
정나라 사신이 부끄러워 떠나며
감히 아무 말도 못 하였다네

頌曰 辨女獨乘이라가 遇鄭使者①로다 鄭使折軸하니 執女忿怒로다 女陳其冤하니 亦有其序로다 鄭使慙去하고 不敢談語로다

① 【校注】 者 : 古音이 渚〔zhǔ〕이다.
古音渚(저).

89) 狂夫 : 자기 남편에 대한 謙稱이다.
90) 길게……있다 : ≪詩經≫ 〈小雅 正月〉에 보인다.

6-6 阿谷의 빨래하던 處女 阿谷處女

阿谷의 빨래하던 處女는 아곡의 길가에서 빨래하던 처녀이다. 孔子가 남쪽으로 갈 적에 아곡의 산길을 지나다가 어떤 처녀가 璜을 차고 빨래하는 모습을 보았다. 공자가 子貢에게 일러 말하기를 "저 빨래하는 처녀는 더불어 말할 만할 것이다." 하고는, 잔을 꺼내어 자공에게 주면서 말하기를 "이것으로 말을 하여 그 뜻을 살펴보아라." 하였다.

阿谷處女者는 **阿谷之隧浣者也**라 **孔子南游**[91]에 **過阿谷之隧**①라가 **見處子佩**(瑱)〔**璜**〕[92]**而浣**②③하다 **孔子謂子貢曰 彼浣者**는 **其可與言乎**인저하고 **抽觴以授子貢曰 爲**[93]**之辭**하여 **以觀其志**[94]하라

① 過阿谷之隧 : '隧'는 길이다. ≪文選≫ 注의 이 구절을 인용한 곳에는 '隧'가 '隊'로 되어 있으니,[95] 음과 뜻이 똑같다.
隧, 道也. 文選注引隧作隊(수), 音義同耳.

② 見處子佩(瑱)〔璜〕而浣 : ≪太平御覽≫의 이 구절을 인용한 곳에는 '瑱'이 '璜'으로 되어 있다. '璜'은 半璧이다.
太平御覽引瑱作璜. 璜, 半璧也.

③【校注】見處子佩(瑱)〔璜〕而浣 : '璜'이 舊本에는 '瑱'으로 잘못되어 있다. 상고해보건대, '瑱'은 귀막이 옥이지, 차는 옥이 아니다. ≪詩經≫ 〈女曰雞鳴〉 제3장의 疏에서 이 구절을 인용한 곳[96]에 따라 校勘 改正하였다. ≪태평어람≫ 권826 〈資産部6 澣〉에 인용된

---

91) 游 : ≪韓詩外傳≫, ≪藝文類聚≫, ≪太平御覽≫ 등에는 모두 이 뒤에 '適楚'가 더 있다.

92) (瑱)〔璜〕 : 저본에는 '瑱'으로 되어 있으나, ≪列女傳校注≫, ≪列女傳集注≫, ≪藝文類聚≫, ≪太平御覽≫ 등에 의거하여 '璜'으로 바로잡았다.

93) 爲 : ≪韓詩外傳≫에는 이 앞에 '善'이 더 있다.

94) 志 : ≪韓詩外傳≫에는 '語'로 되어 있다.

95) 文選……있으니 : ≪文選≫ 卷25 〈西陵遇風獻康樂一首〉에 "굽이진 강가에 배를 정박하니, 흐르는 하천에 배가 끊겼도다.〔曲汜薄停旅 通川絶行舟〕"라고 하였는데, 이에 대한 唐나라 李善의 注에 보인다.

96) 詩經……곳 : ≪詩經≫ 〈鄭風 女曰雞鳴〉에 "그대가 오게 한 분임을 알면 雜佩를 선물할 것이며, 그대가 사랑하는 분임을 알면 雜佩를 줄 것이며, 그대가 좋아하는 분임을 알면 雜佩로 보답하리라.〔知子之來之 雜佩以贈之 知子之順之 雜佩以問之 知子之好之 雜佩以報之〕"라고 하였는데, 이에 대한 孔穎達의 疏에 "≪열녀전≫에서 일컫기를 '阿谷의 여자가 璜을 차고 빨래하였다.'라고 하였다.〔列女傳稱阿谷之女 佩璜而澣〕"라고 한 것을 가리킨다.

≪韓詩外傳≫에는 '璜'으로 되어 있는데, 지금의 ≪한시외전≫에는 또한 '瑱'으로 잘못 되어 있다.

璜舊誤瑱. 案瑱, 充耳也, 非佩玉. 從詩女曰鷄鳴疏引校改. 太平御覽資産部六引韓詩外傳作璜, 今外傳亦誤作瑱.

자공이 가서 말하기를 "나는 북방 시골 사람이오. 북쪽에서 남쪽으로 가서 장차 楚나라로 가려는 길인데 더운 날씨를 만나 내 속이 타는 듯하니, 원컨대 물 한 잔 청하여 내 속을 진정시키고자 하오." 하니, 처녀가 말하기를 "阿谷의 산길은 그윽하고 굽이진 물가로, 그 물은 맑기도 하고 흐리기도 하며 흘러서 바다로 들어갑니다. 마시고 싶으면 마실 일이지, 어찌하여 저에게 묻는단 말입니까." 하고는, 자공에게 잔을 받아 흐르는 물결을 거슬러 떠서 쏟아 버린 다음, 흐르는 물결을 따라 떠서 가득 넘치게 채운 뒤, 꿇어앉아 모래 위에 놓고 말하기를 "禮에 직접 주고받지 않는다 하였습니다."[97] 하였다.

子貢曰 我北鄙之人也라 自北徂南하여 將欲之楚에 逢天之暑하여 我思[98]譚譚①하니 願乞一飮하여 以伏[99]我心하노라 處子曰 阿谷之隧는 隱曲之(地)〔氾〕②[100]로 其水一清一濁[101]하여 流入於海라 欲飮則飮이니 何問乎婢子잇가하고 (授)〔受〕[102]子貢觴③하여 迎流而挹之하여 投而棄之하고 從流而挹之하여 滿而溢之하여 跪置沙上曰 禮不親授라하니이다

① 我思譚譚 : 夫子[103]가 말하기를 "'譚譚'은 ≪韓詩外傳≫ 권1에는 '潭潭'으로 되어 있는데, 이는 모두 '燂燂'의 音借일 뿐이다. ≪說文解字≫ 卷10 〈火部〉에 이르기를 '燂은 불

97) 禮에……하였습니다 : ≪禮記≫ 〈曲禮 上〉에 "남자와 여자가 뒤섞여 앉지 않으며, 옷걸이와 시렁을 함께 쓰지 않으며, 수건과 빗을 함께 쓰지 않으며, 직접 물건을 건네주지 않는다.〔男女不雜坐 不同椸枷 不同巾櫛 不親授〕"라고 하였다.

98) 我思 : ≪韓詩外傳≫에는 '思心'으로 되어 있다.

99) 伏 : ≪韓詩外傳≫에는 '表'로 되어 있다.

100) (地)〔氾〕 : 저본에는 '地'로 되어 있으나, 王照圓의 注에 의거하여 '氾'로 바로잡았다.

101) 一淸一濁 : ≪韓詩外傳≫에는 '載淸載濁'으로 되어 있다.

102) (授)〔受〕 : 저본에는 '授'로 되어 있으나, 王照圓의 注와 ≪韓詩外傳≫에 의거하여 '受'로 바로잡았다.

103) 夫子 : 王照圓의 남편인 郝懿行(1757~1825)으로, 자는 恂九, 호는 蘭皐이며 山東 棲霞 사람이다. 淸나라 때의 저명한 經學家이자 訓詁學家로, 벼슬은 戶部 主事를 역임하였으며, 저서에 ≪爾雅義疏≫, ≪山海經箋疏≫, ≪易說≫, ≪書說≫, ≪春秋說略≫, ≪竹書紀年校正≫ 등이 있다.

같이 뜨거운 것이다.' 하였다. 아마 '燂'이 되는 것이 옳을 듯하다."라고 하였다.
夫子曰 "譚譚, 韓詩外傳作潭潭. 蓋皆燂(담)燂之借音耳. 說文云 '燂, 火熱也.' 疑作燂爲是."

② 隱曲之(地)〔汜〕 : ≪한시외전≫ 권1에는 '地'가 '汜'로 되어 있다. 여기의 '地'가 오류이다.
韓詩外傳地作汜. 此誤.

③ (授)〔受〕子貢觴 : '授'는 응당 '受'가 되어야 하니, 글자의 오류이다.
授當作受, 字之誤也.

자공이 돌아와 그 말을 아뢰니, 공자가 말하기를 "내 이미 알고 있었다." 하고는, 거문고를 꺼내어 기러기발을 제거한 뒤 자공에게 주면서 말하기를 "이것으로 말을 해보아라." 하였다. 자공이 가서 말하기를 "아까 그대의 말을 들으니 화하기가 맑은 바람과도 같아 거스르지도 않고 저촉되지도 않아 내 마음이 회복되었소. 거문고는 있는데 기러기발이 없으니, 원컨대 그대에게 부탁하여 소리를 조율하고자 하오." 하니, 처녀가 말하기를 "저는 시골 사람이라 고루하고 아무 생각이 없어 五音을 알지 못하니, 어떻게 거문고를 조율할 수 있겠습니까." 하였다.

子貢還報其辭하니 **孔子曰 丘已知之矣**로다하고 **抽琴去其軫**[①]하여 **以授子貢曰 爲**[104)]**之辭**[105)]하라 **子貢往曰 嚮者聞子之言**하니 **穆如淸風**일새 **不拂不寤**하여 **私復我心**[②106)]이라 **有琴無軫**하니 **願借子調其音**하노라 **處子曰 我鄙野之人也**라 **陋固無心**[③]하여 **五音不知**하니 **安能調琴**이리잇고

① 抽琴去其軫 : '軫'이란 말은 붙인다는 뜻이니, 絃을 지지하는 것이다.
軫之言拸, 所以戾絃者也.

② 不拂不寤 私復我心 : '寤'는 저촉함이다. '拂'과 '寤'는 모두 어그러지고 위배되는 뜻이다. '私復'은 ≪韓詩外傳≫에는 '和暢'으로 되어 있다.
寤, 觸啎(오)也. 拂寤, 皆乖違之意. 私復, 韓詩外傳作和暢.

③ 陋固無心 : ≪한시외전≫에는 '僻陋無心'으로 되어 있다.
韓詩外傳作僻陋無心.

자공이 그 말을 공자에게 아뢰니, 공자가 말하기를 "내 이미 알고 있었다. 賢者를

---

104) 爲 : ≪韓詩外傳≫에는 이 앞에 '善'이 더 있다.
105) 辭 : ≪韓詩外傳≫에는 이 뒤에 '以觀其語'가 더 있다.
106) 不拂不寤 私復我心 : ≪韓詩外傳≫에는 '不悖我語 和暢我心'으로 되어 있다.

阿谷處女

만나면 공경을 표하는 법이다." 하고는, 葛布[107] 다섯 匹을 꺼내어 자공에게 주면서 말하기를 "이것으로 말을 해보아라." 하였다. 자공이 가서 말하기를 "나는 북방 시골 사람이오. 북쪽에서 남쪽으로 가서 장차 초나라로 가려는 길이오. 갈포 다섯 필이 있는데, 감히 그대의 몸값에 합당하다 여기는 것은 아니지만, 원컨대 물가에 두고 가고자 하오." 하니, 처녀가 말하기를 "길 가는 사람이 오래 머무는 것이 한탄스럽습니다. 그 재물을 나누어 시골에 버리시다니요. 저는 나이가 매우 어리나, 어찌 감히 그대의 물건을 받겠습니까. 그대는 일찌감치 혼인을 하지 않았으나 저는 狂夫의 이름을 알고 있습니다." 하였다.

子貢以報孔子하니 孔子曰 丘已知之矣로다 (過)〔遇〕[108]賢則賓①[109]이라하고 抽絺綌(치격)五兩②하여

107) 葛布 : 원문은 '絺綌'으로, 고운 것을 絺라 하며 거친 것을 綌이라 한다. 참고로 ≪論語≫ 〈鄕黨〉에 "더위를 당해서는 가는 갈포와 굵은 갈포로 만든 홑옷을 반드시 겉에다 입으셨다.〔當暑 袗絺綌 必表而出〕"라고 하였다.

以授子貢曰 爲[110)]之辭[111)]하라 子貢往曰 吾北鄙之人也라 自北徂南하여 將欲之楚에 有絺綌五兩하니 非敢以當子之身也어니와 願注之水旁하노라 處子曰 行客之人이 嗟然永久[112)]로소이다 分其資財하여 棄於野鄙온여 妾年甚少로대 何敢受子리잇가 子不早命[113)]이나 竊[114)]有狂夫名[115)]之者矣[③]니이다

① (過)〔遇〕賢則賓 : '賓'은 예로써 공경함이다.
賓, 禮敬也.

② 抽絺綌五兩 : '絺綌'은 더위를 당해서 입는 것으로, 葛越[116)] 등속이다. '5兩'의 兩은 5尋이다.[117)] ≪禮記≫ 〈雜記〉에 말하기를 "1束은 5兩이고, 1兩은 5尋이다."라고 하였다.
絺綌, 所以當暑, 葛越之屬也. 五兩, 五尋也. 雜記曰 "束五兩, 兩五尋."

③ 子不早命 竊有狂夫名之者矣 : '命'은 혼인의 명이다. '名'은 남녀가 중매쟁이가 왕래함이 있어 서로 이름을 아는 것이다.[118)] 이는 자기에게 이미 지아비가 있으므로 그 禮幣를 물리침을 말한다.
命, 婚姻之命也. 名, 男女有行媒相知名也. 此言己已有夫, 却其禮幣也.

자공이 그 말을 공자에게 아뢰니, 공자가 말하기를 "내 이미 알고 있었다. 이 부인은 人情에 통달하고 禮를 안다." 하였다. ≪시경≫에 이르기를 "남쪽에 喬木이 있으

---

108) (過)〔遇〕: 저본에는 '過'로 되어 있으나, ≪古列女傳≫에 의거하여 '遇'로 바로잡았다.
109) 遇賢則賓 : ≪韓詩外傳≫에는 없다.
110) 爲 : ≪韓詩外傳≫에는 이 앞에 '善'이 더 있다.
111) 辭 : ≪韓詩外傳≫에는 이 뒤에 '以觀其語'가 더 있다.
112) 行客之人 嗟然永久 : ≪韓詩外傳≫에는 '客之行差遲乖人'으로 되어 있다.
113) 命 : ≪韓詩外傳≫에는 '去'로 되어 있다.
114) 竊 : ≪韓詩外傳≫에는 이 앞에 '今'이 더 있다.
115) 名 : ≪韓詩外傳≫에는 '守'로 되어 있다.
116) 葛越 : 草木의 섬유질로 짠 베로, 범범하게 葛布를 가리킨다.
117) 5兩의……5尋이다 : 5兩〔匹〕은 1兩〔匹〕마다 길이가 5尋이라는 뜻으로, 이를 尺으로 환산하면 8尺이 1尋이므로 1兩〔匹〕은 40尺이고, 5兩〔匹〕은 200尺이다. 이는 ≪禮記≫ 〈雜記 下〉에 "納幣는 1束이니, 1束은 5兩이고 1兩은 5尋이다.〔納幣一束 束五兩 兩五尋〕"라고 하였는데, 이에 대한 鄭玄의 注에 보이는 말이다. 옛날에는 '匹'을 '兩'이라고도 하였는데, 이것은 비단 1匹에는 두 箇의 끝〔端〕이 있기 때문이다. 따라서 5匹〔兩〕은 곧 10箇〔端〕이자 200尺이며 1束이다.
118) 남녀가……것이다 : ≪禮記≫ 〈曲禮 上〉에 "남녀가 중매쟁이가 왕래함이 있지 않으면 서로 이름을 알지 않으며, 폐백을 받지 않았으면 사귀지 않고 친하지 않는다.〔男女非有行媒 不相知名 非受幣 不交不親〕"라고 하였다.

니 가서 쉴 수가 없도다. 漢水에 놀러 나온 여자가 있으니 구할 수 없도다."[119]라고 하였으니, 이를 두고 한 말이다.

子貢以告孔子하니 孔子曰 丘已知之矣로다 斯婦人은 達於人情而知禮라하니라 詩云 南有喬木하니 不可休(息)〔思〕①②[120]로다 漢有遊女하니 不可求思로다하니 此之謂也라

① 不可休(息)〔思〕: ≪韓詩外傳≫에는 '息'이 '思'로 되어 있다. 이는 ≪魯詩≫이니, 응당 ≪韓詩≫와 같아야 한다. 오직 ≪毛詩≫만 '息'으로 되어 있을 뿐이다.
韓詩外傳息作思. 此魯詩也. 當與韓詩同. 唯毛詩作息耳.

② 【校注】 不可休(息)〔思〕: 〈息은〉 응당 '思'가 되어야 한다. 宋나라 王應麟의 ≪詩攷≫의 ≪한시외전≫을 인용한 곳에는 '思'로 되어 있다. 여기에서 '息'으로 된 까닭은 後人이 잘못 ≪모시≫를 근본으로 하여 고쳤기 때문이다.
當作思. 詩攷引韓詩外傳作思. 此作息者, 後人以誤本毛詩改之也.

頌은 다음과 같다.

孔子가 일찍이 길을 가다가
阿谷의 남쪽 산길에 이르렀다오
어떤 처녀를 기이하게 여겨
그 풍도를 관찰하고자 하였다네
子貢이 세 번이나 돌아와 고했으니
처녀의 말이 이치가 깊었다오
공자가 말하기를 인정에 통달하고
예를 알며 음란하지 않다 하였다네

頌曰 孔子出遊를 阿谷之南이로다 異其處子하여 欲觀其風①이로다 子貢三反하니 女辭辨深이로다 子曰達情하고 知禮不淫이라하다

① 【校注】 風 : 古音은 方과 愔의 反切音이다.
古音方愔(음)半.

---

119) 남쪽에……없도다 : ≪詩經≫ 〈周南 漢廣〉에 보인다.
120) (息)〔思〕: 저본에는 '息'으로 되어 있으나, 王照圓의 注에 의거하여 '思'로 바로잡았다.

6-7 趙氏 땅[121] 나루터 아전의 딸 娟 趙津女娟

趙津 땅 나루터 아전의 딸 娟은 趙氏 땅의 河水 나루터 아전의 딸이자 趙簡子[122]의 夫人이다. 애초에 簡子가 남쪽으로 楚나라를 공격할 때 나루터 아전과 기약을 하였는데, 간자가 도착해보니 나루터 아전이 술에 취해 누워 있어 강을 건널 수 없었다. 간자가 노하여 그를 죽이려고 하니, 딸 연이 두려워 노를 들고 달려갔다.

趙津女娟者는 **趙河津吏之女**요 **趙簡子之夫人也**라 **初**에 **簡子南擊楚**할새 **與津吏期**러니 **簡子至**에 **津吏醉臥**하여 **不能渡**라 **簡子〔怒〕**[123]하여 **欲**[124]**殺之**②하니 **娟懼**하여 **持楫**(집)**而走**①하다

① 【校注】 簡子〔怒〕 欲殺之 : '怒'자가 舊本에는 빠졌다. ≪藝文類聚≫ 卷71 〈舟車部 舟〉와 ≪太平御覽≫ 卷771 〈舟部4 楫〉에 따라 校勘 增補하였다.
怒字舊脫. 從藝文類聚舟車部・太平御覽舟部四校增.

② 娟懼 持楫而走 : '楫'은 노이니, 배를 나아가게 하는 것이다.
楫, 櫂(도)也, 所以進船也.

간자가 말하기를 "여자가 달려온 것은 어째서인가?" 하니, 대답하기를 "나루터 아전의 딸입니다. 제 아비가 主君께서 동쪽으로 깊은 물을 건너신다는 말을 듣고는, 풍파가 일어나 水神이 놀라 움직일까 두려워 이 때문에 九江과 三淮의 신에게 빌면서 제사를 지냈습니다. 제물을 바치고 예를 갖춘 뒤 복을 맞이하여 받을 때 巫女와 祝官의 술잔에 남은 술을 다 마시는 바람에 취하여 이 지경에 이른 것입니다. 주군께서 제 아비를 죽이고자 하시니, 저는 원컨대 비루한 제 몸으로 아비의 죽음을 대신하고자 합니다." 하였다. 간자가 말하기를 "너의 죄가 아니다." 하니, 연이 말하기를 "주군께서는 아비가 술에 취해 정신을 잃은 때에 죽이고자 하시니, 저는 그 몸이 아픔을 알지 못하고 마음이 죄를 알지 못할까 저어됩니다. 죄를 알지 못하는 사람을 죽이면 이는 죄 없는 사람을 죽이는 것이니, 원컨대 술이 깬 뒤에 그를 죽여서 그

---

121) 趙氏 땅 : 春秋時代 晉나라 趙氏의 封地를 가리킨다.

122) 趙簡子 : 春秋時代 晉나라의 卿 趙鞅으로, 시호가 '簡'이다. 趙孟이라고도 한다.

123) 〔怒〕 : 저본에는 '怒'가 없으나, ≪列女傳校注≫, ≪列女傳集注≫, ≪藝文類聚≫, ≪太平御覽≫ 등에 의거하여 보충하였다.

124) 欲 : ≪藝文類聚≫와 ≪太平御覽≫에는 모두 '將'으로 되어 있다.

趙津女娟

죄를 알게 하소서." 하였다. 간자가 말하기를 "훌륭하다." 하고, 마침내 풀어주고 주벌하지 않았다.

簡子曰 女子走何爲오 對曰 津吏息女니이다 妾父聞主君(來)〔東〕[125]渡不測之水①하고 恐風波之起하여 水神動駭라 故禱祠九江三淮之神②③④이러니 供具備禮하고 御釐(아희)受福에 不勝(玉)〔巫〕[126]祝杯酌餘瀝⑤⑥하여 醉至於此하니이다 君欲殺之하니 妾願以鄙軀로 易父之死하노이다 簡子曰 非女之罪也⑦라 娟曰 主君欲因其醉而殺之하시니 妾恐其身之不知痛하고 而心不知罪也로이다 若不知罪殺之면 是殺不辜也니 願醒而殺之하여 使知其罪하소서 簡子曰 善하다하고 遂釋不誅하다

① 【校注】 妾父聞主君(來)〔東〕渡不測之水 : '東'이 舊本에는 '來'로 잘못되어 있다. ≪藝文類聚≫ 卷9 〈水部下 津〉과 ≪太平御覽≫ 권572 〈樂部10 歌3〉에 따라 校勘 改正하였다.

125) (來)〔東〕: 저본에는 '來'로 되어 있으나, ≪列女傳校注≫에 의거하여 '東'으로 바로잡았다.
126) (玉)〔巫〕: 저본에는 '玉'으로 되어 있으나, 王照圓의 注에 의거하여 '巫'로 바로잡았다.

束舊誤來. 從藝文類聚水部下·太平御覽樂部十校改.

② 故禱祠九江三淮之神 : 趙 땅의 河水 나루는 長江과 淮水와의 거리가 멀다. 여기에 기도하며 제사 지낸 것은 아마도 멀리 바라보며 제사 지낸 것일 것이다. '三淮'의 명칭은 듣지 못한 것이다.

趙之河津, 去江淮遠矣. 禱祠及之, 蓋望祭歟. 三淮之名, 所未聞焉.

③【校注】故禱祠九江三淮之神 : ≪經典釋文≫ 〈尙書音義〉에 "九江은 ≪尋陽地記≫에는 '첫째는 烏白江, 둘째는 蚌江, 셋째는 烏江, 넷째는 嘉靡江, 다섯째는 畎江, 여섯째는 源江, 일곱째는 廩江, 여덟째는 提江, 아홉째는 箘江이다.'라고 하였고, 張須玄의 ≪緣江圖≫에는 '첫째는 三里江, 둘째는 五州江, 셋째는 嘉靡江, 넷째는 烏土江, 다섯째는 白蚌江, 여섯째는 白烏江, 일곱째는 箘江, 여덟째는 沙提江, 아홉째는 廩江이다.'라고 하였다. 물의 길이에 따라 들쭉날쭉하여 100리인 것도 있고 50리인 것도 있으며, 鄂陵湖에서 시작하여 江口에서 끝나며 桑落洲에 모인다."라고 하였다.[127] '三淮'는 듣지 못하였다.

尙書釋文 "九江, 尋陽地記云 '一曰烏白江, 二曰蚌(방)江, 三曰烏江, 四曰嘉靡江, 五曰畎江, 六曰源江, 七曰廩江, 八曰提江, 九曰箘江.' 張須玄緣江圖云 '一曰三里江, 二曰五州江, 三曰嘉靡江, 四曰烏土江, 五曰白蚌江, 六曰白烏江, 七曰箘江, 八曰沙提江, 九曰廩江.' 參差隨水長短, 或百里, 或五十里. 始於鄂陵, 終於江口, 會於桑落洲." 三淮未聞.

④【集注】故禱祠九江三淮之神 : 蕭道管[128]이 상고해보건대, ≪詩經≫ 〈小雅 鼓鍾〉에 "淮水에 세 모래섬이 있다."[129]라고 하였는데, 이에 대한 鄭玄의 傳에 "三洲는 淮水 가의 땅이다."라고 하였다. '三淮'는 아마 이를 가리키는 듯하다.

道管案詩小雅"淮有三洲", 傳"三洲, 淮上之地", 三淮或指此.

⑤ 御釐受福 不勝(玉)〔巫〕祝杯酌餘瀝 : '御'는 독음이 迓〔yà〕이니, '迓'는 맞이한다는 뜻이다. '釐' 또한 福이라는 뜻이다. '祝'은 工祝[130]이다. ≪예문유취≫ 卷9 〈水部下 津〉의 이 구절을 인용한 곳에는 '玉'이 '巫'로 되어 있다. 여기에서 '玉'으로 된 것은 字形이 비슷해서 생긴 오류일 뿐이다. '餘瀝'은 남은 술이 물방울져 떨어지는 것이다.

---

127) 經典釋文……하였다 : 唐나라 陸德明의 ≪經典釋文≫ 卷3 〈尙書音義上 禹貢第1〉의 '九江'에 보인다.

128) 蕭道管 : 1859~1907. 侯官 사람으로, 자는 君佩 또는 道安이다. 詩文에 능하고 考證學을 좋아하였으며, 만년에는 心과 理를 궁구하는데 힘썼다. 저서에 ≪說文重文管見≫, ≪列女傳集解≫, ≪列女傳集注≫, ≪蕭閑堂札記≫ 등이 있다.

129) 淮水에……있다 : ≪詩經≫ 〈小雅 鼓鍾〉에 보인다.

130) 工祝 : 제사 때 祝文을 읽는 일을 전담하던 사람으로, 곧 祝官을 가리킨다. ≪詩經≫ 〈小雅 楚茨〉에 "공축이 전하여 아뢰기를 효성스런 자손에게 주시되〔工祝致告 徂賚孝孫〕"라고 하였다.

御讀爲迓. 迓, 迎也. 釐, 亦福也. 祝, 工祝也. 藝文類聚引玉作巫. 此作玉者, 字形之誤耳. 餘瀝, 餘酒滴瀝也.

⑥【校注】不勝(玉)〔巫〕祝杯酌餘瀝 : '巫'가 舊本에는 '玉'으로 잘못되어 있다. ≪예문유취≫와 ≪태평어람≫에 따라 校勘 改正하였다.
巫舊誤玉. 從藝文類聚·太平御覽校改.

⑦ 非女之罪也 : '女'는 독음이 汝〔rǔ〕이다.
女音汝.

簡子가 장차 강을 건너려 할 때 노를 저을 사람이 한 명 부족하자, 娟이 팔뚝을 걷고 노를 잡으며 청하여 말하기를 "저의 집이 河水와 濟水 사이에 있어 대대로 배와 노에 관한 일을 익혔으니, 원컨대 인원을 채워 노를 잡게 해주소서." 하였다. 간자가 말하기를 "내가 장차 출행할 적에 士大夫를 선발하여 목욕재계까지 시켰으니, 도리로 볼 때 부녀자와 더불어 한 배를 타고 건널 수 없다." 하니, 연이 대답하기를 "제가 들으니, 옛날에 湯王이 夏나라를 정벌할 때 왼쪽 驂馬로 암컷 驪馬를 세우고 오른쪽 참마로 암컷 靡馬를 세워 마침내 桀임금을 추방하였고, 武王이 殷나라를 정벌할 때에도 왼쪽 참마로 암컷 騏馬를 세우고 오른쪽 참마로 암컷 驥馬를[131] 세워 마침내 紂임금을 이겨 華山의 남쪽에 이르렀다 하였습니다. 주군께서 건너기 싫다면 그만이거니와, 저와 한 배를 타는 것이 또 무슨 해가 있겠습니까." 하였다.

簡子將渡할새 用楫者少一人이어늘 娟攘卷摻(삼)楫①而請曰 妾〔居河濟之間하여 世習舟楫之事〕②[132]하니 願備(父)〔員〕[133]持楫③④하노이다 簡子曰 不穀將行⑤에 選士大夫하여 齊戒沐浴하니 義不與婦人同舟而渡也라 娟對曰 妾聞호니 昔者湯伐夏에 左驂〔牝(빈)〕[134]驪하고 右驂牝靡⑥⑦하여 而遂放桀하고 武王伐殷에 左驂牝騏하고 右驂牝驥⑧하여 而遂克紂하여 至於華山之陽이라하니이다 主君不欲渡則已이어니와 與妾同居가 又何傷乎리잇가

① 娟攘卷摻楫 : '攘卷'은 〈魯季敬姜傳〉 가운데 보인다.[135] '摻'은 잡는다는 뜻이다. ≪文選≫

131) 驪馬를……驥馬를 : 참고로 국회도서관소장 諺解本 ≪고열녀전≫ 원주에 "려와 미와 기와 황은 다 말 이름이다."라고 하였다.

132) 〔居河濟之間 世習舟楫之事〕 : 저본에는 '居河濟之間世習舟楫之事'가 없으나, ≪列女傳校注≫에 의거하여 보충하였다.

133) (父)〔員〕 : 저본에는 '父'로 되어 있으나, 王照圓의 注에 의거하여 '員'으로 바로잡았다.

134) 〔牝〕 : 저본에는 '牝'이 없으나, 王照圓의 注에 의거하여 보충하였다.

詩의 注에서 이 구절을 인용한 곳에는 '娟攘袂操楫'으로 되어 있다.[136)]

攘卷, 見魯季敬姜傳中. 摻, 執也. 文選詩注引作"娟攘袂(메)操楫".

② 【校注】〔居河濟之間 世習舟楫之事〕: 11자가 舊本에는 빠졌다. ≪北堂書鈔≫ 卷137 〈舟部〉, ≪藝文類聚≫ 卷71 〈舟車部 舟〉, ≪太平御覽≫ 卷771 〈舟部4 檝〉에 따라 校勘 增補하였다.

十一字舊脫. 從北堂書鈔舟部(上舟部下)[137)] · 藝文類聚舟車部 · 太平御覽舟部校增.

③ 妾願備(父)〔員〕持楫 : ≪예문유취≫와 ≪북당서초≫의 이 구절을 인용한 곳에는 모두 '備父'가 '備員'으로 되어 있다. 여기에 '父'로 되어 있는 것이 오류이다. ≪북당서초≫에는 "저의 집이 河水와 濟水 사이에 있어 대대로 배와 노에 관한 일을 익혔으니, 원컨대 인원을 채워 노를 잡게 해주소서."라고 하여,[138)] 今本에 비해 11자가 더 많은데, 文義가 더욱 좋다.

藝文類聚 · 北堂書鈔, 俱引備父作備員. 此作父, 誤矣. 書鈔云"妾居河濟之間, 世習舟楫之事, 願備員持楫." 較今本增多十一字, 而文義尤善也.

④ 【校注】 願備(父)〔員〕持楫 : '員'이 舊本에는 父로 잘못되어 있다. ≪북당서초≫, ≪예문유취≫, ≪태평어람≫에 따라 校勘 改正하였다.

員舊誤父. 從北堂書鈔 · 藝文類聚 · 太平御覽校改.

⑤ 不穀將行 : '不穀'[139)]은 謙辭이다. 王侯가 스스로를 일컬어 '不穀'이라 한다.

不穀, 謙也. 王侯自稱曰不穀.

⑥ 左驂〔牝〕驪 右驂牝靡 : '驪' 위에 응당 '牝'자가 빠졌을 것이다. '靡'는 말 중에서 듣지 못하였다.

驪上當脫牝字. 靡, 於馬未聞.

---

135) 攘卷은……보인다 : ≪列女傳補注≫ 卷1 〈魯季敬姜〉의 '引衽攘捲'에 대한 補注에 "'捲'은 또한 '卷'으로 되어 있기도 하다. 또 '拳'과 같으니, 拳은 팔뚝이다. ≪淮南子≫에 말하기를 '소매를 짧게 하고 팔뚝을 걷어 올렸다.'라고 하였다.〔捲亦作卷 又與拳同 拳 手臂也 淮南子曰 短袂攘卷〕"라고 하였는데, 이를 가리킨다.

136) 文選……있다 : ≪文選≫ 卷22 顔延年의 詩 〈車駕幸京口三月三日侍遊曲阿後湖作〉에 "江南의 歌妓는 荊豔을 진상하고, 河激은 趙나라 歌妓가 진상한다.〔江南進荊豔 河激獻趙謳〕"라고 하였는데, 이에 대한 唐나라 李善의 注에 보인다.

137) (上舟部下) : ≪列女傳校注≫에는 '上舟部下'가 있으나, ≪北堂書鈔≫에 의거하여 衍文으로 처리하였다.

138) 북당서초에는……하여 : 唐나라 虞世南의 ≪北堂書鈔≫ 卷137 〈舟部 舟總篇〉의 '女娟習檝爲夫人'에 대한 明나라 陳禹謨의 補註에 보인다.

139) 不穀 : 不善이라는 뜻으로, 고대 王侯의 자신에 대한 謙稱이다.

⑦【校注】右驂牝靡 : 顧廣圻[140]의 校注에 말하기를 "≪廣雅≫ 卷10 '馬屬'에 '野橥腹丹'이라 하였는데, 아마 '靡'는 곧 '橥'자로, 통용하는 듯하다."라고 하였다.
顧校曰 "廣雅馬屬, 野橥腹丹. 疑靡卽橥字, 通用."

⑧ 左驂牝騏 右驂牝驥 : '驥'은 아마 '騜'과 같은 듯하다.
驥, 蓋與騜同.

간자가 기뻐하여 마침내 함께 강을 건널 때, 娟이 강 가운데에서 간자를 위해 〈河激〉이라는 노래를 불렀는데, 그 가사는 다음과 같다.

배에 올라 앞을 향해 맑은 물을 바라보니
물결이 파도를 일으키며 아득히 끝이 없도다
기도하며 복을 구하다가 취해 깨지 못하니
주벌이 장차 닥쳐오자 이내 마음 두려웠다오
주벌에서 이미 풀려나고 물이 이에 맑아지니
내가 노를 잡고 묶어둔 동아줄을 잡았다네
교룡이 도와 주군이 장차 이기고 돌아오리니
불러와 노를 저으매 앞길을 의심치 마소서

簡子悅하여 **遂與渡**①할새 **中流**에 **爲簡子發河激之歌**②하니 **其辭曰 升彼(阿)〔舸(가)〕**[141]**兮面觀淸**③[142]하니 **水揚波兮杳冥冥**이로다 **禱求福兮醉不醒**하니 **誅將加兮妾心驚**이로다 **罰旣釋兮瀆乃淸**하니 **妾持楫兮操其維**④로다 **蛟龍助兮主將歸**하리니 **呼來(擢)〔櫂(도)〕**[143]**兮行勿疑**⑤이다

① 簡子悅 遂與渡 : ≪文選≫ 詩의 注에서 이 구절을 인용한 곳에는 '간자가 그녀를 副貳로 삼아 마침내 함께 건넜다.'로 되어 있다.[144] '箧'는 副貳를 말한다.

---

140) 顧廣圻 : 1766~1835. 淸代의 저명한 학자로, 자는 千里, 호는 澗蘋 또는 無悶子, 別號는 思適居士 또는 一雲散人이다. 江蘇省 蘇州 사람으로, 孫星衍, 黃丕烈 등과 함께 淸代 校勘學의 거장으로 일컬어진다. 저서에 ≪思適齋文集≫이 있다.

141) (阿)〔舸〕: 저본에는 '阿'로 되어 있으나, 王照圓의 注에 의거하여 '舸'로 바로잡았다.

142) 升彼(阿)〔舸〕兮面觀淸 : ≪古今列女傳≫에는 '升彼河兮面觀淸'으로 되어 있고, ≪太平御覽≫에는 '升彼阿兮西觀淸'으로 되어 있고, ≪天中記≫, ≪北堂書鈔≫, ≪事類賦≫ 등에는 '升彼河兮西觀淸'으로 되어 있고, ≪樂府詩集≫, ≪古詩紀≫, ≪文選≫ 등에는 '升彼河兮而觀淸'로 되어 있다.

143) (擢)〔櫂〕: 저본에는 '擢'로 되어 있으나, 王照圓의 注에 의거하여 '櫂'로 바로잡았다.

選注引作"簡子篷(추)之, 遂與渡". 篷, 蓋副貳之言也.

② 中流 爲簡子發河激之歌 : ≪太平御覽≫의 이 구절을 인용한 곳의 綦毋邃의 注에 말하기를 "河水가 거세게 일어나 건너기가 쉽지 않았다."라고 하였다.
太平御覽引綦毋邃曰 "河水激揚, 濟之不易."

③ 升彼(阿)〔舸〕兮面觀淸 : '阿'는 아마 '舸'자의 오류일 것이다. ≪문선≫ 詩의 注에서 이 구절을 인용한 곳에는 '阿'가 '河'로 되어 있고, '面'이 '而'로 되어 있는데, 틀린 듯하다.
阿, 蓋舸字之誤耳. 選注引阿作河, 面作而, 恐非.

④ 妾持檝兮操其維 : '維'는 묶는다는 뜻이다. ≪詩經≫에 말하기를 "둥둥 떠 있는 버드나무 배여, 동아줄로 묶어 매놓도다."[145]라고 하였다.
維, 繫也. 詩曰 "汎汎楊舟, 紼纚(리)維之."

⑤ 呼來(擢)〔櫂〕兮行勿疑 : '擢'은 응당 '櫂'가 되어야 하니, 노를 말한다.
擢, 當作櫂, 謂楫也.

簡子가 크게 기뻐하며 말하기를 "예전에 내가 꿈속에서 아내를 취하였는데, 어찌 이 여인이 아니겠는가." 하고, 장차 사람을 시켜 푸닥거리를 행하게 하고 그녀를 부인으로 삼으려 하였다. 그러자 娟이 再拜하고 사양하여 말하기를 "무릇 婦人의 禮는 중매가 없으면 시집을 가지 않는 법입니다. 어버이가 집에 계시니 감히 명을 듣지 못하겠습니다." 하고, 마침내 하직하고 떠나갔다. 간자가 돌아와서 부모에게 納幣를 행한 뒤, 그녀를 세워 부인으로 삼았다.

簡子大悅曰 昔者不穀夢娶妻하니 豈此女乎리오 將使人祝祓(불)하고 以爲夫人이어늘 娟乃再拜而辭曰 夫婦人之禮는 非媒不嫁니이다 嚴親在內하니 不敢聞命이로소이다하고 遂辭而去하다 簡子歸하여 乃納幣於父母하고 而立以爲夫人하다

군자가 말하기를 "나루터 아전의 딸 娟은 사리에 통달하고 말도 잘하였다."라고 하였다. ≪시경≫에 이르기를 "와서 놀며 와서 노래하여 그 소리를 베풀도다."[146]라고 하였으니, 이를 두고 한 말이다.

---

144) 文選……있다 : ≪文選≫ 卷22 〈車駕幸京口三月三日侍遊曲阿後湖作〉의 唐나라 李善의 注에 보인다.

145) 둥둥……매놓도다 : ≪詩經≫ 〈小雅 采菽〉에 보인다.

146) 와서……베풀도다 : ≪詩經≫ 〈大雅 卷阿〉에 보인다.

君子曰 女娟은 通達而有辭라하니라 詩云 來遊來歌하여 以矢其音이라하니 此之謂也라

頌은 다음과 같다.

趙簡子가 河水를 건너려 할 때
나루터 아전이 취해 곯아떨어졌다네
장차 주벌을 가하려 하니
그의 딸 娟이 두려워하였도다
노를 잡고 달려가 설득하여
아비가 죽음을 면할 수 있었도다
이러한 품성은 오래도록 묻히지 않는 법
마침내 세상에 환히 드러났다네

頌曰 趙簡渡河에 津吏醉荒이로다 將欲加誅하니 女娟恐惶이로다 操楫進說하여 父得不喪이로다 維久難蔽라 終遂發揚이로다

6-8 趙氏 땅의 邑宰인 佛肸[147]의 어머니　趙佛肸(필힐)母

趙氏 땅의 佛肸의 어머니는 趙氏 땅 中牟의 邑宰인 佛肸의 어머니이다. 필힐이 중모를 점거하고 반란을 일으켰는데, 조씨의 법에 城을 점거하고 반란을 일으키는 자는 당사자는 사형에 처하고 가족까지 잡아 가두게 되어 있었다. 필힐의 어머니가 장차 논죄되어 사형에 처해지게 되자, 스스로 말하기를 "내가 죽는 것은 부당하다." 하였다. 獄官의 長이 그 연유를 묻자, 어머니가 말하기를 "나를 위해 主君에게 말을 전해주어야 말을 하겠소. 말을 전해주지 않으면 이 늙은이는 그냥 죽겠소." 하였다. 옥관의 장이 그녀를 위해 襄子[148]에게 아뢰었는데, 양자가 그 연유를 묻게 하자, 어머니가 말하기를 "주군을 만나보지 못하면 말을 하지 않겠소." 하였다.

147) 佛肸 : 春秋時代 晉나라 卿인 趙簡子의 家臣이다. 일찍이 趙氏의 私邑인 中牟 땅의 邑宰로서 반란을 일으킨 뒤, 孔子를 부른 일이 있다.(≪論語≫ 〈陽貨〉)

148) 襄子 : 春秋時代 晉나라의 大夫 趙無恤로, 謚號가 襄이다. 趙簡子의 아들이다.

趙佛肸母

趙佛肸母者는 趙之中牟宰①佛肸之母也라 佛肸以中牟叛하니 趙之法에 以城叛者는 身死家收②라 佛肸之母將論③이어늘 自言曰 我死不當이라 士長問其故④하니 母曰 爲我通於主君이라야 乃言이어니와 不通인댄 則老婦死而已라 士長爲之言於襄子한대 襄子(出)〔使〕[149]問其故⑤⑥하니 母曰 不得見主君인댄 則不言호리라

① 趙之中牟宰 : ≪漢書≫ 卷28上 〈地理志 第8上〉에 따르면 '中牟'는 河南郡에 속해 있고, 圃田澤이 서쪽에 있으니, 趙獻侯가 耿에서 이곳으로 옮겨왔다.[150] '獻侯'는 襄子의 아들이니, 이는 中牟가 趙氏의 邑이 되는 것이다. '宰'는 고을의 長이다.
漢地理志, 中牟屬河南郡, 圃田澤在西, 趙獻侯自耿徙此. 獻侯, 襄子之子也, 是中牟爲趙氏邑. 宰, 邑長也.

② 以城叛者 身死家收 : '收'는 잡아 가두는 것이다. ≪시경≫에 말하기를 "이 죄 없는 사람

149) (出)〔使〕: 저본에는 '出'로 되어 있으나, 王照圓의 注에 의거하여 '使'로 바로잡았다.

150) 漢書……옮겨왔다 : ≪漢書≫ 卷28上 〈地理志 第8上〉의 '河南郡 中牟'에 대한 唐나라 顔師古의 注에 보인다.

을, 네가 도리어 잡아 가두도다."[151]라고 하였다.
收, 執拘也. 詩曰"此宜無罪, 女反收之."

③ 佛肸之母將論 : '論'는 논죄하여 사형에 처하는 것을 말한다.
論, 謂論死也.

④ 士長問其故 : '士長'은 獄官의 長이다.
士長, 理官之長也.

⑤ 襄子(出)〔使〕問其故 : 아래의 글을 가지고 미루어보면, '出'은 응당 '使'가 되어야 한다.
以下文推之, 出當作使.

⑥【校注】襄子(出)〔使〕問其故 : 顧廣圻의 校注에 말하기를 "出은 응당 使가 되어야 한다."라고 하였다.
顧校曰"出當作使."

이에 양자가 만나보고 묻기를 "죽는 것이 부당하다는 것은 무엇 때문이오?" 하니, 어머니가 말하기를 "제가 죽어야 하는 것은 또 무엇 때문입니까?" 하였다. 양자가 말하기를 "당신 아들이 배반하였기 때문이오." 하니, 어머니가 말하기를 "자식이 배반하였는데, 어미가 왜 죽어야 합니까?" 하였다. 양자가 말하기를 "어미가 자식을 제대로 가르치지 못하였기 때문에 자식으로 하여금 배반하게 하였으니, 어미가 어째서 죽는 것이 부당하단 말이오." 하였다.

於是에 襄子見而問之曰 不當死는 何也아 母曰 妾之當死는 亦何也잇가 襄子曰 而子反일새니라 母曰 子反이어늘 母何爲當死잇가 襄子曰 母不能教子라 故로 使至於反하니 母何爲不當死也아

그러자 필힐의 어머니가 말하기를 "아, 주군이 저를 죽이는 데는 합당한 이유가 있을 것이라 여겼는데, 겨우 어미가 가르치지 못하였기 때문이라는 것이었군요. 저의 직분은 다한 지가 오래이니, 이 일은 책임이 곧 주군에게 있습니다. 제가 들으니, 자식이 어려서 게으른 것은 어미의 죄이고, 자라서 부릴 만하지 못한 것은 아비의 죄라 하였습니다. 지금 제 아들이 어려서는 게으르지 않았고 자라서는 또 부릴 만하니, 제가 무슨 책임을 져야 한단 말입니까. 제가 들으니, 자식은 어려서는 자식이 되고, 자라면 벗이 되며, 남편이 죽으면 자식을 따른다 하였습니다. 저는 주군을

151) 이……가두도다 : ≪詩經≫ 〈大雅 瞻卬〉에 보인다.

위해 자식을 길렀거니와, 주군은 스스로 택하여 신하로 삼았습니다. 저의 자식이 지금 論罪 중에 있으니, 이는 주군의 신하이지 저의 자식이 아닙니다. 주군이 난폭한 신하를 둔 것이지 저에게는 난폭한 자식이 없습니다. 이 때문에 저에게 죄가 없다고 말하는 것입니다." 하였다. 양자가 말하기를 "훌륭하오. 필힐의 반란은 寡人의 죄이오." 하고는, 마침내 그녀를 풀어주었다.

母曰 吁라 以主君殺妾爲有說也러니 乃以母無教邪인저 妾之職盡久矣니 此乃在於主君이니이다 妾聞호니 子少而慢者는 母之罪也요 長而不能使者는 父之罪也라하니 今妾之子少而不慢하고 長又能使하니 妾何負哉리잇고 妾聞之호니 子少則爲子하고 長則爲友하며 夫死從子라하니 妾能爲君長子어니와 君自擇以爲臣이니이다 妾之子與在論中하니 此君之臣이요 非妾之子니이다 君有暴臣이요 妾無暴子니이다 是以言妾無罪也로소이다 襄子曰 善하다 夫佛肸之反은 寡人之罪也로다하고 遂釋之하다

군자가 말하기를 "필힐의 어머니는 한 마디 말로 襄子의 뜻을 일깨워 그로 하여금 노여움을 옮기지 않는 덕[152]을 행하게 하여 그 자신의 화를 면하였다."라고 하였다. ≪시경≫에 이르기를 "이미 군자를 만나보니, 내 마음을 쏟아놓도다."[153]라고 하였으니, 이를 두고 한 말이다.

君子曰 佛肸之母는 一言而發襄子之意하여 使行不遷怒之德하여 以免其身이라하니라 詩云 旣見君子호니 我心寫兮로다하니 此之謂也라

頌은 다음과 같다.

佛肸이 이미 반란을 일으키니
그 어미 獄官에 맡겨졌도다
장차 논죄하여 사형에 처해지게 되자

152) 노여움을……덕 : ≪論語≫ 〈雍也〉에 보이는 말로, 魯 哀公이 孔子에게 제자 가운데 누가 학문을 좋아하냐고 묻자, 공자가 "顔回라는 자가 학문을 좋아하여 노여움을 옮기지 않으며 허물을 거듭하지 않았습니다.〔有顔回者好學 不遷怒 不貳過〕"라고 대답하였다.

153) 이미……쏟아놓도다 : ≪詩經≫ 〈小雅 蓼蕭〉에 보인다.

스스로 襄子에게 말을 하였도다
어미의 직분을 열거하고
자식이 자라면 임금 책임이라 하니
양자가 그 말에 기뻐하여
마침내 풀어주고 논죄하지 않았다네

頌曰 佛肸旣叛하니 其母任①理로다 將就於論할새 自言襄子로다 陳列母職하고 子長在君이라하니 襄子說(열)之하여 遂釋不論이로다

① 【集注】 任 : 상고해보건대, '任'은 아마 '在'가 되어야 할 듯하니, 字形이 가장 비슷하다. 案任疑作在, 形最相近.

6-9 齊 威王[154]의 첩 虞姬　齊威虞姬

虞姬는 이름이 娟之이니, 齊 威王의 姬妾이다. 威王이 즉위한 뒤 9년이 지나도록 나라를 다스리지 아니하고 정사를 大臣에게 맡겨두니, 諸侯들이 너도나도 침탈하였다. 이 당시 아첨하는 신하 周破胡가 권세를 독점한 채 어질고 유능한 이들을 질시하여 卽墨[155]의 大夫는 어진데도 날마다 헐뜯고 阿[156]의 大夫는 어질지 못한데도 도리어 날마다 칭찬하였다.

虞姬者는 名娟之①니 齊威王之姬也라 威王卽位하여 九年不治하고 委政大臣②[157]하니 〔諸侯竝侵之하다 其〕③[158]佞臣周破胡專權擅勢하여 嫉賢妒能하여 卽墨大夫賢이로대 而日毁之하고 阿大夫不肖로대 反日譽之러라

① 虞姬者 名娟之 : ≪文選≫ 注의 이 구절을 인용한 곳에는 '娟'이 '損'으로 되어 있다.[159]

---

154) 齊 威王 : 戰國時代 齊나라 임금으로, 田氏이고 이름은 因齊 또는 嬰齊이다.

155) 卽墨 : 齊나라 고을 이름으로, 지금의 山東省 平度 동남쪽에 있었다.

156) 阿 : 이 또한 齊나라 고을 이름으로, 지금의 山東省 陽谷 동남쪽에 있었다.

157) 九年不治 委政大臣 : ≪文選≫에는 없다.

158) 〔諸侯竝侵之 其〕 : 저본에는 '諸侯竝侵之其'가 없으나, ≪列女傳校注≫에 의거하여 보충하였다.

159) 文選……있다 : ≪文選≫ 卷11 何晏의 〈景福殿賦〉에 "虞姬의 容止를 관찰하면, 治國의 아첨하는 신하를 알 수 있다.〔觀虞姬之容止 知治國之佞臣〕"라고 하였는데, 이에 대한 唐나라 李善의 注에 보인다.

文選注引娟作損.

② 九年不治 委政大臣 : ≪문선≫ 注의 이 구절을 인용한 곳에는 '諸侯竝侵之' 5자가 더 있다. 아마 이 구절 아래에 있었던 듯한데, 今本에는 脫去되었다.
選注引有"諸侯竝侵之"五字. 疑在此句下, 今脫去之.

③【校注】〔諸侯竝侵之 其〕: 6자가 舊本에는 빠졌다. ≪문선≫ 注의 이 구절을 인용한 곳에 따라 校勘 增補하였다.
六字舊脫. 從文選注引校增.

이에 虞姬가 威王에게 일러 말하기를 "破胡는 참소하고 아첨하는 신하이니, 물리치지 않아서는 안 됩니다. 제나라에 北郭先生이라는 이가 있는데, 어질고 명철하며 道를 품고 있으니, 좌우에 둘 만합니다." 하였다. 파호가 이를 듣고 우희를 미워하여 말하기를 "그녀가 어린 시절 여염에 있을 때, 일찍이 북곽선생과 사통하였습니다." 하였다. 그러자 왕이 이를 의심한 나머지, 우희를 9층의 누대 속에 유폐시키고 有司로 하여금 철저하게 조사 심문하게 하였는데, 파호가 담당자에게 뇌물을 주어 그녀의 죄로 매듭짓도록 하니, 담당자가 그 진술을 거짓으로 꾸며 올렸다.

虞姬謂王曰 破胡는 讒諛之臣也니 不可不退이니이다 齊有北郭先生者한대 賢明有道[①]하니 可置左右니이다 破胡聞之하고 乃惡(오)虞姬하여 曰 其幼弱在於閭巷之時에 嘗與北郭先生通하니이다 王疑之하여 乃閉虞姬於九層之臺하고 而使有司卽窮驗問이로대 破胡賂執事者하여 使竟其罪[②160)]하니 執事者誣其辭而上之하다

① 賢明有道 : ≪文選≫ 注의 이 구절을 인용한 곳에는 '有'가 '於'로 되어 있다.
選注引有作於.

② 破胡賂執事者 使竟其罪 : '竟'은 끝까지 治罪하는 것이다.
竟, 窮治之也.

---

160) 使竟其罪 : '竟'은 '結'과 같은 뜻으로, 매듭짓는 것을 말한다. ≪後漢書≫ 卷76 〈循吏列傳 孟嘗〉에 "上虞에 어떤 과부가 지극한 효성으로 시어미를 봉양하였다. 시어미가 연로하여 천수를 누리고 죽었는데, 이전부터 시기하는 마음을 품고 있던 시누이가 마침내 며느리가 공양하기 싫어서 자기 어머니를 짐새의 독으로 독살하였다고 무고하였다. 그리하여 관아에서 송사가 벌어졌는데 고을에서 자세히 조사하지도 않고 마침내 그녀의 죄로 매듭지어버렸다.〔上虞有寡婦至孝養姑 姑年老壽終 夫女弟先懷嫌忌 乃誣婦厭苦供養 加鴆其母 列訟縣庭 郡不加尋察 遂結竟其罪〕"라고 하였다. 따라서 여기서는 王照圓의 주석을 따르지 않았다.

齊威虞姬

왕이 그 내용을 살펴보니, 자신의 생각과 합치하지 않았다. 이에 우희를 불러 직접 심문하니, 우희가 대답하기를 "저 娟之가 다행히 어버이가 물려주신 몸[161]을 받아 천지 사이에 태어나 초가집 아래를 떠나와서 밝은 임금의 讌席에서 시봉하다가 임금의 宁位에서 가까이 모시며[162] 자리를 깔아드리고 청소를 하고 목욕 시중을 든

161) 어버이가……몸 : ≪禮記≫ 〈祭儀〉에 "曾子가 말하기를 '몸이라는 것은 부모가 물려주신 遺體이니, 부모의 遺體를 움직임에 어찌 감히 공경하지 않겠는가. 거처함에 장엄하지 않는 것이 효도가 아니며, 군주를 섬김에 충성하지 않는 것이 효도가 아니며, 관직에 임하여 공경하지 않는 것이 효도가 아니며, 붕우 간에 신실하지 않는 것이 효도가 아니며, 싸움터나 진영에서 용맹이 없는 것이 효도가 아니니, 이 다섯 가지를 이루지 못하면 재앙이 어버이에게 미치니, 어찌 감히 공경하지 않겠는가.' 하였다.〔身也者 父母之遺體也 行父母之遺體 敢不敬乎 居處不莊非孝也 事君不忠非孝也 涖官不敬非孝也 朋友不信非孝也 戰陳無勇非孝也 五者不遂 灾及於親 敢不敬乎〕"라고 하였다.

162) 밝은……모시며 : 원문은 '侍明王之讌 泥附王著'인데, 이 구절은 補注를 따르지 않고, 淸나라 학자 孫詒讓의 注에 따라 번역하였다. 山東大學出版社本 ≪列女傳譯注≫의 張濤의 注에 "泥

지가 지금 10여 년이 되었습니다. 절절한 제 마음으로는 행여 한 마디 말이 보탬이 되었으면 싶었으나 간사한 신하에게 배척을 당해 아득히 깊은 수렁 속으로 떨어지고 말았는데, 대왕께서 마침내 다시 저를 만나보고 더불어 말씀을 하실 줄은 생각지도 못하였습니다.

제가 들으니, 玉石은 진흙에 떨어져도 더럽다 하지 않고, 柳下惠는 추위에 떠는 여자를 체온으로 따뜻하게 녹여주어도 음란하다고 하지 않는다 하였으니, 이는 평소부터 쌓은 것이 있기 때문에 의심을 당하지 않는 것입니다. 그러므로 오이 밭을 지날 때는 신발을 고쳐 신지 않고, 오얏 동산을 지날 때는 冠을 바로잡지 않는 법인데,[163] 제가 이러한 혐의를 피하지 않았으니, 첫 번째 죄입니다. 화란 속에 빠진 뒤에는 有司가 뇌물을 받고 간신의 말을 수용하여 결국 誣陷을 당하고 말았으나, 능히 스스로 밝히지도 못하였습니다. 제가 들으니, 寡婦가 城 아래에서 통곡을 하자 성이 이 때문에 무너졌으며,[164] 도망가는 선비가 시장에서 탄식을 하자 시장이 이 때문에 파하였다 하였으니, 정성이 마음속에서 우러나오면 城과 시장도 감동시킬 수 있습니다. 그런데 저의 억울함은 대낮보다 밝건만 9층 누각 속에서 아무리 홀로 부르짖어도 뭇 사람들 중에 털끝만큼이라도 저를 위하는 이가 아무도 없으니, 이것이 저의 두 번째 죄입니다.

이미 오명이 있는데다 이 두 가지 죄까지 더해졌으니, 道義로 볼 때 정말이지 살아서는 안 됩니다. 그런데도 살아 있는 까닭은 저의 오명을 깨끗이 씻지 못하였기 때문입니다. 그리고 옛날부터 이러한 일이 있었으니, 伯奇는 들판으로 쫓겨나고 申生은 재앙을 당하였으니,[165] 효성과 공순이 지극히 밝았음에도 도리어 殘賊하다고 하였습니다. 저는 이미 죽어야 할 몸이니 더 이상 거듭 진술하지는 않겠습니다만,

---

는 昵과 같으니, 가까이함이다. 著는 宁와 같으니, 군주가 신하들의 朝見을 받는 곳으로 곧 궁전의 병풍과 문 사이이다. 孫詒讓이 말하기를 '泥附王著는 王宮에서 嬪御가 되어 왕의 宁位에서 가까이 모시는 것을 말한다.' 하였다.〔泥同昵 親近 著同宁 君主接受群臣朝見的地方 卽殿上屛風與門之間的地方 孫詒讓曰 : 泥附王著 言在王宮爲嬪御 昵近王之宁位也〕"라고 하였다.

163) 오이……법인데 : 참고로 三國時代 魏나라 曹植의 〈君子行〉에 "군자는 매사를 미연에 방지하여, 혐의를 받는 지경에는 처하지 않나니, 오이 밭에서는 신발을 고쳐 신지 않고, 오얏나무 아래에서는 관을 바루지 않는다.〔君子防未然 不處嫌疑間 瓜田不納履 李下不整冠〕"라고 하였다. (≪文選≫ 卷27 〈君子行〉·≪樂府詩集≫ 卷33 〈君子行〉)

164) 寡婦가……무너졌으며 : 자세한 내용은 본서 卷4 〈齊杞梁妻〉에 보인다.

165) 申生은……당하였으니 : 자세한 내용은 본서 卷7 〈晉獻驪姬〉에 보인다.

대왕께 경계하고자 합니다. 여러 신하들이 간사한데 그중에 破胡가 가장 심합니다. 대왕께서 국정을 관장하지 않으시면 나라가 아마도 위태로울 것입니다." 하였다.

王視其辭하니 不合於意①라 乃召虞姬而自問焉하니 虞姬對曰 妾娟之幸得蒙先人之遺體하여 生於天壤之間하여 去蓬廬之下하여 侍明王之讌이라가 泥附王著(저)②하여 薦床蔽席하고 供執掃除하고 掌奉湯沐이 至今十餘年矣니이다 惓惓之心③이 冀幸補一言이나 而爲邪臣所擠④하여 湮於百重之下⑤러니 不意大王乃復見而與之語니이다 妾聞호니 玉石墜泥라도 不爲汚하고 柳下覆(부)寒女라도 不爲亂⑥⑦이라하니 積之於素雅⑧라 故不見疑也니이다 經瓜田不躡(섭)履하고 過李園不正冠이라하여늘 妾不避此하니 罪一也⑨니이다 旣陷難中하얀 有司受賂하여 聽用邪人하여 卒見覆(부)冒⑩로대 不能自明하니이다 妾聞호니 寡婦哭城에 城爲之崩하고 亡士歎市에 市爲之罷⑪라하니 誠信發內면 感動城市하나니이다 妾之冤이 明於白日이언마는 雖獨號於九層之內나 而衆人莫爲豪釐⑫하니 此妾之罪二也니이다 旣有汚名하고 而加此二罪하니 義固不可以生이어니와 所以生者는 爲莫白妾之汚名也니이다 且自古有之하니 伯奇放野⑬⑭하고 申生被患하니 孝順至明이로대 反以爲殘⑮하니이다 妾旣當死하니 不復重陳이어니와 然願戒大王하노니 群臣爲邪에 破胡最甚하니이다 王不執政인댄 國殆危矣리이다

① 王視其辭 不合於意 : 그 내용이 실정을 제대로 조사하지 않은 것이라고 의심한 것이다.
疑其辭不閱實.

② 侍明王之讌 泥附王著 : '讌'은 '燕'과 같고, '泥'는 응당 '昵'이 되어야 하니, '燕昵'은 친근함이다. '附王著'는 응당 '附著王'이 되어야 하니, 그 문장이 잘못 도치된 것일 뿐이다.
讌, 與燕同. 泥, 當作昵(닐). 燕昵, 親近也. 附王著, 當作附著王, 誤倒其文耳.

③ 惓惓之心 : '惓惓'은 '拳拳'과 같고, '拳拳'은 '勤勤'과 같다. 明德馬皇后가 말하기를 "慈母의 拳拳한 마음을 저버리고자 하는가."라고 하였다.[166)]
惓惓, 猶拳拳也, 拳拳, 猶勤勤也. 明德馬皇后曰 "違慈母之拳拳乎?"

④ 而爲邪臣所擠 : '擠'는 배척함이다.
擠, 排抵也.

⑤ 湮於百重之下 : '湮'은 추락함이다. '百重之下'는 깊음을 비유한다.
湮, 墜也. 百重之下, 喩深也.

⑥ 柳下覆寒女 不爲亂 : ≪毛詩傳≫에 말하기를 "돌아갈 집이 없는 여인을 체온으로 따뜻하게 녹여주었는데도, 나라 사람들은 그를 음란하다 일컫지 않았다."[167)]라고 하였다.

166) 明德馬皇后가……하였다 : ≪後漢書≫ 卷10 〈明德馬皇后紀〉에 보이는 구절이다. '明德馬皇后'는 後漢 明帝의 后妃로, 伏波將軍 馬援의 딸이다.

毛詩傳曰 "嫗(구)不逮門之女, 國人不稱其亂."

⑦ 【集注】 柳下覆寒女 不爲亂 : 내가 상고해보건대, ≪孔子家語≫ 卷2 〈好生第10〉에 다음과 같은 고사가 전한다. 魯나라 사람 가운데 집에 혼자 사는 남자가 있었는데, 이웃의 과부 또한 집에 혼자 살았다. 어느 날 밤 폭풍우가 몰아쳤는데 과부가 집이 무너지자 달려가 의탁하려 하였으나, 노나라 남자는 문을 닫고 받아주지 않았다. 과부가 창문 너머에서 그에게 말하기를 "그대는 어이하여 不仁하게도 나를 받아주지 않습니까?" 하니, 노나라 남자가 말하기를 "내가 듣건대 남녀는 60이 되지 않으면 함께 거처하지 않는다 하였소. 지금 그대가 어리고 나 또한 어리니, 이 때문에 감히 그대를 받아줄 수 없는 것이오." 하였다. 그러자 부인이 말하기를 "그대는 어이하여 柳下惠처럼 하지 못한단 말입니까? 돌아갈 집이 없는 여인을 체온으로 따뜻하게 녹여주었는데도 나라 사람들이 그를 음란하다고 일컫지 않았습니다." 하니, 노나라 남자가 말하기를 "유하혜는 가하지만 나는 진실로 불가하오. 나는 장차 나의 불가함으로 유하혜의 가함을 배우고자 하오." 하였다.

道管案家語, 魯人有獨處室者, 隣之釐(리)婦, 亦獨處一室. 夜, 暴風雨至, 釐婦室壞, 趨而託〔焉〕[168], 魯人閉戶而不納. 釐婦自牖與之言 "〔何不仁而不納我乎?" 魯人曰 "吾聞男女不六十不同居, 今子幼吾亦幼, 是以不敢納爾也." 婦人〕[169]曰 "子何不如柳下惠〔然〕[170]? 嫗不逮門之女, 國人不稱其亂." 魯人曰 "柳下惠則可, 吾固不可. 吾將吾之不可, 學柳下惠之可."

⑧ 積之於素雅 : '素'는 '故'와 같고, '雅'는 '常'과 같다. 옛날부터 평상시 쌓았다는 것은 그 오램을 말한다.

素, 猶故也. 雅, 猶常也. 積之於故常, 言其久也.

⑨ 經瓜田不躡履……罪一也 : 虞姬가 北郭先生의 어짊을 언급하였는데, 혐의를 피함이 신중하지 못함을 스스로 한스러워한 것이다. '瓜田' 두 구절은 옛 속담에 나온다.

姬言北郭先生賢, 自恨避嫌之不審也. 瓜田二語, 出古諺.

⑩ 【集注】 覆冒 : 覆盆[171]과 같은 의미이다.

---

167) 돌아갈……않았다 : ≪詩經≫ 〈小雅 巷伯〉에 "조금 벌어지고 벌어진 것으로, 남쪽 箕星을 이루도다.〔哆兮侈兮 成是南箕〕"라고 하였는데, 이에 대한 毛傳에 보이는 구절로, 이른바 '顔叔秉燭'의 고사와 함께 실려 있다. 참고로 ≪孔子家語≫ 卷2 〈好生第10〉에도 같은 내용이 보인다.

168) 〔焉〕 : ≪列女傳集注≫에는 '焉'이 없으나, ≪孔子家語≫에 의거하여 보충하였다.

169) 〔何不仁而不納我乎……婦人〕 : ≪列女傳集注≫에는 '何不仁而不納我乎……婦人'이 없으나, ≪孔子家語≫에 의거하여 보충하였다.

170) 〔然〕 : ≪列女傳集注≫에는 '然'이 없으나, ≪孔子家語≫에 의거하여 보충하였다.

171) 覆盆 : 엎어 놓은 동이라는 뜻으로, 억울한 죄를 뒤집어쓴 채 풀 길이 없는 상황에 처한 것

猶覆(복)盆意.

⑪ 亡士歎市 市爲之罷 : ≪春秋左氏傳≫에 따르면, 魯 文公의 夫人 姜氏가 곡을 하며 저자를 지나가자 저자의 사람들이 모두 곡을 하였다고 하였는데,[172] 아마도 이 일인 듯하다. 다만 '亡士' 2자는 어떤 글자의 오류인지 모르겠다. 夫子[173]는 말하기를 "'亡士歎市'는 아마도 伍子胥가 吳나라 저자에서 퉁소를 분 고사[174]를 원용한 듯하다. 이 일은 ≪春秋後語≫[175]에 보인다. '亡士' 2자는 오류가 아니다."라고 하였다.
左傳, 魯文公之夫人姜氏, 哭而過市, 市人皆哭, 疑此事也. 但亡士二字, 未知何字之誤. 夫子曰 "亡士歎市, 疑用伍子胥吹簫吳市, 事見春秋後語. 亡士二字, 非誤也."

⑫ 而衆人莫爲豪釐 : 뭇 사람들이 그를 위해 억울함을 밝히며 변호해주는 이가 아무도 없다는 말이다. '豪釐'는 아주 작은 것을 비유한다. ≪賈子新書≫[176]에 이르기를 "10豪가 1髮이 되고, 10髮이 1釐가 된다."[177]라고 하였다.

을 말한다. ≪抱朴子≫ 〈辨問〉에 "해와 달도 비치지 못하는 곳이 있고, 성인도 알지 못하는 것이 있다. 그러나 어찌 이 때문에 성인이 하지 않는 것이라고 하며 천하에 신선이 없다고 하겠는가. 이것은 바로 三光이 엎어 놓은 동이 안을 비추지 못한다고 책망하는 격이다.〔日月有所不照 聖人有所不知 豈可以聖人所不爲 便云天下無僊 是責三光不照覆盆之內也〕"라고 하였는데, 여기에서 유래하였다.

172) 春秋左氏傳에……하였는데 : ≪春秋左氏傳≫ 文公 18년 조에 "夫人 姜氏가 齊나라로 돌아갔으니, 大歸한 것이다. 제나라로 돌아갈 적에 곡을 하면서 저자를 지나며 말하기를 '하늘이시여, 襄仲이 도리를 어기고서 嫡子를 죽이고 庶子를 임금으로 세웠습니다.' 하니, 저자의 사람들도 모두 곡을 하였다. 이로 인해 魯人은 그를 哀姜이라 불렀다.〔夫人姜氏歸于齊 大歸也 將行 哭而過市曰 天乎 仲爲不道 殺嫡立庶 市人皆哭 魯人謂之哀姜〕"라고 하였다.

173) 夫子 : 王照圓의 남편인 郝懿行을 가리킨다. 자세한 내용은 115쪽 주 103) 참조.

174) 伍子胥가……고사 : 이른바 '吳市吹簫'의 고사로, ≪史記≫ 卷79 〈范雎列傳〉에 "伍子胥는 전대 속에 숨어서 昭關을 탈출한 뒤, 밤중에만 길을 가고 낮에는 숨어가며 陵水에 이르렀는데, 입에 풀칠할 것도 없어 무릎걸음으로 기어 다니고 머리를 조아리고 옷을 벗은 채 배를 두드리고 퉁소를 불면서 오나라 저자에서 乞食을 했으나, 끝내 吳나라를 부흥시키고 闔閭를 천하의 패자로 만들었다.〔伍子胥橐載而出昭關 夜行晝伏 至於陵水 無以餬其口 膝行蒲伏 稽首肉袒 鼓腹吹簫 乞食於吳市 卒興吳國 闔閭爲伯〕"라고 하였다.

175) 春秋後語 : 東晉의 孔衍(268~320)이 편찬한 책으로 ≪春秋后國語≫라고도 하는데, 原書는 失傳되었다.

176) 賈子新書 : 漢나라 賈誼의 저서로, ≪賈誼新書≫ 또는 ≪新書≫라고도 한다.

177) 10豪가……된다 : ≪新書≫ 卷8 〈六術〉에 보이는 구절로, "度數의 시작은 세미한 데서 시작되는데, 형체가 있는 사물은 터럭〔毫〕보다 가는 것이 없다. 이 때문에 1毫를 세워서 도수의 시초를 삼으니, 10毫가 髮이 되고, 10髮이 氂가 되고, 10氂가 分이 되고, 10分이 寸이 되고, 10寸이 尺이 된다.〔數度之始 始於微細 有形之物 莫細於毫 是故立一毫 以爲度始 十毫爲髮 十髮爲氂 十氂爲分 十分爲寸 十寸爲尺〕"라고 하였다. 참고로 '毫'는 '豪'와 통하고, '氂'는 '釐'와 통한다.

言衆人莫爲伸理也. 豪氂, 喩微小也. 賈子新書云 "十豪爲髮, 十髮爲氂."

⑬ 伯奇放野 : 尹吉甫가 後妻의 참소를 듣고 효자 伯奇를 쫓아냈는데, ≪琴操≫[178]에 그 일이 실려 있다.

尹吉甫聽後妻之譖, 逐孝子伯奇. 琴操有其事也.

⑭ 【集注】 伯奇放野 : 내(蕭道管)가 상고해보건대, ≪水經注≫에 揚雄의 〈琴淸英〉을 인용하여 이르기를 "윤길보의 아들 백기는 지극히 효성스러웠는데, 계모가 백기를 참소하자 스스로 강물 속으로 뛰어들어 이끼 옷에 마름 띠를 걸치고 살았다. 어느 날 홀연히 꿈속에서 水仙[179]을 만났는데 좋은 약을 하사하는 것이었다. 오직 부친을 봉양하고 싶은 생각에 목청 높여 슬프게 노래하니, 뱃사공이 이를 듣고 따라 불렀다. 길보가 뱃사공의 목소리를 듣고는 伯奇와 같다고 의심하여 거문고를 끌어와 〈子安之操〉를 지었다."라고 하였다.[180] 또 ≪금조≫에 이르기를 "〈履霜操〉는 백기가 지은 것이다. 백기의 어머니가 노쇠하자, 길보가 다시 後妻를 들여 아들 伯邦을 낳았다. 이에 후처가 길보에게 백기를 참소하기를 '백기가 저에게 美色이 있는 것을 보고는 사욕을 품고 있습니다.' 하였다. 길보가 말하기를 '백기는 사람됨이 인자하니, 어찌 그럴 리가 있겠소.' 하니, 후처가 말하기를 '시험 삼아 저를 빈 방 안에 두시고, 주군께서 다락에 올라가 살펴보소서.' 하였다. 후처는 백기가 어질고 효성스럽다는 것을 알고는 독벌을 잡아 옷깃에 붙여놓으니, 백기가 다가가 잡았다. 그러자 길보가 大怒하여 백기를 들판으로 쫓아내니, 백기는 연잎을 엮어서 옷을 해 입고 팥배나무 꽃을 따 먹으며 살았다."라고 하였다.[181]

道管案水經注引揚雄琴淸英云 "尹吉甫子伯奇至孝, 後母譖之, 自投江中, 衣(荷)〔苔〕[182]帶藻. 忽夢見水仙, 賜其美藥. 惟念養親, 揚聲悲歌, 船人聞之而學之. 吉甫聞船人之聲, 疑似伯奇, 援琴作子安之操." 又琴操〔曰〕[183] "履霜操者, 伯奇所作也. 伯奇母老, 吉甫更娶後妻, 生子曰伯邦. 乃譖伯奇於吉甫曰 '伯奇見妾有美色, 然有欲心.' 吉甫曰 '伯奇爲人慈仁, 豈有此也?' 妻曰 '試置妾空房中, 君登樓而察之.' 後妻知伯奇仁孝, 乃取毒蜂綴衣領, 伯奇前持之. 於是吉甫大怒, 放伯奇於野. 編水荷而衣之, 采楟花而食之."

⑮ 孝順至明 反以爲殘 : '殘'은 해친다는 뜻이다. 伯奇와 申生이 모두 효성스럽고 공순함으로도 무함을 받아 殘賊하다는 오명을 입었다는 말이다.

---

178) 琴操 : 後漢의 蔡邕이 편찬한 책으로, 原書는 실전되었다.

179) 水仙 : 전설상의 水中 神仙을 말한다.

180) 水經注에……하였다 : 魏나라 酈道元의 ≪水經注≫ 卷33 〈江水〉에 보인다.

181) 또……하였다 : ≪太平御覽≫ 卷511 〈宗親部1 繼母〉에 보인다.

182) (荷)〔苔〕 : ≪列女傳集注≫에는 '荷'로 되어 있으나, ≪水經注≫에 의거하여 '苔'로 바로잡았다.

183) 〔曰〕 : ≪列女傳集注≫에는 '曰'이 없으나, ≪太平御覽≫에 의거하여 보충하였다.

殘, 賊也. 言伯奇・申生, 皆以孝順, 誣被殘賊之名.

이에 위왕이 크게 깨닫고 우희를 석방하여 조정과 저자에 드러내 보이고, 卽墨 大夫는 萬戶侯에 봉하고 阿 大夫와 周破胡는 삶아 죽인 뒤, 드디어 군사를 일으켜 빼앗긴 옛 땅을 수복하였다. 이에 제나라 백성들이 모두 두려움에 떨었으며, 관리들은 阿 大夫를 삶아 죽인 것을 알고 감히 잘못을 거짓으로 꾸미지 못하고 힘써 자신의 직분을 다하니, 제나라가 크게 다스려졌다.[184]

於是에 **王大寤**하여 **出虞姬**하여 **顯之於朝市**하고 **封卽墨大夫以萬戶**하고 **烹阿大夫與周破胡**하여 **遂起兵收故侵地**하니 **齊國**[185]**震懼**하고 **人知烹阿大夫**하여 **不敢飾非**하고 **務盡其職**하니 **齊國大治**러라

군자가 이르기를 "우희는 선을 좋아하였다."라고 하였다. ≪시경≫에 이르기를 "군

184) 卽墨……다스려졌다 : 참고로 ≪史記≫ 卷46 〈田敬仲完世家〉에 "이에 威王이 卽墨 大夫를 불러 말하기를 '그대가 卽墨에 부임하면서부터 헐뜯는 말이 날로 이르렀다. 그러나 내가 사람을 시켜 卽墨을 시찰하게 하였더니, 田野가 개간되고 民人이 풍족하며, 관청에는 지체된 公務가 없어 東方이 이 때문에 편안하니, 이는 그대가 나의 좌우 근신을 섬겨 칭찬을 구하지 않았기 때문이다.' 하고, 그에게 萬戶를 봉해주었다. 阿 大夫를 불러 말하기를 '그대가 阿를 맡으면서부터 칭찬하는 말이 날마다 들렸다. 그러나 使者를 시켜 阿를 시찰하게 하였더니, 田野가 개간되지 못하고, 백성들이 가난으로 괴로워하며, 옛날에 趙나라가 甄邑을 공격하였으나 그대가 구원하지 못하였고, 衛나라가 薛陵을 취하였으나 그대가 알지 못하였으니, 이는 그대가 幣帛으로 나의 좌우 근신들을 후하게 섬겨 칭찬을 구하였기 때문이다.' 하고는, 그날로 阿 大夫와 일찍이 그를 칭찬하였던 좌우 근신들을 모두 삶아 죽였다. 그리고 드디어 군사를 일으켜 서쪽으로 趙나라와 衛나라를 격파하고, 濁澤에서 魏나라를 물리쳐 惠王을 포위하니, 惠王이 觀邑을 바치고 화해를 청하였으며, 趙나라 사람이 제나라에게 長城을 반환하였다. 이에 제나라가 두려워 떨면서 사람들이 감히 잘못을 거짓으로 꾸미지 못하고 힘써 그 충성을 다하니, 제나라가 크게 다스려졌다. 諸侯들이 이를 듣고는 감히 20여 년 동안이나 제나라에 무력을 가하지 못하였다.〔於是威王召卽墨大夫而語之曰 自子之居卽墨也 毁言日至 然吾使人視卽墨 田野闢 民人給 官無留事 東方以寧 是子不事吾左右以求譽也 封之萬家 召阿大夫語曰 自子之守阿 譽言日聞 然使使視阿 田野不闢 民貧苦 昔日趙攻甄 子弗能救 衛取薛陵 子弗知 是子以幣厚吾左右以求譽也 是日 烹阿大夫及左右嘗譽者皆並烹之 遂起兵西擊趙衛 敗魏於濁澤而圍惠王 惠王請獻觀以和解 趙人歸我長城 於是齊國震懼 人人不敢飾非 務盡其誠 齊國大治 諸侯聞之 莫敢致兵于齊二十餘年〕"라고 하였다.

185) 齊國 : 참고로 臺灣商務印書館本 ≪列女傳今註今譯≫의 張敬의 註에는 "齊國은 아마도 秦國의 오류일 듯하다.〔齊國疑爲秦國之訛〕"라고 하였다.

자를 만나 보아야, 내 마음이 가라앉을 것이다."[186]라고 하였으니, 이를 두고 한 말이다.

君子謂 虞姬好善이라하니라 詩云 旣見君子라야 我心則降이라하니 此之謂也라

頌은 다음과 같다.

齊나라 威王이 정사에 게을러
구년 동안이나 다스리지 않았다오
虞姬가 이를 비판하다가
도리어 자신이 해를 입었다네
우희가 그 일을 열거하며
위로 皇天을 가리켰다오
위왕이 이에 크게 깨달아
마침내 강한 秦나라에 맞섰다네

頌曰 齊威[187]惰政하여 不治九年이로다 虞姬譏刺라가 反害其身이로다 姬列其事에 上指皇天이로다 威王覺寤하여 卒距强秦이로다

6-10 齊나라의 醜女 鍾離春 齊鍾離春

鍾離春은 齊나라 無鹽 땅의 여자이자 宣王[188]의 正后이다. 그 사람됨이 지극히 추하기 짝이 없어 절구 같은 머리와 움푹 꺼진 눈, 길쭉한 손가락과 굵직한 뼈마디, 들창코와 튀어나온 목젖, 두꺼운 목과 듬성한 머리털, 굽은 허리와 불거진 흉골에다 피부는 마치 옻칠한 듯 검었다. 그리하여 나이 마흔이 되도록 받아들여주는 사람이 없어 제 스스로 시집을 가겠다고 떠들고 다녔는데도 팔리지 못한 나머지 떠돌아다니며 버림받은 신세가 되어 안주할 곳이 없었다.

186) 군자를……것이다 : ≪詩經≫ 〈小雅 出車〉에 보인다.
187) 威 : ≪列女傳校注≫와 ≪列女傳集注≫에는 모두 '國'으로 되어 있다.
188) 宣王 : 戰國時代 齊나라 임금으로, 田氏이고 이름은 辟疆이다.

鍾離春者①는 **齊無鹽邑之女**②요 **宣王之正后也**라 **其爲人極醜無雙**하여 **臼頭深目**③과 **長指**[189] **大節**④과 **卬**(앙)[190]**鼻結喉**⑤와 **肥項少髮**과 **折腰出胸**⑥에 **皮膚若漆**이라 **行年四**[191]**十**⑦토록 **無所容入**하여 **衒嫁不售**(수)⑧하여 **流棄莫執**⑨⑩이러라

① 【校注】 鍾離春者 : ≪太平御覽≫ 卷364 〈人事部5 頂〉과 卷382 〈인사부23 醜婦人〉의 이 구절을 인용한 곳의 注에 "鍾離는 姓이고, 春은 이름이다."라고 하였다.
太平御覽人事部五, 又二十三引注云 "鍾離, 姓. 春, 名也."

② 齊無鹽邑之女 : ≪漢書≫ 卷28下 〈地理志〉에 따르면, 無鹽 고을은 東平國에 속해 있다. 지금의 東平州가 바로 그 지역이다.
漢地理志, 無鹽邑, 屬東平國. 今之東平州, 是其地.

③ 臼頭深目 : ≪初學記≫의 이 구절을 인용한 곳에는 '臼'가 '凹'로 되어 있다.[192] 凹頭는 정수리가 우묵하게 꺼진 것이다. ≪後漢書≫ 注의 이 구절을 인용한 곳에는 '白頭'로 되어 있고,[193] ≪新序≫에도 똑같이 되어 있는데,[194] 오류이다.
初學記引臼作凹. 凹頭, 頭頂窊陷也. 後漢書注引作白頭, 新序同, 誤也.

④ 長指大節 : ≪후한서≫ 注의 이 구절을 인용한 곳에는 '指'가 '壯'으로 되어 있다. '大節'은 뼈마디가 크다는 말이다.
後漢書注引指作壯. 大節, 言骨節大也.

⑤ 卬鼻結喉 : '卬'은 '仰'과 같으니, '仰鼻'는 드러난 콧구멍이다. '喉'는 咽喉이니, '結喉'는 불룩하게 튀어나온 목젖이다.
卬, 猶仰也. 仰鼻, 露孔也. 喉, 咽喉也. 結喉, 擁腫也.

⑥ 折腰出胸 : '折腰'는 낙타처럼 솟은 등이다. ≪후한서≫ 注의 이 구절을 인용한 곳에는 '出'이 '凸'로 되어 있다. 凸胸은 胸骨이 돌출되었다는 말이다.

189) 指 : ≪列女傳校注≫, ≪列女傳集注≫, ≪新序≫, ≪太平御覽≫ 등에는 모두 '壯'으로 되어 있고, ≪初學記≫에는 '肚'로 되어 있고, ≪天中記≫에는 '脂'로 되어 있다.

190) 卬 : ≪新序≫, ≪繹史≫, ≪古今事文類聚≫ 등에는 모두 '昂'으로 되어 있다.

191) 四 : ≪新序≫, ≪太平御覽≫, ≪天中記≫ 등에는 모두 '三'으로 되어 있다.

192) 初學記의……있다 : 唐나라 徐堅의 ≪初學記≫ 卷19 〈人部下〉의 '卬鼻宿瘤'에 대한 注에 보인다.

193) 後漢書……있고 : ≪後漢書≫ 卷84 〈楊賜列傳〉에 "추녀로 하여금 네 가지 위태로운 탄식을 터뜨리게 하지 말라.〔無令醜女有四殆之歎〕"라고 하였는데, 이에 대한 唐나라 章懷太子 李賢의 注에 보인다.

194) 新序에도……있는데 : 漢나라 劉向의 ≪新序≫ 卷2 〈雜事第2〉에 보인다. 참고로 電子版 文淵閣四庫全書에는 '臼'로 되어 있다.

折腰, 駝背. 後漢書注引出作凸. 凸胸, 言胸骨突出也.

⑦ 行年四十 : ≪초학기≫의 이 구절을 인용한 곳에는 '四'가 '三'으로 되어 있다.
初學記引四作三.

⑧ 衒嫁不售 : '衒'는 판다는 뜻이니, 스스로 과시하여 팔리기를 구한다는 말이다. ≪초학기≫ 및 ≪후한서≫ 注의 이 구절을 인용한 곳에는 '衒'이 '行'으로 되어 있다.
衒, 賣也. 言自誇耀以求售也. 初學記及後漢書注引衒作行.

⑨ 流棄莫執 : '執'은 '處'와 같다. 떠돌아다니며 버림받아 거처가 없음을 말한다.
執, 猶處也. 言流離捐棄, 莫有居處也.

⑩ 【集注】 流棄莫執 : 내가 상고해보건대, '執'은 응당 '執友'의 '執'과 같이 해석해야 한다. ≪禮記≫ 〈曲禮〉의 注에 "執友는 뜻이 같은 자이다."라고 하였다.[195]
道管案執當訓如執友之執. 曲禮注, "執友, 志同者".

이에 短褐[196]을 털어내고 스스로 宣王의 궁궐에 나아가 謁者에게 일러 말하기를 "저는 齊나라의 팔리지 못한 여자입니다. 군왕의 聖德을 듣고 청소하는 後宮의 대열에 끼기를 원하여 司馬門 밖에서 머리를 조아리고 있으니, 왕께서는 부디 허락하여 주소서." 하였다. 알자가 이 말을 아뢰니, 선왕이 한창 漸臺에서 酒宴을 베풀고 있었는데 左右 近臣들이 이를 듣고는 모두 입을 가리고 크게 웃으며 말하기를 "이는 천하의 얼굴 두꺼운 여자로다. 어찌 괴이하지 않은가." 하였다.

於是에 **乃拂拭短褐**①하고 **自詣宣王**[197]하여 **謂謁者曰 妾齊之不售女也**로 **聞君王之聖德**하고 **願備後宮之掃除**하여 **頓首司馬門外**②하니 **唯王幸許之**하소서 **謁者以聞**하니 **宣王方置酒於漸臺**러니 **左右聞之**하고 **莫不掩口大笑曰 此天下强顔女子也**니 **豈不異哉**리오

① 於是乃拂拭短褐 : '褐'은 毛布이다. '短褐'은 그 가난함을 말한다.

---

195) 禮記……하였다 : ≪禮記≫ 〈曲禮〉에 "자식이 된 자는 세 번 하사 받을 때 수레와 말에는 미치지 않는다. 그러므로 州・閭・鄕・黨이 그의 효성스러움을 칭찬하고, 형제와 친척이 그의 자애로움을 칭찬하고, 同類들이 그의 공경함을 칭찬하고, 執友가 그의 인자함을 칭찬하고, 交遊하는 사람들이 그의 信實함을 칭찬하는 것이다.〔夫爲人子者 三賜 不及車馬 故州閭鄕黨 稱其孝也 兄弟親戚 稱其慈也 僚友稱其弟也 執友稱其仁也 交遊稱其信也〕"라고 하였는데, 이에 대한 鄭玄의 주에 보인다.

196) 短褐 : 거친 베로 만든 짤막한 옷으로, 빈천한 자의 복색이다.

197) 王 : ≪太平御覽≫, ≪文選≫, ≪古今事文類聚≫에는 모두 이 뒤에 '願乞一見'이 더 있고, ≪新序≫, ≪繹史≫, ≪北堂書鈔≫에는 모두 이 뒤에 '願一見'이 더 있다.

褐, 毛布也. 短褐, 言其貧.

② 頓首司馬門外 : ≪三輔黃圖≫ 卷2 〈漢宮〉에 "宮의 外門이 司馬門이다."라고 하였고, "漢나라 未央宮, 長樂宮, 甘泉宮에는 四面에 모두 公車司馬門이 있다."라고 하였다. 三輔黃圖, "宮之外門爲司馬門", "漢未央・長樂・甘泉宮, 四面皆有公車司馬門也".

이에 宣王이 그녀를 불러 본 뒤, 일러 말하기를 "예전에 先王께서 寡人을 위해 배필을 정해주어 모두 이미 爵位를 갖추고 있다. 지금 부인이 鄕里의 布衣[198]에게조차 용납받지 못하면서 萬乘 군주에게 요구하려 하니, 또한 무슨 특이한 능력이라도 있느냐?" 하니, 종리춘이 대답하기를 "없습니다. 다만 대왕의 아름다운 義를 흠모할 따름입니다." 하였다. 선왕이 말하기를 "비록 그렇지만 무엇을 잘하느냐?" 하니, 한참 뒤에 말하기를 "일찍이 隱身을 잘했습니다." 하였다. 선왕이 말하기를 "隱身術은 정말이지 과인이 원하는 것이다. 시험 삼아 한번 해보아라." 하였는데, 말이 끝나기도 전에 갑자기 보이지 않았다. 선왕이 크게 놀라 곧바로 隱書를 펼쳐 읽어보고 물러나와 이를 궁구해보았으나 역시 깨치지 못하였다.

於是에 宣王乃召見之하고 謂曰 昔者先王爲寡人娶妃[199]匹하여 皆已備有列位矣[200]라 今夫人不容於鄕里布衣하고 而欲干萬乘之主[201]하니 亦有何奇能哉[202]아 鍾離春對曰 無有라 特竊慕大王之美義耳니이다 王曰 雖然이나 何(喜)〔善〕①[203]가 良久曰 竊嘗(喜)〔善〕隱②[204]하니이다 宣王曰 隱固寡人之所願也니 試一行之어다하여늘 言未卒에 忽然不見③하니 宣王大驚하여 立發隱書而讀之④하고 退而推之⑤로대 又未能得[205]하다

198) 布衣 : 베옷이라는 뜻으로, 여기서는 平民을 가리킨다.

199) 妃 : 配와 통한다.

200) 矣 : ≪新序≫와 ≪繹史≫에는 모두 이 뒤에 '寡人今日聽鄭衛之聲嘔吟感傷揚激楚之遺風'이 더 있다.

201) 今夫人不容於鄕里布衣 而欲干萬乘之主 : 참고로 이 구절은 臺灣商務印書館本 ≪列女傳補注≫에는 '今夫人不容於鄕里. 布衣而欲干萬乘之主.'로 傍點을 찍었고, 국회도서관소장 諺解本 ≪고열녀전≫에도 '이제 여자가 향리에 용납지 못하고 포의로써 만승 임금을 간구코자 하니'로 풀이하였으나, 臺灣商務印書館本 ≪列女傳今註今譯≫과 山東大學出版社本 ≪列女傳譯注≫ 등의 標點에 따라 번역하였다.

202) 亦有何奇能哉 : ≪太平御覽≫에는 '有何異乎'로 되어 있다.

203) (喜)〔善〕 : 저본에는 '喜'로 되어 있으나, ≪列女傳校注≫, ≪列女傳集注≫, ≪太平御覽≫ 등에 의거하여 '善'으로 바로잡았다. 아래도 같다.

204) 隱 : 王照圓은 隱語로 보았으나, 여기서는 補注를 따르지 않고 隱身으로 번역하였다.

① 【校注】 何(喜)〔善〕: '善'이 舊本에는 '喜'로 잘못되어 있다. ≪太平御覽≫을 따라 校勘 改正하였다. 아래도 같다. ≪新序≫에도 잘못되어 있다.
善舊誤喜. 從太平御覽校改. 下同. 新序亦誤.

② 竊嘗(喜)〔善〕隱 : '隱'은 隱語이다.
隱, 隱語也.

③ 言未卒 忽然不見 : 상고해보건대, 이 7자는 ≪신서≫에도 똑같이 되어 있는데, 이해할 수 없다. 정말로 그렇다면 이는 隱身術이지 隱語를 말하는 것이 아니다. 文義를 자세히 살펴보면, '言未卒' 아래가 아마도 응당 '瞑目不見'[206] 4자로 되어야 할 듯하니, 이것이 곧 이른바 '隱'이다.
按此七字, 新序亦同, 殆不可曉. 審爾, 是遁形之術, 非隱語之謂也. 竊詳文義, '言未卒'下, 疑當作'瞑目不見'四字, 此卽所謂'隱'也.

④ 立發隱書而讀之 : ≪漢書≫ 卷30 〈藝文志〉의 '隱書十八篇'[207]에 대한 顔師古의 注에, 劉向의 ≪別錄≫을 인용하여 이르기를 "隱書는 그 말을 의심스럽게 하여 물을 경우 대답하는 자가 곰곰이 이를 생각하면 모두 깨우칠 수 있는 것이다."라고 하였다.
漢書藝文志, 隱書十八篇注, 引劉向別錄云"隱書者, 疑其言以相問, 對者以慮思之, 可以無不喻."

⑤ 退而推之 : ≪신서≫에는 '推'가 '惟'로 되어 있다.
新序推作惟.

이튿날 또다시 불러서 물어보았는데, 은신술에 대해서는 대답하지 않고 단지 눈을 치뜨고 이를 깨물고 손을 들어 무릎을 치면서 말하기를 "위태하다. 위태하다." 하였다. 이와 같이 네 차례나 하자, 선왕이 말하기를 "가르침을 듣고 싶다." 하니, 종리춘이 대답하기를 "대왕께서 나라에 임금 노릇을 하고 있는 지금, 서쪽으로는 횡포한 秦나라라는 근심이 있고 남쪽으로는 강한 楚나라라는 원수가 있어 밖으로는 두 나라의 환난이 있고, 안으로는 간신들만 우글거려 백성들이 따르지 않고 있습니다. 대왕의 춘추가 마흔인데도 장성한 아들을 太子로 세우지 않고, 자식들에게는 관심

205) 退而推之 又未能得 : ≪太平御覽≫에는 '人不能解'로 되어 있다.

206) 瞑目不見 : 눈을 감고 보지 못한다는 뜻으로, ≪莊子≫ 〈秋水〉에 "올빼미는 캄캄한 밤에도 벼룩을 잡을 수 있고 털끝을 살필 수 있지만, 낮에 나와서는 눈을 감고 커다란 산과 언덕을 보지 못한다.〔鴟鵂 夜撮蚤 察豪末 晝出 瞑目而不見丘山〕"라고 하였는데, 여기에서 온 말이다. 참고로 '瞑目'은 ≪莊子≫에 '瞋目'으로 되어 있기도 하다.

207) 隱書十八篇 : ≪漢書≫ 〈藝文志〉에 따르면 〈隱書〉 18篇은 雜賦로 분류되어 있다.

齊鍾離春

을 두지 않고 부인들에게만 관심을 쏟아, 좋아하는 것만 존중하고 의지할 것은 소홀히 하고 계십니다. 하루아침에 山陵이 무너지면[208] 社稷이 안정되지 못할 것이니, 이것이 첫 번째 위태로움입니다.

5층이나 되는 漸臺에는 黃金과 白玉, 琅玕[209]과 龍疏[210], 翡翠와 珠璣로 얽고 장식하여 만백성의 피폐함이 극에 달했으니, 이것이 두 번째 위태로움입니다. 어진 인재들은 山林에 숨어 있고 아첨하는 무리들만 左右에 횡행하여 간사하고 거짓된 소인들만 조정에 가득한 나머지 直諫하는 충신들은 통하여 들어갈 길이 없으니, 이것이 세 번째 위태로움입니다. 酒宴에 빠져서 밤으로 낮을 잇고 女樂의 歌舞와 광대놀이

208) 山陵이 무너지면 : 군왕의 죽음을 완곡하게 표현하여 한 말이다.

209) 琅玕 : 玉石을 가리킨다.

210) 龍疏 : '龍疏'는 곧 '龍玆'와 같은 말로, 珠玉 이름이다. 이는 補注를 따르지 않고 ≪漢語大詞典≫을 따라 번역하였다.

로 어지러이 크게 웃느라 밖으로는 諸侯의 禮를 닦지 않고 안으로는 국가의 정치를 주관하지 않고 계시니, 이것이 네 번째 위태로움입니다. 그러므로 '위태하다. 위태하다.'라고 한 것입니다." 하였다.

明日에 又更召而問之나 不以隱對하고 但揚目銜齒[211)]하고 擧手拊膝[212)]曰 殆哉殆哉라하다 如此者四에 宣王曰 願遂聞命이라하니 鍾離春對曰 今大王之君國也에 西有衡(횡)秦之患하고 南有强楚之讎하여 外有二國之難하고 內聚姦臣하여 衆人不附하며 春秋四十이로대 壯男不立하고 不務衆子而務衆婦하여 尊所好하고 忽所恃하니 一旦에 山陵崩弛①면 社稷不定하리니 此一殆也니이다 漸臺五重[213)]에 黃金白玉과 琅玕(籠)〔龍〕[214)]疏와 翡翠珠璣로 幕絡[215)]連飾②하여 萬民罷極하니 此二殆也니이다 賢者匿[216)]於山林하고 諂諛强[217)]於左右하여 邪僞立於本朝일새 諫者不得通入하니 此三殆也니이다 飮酒沈湎[218)]하여 以夜繼晝[219)]하고 女樂(악)俳優③로 縱橫大笑하여 外不修諸侯之禮하고 內不秉國家之治하니 此四殆也니이다 故曰殆哉殆哉라하니이다

① 【校注】山陵崩弛 : 段玉裁[220)]의 校注에 이르기를 "〈弛는〉 응당 '陁'가 되어야 한다. ≪國語≫ 韋昭의 注에 '크게 무너지는 것을 崩이라 하고, 작게 무너지는 것을 陁라 한다.'[221)] 하였다."라고 하였다.
段校云 "當作陁(치). 國語韋昭注, 大曰崩, 小曰陁."

② 琅玕(籠)〔龍〕疏……幕絡連飾 : ≪新序≫에는 '籠'이 '龍'으로 되어 있다. 이는 '櫳'과 같으니, '櫳'은 房室의 窓이다. 琅玕으로 창문을 장식하고, 또 翡翠와 珠璣로 그 사이를 얽

211) 揚目銜齒 : ≪古今事文類聚≫에는 '揭目含齒'로 되어 있다.
212) 膝 : ≪新序≫, ≪繹史≫, ≪古今事文類聚≫ 등에는 모두 '肘'로 되어 있다.
213) 重 : ≪太平御覽≫, ≪文選≫, ≪古今事文類聚≫ 등에는 모두 '層'으로 되어 있다.
214) (籠)〔龍〕: 저본에는 '籠'으로 되어 있으나, ≪新序≫에 의거하여 '龍'으로 바로잡았다.
215) 幕絡 : ≪新序≫, ≪繹史≫, ≪廣博物志≫ 등에는 모두 '莫落'으로 되어 있다.
216) 匿 : ≪新序≫, ≪繹史≫, ≪太平御覽≫ 등에는 모두 이 앞에 '伏'이 더 있다.
217) 强 : ≪後漢書≫에는 이 앞에 '被'가 더 있고, ≪太平御覽≫에는 이 뒤에 '行'이 더 있다.
218) 飮酒沈湎 : ≪新序≫, ≪繹史≫, ≪太平御覽≫, ≪古今事文類聚≫ 등에는 모두 '酒漿流湎'으로 되어 있다.
219) 繼晝 : ≪新序≫, ≪繹史≫, ≪廣博物志≫ 등에는 모두 '續朝'로 되어 있다.
220) 段玉裁 : 1735~1815. 淸代의 訓詁學家이자 經學家로, 자는 若膺, 호는 懋堂이다. 文字學에 특히 뛰어났으며 校勘에 정심하였다. 저서에 ≪說文解字注≫, ≪六書音韻表≫, ≪古文尙書撰異≫, ≪毛詩故訓傳定本≫, ≪經韻樓集≫ 등이 있다.
221) 크게……한다 : ≪國語≫ 卷3 〈周語下〉의 '聚不阤崩而物有所歸'에 대한 吳나라 韋昭의 注에 보인다.

어서 화려한 장식을 삼았다는 말이다. ≪新序≫에는 '幕絡'이 '莫落'으로 되어 있으니, 발음과 뜻이 또한 똑같다.

新序籠作龍. 蓋與櫳(롱)同. 櫳, 房室之疏也. 言以琅玕飾櫳疏. 又以翡翠珠璣, 連絡其間, 以爲華飾. 新序幕絡作莫落, 音義亦同.

③ 女樂俳優 : '俳'는 戱謔함이다. '優'는 광대이다.
俳, 戲也. 優, 倡優也.

이에 宣王이 喟然히 탄식하며 말하기를 "통렬하도다, 無鹽君의 말이여. 이제야 처음으로 듣다니!" 하고는, 이에 漸臺를 허물고 女樂을 파하였으며, 아첨하는 무리들을 물리치고 아로새긴 장식품을 제거하였으며, 兵馬를 선발하고 창고를 채웠으며, 사방으로 公門을 열어 直言하는 이들을 불러들여 寒微한 선비들에까지 미치게 하였으며, 점을 쳐서 吉日을 택한 뒤 太子를 세우고 慈母[222]를 나오게 하였으며, 無鹽君을 王后로 삼았으니, 齊나라가 태평하게 된 것은 醜女의 힘이었다.

於是에 宣王[223] 喟然而嘆曰 痛乎라 無鹽君之言이여 乃今一聞[224]이로다 於是에 拆(탁)[225]漸臺하고 罷女樂하며 退諂諛하고 去雕琢하며 選兵馬하고 實府庫하며 四辟(벽)公門①하여 招進直言하여 延及側陋하며 卜擇吉日하여 立太子하고 進慈母하며 拜無鹽君爲后하니 而齊國大安者는 醜女之力也라

① 四辟公門 : '辟'은 '闢'과 같으니, 연다는 뜻이다. ≪新序≫에는 '闢'으로 되어 있다.
辟, 與闢同, 開也. 新序作闢.

군자가 이르기를 "鍾離春은 바르고 말을 잘하였다."라고 하였다. ≪시경≫에 이르

222) 慈母 : 자식이 없는 아버지의 첩 중에 아버지의 명으로 자신을 길러 준 庶母를 말한다. ≪儀禮注疏≫ 〈喪服〉의 子夏傳에 "慈母란 무엇인가? 옛 기록에 '자식이 없는 첩과 어머니가 없는 妾子가 있는 경우, 아버지가 첩에게 「네가 자식으로 삼으라.」 명하고, 자식에게도 「네가 어머니로 삼으라.」 명하였다.' 하였다. 이와 같이 하면 살아 있을 때 봉양하기를 종신토록 어머니처럼 하고, 죽으면 상을 치르기를 삼년동안 어머니처럼 하니, 아버지의 명을 귀중하게 여기기 때문이다.〔慈母者何也 傳曰妾之無子者 妾子之無母者 父命妾曰女以爲子 命子曰女以爲母 若是則生養之 終其身如母 死則喪之三年如母 貴父之命也〕"라고 하였다.

223) 王 : ≪太平御覽≫에는 이 뒤에 '闇然無聲'이 더 있다.

224) 乃今一聞 : ≪新序≫, ≪繹史≫, ≪廣博物志≫ 등에는 모두 '吾今乃一聞寡人之殆寡人之殆幾不全'으로 되어 있다.

225) 拆 : ≪新序≫, ≪繹史≫, ≪廣博物志≫ 등에는 모두 '立停'으로 되어 있다.

기를 "이미 군자를 만나보니, 내 마음이 기쁘도다."[226]라고 하였으니, 이를 두고 한 말이다.

君子謂 鍾離春은 正而有辭라하니라 詩云 旣見君子호니 我心則喜로다하니 此之謂也라

頌은 다음과 같다.

無鹽 땅의 추녀가
齊 宣王에게 진달하였도다
네 가지 위태로움을 분별하여
나라의 혼란을 언급하였도다
선왕이 그녀의 말을 따라
사방으로 公門을 열었다네
마침내 태자를 세우고
무염군을 왕후로 삼았다네

頌曰 無鹽之女가 干說齊宣이로다 分別四殆하여 稱國亂煩이로다 宣王從之하여 四辟公門이로다 遂立太子하고 拜無鹽君이로다

6-11 齊나라의 커다란 혹이 난 여인 齊宿瘤女

큰 혹이 난 여인은 齊나라 東郭에서 뽕 따던 여자이자 閔王[227]의 王后이다. 목에 커다란 혹이 있기 때문에 이름을 '宿瘤'라 하였다. 처음에 민왕이 나가 노닐다가 東郭에 이르니, 백성들이 모두 나와서 구경하였는데 숙류라는 여인만 그대로 뽕을 따는 것이었다. 민왕이 괴이하게 여겨 불러서 묻기를 "寡人이 나와 노닐 때면 수레와 말이 매우 많아서 백성들이 애 어른 할 것 없이 모두 하던 일을 멈추고 나와서 구경하는데, 너는 길가에서 뽕을 따면서 한 번도 쳐다보지 않으니, 어째서이냐?" 하니,

---

226) 이미……기쁘도다 : ≪詩經≫ 〈小雅 菁菁者莪〉에 보인다.

227) 閔王 : 戰國時代 齊나라 임금으로, 田氏이고 이름은 地이다. 宣王의 아들로, 湣王 또는 愍王이라고도 한다.

대답하기를 “저는 부모에게 뽕을 따라는 명만 들었고, 대왕을 구경하라는 명은 듣지 못하였습니다.” 하였다.

宿瘤女者는 齊東郭採桑之女요 閔王之后也①라 項有大瘤라 故로 號曰宿瘤라하니라 初에 閔王出游라가 至東郭하니 百姓盡觀이로대 宿瘤〔女〕[228]採桑如故②라 王怪之하여 召問曰 寡人出遊에 車騎甚衆일새 百姓無少長히 皆棄事來觀이어늘 汝採桑道旁에 曾不一視하니 何也오 對曰 妾受父母教採桑이오 不受教觀大王이니이다

① 閔王之后也 : ‘閔王’은 宣王의 아들이다. ≪史記≫에는 ‘湣’으로 되어 있다.
閔王, 宣王之子. 史記作湣.

② 【校注】 宿瘤〔女〕採桑如故 : ‘女’자가 舊本에는 빠졌다. ≪藝文類聚≫ 卷88 〈木部上 桑〉과 ≪太平御覽≫ 卷382 〈人事部23 醜婦人〉에 따라 校勘 增補하였다.
女字舊脫. 從藝文類聚木部・太平御覽校增.

민왕이 말하기를 “이는 기특한 여자이다. 그러나 애석하게도 큰 혹이 있구나.” 하니, 그녀가 대답하기를 “婢妾의 직분은 맡기면 두 마음을 품지 않고 허여하면 잊지 않는 것이니, 마음에 무엇을 생각하겠으며 큰 혹이 무슨 해가 되겠습니까.” 하였다. 왕이 크게 기뻐하며 말하기를 “이는 어진 여자이다.” 하고, 명하여 後車에 태우라고 하니, 그녀가 말하기를 “대왕의 힘을 입어 부모가 집안에 살아계시는데, 제가 부모의 명을 받지도 않고 대왕을 따라가면 이는 淫奔하는 여자이니, 대왕께서 또 어디에다 쓰시겠습니까.” 하였다. 왕이 크게 부끄러워하며 말하기를 “과인이 잘못하였다.” 하니, 그녀가 말하기를 “곧은 여자는 한 가지 예라도 갖추어지지 않으면 죽어도 따르지 않는 법입니다.” 하였다.

王曰 此奇女也나 惜哉宿瘤로다 女曰 婢妾之職은 屬(촉)之不二하고 予之不忘하니 中心謂何며 宿瘤何傷이리잇고 王大悅之曰 此賢女也로다하고 命後(乘)〔車〕[229]載之①하니 女曰 賴大王之力하여 父母在內하니 使妾不受父母之教하고 而隨大王하면 是奔女也니 大王又安用之리잇고 王大慙曰 寡人失之라 (又)〔女〕[230]曰 貞女一禮不備면 雖死不從②이니이다

228) 〔女〕 : 저본에는 ‘女’가 없으나, ≪列女傳校注≫, ≪列女傳集注≫, ≪藝文類聚≫, ≪太平御覽≫ 등에 의거하여 보충하였다.

229) (乘)〔車〕 : 저본에는 ‘乘’으로 되어 있으나, ≪列女傳校注≫, ≪列女傳集注≫, ≪太平御覽≫에 의거하여 ‘車’로 바로잡았다.

① 【校注】 命後(乘)〔車〕載之 : '車'가 舊本에는 '乘'으로 잘못되어 있다. ≪太平御覽≫에 따라 校勘 改正하였다. ≪列女傳≫ 권6 〈楚處莊姪傳〉에도 '後車'로 되어 있다.
車舊誤乘. 從太平御覽校改. 楚處莊姪傳, 亦作後車.

② (又)〔女〕曰……雖死不從 : '又'는 응당 '女'가 되어야 하니, 字形이 비슷해서 생긴 오류이다. '貞女'는 '召南申女'[231)]와 같은 무리이다.
又, 當作女, 字形之誤也. 貞女, 如召南申女之比.

이에 왕이 집으로 돌려보낸 뒤, 使者로 하여금 황금 100鎰을 가지고 가서 聘問하여 맞이해 오게 하였다. 부모가 놀라고 당황하여 목욕을 시키고 옷을 갈아입히려고 하자, 그녀가 말하기를 "이런 모습으로 왕을 뵈었는데, 이제 용모를 바꾸고 옷을 갈

齊宿瘤女

230) (又)〔女〕 : 저본에는 '又'로 되어 있으나, 王照圓의 注에 의거하여 '女'로 바로잡았다.

231) 召南申女 : 召南 지방 申나라 사람의 딸로, 신랑 집에서 禮를 갖추지 않자 죽기를 기필하고 가지 않으려 한 여인이다. 자세한 내용은 본서 卷4 〈召南申女〉에 보인다.

아입으면 알아보지 못하실 것입니다. 그렇게 하면 죽어도 가지 않겠습니다." 하였다. 이에 예전 모습 그대로 使者를 따라갔다.

於是에 王遣歸하고 使使者[232)]로 加金百鎰하여 往娉迎之하니 父母驚惶하여 欲洗沐加衣裳이어늘 女曰 如是見王하니 則變容更服하면 不見識也하시리니 請死不往하노이다 於是如故하여 隨使者하다

閔王이 돌아가 여러 부인들을 보고 고하여 말하기를 "오늘 나가 노닐다가 한 성스러운 여인을 얻었으니, 이제 그녀가 오면 너희들은 모두 물리칠 것이다." 하였다. 여러 부인들이 모두 괴이하게 여겨 盛服을 하고 모시면서 그녀가 오기를 기다렸는데, 큰 혹이 난 모습이 온 宮中을 놀라게 하여 여러 부인들이 모두 입을 가리고 웃었으며, 左右 近臣들도 失色하여 자제를 하지 못할 정도였다. 왕이 크게 부끄러워하며 말하기를 "잠깐 웃지 말라. 꾸미지 않았을 뿐이다. 꾸민 것과 꾸미지 않은 것은 진실로 서로간의 차이가 열배, 백배가 된다." 하니, 그녀가 말하기를 "꾸민 것과 꾸미지 않은 것은 서로간의 차이가 천 배, 만 배가 된다 하더라도 오히려 말하기에 부족하니, 어찌 다만 십 배, 백 배일 뿐이겠습니까." 하였다.

閔王歸하여 見諸夫人告曰 今日出遊라가 得一聖女하니 今至면 斥汝屬矣하리라 諸夫人皆怪之하여 盛服而衛하여 遲其至也①[233)]러니 宿瘤駭宮中이라 諸夫人皆掩口而笑[234)]하고 左右失貌하여 不能自止하다 王大慙曰 且無笑하라 不飾耳니라 夫飾與不飾은 固相去十百也니라 女曰 夫飾〔與不飾〕②[235)]은 相去千萬이라도 尚不足言이니 何獨十百也리잇고

① 盛服而衛 遲其至也 : '衛'는 받들어 모신다는 뜻의 '承侍'와 같다. '遲其至'는 그녀가 오는

232) 於是 王遣歸使使者 : ≪太平御覽≫에는 '及歸 遣使奉禮'로 되어 있다.

233) 盛服而衛 遲其至也 : 이 구절의 '遲'자는 '미치다〔比〕'로 해석하기도 하고, '기다리다〔待〕'로 해석하기도 하는데, 여기서는 補注의 설을 따르지 않고, 국회도서관소장 諺解本 ≪고열녀전≫에 따라 '기다리다'로 번역하였다. 참고로 '미치다'로 번역하면 '盛服 차림으로 모시고 있었는데, 그녀가 옴에 미쳐서'가 된다.

234) 宿瘤駭宮中 諸夫人皆掩口而笑 : 참고로 이 구절은 臺灣商務印書館本 ≪列女傳補注≫에는 '宿瘤駭. 宮中諸夫人皆掩口而笑.'로 傍點을 찍었고, 국회도서관소장 諺解本 ≪고열녀전≫에도 '숙류 해연한지라 궁중 모든 부인이 다 입을 가리고 웃으며'로 풀이하였으나, 山東大學出版社本 ≪列女傳譯注≫의 標點에 따라 번역하였다.

235) 〔與不飾〕 : 저본에는 '與不飾'이 없으나, ≪列女傳校注≫, ≪列女傳集注≫, ≪太平御覽≫에 의거하여 보충하였다.

것을 더디게 여긴다는 말이다. 下句를 가지고 유추해보면 '遲'는 아마도 '逮'자의 오류인 듯하다. '逮'는 미친다는 뜻이다.

衛, 猶承侍也. 遲其至, 言以其至爲遲也. 若以下句推之, 遲疑逮字之誤. 逮, 及也.

② 【校注】 夫飾〔與不飾〕: '與不飾' 3자가 舊本에는 빠졌다. ≪太平御覽≫에 따라 校勘 增補하였다.

與不飾三字舊脫. 從太平御覽校增.

왕이 말하기를 "무엇을 가지고 말하는가?" 하니, 대답하기를 "성품은 서로 비슷하나, 습관에 의해 서로 멀어지는 법입니다.[236] 옛날에 堯·舜과 桀·紂는 모두 天子였습니다. 요·순은 자신을 仁義로 꾸며서 천자가 되어서도 절약과 검소를 편안하게 여겨 띠 지붕을 가지런하게 자르지 않고, 떡갈나무 서까래를 깎지 않았으며,[237] 後宮들은 옷은 두 가지의 채색을 하지 않고, 음식은 두 가지의 맛있는 반찬을 놓지 아니하였으므로, 수천 년이 지난 지금까지도 온 천하가 善하다고 인정하고 있습니다.

그러나 걸·주는 자신을 인의로 꾸미지 않고서 습관적으로 가혹한 법을 만들고 높은 臺와 깊은 못을 조성하였으며, 후궁들은 비단을 밟고 다니고 珠玉을 가지고 놀면서도 마음속으로 만족하게 여긴 때가 없었으므로, 몸이 죽고 나라가 망하여 천하의 웃음거리가 되어 천여 년이 지난 지금까지도 천하가 惡하다고 평가하고 있습니다. 이로 말미암아 살펴보면 꾸민 것과 꾸미지 않은 것은 서로간의 차이가 천 배, 만 배가 된다 하더라도 오히려 말하기에 부족하니, 어찌 다만 십 배, 백 배일 뿐이겠습니까." 하였다.

王曰 何以言之오 對曰 性相近이나 習相遠也니이다 昔者堯舜桀紂가 俱天子也나 堯舜은 自飾以仁義하여 雖爲天子나 安於節儉하여 茅茨(자)不翦하고 采椽不斲(착)하며 後宮衣不重采[238]하고 食不重味하여 至今數千歲히 天下歸善焉하고 桀紂는 不自飾以仁義하여 習爲苛文①하고 造爲高臺深池하며 後宮蹈綺縠(곡)②하고 弄珠玉호대 意非有饜時也하여 身死國亡하여 爲天下笑하여 至今千餘歲히 天下歸惡焉하니 由是觀之컨댄 飾與不飾은 相去千萬이라도 尙不足言이니 何獨十百也리잇고

236) 성품은……법입니다 : ≪論語≫ 〈陽貨〉에 보이는 孔子의 말이다.
237) 띠……않았으며 : 자세한 내용은 99쪽 주 45) 참조.
238) 重采 : ≪太平御覽≫에는 '曳地'로 되어 있다.

① 習爲苛文 : '苛'는 번잡하고 가혹한 것이다.
苛, 煩苛也.

② 後宮蹈綺縠 : '蹈'는 밟는다는 뜻이다. '綺'는 文繒이니, ≪漢書≫ 注에 "곧 지금의 細綾이다."라고 하였다. '縠'은 細縳이니, '縳'은 居와 掾의 反切音이다. ≪經典釋文≫ 〈聘禮〉에 ≪聲類≫를 인용하여 "지금은 '絹'자로 바로잡았다."라고 하였다.[239]
蹈, 踐也. 綺, 文繒也. 漢書注, 卽今之細綾也. 縠, 細縳也. 縳(견), 居掾切. 聘禮釋文, 引聲類以爲"今正絹字".

이에 여러 부인들이 모두 크게 부끄러워하였으며, 민왕은 크게 감동하여 宿瘤女를 세워 王后로 삼았다. 그리고 명령을 내어 宮室을 낮추고 池澤을 메웠으며, 반찬을 덜고 음악을 줄였으며, 後宮은 두 가지의 채색을 한 옷을 입지 못하게 하니, 한 해 사이에 교화가 이웃 나라에까지 행해져 제후들이 와서 조회하였다. 이에 三晉[240]을 공격하고 秦나라와 楚나라를 두려움에 떨게 하였으며 '帝'라는 호칭을 세웠으니, 閔王이 이에 이른 것은 숙류녀의 공로가 있었기 때문이었다. 그녀가 죽은 뒤 燕나라가 마침내 齊나라를 격파하니, 민왕은 도망을 다니다가 밖에서 죽음을 당하고 말았다.

於是에 **諸夫人皆大慙**하고 **閔王大感**하여 **〔立〕[241]瘤女以爲后**①하다 **出令卑宮室**하고 **塡池澤**하며 **損膳減樂**하며 **後宮不得重采**하니 **期月之間**에 **化行隣國**하여 **諸侯朝之**하다 **侵三晉**하고 **懼秦楚**하며 **(一)[242]立帝號**②③하니 **閔王至於此也**는 **宿瘤女有力焉**이라 **及女死之後**하얀 **燕遂屠齊**하니 **閔王逃亡**이라가 **而弑死於外**④하다

① 【校注】〔立〕瘤女以爲后 : '立'자가 舊本에는 빠졌다. ≪太平御覽≫에 따라 校勘 增補하였다.
立字舊脫. 從太平御覽校增.

② (一)立帝號 : ≪史記≫에 따르면 湣王 36년에 齊나라가 東帝가 되었다.[243]

---

239) 經典釋文……하였다 : 唐나라 陸德明의 ≪經典釋文≫ 卷10 〈儀禮音義 聘禮第8〉의 '之縳'에 보인다. ≪聲類≫는 三國時代 魏나라 李登이 지은 책으로, 지금은 실전되었다.

240) 三晉 : 春秋時代 말기에 晉나라를 三分하여 諸侯가 된 韓·魏·趙를 가리킨다.

241) 〔立〕 : 저본에는 '立'이 없으나, ≪列女傳校注≫, ≪列女傳集注≫, ≪太平御覽≫에 의거하여 보충하였다.

242) (一) : 저본에는 '一'이 있으나, ≪列女傳校注≫, ≪列女傳集注≫, ≪太平御覽≫에 의거하여 衍文으로 처리하였다.

史記, 湣王三十六年, 齊爲東帝.

③【校注】(一)立帝號 : '立' 위에 舊本에는 '一'자가 더 들어가 있다. ≪태평어람≫에 따라 校勘 删去하였다.
立上舊衍一字. 從太平御覽校删.

④ 燕遂屠齊……而弑死於外 : 燕나라 장수 樂毅가 臨淄로 들어오자, 湣王은 도망하여 衛나라로 갔다가 다시 魯나라로 갔는데, 楚나라 장수 淖齒에게 살해당하였다.
燕將樂毅入臨淄(치), 湣王亡走之衛, 又之魯, 而爲楚將淖(뇨)齒所弑.

군자가 이르기를 "宿瘤女는 사리에 통달하고 禮가 있었다."라고 하였다. ≪시경≫에 이르기를 "무성하고 무성한 새발쑥이여, 저 언덕 가운데 있도다. 이미 군자를 만나보니, 즐겁고 또 禮儀가 있도다."244)라고 하였으니, 이를 두고 한 말이다.

君子謂 宿瘤女는 通而有禮라하니라 詩云 菁菁者莪여 在彼中阿로다 既見君子호니 樂且有儀로다하니 此之謂也라

頌은 다음과 같다.

제나라 여자 宿瘤가
東郭에서 뽕을 따고 있었다네
閔王이 나와 노닐 적에도
뽕 따는 일을 멈추지 않았다오
왕이 불러 말을 나눠보니
간하는 말이 매우 분명하였다네
끝내 왕후의 지위에 오르니
명성이 빛나고 영화로웠도다

頌曰 齊女宿瘤가 東郭採桑이로다 閔王出遊에도 不爲變常이로다 王召與語하니 諫辭甚明이로다 卒升后位하니 名聲光榮이로다

243) 史記에……되었다 : ≪史記≫ 卷46 〈田敬仲完世家〉에 "36년에 湣王이 東帝가 되고, 秦 昭王이 西帝가 되었다.〔三十六年 王爲東帝 秦昭王爲西帝〕"라고 하였다.

244) 무성하고……있도다 : ≪詩經≫ 〈小雅 菁菁者莪〉에 보인다.

6-12 齊나라의 고아로 쫓겨난 여인 齊孤逐女

孤逐女는 齊나라 卽墨[245] 땅의 여인이자 齊나라 정승의 아내이다. 처음에 逐女는 부모가 없는 고아로 얼굴이 몹시 추하여 세 번이나 鄕에서 쫓겨나고 다섯 번이나 里에서 쫓겨나 혼인할 시기가 지나도록 받아주는 곳이 없었다. 어느 날 齊나라 정승의 婦人이 죽자, 逐女가 襄王[246]의 궁궐 문에 나아가 謁者를 보고 말하기를 "저는 세 번이나 鄕에서 쫓겨나고 다섯 번이나 里에서 쫓겨났는데, 부모가 없는 고아라서 들판에 버려져 머물 곳이 없는 몸입니다. 원컨대 군왕의 성대한 얼굴을 뵙고 어리석은 말씀을 다 올리고 싶습니다." 하였다.

孤逐女者는 齊卽墨之女요 齊相之妻也라 初에 逐女孤無父母하고 狀甚醜하여 三逐於鄕하고 五逐於里하여 過時無所容이러니 齊相婦死하여늘 逐女造襄王之門①하여 而見謁者曰 妾三逐於鄕하고 五逐於里호대 孤無父母라 擯棄於野하여 無所容止니이다 願當君王之盛顔하여 盡其愚辭하노이다

① 造襄王之門 : '襄王'은 閔王의 아들이다.
襄王, 閔王之子也.

左右 近臣이 왕에게 아뢰자, 왕이 식사를 중지하고 씹던 음식을 뱉어내고 일어났다. 좌우가 말하기를 "세 번이나 鄕에서 쫓겨난 것은 충성스럽지 못해서이고, 다섯 번이나 里에서 쫓겨난 것은 禮를 경시하였기 때문일 것입니다. 충성스럽지 못하고 예를 경시하는 사람을 왕께서는 어찌하여 서둘러 만나려 하십니까?" 하니, 왕이 말하기를 "그대는 알지 못한다. 무릇 소가 울어도 말이 응하지 않는 것은 소가 우는 소리를 듣지 못해서가 아니라, 다른 종류이기 때문이다. 이 사람은 필시 보통 사람과 다른 점이 있을 것이다." 하고는, 마침내 만나보고 사흘 동안이나 함께 말을 나누었다.

左右復(복)於王하니 王輟食吐哺而起①[247]하다 左右曰 三逐於鄕者는 不忠也요 五逐於里者는 少禮也일새니 不忠少禮之人[248]을 王何爲遽②[249]잇가 王曰 子不識也라 夫牛鳴而馬不應은 非不

245) 卽墨 : 齊나라 고을 이름으로, 지금의 山東省 平度 동남쪽에 있었다.

246) 襄王 : 戰國時代 齊나라 임금으로, 田氏이고 이름은 法章이다.

247) 吐哺而起 : 《太平御覽》에는 '而起謹敬'으로 되어 있고, 《天中記》에는 '而起'로 되어 있고, 《山堂肆考》에는 '而起敬之'로 되어 있다.

248) 不忠少禮之人 : 《太平御覽》, 《天中記》, 《山堂肆考》에는 모두 없다.

聞牛聲也요 異類故也니 此人必有與人異者矣리라하고 遂見하여 與之語三日하다

① 左右復於王 王輟食吐哺而起 : '復'은 아뢴다는 뜻이다. '輟'은 중지함이고, '哺'는 씹는다는 뜻이다. ≪北堂書鈔≫ 및 ≪初學記≫의 이 구절을 인용한 곳에는 '吐哺' 2자가 없다.[250] ≪初學記≫에는 '起' 아래에 '謹敬' 2자가 있는데, 아마 주석의 글을 함께 인용한 것일 뿐인 듯하다.
復, 白也. 輟, 止也. 哺, 咀也. 北堂書鈔及初學記引無吐哺二字. 初學記起下有謹敬二字. 疑并引注文耳.

② 王何爲遽 : '遽'는 빠르다는 뜻이다. ≪초학기≫의 이 구절을 인용한 곳에는 '何足爲貴' 4자로 되어 있다.
遽, 疾速也. 初學記引作"何足爲貴"四字.

첫째 날에 逐女가 말하기를 "대왕께서는 나라의 기둥을 아십니까?" 하니, 왕이 말하기를 "모른다." 하였다. 축녀가 말하기를 "기둥은 바로 정승입니다. 기둥이 바르지 못하면 들보가 안정되지 못하고, 들보가 안정되지 못하면 서까래가 떨어지고 집이 금세 무너질 것입니다. 임금은 들보이고 백성은 서까래이며 국가는 집입니다. 집이 튼튼한지 튼튼하지 않은지는 기둥에 달렸고, 국가가 안녕한지 안녕하지 않은지는 정승에게 달렸습니다. 지금 대왕께서 이미 밝은 지혜를 갖고 계시니, 정승을 자세히 살피지 않아서는 안 됩니다." 하니, 왕이 말하기를 "그렇다." 하였다.

始一日에 曰 大王知國之柱乎잇가 王曰 不知也라 逐女曰 柱는 相國이 是也니이다 夫柱不正則棟不安하고 棟不安則榱橑(최료)墮하고 (則)[251]屋幾覆(복)矣①리이다 王則棟矣요 庶民榱橑也요 國家屋也니이다 夫屋堅與不堅은 在乎柱하고 國家安與不安은 在乎相하니이다 今大王旣有明知하시니 而國相不可不審也니이다 王曰 諾다

① 夫柱不正則棟不安……(則)屋幾覆矣 : '柱'는 기둥이고, '棟'은 대들보이다. '榱'와 '橑'는 모두 서까래이다. 들보가 비록 집 가운데 지극히 높은 곳에 처해 있지만 반드시 기둥을 의지하여 편안한 법이니, 만약 기둥이 바르지 못하면 큰 집이 기울어져서 서까래가

249) 王何爲遽 : ≪太平御覽≫에는 '何足爲遽'로 되어 있고, ≪天中記≫와 ≪山堂肆考≫에는 모두 '何足爲貴'로 되어 있다.
250) 北堂書鈔……없다 : 唐나라 虞世南의 ≪北堂書鈔≫ 卷49 〈設官部1 宰相篇〉의 '屋在乎柱國在乎相'에 대한 注와 唐나라 徐堅의 ≪初學記≫ 卷19 〈人部下〉의 '孤逐厚送'에 대한 注에 보인다.
251) (則) : 저본에는 '則'이 있으나, 王照圓의 注에 의거하여 衍文으로 처리하였다.

모두 떨어지고 집 또한 거의 기울어 무너질 것이다. '屋' 위의 '則'자는 衍字이다.
柱, 楹也. 棟, 極也. 榱・橑, 皆椽也. 言棟雖居屋中至高之地, 而必恃柱以爲安. 若柱不正, 則大廈傾而椽皆墮, 屋亦近於傾覆矣. 屋上則字, 衍也.

그 둘째 날에 왕이 말하기를 "우리 정승은 어떠한가?" 하니, 대답하여 말하기를 "왕의 정승은 比目魚와 같으니, 밖으로 짝하고 안으로 짝한 뒤에야 그 일을 이루고 그 공을 이룰 수 있습니다." 하였다. 왕이 말하기를 "무슨 말인가?" 하니, 축녀가 대답하기를 "그 左右를 명철하게 하고 그 妻子를 어질게 하는 것이 바로 밖으로 짝하고 안으로 짝하는 것입니다." 하였다.

其二日에 **王曰 吾國相奚若**고 **對曰 王之國相**은 **比目之魚也**①니 **外比內比然後**에야 **能成其事**하고 **就其功**이니이다 **王曰 何謂也**오 **逐女對曰 明其左右**하고 **賢其(夫妻)〔妻子〕**②③[252]가 **是外比內比也**니이다

① 比目之魚也 : 比目魚는 짝하지 않으면 가지 못한다. 눈이 하나라서 양쪽이 서로 합쳐야 갈 수 있으니,[253] 합쳐 놓으면 좋고 떼어 놓으면 해로운 것이다.
比目之魚, 不比不行. 一眼, 兩片相得乃行. 合之則美, 離之則傷者也.

② 賢其(夫妻)〔妻子〕: '夫'자가 誤字이다. ≪北堂書鈔≫의 이 구절을 인용한 곳에는 '夫妻'가 '妻子'로 되어 있으니, 옳다.
夫字誤. 北堂書鈔引夫妻作妻子, 是.

③ 【校注】 賢其(夫妻)〔妻子〕: 舊本에는 '夫妻'로 잘못되어 있다. ≪북당서초≫에 따라 校勘改正하였다.
舊誤夫妻. 從北堂書鈔校改.

그 셋째 날에 왕이 말하기를 "우리 정승은 바꿔야 하는가?" 하니, 逐女가 대답하기를 "중간 정도의 재능을 지닌 사람이니, 구한다 해도 구할 수 없을 것입니다. 이 사람보다 나은 사람이 있다면 어찌 불가하겠습니까마는, 지금은 없습니다. 제가 듣건

252) (夫妻)〔妻子〕: 저본에는 '夫妻'로 되어 있으나, 王照圓의 注에 의거하여 '妻子'로 바로잡았다.
253) 比目魚는……있으니 : ≪爾雅注疏≫ 卷6 〈釋地第9 九府〉에 "東方에 比目魚가 있으니, 짝하지 않으면 가지 않는다. 그 이름을 '鰈'이라 한다.〔東方有比目魚焉 不比不行 其名謂之鰈〕"라고 하였으며, 이에 대한 晉나라 郭璞의 注에 "모습은 牛脾와 흡사하고 비늘이 가늘고 자흑색이며, 눈이 하나라서 양쪽이 서로 합쳐야 갈 수 있다.〔狀似牛脾 鱗細 紫黑色 一眼 兩片相合乃得行〕"라고 하였다. 참고로 가자미〔鰈〕가 많이 난다 하여 우리나라를 '鰈域'이라고도 한다.

齊孤逐女

대, 현명한 군주는 사람을 쓸 때 한 사람을 미루어 쓴다고 하였습니다. 이 때문에 楚나라는 虞邱子를 등용하여 孫叔敖를 얻었고,[254] 燕나라는 郭隗를 등용하여 樂毅를 얻은 것이니,[255] 대왕께서 진실로 그를 격려하신다면 이 사람도 쓸 만할 것입니다." 하였다. 왕이 말하기를 "내가 어떻게 써야 하는가?" 하니, 축녀가 대답하기를 "옛날에 齊 桓公이 九九段을 외는 사람을 높이자 道가 있는 선비들이 그에게로 귀의하였고,[256] 越王이 사마귀의 사나운 기세에 경의를 표하자 용맹한 병사들이 그를 위해 목숨 걸고 싸웠으며,[257] 葉公이 龍을 좋아하자 용이 그를 위해 홀연히 내려왔으니,[258] 만물의 응험은 진실로 잠시도 기다리지 않는 법입니다." 하였다.

---

254) 楚나라는……얻었고 : 본서 권2 〈楚莊樊姬〉에 자세한 이야기가 보인다.

255) 燕나라는……것이니 : ≪史記≫ 卷34 〈燕召公世家〉에 자세한 이야기가 보인다.

256) 齊……하였고 : ≪韓詩外傳≫ 卷3, ≪說苑≫ 〈尊賢〉 등에 자세한 이야기가 보인다.

257) 越王이……싸웠으며 : ≪韓詩外傳≫ 卷8, ≪淮南子≫ 〈人間〉 등에 자세한 이야기가 보인다.

其三日에 王曰 吾相其可易(역)乎아 逐女對曰 中才也니 求之未可得也하리이다 如有過之者면 何爲不可也리오마는 今則未有하니이다 妾聞明王之用人也엔 推一而用之①라 故로 楚用虞邱子하여 而得孫叔敖하고 燕用郭隗(외)하여 而得樂毅②하니 大工誠能厲之하시면 則此可用矣리이다 王曰 吾用之柰何오 逐女對曰 昔者에 齊桓公尊九九之人에 而有道之士歸之하고 越王敬螳蜋之怒에 而勇士死之③하고 葉(섭)公好龍에 而龍爲暴下하니 物之所徵은 固不須頃④이니이다

① 推一而用之 : 쓸 만한 사람 한 명을 선발하여 전일하게 쓰고, 사람을 바꾸기를 많이 하는데 있지 않다는 말이다.
言推擇一人可者而專用之, 不在多易人.

② 燕用郭隗 而得樂毅 : 燕 昭王이 郭隗를 스승으로 섬기자 樂毅가 풍도를 듣고 왔다.
燕昭王師事郭隗, 而樂毅聞風而至也.

③ 齊桓公尊九九之人……而勇士死之 : 齊 桓公이 대궐 뜰에 횃불을 설치하고 선비를 기다렸는데, 동쪽 들판의 어떤 시골 사람이 구구단을 외우는 재주를 가지고 알현하였다. 환공이 인하여 이 사람을 예우하자 사방의 선비들이 서로 이끌고 찾아왔다. 越王 句踐이 〈사냥을〉 나갔다가 사마귀를 만났는데 사나운 기세로 앞발을 들고 수레바퀴를 치려고 하였다. 이에 월왕이 수레를 돌려 사마귀를 피하자 勇士들이 그에게로 귀의하였다. ≪韓詩外傳≫ 권8에는 '越王'이 '齊莊公'으로 되어 있다.
齊桓公設庭燎以待士, 東野鄙人有以九九見者, 公因禮之, 四方之士, 相導而至. 越王句踐出見螳蜋 怒而擧足, 將搏其輪, 於是越王迴車避之, 而勇士歸焉. 韓詩外傳越王作齊莊公.

④ 葉公好龍……固不須頃 : 葉公 子高가 龍을 새기기를 좋아하자, 하루아침에 天上의 龍이 이를 듣고 내려왔다. '暴'는 창졸간이다. '徵'은 부른다는 뜻이다. '須'는 기다림이고, '頃'은 잠시이다. 物理가 서로 감응하는 것은 잠시도 기다리지 않고 그 응함이 매우 빠르다는 말이다.
葉公子高好畫(획)龍, 一旦天龍聞而下之. 暴, 倉猝也. 徵, 召也. 須, 待也. 頃, 俄頃也. 言物理相感召, 不待俄頃, 其應甚速也.

왕이 말하기를 "훌륭하다." 하고는, 마침내 정승을 높여 공경히 섬기고, 逐女를 그의 아내로 삼아주니, 사흘이 지나자 四方의 선비들이 제나라로 많이 귀의하였으며, 나라가 이 때문에 크게 다스려졌다.

王曰 善하다하고 遂尊相하여 敬而事之하고 以逐女妻之하니 〔居三日에 四方之士多歸於〕[259]齊하고

258) 葉公이……내려왔으니 : ≪新序≫ 卷5 〈雜事第5〉에 자세한 이야기가 보인다.

〔而〕[260]國以〔大〕[261]治①려라

① 【校注】〔居三日〕……〔而〕國以〔大〕治 : '居三日四方之士多歸於' 10자와 '而'자를 ≪北堂書鈔≫에 따라 校勘 增補하였다.[262]
居三日四方之士多歸於十字・而字, 從北堂書鈔校增.

≪시경≫에 이르기를 "이미 군자를 만났기에, 함께 앉아 비파를 타노라."[263]라고 하였으니, 이를 두고 한 말이다.

詩云 旣見君子라 竝坐鼓瑟호라하니 此之謂也라

頌은 다음과 같다.

제나라의 고아로 쫓겨난 여인이
襄王의 궁궐 문에 나아갔도다
여인은 다섯 번 쫓겨났으나
왕은 그녀를 만나주었다오
나라의 정사를 논하였는데
또한 매우 조리가 있었도다
더불어 얘기한 지 사흘 만에
마침내 정승의 배필이 되었다오

頌曰 齊(逐孤)〔孤逐〕[264]女①가 造襄王門이로다 女雖五逐이나 王猶見焉이로다 談國之政하니 亦甚有文이로다 與語三日에 遂配相君이로다

259) 〔居三日 四方之士多歸於〕: 저본에는 '居三日四方之士多歸於'가 없으나, ≪列女傳校注≫, ≪列女傳集注≫에 의거하여 보충하였다.

260) 〔而〕: 저본에는 '而'가 없으나, ≪列女傳校注≫, ≪列女傳集注≫, ≪春秋戰國異辭≫, ≪淵鑑類函≫ 등에 의거하여 보충하였다.

261) 〔大〕: 저본에는 '大'가 없으나, ≪春秋戰國異辭≫와 ≪淵鑑類函≫에 의거하여 보충하였다.

262) 北堂書鈔에……增補하였다 : ≪北堂書鈔≫ 卷49 〈設官部1 宰相篇〉에 보인다.

263) 이미……타노라 : ≪詩經≫ 〈秦風 車鄰〉에 보인다.

264) (逐孤)〔孤逐〕: 저본에는 '逐孤'로 되어 있으나, 王照圓의 注에 의거하여 '孤逐'으로 바로잡았다.

① 齊(逐孤)〔孤逐〕女 : '逐孤'는 응당 '孤逐'이 되어야 한다.
逐孤, 當作孤逐.

6-13 楚나라의 어린 처녀 莊姪 楚處莊姪

楚나라의 어린 처녀 莊姪은 초나라 頃襄王[265]의 夫人이자 縣邑의 여자이다. 처음에 경양왕이 누대에서 노는 것을 좋아하여 출입이 일정한 때가 없었고, 나이가 마흔이 되도록 太子를 세우지도 않았고, 諫言하는 자들이 가로막혀 屈原[266] 같은 충신이 放逐된 나머지 나라가 이미 위태로운 상황이었다. 秦나라가 초나라를 습격하고자 하여 이에 張儀[267]로 하여금 이간질을 시키되 왕의 측근을 시켜 왕에게 "남쪽으로 오백 리 밖에 있는 高唐[268]에 가서 놀면 즐거울 것입니다."라고 이르게 하니, 왕이 장차 가려고 하였다.

楚處莊姪者①는 楚頃襄王之夫人②이요 縣邑之女也라 初에 頃襄王好臺榭(사)[269]하여 出入不時하고 行年四十토록 不立太子하고 諫者蔽塞하여 屈原放逐하여 國既殆矣러니 秦欲襲其國하여 乃使張儀間之호대 使其左右謂王曰 南游於唐五百里하시면 有樂焉③[270]이라하니 王將往이라

① 【校注】楚處莊姪者 : '姪'은 ≪渚宮舊事≫ 卷3 〈周代下〉에는 '婭'으로 되어 있다. 이하도 모두 같다. 아마 '姪'자가 오자인 듯하다.
姪, 渚宮舊事三作婭, 下竝同. 疑姪字誤.

---

265) 頃襄王 : 戰國時代 楚나라 임금으로, 熊氏이고 이름은 橫이다.

266) 屈原 : 戰國時代 楚나라의 忠臣으로, 이름은 平이고 자가 原이다. 懷王의 신임이 두터웠는데 참소를 당하여 江南으로 귀양을 가게 되자 〈漁父辭〉 등을 지어 자기의 뜻을 보이고 汨羅水에 빠져 죽었다.

267) 張儀 : 戰國時代 대표적인 遊說客으로, 6國이 동맹해서 秦나라에 대항하자는 蘇秦의 合從策을 반대하고 6국이 秦나라를 섬기자는 連橫策을 내세웠다.

268) 高唐 : 戰國時代 楚나라의 臺觀 이름으로, 雲夢澤에 있었다. 楚 襄王이 일찍이 高唐에서 노닐다가 꿈속에서 巫山神女를 만나 雲雨之情을 나누었다는 전설이 전한다.

269) 臺榭 : ≪太平御覽≫에는 '遊觀之樂焉'으로 되어 있다.

270) 南游於唐五百里 有樂焉 : 참고로 이 구절은 '南游於唐, 五百里有樂焉.'으로 標點을 찍고, '남쪽으로 高唐에 가서 놀면 오백 리 길에 즐거운 일이 있을 것입니다.'로 풀이하기도 하는데, 여기서는 '南游於唐五百里. 有樂焉.'으로 傍點을 찍은 臺灣商務印書館本 ≪列女傳補注≫와 '남으로 당 땅 오백 리에 가 놀면 즐거울 것입니다.'로 풀이한 국회도서관소장 諺解本 ≪고열녀전≫을 따라 번역하였다.

② 楚處莊姪者 楚頃襄王之夫人 : '處'는 處子이다. '莊'은 아마도 그 姓일 것이다. '頃襄王'은 懷王의 아들이다.
處, 處子也. 莊, 蓋其姓也. 頃襄王, 懷王之子也.

③ 南游於唐五百里 有樂焉 : '唐'은 高唐이니, 楚 襄王이 여기에서 노닐었다.
唐, 高唐也. 楚襄王遊焉.

이 당시 莊姪은 열두 살이었는데, 그 어미에게 일러 말하기를 "왕이 향락을 좋아하여 출입이 일정한 때가 없고, 춘추가 이미 많은데도 태자를 세우지 않더니, 이제 秦나라가 또 사람을 시켜 측근에게 후한 뇌물을 주어 우리 왕을 미혹시켜 오백 리 밖으로 나가 놀게 한 뒤 그 형세를 살피려고 합니다. 왕이 나가고 나면 姦臣들은 틀림없이 敵國에 의지하여 모의를 할 것이며, 왕은 틀림없이 國都로 돌아오지 못할 것입니다. 제가 가서 간언하겠습니다." 하니, 그 어미가 말하기를 "너는 어린 아이이다. 어떻게 간언을 할 줄 알겠느냐." 하고, 보내지 않았다.

是時에 莊姪年十二러니 謂其母曰 王好淫樂하여 出入不時하고 春秋既盛이로대 不立太子하더니 今秦又使人重賂左右하여 以惑我王하여 使游五百里之外하여 以觀其勢라 王已出이면 姦臣必倚敵國而發謀하고 王必不得反國하리니 姪願往諫之하노이다 其母曰 汝嬰兒也라 安知諫이리오하고 不遣하다

그러자 장질은 마침내 도망하여 붉은 비단을 장대에 매달아 깃발을 만든 다음, 직접 깃발을 지니고 남쪽 교외 길가에 엎드려 있다가 왕의 수레가 이르자 그 깃발을 드니, 왕이 이를 보고 멈춘 뒤 사람을 시켜 가서 물어보게 하였다. 使者가 〈돌아와〉 보고하기를 "어떤 한 여자 아이가 깃발 아래 엎드린 채 왕을 알현하기를 원하고 있습니다." 하니, 왕이 말하기를 "불러오라." 하였다.

姪乃逃하여 以緹(제)竿爲幟[①]하여 姪持幟伏南郊道旁이라가 王車至에 姪擧其幟하니 王見之而止하고 使人往問之하다 使者報曰 有一女童伏於幟下하여 願有謁於王이니이다 王曰 召之하라

① 以緹竿爲幟 : '緹'는 붉은 색깔의 비단이다. 붉은 비단을 장대 끝에 달아 깃발을 삼은 것이다.
緹, 赤色帛也. 以赤帛揭於竿首爲幟也.

楚處莊姪

장질이 이르자, 왕이 말하기를 "너는 무엇 하는 아이이냐?" 하니, 장질이 대답하기를 "저는 縣邑의 여자입니다. 대왕께 은밀한 일을 말씀드리고 싶었으나 저지되고 막혀서 뵙지 못할까 저어하였는데, 마침 대왕께서 오백 리 밖으로 유람을 떠난다는 소식을 들었기에 깃발을 들고 뵙고자 한 것입니다." 하였다. 왕이 말하기를 "너는 무엇으로 寡人을 경계하려 하느냐?" 하니, 장질이 대답하기를 "큰 물고기가 물을 잃었고, 용이 있으나 꼬리가 없으며, 담장이 안에서 무너지려 하는데도 왕께서 보지 못하고 있습니다." 하였다.

姪至하니 王曰 女何爲者也오 姪對曰 妾縣邑之女也니이다 欲言隱事於王이나 恐壅閼(알)蔽塞而不得見이러니 聞大王出遊五百里하고 因以幟見이니이다 王曰 子何以戒寡人가 姪對曰 大魚失水하고 有龍無尾하며 牆欲內崩이로대 而王不視하니이다

왕이 말하기를 "무슨 말인지 모르겠구나." 하니, 장질이 대답하기를 "'큰 물고기가 물을 잃었다'는 것은 왕께서 國都를 오백 리나 벗어나 눈앞의 쾌락만 즐기고 禍亂이 뒤에서 일어나는 것은 생각하지 않고 있다는 말입니다. '용이 있으나 꼬리가 없다'는 것은 연세가 이미 마흔인데도 태자가 없고 나라에 강한 보좌가 없어 반드시 장차 위태로울 것이라는 말입니다. '담장이 안에서 무너지려 하는데도 왕께서 보지 못한다'는 것은 환란이 장차 이루어지려 하는데도 왕께서 고치지 않고 있다는 말입니다." 하였다.

왕이 말하기를 "무슨 말이냐?" 하니, 장질이 말하기를 "왕께서 누대에서 노는 것만 좋아하고 백성들은 돌보지 아니하여 출입이 일정한 때가 없고 耳目이 총명하지 못하며, 춘추가 마흔인데도 태자를 세우지 않고 나라에 강한 보좌가 없어 안팎이 무너지고 있는 상황입니다. 더구나 강한 秦나라가 사람을 시켜 안으로 왕의 좌우를 이간하여 왕으로 하여금 고치지 않고 날로 더욱 심해지게 만들고 있는 중입니다. 그리하여 지금 환란이 장차 일어나게 되었는데도 왕께서는 오백 리 밖으로 유람을 가고 있으니, 왕께서 기어이 가시면 이 나라는 왕의 나라가 아니게 될 것입니다." 하였다.

王曰 不知也라 姪對曰 大魚失水者는 王離國五百里也하여 樂之於前하고 不思禍之起於後也요 有龍無尾者는 年既四十이로대 無太子也하고 國無强輔하여 必且殆也요 牆欲內崩이로대 而王不視者는 禍亂且成이나 而王不改也니이다 王曰 何謂也오 姪曰 王好臺榭하고 不恤衆庶하여 出入不時하고 耳目不聰明하며 春秋四十이로대 不立太子하고 國無强輔하여 外內崩壞하며 强秦使人內間王左右하여 使王不改하여 (滋)日以〔滋〕甚①[271]이라 今禍且構②로대 王遊於五百里之外하시니 王必遂往인댄 國非王之國也[272]니이다

① 【校注】 (滋)日以〔滋〕甚 : 舊本에는 '滋日以甚'으로 잘못되어 있다. ≪太平御覽≫을 따라 校勘 改正하였다.
舊誤作滋日以甚. 從太平御覽校改.

② (滋)日以〔滋〕甚 今禍且構 : '滋'는 더한다는 뜻이다. '構'는 서로 맺는다는 뜻이다.
滋, 益也. 構, 交結也.

---

271) (滋)日以〔滋〕甚 : 저본에는 '滋日以甚'으로 되어 있으나, ≪列女傳校注≫, ≪列女傳集注≫, ≪太平御覽≫에 의거하여 '日以滋甚'으로 바로잡았다.

272) 今禍且構……國非王之國也 : ≪太平御覽≫에는 '王不亟反且及禍雖悔無逮'로 되어 있다.

왕이 말하기를 "어째서인가?" 하니, 장질이 말하기를 "왕께서 이러한 세 가지 곤경에 이른 것은 다섯 가지 우환 때문입니다." 하였다. 왕이 말하기를 "무엇을 다섯 가지 우환이라 하느냐?" 하니, 장질이 말하기를 "宮室이 서로 잇닿아 있고 城郭이 넓은 것이 첫 번째 우환이요, 궁궐의 담장은 화려하게 꾸몄으나 백성들은 거친 베옷조차 없는 것이 두 번째 우환이요, 사치함이 한도가 없어 나라의 재정이 장차 고갈되고 있는 것이 세 번째 우환이요, 백성들은 굶주리는데도 말 먹이는 꼴은 남아도는 것이 네 번째 우환이요, 간사한 신하가 곁에 있어 어진 이가 이르지 못하는 것이 다섯 번째 우환이니, 왕께서 다섯 가지 우환을 가지고 계시기에 세 가지 곤경에 이르게 된 것입니다." 하였다.

王曰 何也오 姪曰 王之致此三難也는 以五患이니이다 王曰 何謂五患고 姪曰 宮室相望하고 城郭闊達이 一患也요 宮垣衣繡①로대 民人無褐이 二患也요 奢侈無度하여 國且虛竭이 三患也요 百姓飢餓어늘 馬有餘秣(말)②이 四患也요 邪臣在側하여 賢者不達이 五患也니 王有五患이라 故及三難③이니이다

① 宮垣衣繡 : 土木 공사를 가하여 화려하게 꾸몄다는 말이다.
言被土木以文繡也.

② 百姓飢餓 馬有餘秣 : 孟子의 이른바 '마구간에는 살찐 말이 있는데 백성들에게는 굶주린 기색이 있다.'라는 것이다.[273]
孟子所謂廐有肥馬, 民有飢色也.

③ 王有五患 故及三難 : '三難'은 물고기가 물을 잃은 것과 용이 꼬리가 없는 것과 담장이 안에서 무너지는 것을 이른다.
三難, 謂魚失水・龍無尾・牆內崩也.

왕이 말하기를 "훌륭하다." 하고, 명하여 後車에 그녀를 태우게 한 뒤 곧바로 다시 돌아가니, 도성 문이 이미 닫혀 있었으며 반란을 일으킨 자들이 이미 도성을 점거한 뒤였다. 왕이 이에 鄢과 郢 지역의 군사를 출동시켜 공격한 뒤에야 겨우 진압할 수 있었다. 그리고는 마침내 장질을 세워 夫人으로 삼으니, 지위가 鄭子袖보다 높았다.

---

273) 孟子의……것이다 : 《孟子》 〈梁惠王 上〉에 보이는 구절로, "푸줏간에는 살진 고기가 있고, 마구간에는 살찐 말이 있으면서, 백성들은 굶주린 기색이 있고, 들에 굶어 죽은 시체가 있다면, 이것은 짐승을 몰아서 사람을 잡아먹게 한 것이다.〔庖有肥肉 廐有肥馬 民有飢色 野有餓莩 此率獸而食人也〕"라고 하였다.

왕을 위해 절약하고 검소하며 백성을 사랑하는 일을 진달하여 초나라가 다시 강성해졌다.

王曰 善하다하고 命後車載之하여 立還[274]反하니 國門[275]已閉하고 反者已定이어늘 王乃發鄢郢(영)之師以擊之하여 僅能勝之[276]하다 乃立姪爲夫人하니 位在鄭子袖之右[277]하다 爲王陳節儉愛民之事하여 楚國復强[278]이러라

군자가 이르기를 "莊姪은 비록 예를 어겼으나 끝내 정도를 지켰다."라고 하였다. ≪시경≫에 이르기를 "北風이 세차게 불어오며, 함박눈이 펑펑 내리도다. 사랑하여 나를 좋아하는 이와, 손잡고 함께 돌아가리라."[279]라고 하였으니, 이를 두고 한 말이다.

君子謂 莊姪은 雖違於禮①나 而終守以正이라하니라 詩云 北風其喈(개)며 雨雪霏霏②로다 惠而好我로 攜(휴)手同歸호리라하니 此之謂也라

① 君子謂……雖違於禮 : 예를 어겼다는 것은 媒聘을 말미암지 않았음을 말한다.
違禮, 言不由媒聘.

② 雨雪霏霏 : ≪毛詩≫에는 위의 '霏'가 '其'로 되어 있다.
毛詩上霏作其.

頌은 다음과 같다.

초나라 처녀 장질은
비록 나이 어린 여자였으나

274) 還 : ≪太平御覽≫과 ≪渚宮舊事≫에는 모두 없다.

275) 門 : ≪太平御覽≫에는 이 앞에 '比至國'이 더 있고, ≪渚宮舊事≫에는 이 앞에 '旣反國'이 더 있다.

276) 僅能勝之 : ≪太平御覽≫에는 '僅而得勝'으로 되어 있다.

277) 位在鄭子袖之右 : 참고로 山東大學出版社本 ≪列女傳譯注≫의 張濤의 注에 "여기에서 말한 내용은 아마 오류가 있는 듯하다. 鄭子袖는 곧 鄭袖로, 楚 懷王의 부인이다. '右'는 옛날에 오른쪽을 높은 자리로 여겼다.〔此處所言疑有誤 鄭子袖 卽鄭袖 楚懷王的夫人 右 古時以右爲尊〕"라고 하였다.

278) 位在鄭子袖之右……楚國復强 : ≪太平御覽≫과 ≪渚宮舊事≫에는 모두 없다.

279) 北風이……돌아가리라 : ≪詩經≫ 〈邶風 北風〉에 보인다.

깃발을 들고 왕을 알현하여
나라의 환란을 진달하였다네
왕에게 세 가지 곤경과
다섯 가지 우환이 거듭 쌓였음을 말하니
왕이 수레에 태우고 돌아가
끝내 공을 이룰 수 있었다네

頌曰 楚處莊姪이 雖爲女童이나 以幟見王하여 陳國禍凶이로다 設王三難과 五患累重하니 王載以歸하여 終卒有功이로다

6-14 齊나라의 가난한 여인 徐吾 齊女徐吾

齊나라의 가난한 여인 徐吾는 齊나라 東海 가의 가난한 婦人이다. 이웃에 사는 부인 李吾의 무리와 더불어 초를 모아 서로 모여 밤에 베를 짰는데, 徐吾가 가장 가난하여 초를 자주 잇대지 못하였다.

齊女徐吾者는 齊東海上貧婦人也라 與隣婦李吾之屬으로 會燭[280)]하여 相從夜績이러니 徐吾最貧하여 而燭數(삭)不屬①이라

① 會燭……而燭數不屬 : '會'는 합한다는 뜻이다. ≪藝文類聚≫와 ≪初學記≫의 이 구절을 인용한 곳에는 '會'가 모두 '合'으로 되어 있다.[281)] '數'은 발음이 '朔[shuò]'이니, '자주'라는 뜻이다. '不屬'은 잇지 못하는 것이다. ≪漢書≫ 卷24 〈食貨志〉에 "婦人들은 같은 마을에 사는 사람끼리 서로 모여 밤에 베를 짜는데, 女工은 한 달에 45일이 된다.[282)] 반드시 서로 모여서 일하는 까닭은 횃불 비용을 절약하고 巧拙을 함께하며 習俗을 통일하기 위해서이다."라고 하였다.
會, 合也. 藝文類聚・初學記引會俱作合. 數, 音朔, 頻也. 不屬, 不繼也. 漢食貨志"婦人同巷, 相從夜績, 女工一月得四十五日. 必相從者, 所以省費燎火, 同巧拙而合習俗也."

280) 燭 : 補注에서는 '횃불'로 보았으나, 국회도서관소장 諺解本 ≪고열녀전≫을 따라 '초'로 번역하였다.

281) 藝文類聚와……있다 : ≪藝文類聚≫ 卷80 〈火部 燭〉과 ≪初學記≫ 卷25 〈器用部 燭第14〉의 '絶纓陳席'에 대한 注에 보인다.

282) 女工은……된다 : 부녀자의 노동 시간은 '半夜의 베 짜기(0.5일)'까지 합하면(晝30일+夜15일) 한 달에 총 45일이 된다는 말이다.

齊女徐吾

이오가 그 무리들에게 일러 말하기를 "서오가 초를 자주 잇대지 못하니, 밤 길쌈을 함께하지 말았으면 합니다." 하니, 서오가 말하기를 "이 무슨 말이오? 나는 가난하여 초를 잇대지 못하는 까닭으로, 일어나 시작하기를 늘 먼저하고 쉬기를 늘 나중에 하였으며, 물 뿌리고 비질한 뒤 자리를 펴고 오는 자를 기다렸으며, 스스로 낡아 떨어진 자리를 차지한 채 늘 말석에 앉았으니, 이는 모두 가난하여 초를 잇대지 못하였기 때문이오. 한 방 안에 한 사람을 더한다 해서 촛불이 더 어두운 것도 아니고, 한 사람을 뺀다 해서 촛불이 더 밝은 것도 아닌데, 어찌하여 東壁의 남은 빛을 아껴서 가난한 나로 하여금 가엾게 여기는 은혜를 입으면서 오래도록 내가 맡은 일을 하지 못하게 한단 말이오. 그대들이 변함없이 나에게 은혜를 베풀어주는 것이 또한 좋지 않겠소." 하였다. 그러자 이오가 아무런 대꾸도 하지 못한 채 마침내 다시 밤 길쌈을 함께하고 끝내 뒷말이 없었다.

李吾謂其屬[283]曰 徐吾燭數不屬하니 請無與夜〔績〕[284]也라 徐吾曰 是何言與아 妾以貧燭不

屬之故로 起常早하고 息常後하며 灑(쇄)掃陳席하여 以待來者하며 自與(蔽)〔敝〕[285]薄하고 坐常處下①하니 凡爲貧燭不屬故也라 夫[286]一室之中에 益一人이라도 燭不爲暗하고 損一人이라도 燭不爲明이어늘 何愛東壁之餘光②하여 不使貧妾得蒙見哀之恩하여 長爲妾役之事아 使諸君常有惠施於妾이 不亦可乎아 李吾莫能應하여 遂復與夜〔績〕하고 終無後言이러라

① 自與(蔽)〔敝〕薄 坐常處下 : 모두 자리에 대해 말한 것이다. '蔽'는 응당 '敝'가 되어야 한다. 자신이 자리를 깔 때 스스로 낡아 떨어진 자리를 취하고 또 늘 낮은 자리에 처한다는 말이니, 겸손하게 자신을 낮춤을 나타낸 것이다.
皆言席也. 蔽, 當作敝. 言已布席, 自取敝薄者, 又常處下坐, 示謙卑也.

② 何愛東壁之餘光 : '東壁'은 별자리 이름으로, 여기서는 四壁이라는 말과 같은 의미이다. ≪戰國策≫ 권4 〈秦策〉에서 "어찌하여 남은 빛이 四壁을 비추는 것을 아낀단 말인가."라고 한 것이 바로 이 일이다.
東壁, 星名, 猶言四壁耳. 戰國策曰"何愛餘明之照四壁", 卽此事也.

군자가 말하기를 "부인이 말로써 이웃에게 버림을 받지 않았으니, 말을 어찌 잘 사용하지 않을 수 있겠는가."라고 하였다. ≪시경≫에 이르기를 "말을 화하게 하면, 백성들이 화합할 것이다."[287]라고 하였으니, 이를 두고 한 말이다.

君子曰 婦人以辭不見棄於隣하니 則辭安可以已乎哉리오하니라 詩云 辭之輯矣면 民之協矣①②리라하니 此之謂也라

① 辭之輯矣 民之協矣 : ≪毛詩≫에는 '協'이 '洽'으로 되어 있다.
毛詩協作洽.

② 【校正】 辭之輯矣 民之協矣 : 胡承珙이 상고해보건대, ≪毛詩≫에는 '協'이 '洽'으로 되어 있는데, 이곳은 ≪春秋左氏傳≫ 襄公 31년 조에서 인용한 시와 똑같다.[288]

283) 李吾謂其屬 : ≪古今事文類聚≫와 ≪山堂肆考≫에는 모두 '或謂李吾'로 되어 있다.
284) 〔績〕 : 저본에는 '績'이 없으나, ≪藝文類聚≫, ≪太平御覽≫, ≪古今事文類聚≫ 등에 의거하여 보충하였다. 아래도 같다.
285) (蔽)〔敝〕 : 저본에는 '蔽'로 되어 있으나, 王照圓의 注에 의거하여 '敝'로 바로잡았다.
286) 夫 : ≪藝文類聚≫, ≪太平御覽≫, ≪古今事文類聚≫ 등에는 모두 '今'으로 되어 있다.
287) 말을……것이다 : ≪詩經≫ 〈大雅 板〉에 보인다.
288) 春秋左氏傳……똑같다 : ≪春秋左氏傳≫ 襄公 31년 조에 "晉侯가 鄭伯을 接見할 때 정해진 예보다 한 등급 올려 예우하고, 잔치를 베풀어 융숭히 접대하고 友好를 표한 예물을 후하게 주어 돌려보낸 뒤, 이에 제후를 접대하는 객관을 건축하였다. 叔向이 말하기를 '辭令을 폐기할

承珙案毛詩協作洽, 此與襄三十一年左傳引詩同.

頌은 다음과 같다.

齊나라 여인 徐吾는
모여서 길쌈할 때 홀로 가난하였다오
밤중에 촛불의 밝음을 의탁하니
李吾가 그녀를 내치려 하였다네
서오가 자신의 처지를 열거하니
그 말이 너무나도 분명하였도다
마침내 무리 속에 용납되고
끝내 아무런 뒷말이 없었다오

頌曰 齊女徐吾는 **會績獨貧**이로다 **夜託燭明**하니 **李吾絶焉**이로다 **徐吾自列**하니 **辭語甚分**이로다 **卒得容入**하고 **終沒後言**①이로다

① 終沒後言 : 夫子[289]가 말하기를 "'沒'은 '無'와 같다. 齊나라 사람의 말은 '無'가 '沒'과 같으니, '無有'를 일러 '沒有'라고 한다."라고 하였다.
夫子曰 "沒與無同. 齊人言無如沒, 謂無有爲沒有也."

6-15 齊나라 太倉令의 딸 齊太倉女

齊나라 太倉令의 딸은 漢나라 太倉令 淳于公[290]의 작은딸이니, 이름은 緹縈이다. 淳于公은 아들은 없고 딸만 다섯을 두었다. 孝文皇帝[291] 때 순우공이 죄를 지어 형

수 없는 것이 이와 같다. 子産이 辭令을 훌륭하게 하자 제후들이 그 혜택을 입었으니 어찌 그 辭令을 폐기할 수 있겠는가? ≪詩經≫에 「言辭가 和睦하면 백성들이 화합하고, 언사가 和悅하면 백성들이 안정된다.」 하였으니, 이 시를 지은 사람은 이미 辭令이 중요하다는 것을 안 것이다.' 하였다.〔晉侯見鄭伯 有加禮 厚其宴好而歸之 乃築諸侯之館 叔向曰 辭之不可以已也如是夫 子産有辭 諸侯賴之 若之何其釋辭也 詩曰 辭之輯矣 民之協矣 辭之繹矣 民之莫矣 其知之矣〕"라고 하여, 여기와 똑같이 '協'으로 되어 있다.

289) 夫子 : 王照圓의 남편인 郝懿行을 가리킨다. 자세한 내용은 115쪽 주 103) 참조.

290) 淳于公 : 漢나라 때 名醫 淳于意로, 일찍이 齊나라의 太倉令을 지냈으므로 倉公이라고도 한다.

벌을 받게 되었는데, 이 당시 肉刑이 아직 남아 있었다. 牢獄에 갇혀 長安으로 압송되었는데, 장차 체포되어 떠나려 할 때 순우공이 자기 딸들을 꾸짖어 말하기를 "자식을 낳아도 아들을 낳지 못하였으니, 급할 때 아무 쓸모가 없구나." 하였다.

齊太倉女者는 漢太倉令淳于公之少女也①니 名緹縈(제영)이라 淳于公無男하고 有女五人이라 孝文皇帝時에 淳于公有罪當刑②이어늘 是時에 肉刑尙在라 詔獄繫長安이러니 當行會逮③하여 公罵其女曰 生子不生男하니 緩急非有益이로다

① 漢太倉令淳于公之少女也 : 淳于公은 이름이 意로, 齊나라 太倉의 우두머리이다. ≪史記≫에 보인다.[292]

淳于公, 名意, 齊太倉長. 見史記.

② 孝文皇帝時 淳于公有罪當刑 : ≪사기≫ 권105 〈倉公列傳〉에 "文帝 4년 중에 어떤 사람이 글을 올려 淳于意를 고발하여 법을 어긴 죄로 압송을 당해 서쪽으로 長安으로 가게 되었다."라고 하였다.

史記, "文帝四年中, 人上書言意, 以刑罪當傳, 西之長安."

③ 詔獄繫長安 當行會逮 : '逮'는 미친다는 뜻이니, 죄인에게 追捕가 미침이다.

逮, 及也. 有罪者追捕及之也.

그러자 緹縈이 슬피 울며 그 아버지를 따라 장안에 도착하여 글을 올리기를 "제 아비가 관리가 된 뒤, 齊나라 사람들이 모두 청렴하고 공평하다고 칭찬하였는데, 지금 법을 범하여 형벌을 받게 되었습니다. 제가 상심하는 것은, 죽은 자는 다시는 살릴 수가 없고, 肉刑을 받은 자는 다시는 이어 붙일 수가 없으니, 비록 허물을 고쳐 새사람이 되고자 해도 어떻게 해볼 방도가 없다는 것입니다. 원컨대 제가 대신 몸을 바쳐 官婢가 되어 아비의 죄를 代贖하고 아비로 하여금 새사람이 될 수 있게 해주소서."라고 하였다.

緹縈自悲泣하고 而隨其父至長安하여 上書曰 妾父爲吏에 齊中皆稱廉平이러니 今坐法當刑하니이다 妾傷夫死者不可復生이요 刑者不可復屬①이니 雖欲改過自新이나 其道無由也니이다 妾願入身爲官婢하여 以贖父罪하여 使得自新이니이다

① 刑者不可復屬 : '屬'은 이어 붙인다는 뜻이다.

---

291) 孝文皇帝 : B.C. 202~B.C. 157. 漢 文帝 劉恒으로, 漢 高祖 劉邦의 아들이다.

292) 史記에 보인다 : ≪史記≫ 卷105 〈倉公列傳〉에 자세히 보인다.

屬, 續也.

글이 올라가니, 天子가 그 뜻을 딱하고 슬프게 여겨 이에 詔書를 내리기를 "대개 들으니, 有虞氏(舜임금) 때에는 衣冠에 표시하고 章服을 달리하여 이것으로 恥辱을 주었는데도 백성들이 법을 범하지 않았으니, 어쩌면 그리도 지극히 잘 다스렸단 말인가. 그런데 지금은 법에 肉刑이 세 가지나 있는데도 간악함이 그치지 않으니, 그 허물이 어디에 있는가. 나의 덕이 박하고 교화가 밝지 못한 때문이 아니겠는가. 나는 너무나도 부끄럽다. 가르치고 인도함이 순정하지 못하여 어리석은 백성이 죄에 빠진 것이다. ≪시경≫에 '화락한 군자여, 백성의 부모로다.'[293]라고 하였는데, 지금은 사람이 과실을 범하면 교화를 베풀기도 전에 형벌을 이미 가해 버리니, 혹시라도 행실을 고쳐 착한 사람이 되고자 해도 어떻게 해볼 방도가 없다. 나는 너무나도 이를 안타깝게 여긴다. 저 형벌이란 것이 四肢를 자르고 살과 피부를 깎아내어 종신토록 회복하지 못하게까지 하니, 어쩌면 그리도 모질고 不德하단 말인가. 이 어찌 백성의 부모 된 본뜻이라 하겠는가. 육형을 폐지하라." 하였다. 이로부터 이후로는 정수리를 뚫던 형벌은 머리털을 깎고, 갈비뼈를 뽑던 형벌은 볼기를 치고, 발꿈치를 자르던 형벌은 족쇄를 채우게 하였다. 그리하여 淳于公은 마침내 육형을 면할 수 있었다.

書奏하니 天子憐悲其意①하여 乃下詔曰 蓋聞有虞之時엔 畫衣冠하고 異章服하여 以爲戮[294]이로대 而民不犯②하니 何其至治也오 今法有肉刑(五)〔三〕③[295]이로대 而姦不止하니 其咎安在오 非朕德薄而教之不明歟아 吾甚自愧로다 夫訓[296]道[297]不純하여 而愚民陷焉이로다 詩云 愷悌君子여 民之父母라하여늘 今人有過에 教未施而刑已加焉하니 或欲改行爲善이라도 而其道毋[298]繇(유)④로다 朕甚憐之하노라 夫刑者至斷支體하고 刻肌膚하여 終身不息⑤하니 何其痛而不德也아 豈稱爲民父母之意哉아 其除肉刑하라 自是之後로 鑿顚者髡(곤)하고 抽脅者笞하고 刖(월)足者鉗(겸)⑥하다 淳于公遂得免焉하다

293) 화락한……부모로다 : ≪詩經≫ 〈大雅 泂酌〉에 보인다.
294) 戮 : 恥辱을 뜻한다.
295) (五)〔三〕 : 저본에는 '五'로 되어 있으나, 王照圓의 注에 의거하여 '三'으로 바로잡았다.
296) 訓 : ≪史記≫에는 '馴'으로 되어 있다.
297) 道 : '導'와 같다.
298) 毋 : ≪列女傳校注≫에는 '無'로 되어 있다.

齊太倉女

① 書奏 天子憐悲其意 : ≪文選≫ 注에 班固[299)]의 歌詩를 인용하여 말하기를 “三王[300)]의 덕이 더욱 박해져, 후대에는 肉刑을 사용하였다네. 太倉令이 죄를 지어, 체포되어 長安으로 압송당할 때, 자신에게 아들이 하나도 없어, 위급할 때 외롭다고 한탄하였다네. 어린 딸이 아비의 말을 슬퍼하여, 죽은 자는 다시는 살릴 수 없다 하며, 글을 올리고 北闕에 나아가, 대궐 아래에서 〈鷄鳴〉[301)]을 노래하였다네. 근심으로 가슴이 무너지고 찢어져, 〈晨風〉[302)]을 목청껏 부르니, 성스러운 漢나라 孝文帝가, 지극한 정성에 측연히 감동하였다네. 백 사내들 어이 그리 우매하기만 하고, 緹縈 하나만 못하단 말인가.” 라고 하였다. 또 ≪列女傳≫을 인용하여 말하기를 “제영이 〈계명〉과 〈신풍〉 시를 노래

---

299) 班固 : 後漢의 역사가로, 자는 孟堅이다. 班彪의 아들이자 班昭의 오빠로, ≪漢書≫를 편찬하였다. 辭賦의 작가로도 유명하여 漢賦四傑 가운데 하나로 꼽히는데, 〈兩都賦〉, 〈幽通賦〉, 〈答賓戲〉 등이 유명하다. 문집으로 ≪班蘭臺集≫이 전한다.

300) 三王 : 古代의 세 임금으로, 곧 夏나라 禹王, 殷나라 湯王, 周나라 文王·武王을 가리킨다.

301) 鷄鳴 : ≪詩經≫ 〈齊風〉에 보인다.

302) 晨風 : ≪詩經≫ 〈秦風〉에 보인다.

하였다."라고 하였는데,[303] 지금 이 傳에는 없으니, 빠진 듯하다. 이미 글을 올린 뒤 또 시를 노래한 까닭은 그 시름겹고 서글픈 뜻을 쏟아내고, 저 강개하여 치밀어 오르는 소리를 터뜨리기 위해서이다. 그러므로 능히 위로 九重宮闕을 감동시키고, 아래로 三尺童子까지 다 알게 할 수 있었던 것이니, 한 사람이 말을 하여 만백성이 도움을 받은 것이라 하겠다.

文選注引班固歌詩曰"三王德彌薄, 惟後用肉刑. 太倉令有罪, 就逮長安城. 自恨身無子, 困急獨煢(경)煢. 小女痛父言, 死者不復生. 上書詣北闕, 闕下歌鷄鳴. 憂心摧折裂, 晨風激揚聲. 聖漢孝文帝, 惻然感至誠. 百男何憒憒, 不如一緹縈!" 又引列女傳曰"緹縈歌鷄鳴・晨風之詩", 今傳無之, 蓋脫. 旣上書, 又歌詩者, 寫其憂傷之意, 揚彼激楚之聲. 故能上動九重, 下窮三尺, 一人有辭, 萬民賴之矣.

② 畫衣冠……而民不犯 : 衣冠에 표시를 한 것은 이른바 '象刑'[304]이라는 것이다. 章服을 다르게 한 것은 수치스럽게 하려 해서이다.

畫衣冠, 所謂象刑也. 異章服者, 所以愧恥之.

③ 今法有肉刑(五)〔三〕: ≪史記≫와 ≪漢書≫에는 모두 '三'으로 되어 있다.[305] 설명하는 자가 말하기를 "얼굴에 刺字하는 墨刑과 코를 베는 劓刑이 둘이고, 좌우의 발꿈치를 베는 刖刑이 합쳐서 하나이니, 모두 세 가지이다."라고 하였다.[306] 따라서 여기의 '五'는 곧 '三'자의 誤字이다.

史記・漢書, 俱作三. 說者言"黥(경)・劓二, 刖左右趾(지)合一, 凡三也." 是五, 乃三字之誤.

④ 或欲改行爲善 而其道毋繇 : '毋'는 '無'와 같고, '繇'는 讀音이 由〔yóu〕이다.

毋, 與無同. 繇, 讀爲由.

⑤ 終身不息 : '息'은 자라난다는 뜻이다.

息, 生也.

⑥ 鑿顚者髡……刖足者鉗 : 사람의 정수리를 뚫고 사람의 갈비뼈를 뽑는 것은 모두 戰國時

---

303) 文選……하였는데 : ≪文選≫ 卷30 王融의 〈永明九年策秀才文五首〉에 "〈緹縈이〉 대궐 아래에서 〈계명〉을 노래하니, 효문제의 어짊이 漢나라 역사에 일컬어진다.〔歌鷄鳴於闕下 稱仁漢牘〕"라고 하였는데, 이에 대한 唐나라 李善의 注에 보인다.

304) 象刑 : 고대 刑法의 일종으로, 죄인에게 肉刑을 가하지 않고 그 服飾만 다르게 하여 恥辱을 보여 주는 것을 말한다. ≪書經≫ 〈益稷〉에 "짐의 덕을 순하게 행함은 너의 공이 펴졌기 때문이니, 皐陶가 바야흐로 펴진 것을 공경히 이어 象刑을 베풀되 분명히 하고 있다.〔迪朕德 時乃功惟敍 皐陶方祗厥敍 方施象刑 惟明〕"라고 하였다.

305) 史記와……있다 : ≪史記≫ 卷10 〈孝文本紀〉와 ≪漢書≫ 卷23 〈刑法志〉에 보인다.

306) 설명하는……하였다 : 三國時代 魏나라 孟康의 說로, ≪漢書≫ 卷23 〈刑法志〉의 '今法有肉刑三'에 대한 顔師古의 注에 인용되어 있다.

代 申不害와 商鞅이 추가한 肉刑이다. 그러므로 ≪한서≫ 卷23 〈刑法志〉에 이르기를 "鑿顚과 抽脅과 鑊亨[307]의 형벌이 있다."라고 하였으니, 바로 이것이다. '鉗'은 쇠사슬로 죄인의 발목을 채우는 것을 이른다.

鑿人顚頂, 抽人脅骨, 皆戰國申商所增肉刑. 故刑法志云"有鑿顚·抽脅·鑊亨(확팽)之刑", 是也. 鉗, 謂以鐵束其足也.

군자가 이르기를 "緹縈은 한 마디 말로 성스러운 군주의 뜻을 열었으니, 사리의 마땅함을 얻었다고 이를 만하다."라고 하였다. ≪시경≫에 이르기를 "말을 기쁘게 하면, 백성들이 안정될 것이다."[308]라고 하였으니, 이를 두고 한 말이다.

君子謂 緹縈은 一言發聖主之意하니 可謂得事之宜矣라하니라 詩云 辭之懌(역)矣면 民之莫矣리라하니 此之謂也라

頌은 다음과 같다.

제영이 아비를 위해 호소하니
또한 매우 식견이 있었도다
정성을 미루어 글을 올리니
文雅함이 매우 구비되었다네
어린 소녀가 올린 말이
聖主의 뜻을 감동시켰도다
마침내 肉刑을 폐지하여
아비도 처벌을 면하였다네

頌曰 緹縈訟父하니 亦孔有識이로다 推誠上書하니 文雅甚備로다 小女之言이 乃感聖意로다 終除肉刑하여 以免父事로다

---

307) 鑊亨 : 가마솥에 삶아 죽이는 酷刑으로, '亨'은 '烹'과 통한다.

308) 말을……것이다 : ≪詩經≫ 〈大雅 板〉에 보인다.

列女傳補注 卷七

福山 王照圓

왕의 총애를 받아 재앙을 일으킨 여인들에 대한 전 孼嬖傳

〈孼嬖傳〉은 왕의 총애를 받아 재앙을 일으킨 여인들의 전기로, 총 15편으로 구성되어 있다. 간략한 내용은 다음과 같다.

① 夏 桀王의 妃로 桀王에게 술로 못을 만들게 하는 등 사치를 부려 夏나라를 망하게 한 末喜. ② 商 紂王의 비로 紂王을 酒色에 빠지게 하고 無道한 짓을 일삼아 商나라를 망하게 한 妲己. ③ 周 幽王의 后妃로 거짓으로 봉화를 올리게 하여 周나라를 망하게 한 褒姒. ④ 자신의 아들을 太子로 세우려고 太子를 무함하여 위태롭게 한 衛 宣公의 부인 宣姜. ⑤ 오빠인 齊 襄公과 姦淫하고 탄로 나자 자신의 남편인 魯 桓公을 죽게 한 文姜. ⑥ 자신과 私通한 慶父와 모의하여 王位를 장악하려다 魯나라를 위태롭게 만든 哀姜. ⑦ 太子 申生을 모함하여 죽게 만들고 公子들을 축출한 다음, 자신의 소생 亥齊를 태자로 세운 驪姬. ⑧ 자신과 私通한 宣伯과 모의하여 叔孫氏와 孟孫氏를 축출하고 魯나라의 정권을 장악하려다 東宮에 갇힌 繆姜. ⑨ 빼어난 미색으로 陳나라를 망친 夏姬. ⑩ 간사함을 좋아하여 화란을 만들다가 자신마저 죽음을 당한 聲姬. ⑪ 齊 莊公을 죽게 하고, 崔氏·棠氏·東郭氏의 세 집안을 망하게 한 東郭姜. ⑫ 衛나라를 혼란하게 만든 두 여인 南子와 衛伯姬. ⑬ 王后와 太子를 모함하여 자신의 아들 何를 왕위에 세운 吳女. ⑭ 春申君의 아이를 임신한 채 궁에 들어가 楚 考烈王의 後嗣로 속여 낳은 李后. ⑮ 王后와 太子를 廢黜하고 秦나라의 뇌물을 받고 趙나라를 멸망시킨 藝人 倡后에 대한 이야기이다.

【小序】 왕의 총애를 받아 재앙을 일으킨 여인들로 말하면, 또한 매우 깔보고 업신여겼나니, 음란하고 투기하고 현혹하여 절의를 저버렸으며, 옳은 것을 가리켜 그릇되다 하더니 끝내 재앙을 입었도다.

惟若孼嬖(얼폐), 亦甚嫚易. 淫妬熒惑, 背節棄義. 指是爲非, 終被禍敗.

7-1 夏 桀王[1]의 妃 末喜 夏桀末喜

末喜는 夏 桀王의 妃이다. 얼굴은 아름다웠으나 德이 부족하고 음란하며 無道하였다. 여자의 몸이었으나 장부의 마음을 품고서 칼을 차고 관을 썼다. 걸왕은 이미 禮義를 버리고 婦人에게 빠져 美女를 구하여 後宮을 채웠다. 倡優[2]와 侏儒[3]와 狎徒[4] 중에서 奇異한 공연을 할 수 있는 자를 거두어 곁에 모았다. 그들에게 난잡하고 경박한 음악을 만들어 연주하게 하고는 밤낮으로 말희 및 宮女들과 술 마시기를 쉬는 때가 없었다. 말희를 무릎 위에 앉혀 놓고 그의 말을 들어 주느라 昏昧하고 錯亂하여 도리를 잃었으며 驕慢하고 奢侈하여 방자하였다. 술로 못을 만드니 배를 띄울 만하였는데, 한 번 북을 울리면 소처럼 코로 술을 마시는[5] 자가 삼천 명이었다. 그들의 머리에 굴레를 씌워 술로 채워진 못에 들어가 마시게 하였는데 취하여 빠져 죽는 자가 있으면 말희가 웃으면서 즐거워하였다.

末喜者는 夏桀之妃也①②라 美於色호되 薄於德하고 亂孼無道라 女子行이나 丈夫心하여 佩劍帶冠이라 桀旣棄禮義하고 淫於婦人하여 求美女③하여 積之於後宮이라 收倡優侏儒狎徒能爲奇偉戲者④하여 聚之於旁⑤이라 造爛漫之樂⑥하여 日夜與末喜及宮女飮酒를 無有休時라 置末喜於膝上하고 聽用其言일새 昏亂失道하고 驕奢自恣라 爲酒池하니 可以運舟라 一鼓而牛飮者三千人⑦이라 羈(기)其頭⑦⑧而飮之於酒池⑨한대 醉而溺死者면 末喜笑之하여 以爲樂이라

① 末喜者 夏桀之妃也 : '末喜'는 어떤 곳에는 '妺嬉'로 되어 있다. ≪後漢書≫ 注의 이 구절을 인용한 곳에는 '桀王의 妃이니 有施氏의 딸이다.'로 되어 있는데, 여기에는 빠졌다. 末喜, 或作妺嬉. 後漢書注引作"桀妃有施氏女也", 此脫.

---

1) 桀王 : 夏나라의 마지막 임금으로, 이름은 履癸이다. 禹임금의 17세손인 王皐의 손자이며, 王發의 아들이다.

2) 倡優 : 倡은 소리하는 사람이고, 優는 놀이하는 사람으로, 광대를 말한다.

3) 侏儒 : 난쟁이로, 여러 가지 재주를 부리는 藝人이다. 고대에 귀족들이 항상 이들로 광대를 삼았다.

4) 狎徒 : 귀족의 음주 연회에 음악과 반주를 맡은 사람이다.

5) 소처럼……마시는 : 王照圓의 注에 의거하여 이렇게 번역하였으나, 일반적으로 '소처럼 엎드려 술을 마신다.'라고 번역한다.

② 【校正】末喜者 夏桀之妃也 : 馬瑞辰이 상고해보건대, ≪路史≫에 "다시 蒙山을 정벌하여 妺喜를 얻었다."라고 하였는데, 그 注에 ≪列女傳≫을 인용하여 "有施國에서 妺喜를 얻었다."라고 하였다.
瑞辰案路史"復伐蒙山, 得妺喜焉", 注引列女傳以爲"有施得之".

③ 【校注】美女 : ≪初學記≫ 〈樂部 上〉과 ≪太平御覽≫ 〈樂部7〉에는 '四方美人'으로 되어 있다.
初學記樂部上・太平御覽樂部七作"四方美人".

④ 【集注】能爲奇偉戲者 : 梁端이 이르기를 "≪초학기≫에는 '能'자가 '而'자로 되어 있는데, 옛적에 '能'자와 '而'자는 통용하였다."라고 하였다. 내(蕭道管)가 상고해보건대, ≪荀子≫ 〈非相篇〉에 "기이하고 오만한 무리가 되기에 충분하니, 이를 일러 간특한 사람의 영웅이라고 한다."라고 하였다.
梁云 "初學記能作而, 古能而通用." 道管案荀子非相篇 "足以爲奇偉偃卻之屬, 夫是之謂姦人之雄."

⑤ 【校注】聚之於旁 : 〈'旁'은〉 ≪태평어람≫에 '房'으로 되어 있다.
太平御覽作房.

⑥ 造爛漫之樂 : 爛漫은 그 소리가 방종하고 경박함을 말한다.
爛漫, 言其聲之流浪靡曼也.

⑦ 爲酒池……一鼓而牛飮者三千人 : ≪韓詩外傳≫에 말하기를 "桀이 술로 못을 만드니 배를 띄울 만하였고, 술지게미가 쌓여 만들어진 언덕은 10리 밖까지 볼 수 있을 정도였다."라고 하였다. 혹자가 말하기를 "牛飮이라는 것은 코로 술을 마시는 것이다."라고 하였다.
韓詩外傳曰 "桀爲酒池, 可以運舟, 糟邱足以望十里." 或曰 "牛飮者, 以鼻飮也."

⑧ 【校注】輢其頭 : 馬瑞辰이 상고하건대, ≪노사≫의 注에서 이 구절을 인용한 곳에는 '그 머리를 잡아매다.'로 되어 있다.
瑞辰案路史注引作"絡其頭".

⑨ 輢其頭而飮之於酒池 : '輢'는 '羈'와 같다. 羈라는 것은 그 머리를 잡아매는 것이다.
輢, 猶羈也. 羈者, 絡其頭也.

龍逢[6]이 간언을 올리기를 "임금이 無道하니 나라가 반드시 망할 것입니다."라고 하였다. 桀王이 말하기를 "태양이 없었던 적이 있느냐? 태양이 없어져야 내가 망할

6) 龍逢 : 關龍逢으로, 夏나라의 충신이다.

것이다."라고 하면서 용봉의 간언을 듣지 않고, 요망한 말을 한다고 하여 그를 죽였다. 걸왕은 옥으로 장식한 집과 누대를 지으면서 크고 높게 올리게 하여 재물을 탕진하였는데도 마음에 오히려 만족할 줄 몰랐다. 湯을 불러 夏臺[7]에 가두었다가 얼마 뒤에 풀어주니, 제후들이 크게 반기를 들었다. 이에 탕이 天命을 받아[8] 걸왕을 토벌하기 위해 鳴條[9]에서 전투를 벌였다. 걸왕의 군사들이 아예 싸우려 하지 않으니 탕이 드디어 걸왕을 추방하였다. 걸왕이 末喜와 애첩과 함께 배를 타고 바다로 흘러갔다가 南巢[10]의 山에서 죽었다.

龍逢進諫曰 君無道하니 **必亡矣**①로소이다 **桀曰 日有亡乎**아 **日亡而我亡**②이라하고 **不聽**하고 **以爲妖言而殺之**라 **造瓊室瑤臺**하여 **以臨雲雨**③하여 **殫財盡幣**로되 **意尙不饜**이라 **召湯**하여 **囚之於夏臺**라가 **已而釋之**하니 **諸侯大叛**이라 **於是湯受命而伐之**하여 **戰於鳴條**④라 **桀師不戰**이어늘 **湯遂放桀**하니 **與末喜嬖妾同舟**하여 **流於海**라가 **死於南巢之山**⑤이라

① 龍逢進諫曰……必亡矣 : ≪韓詩外傳≫에 關龍逢이 간언한 내용이 다음과 같이 실려 있다. "옛적의 임금은 몸소 禮와 義를 행하고 백성을 사랑하고 재물을 아꼈습니다. 그러므로 나라는 편안하고 자신은 장수하였습니다. 그런데 지금 임금께서는 무궁한 것처럼 재물을 쓰고 이루 다 죽이지 못할까 두려운 듯이 사람을 죽이니, 임금께서 만약 고치지 않는다면 하늘의 재앙이 반드시 내릴 것이고 주벌이 반드시 이를 것입니다. 임금께서는 고치소서."
韓詩外傳載關龍逢進諫曰 "古之人君, 身行禮義, 愛民節財, 故國安而身壽. 今君用財若無窮, 殺人若恐弗勝. 君若弗革, 天殃必降, 而誅必至矣. 君其革之."

② 【集注】 桀曰……日亡而我亡 : ≪尙書大傳≫에 桀王이 이르기를 "하늘에 태양이 있는 것이 나에게 백성이 있는 것과 같으니, 태양이 없어지겠는가? 태양이 없어져야 나 또한 망할 것이다."라고 하였다.
尙書大傳桀云 : "天之有日, 猶吾之有民, 日有亡哉? 日亡吾亦亡矣."

③ 造瓊室瑤臺 以臨雲雨 : '雲雨에 임한다'는 것은 그 높음을 말한 것이다. '瓊'과 '瑤'는 모

---

7) 夏臺 : 夏나라 때의 감옥 이름으로, 均臺라고도 한다. 지금의 河南省 禹縣 남쪽에 있었다.

8) 탕이……받아 : ≪書經≫ 〈商書 湯誓〉에 湯王이 다음과 같이 말하였다. "이리 오라. 너희 무리들아! 모두 짐의 말을 들어라. 나 小子가 감히 군대를 동원하여 난리를 일으키려는 것이 아니라, 有夏가 죄가 많으므로 하늘이 명하여 정벌하게 하시는 것이다.〔格 爾衆庶 悉聽朕言 非台小子敢行稱亂 有夏多罪 天命殛之〕"

9) 鳴條 : 지명으로, 지금의 山西省 雲城縣 安邑鎭의 북쪽에 있었다.

10) 南巢 : 지명으로, 지금의 安徽省 素縣 서남쪽에 있었다.

두 아름다운 옥으로 장식하는 것이다. ≪後漢書≫ 注의 이 구절을 인용한 곳에는 '瓊'이 '琁'으로 되어 있다.
以臨雲雨, 言其高也. 瓊・瑤, 皆美玉以爲飾也. 後漢書注引瓊作琁(선).

④ 戰於鳴條 : ≪太平御覽≫에 曹大家의 注를 인용하여 말하기를 "鳴條는 南夷의 地名이다."라고 하였다. 지금 상고하건대, ≪史記集解≫의 鄭玄 注와 曹大家 注를 인용한 곳에도 같다.
太平御覽引趙大家注曰 "鳴條, 南夷地名." 今按史記集解引鄭注與曹注同.

⑤ 同舟……死於南巢之山 : ≪淮南子≫에 이르기를 "함께 배를 타고 江에 떠서 南巢의 산으로 달아나 죽었다."라고 하였으니, 여기에 '바다로 흘러갔다.'로 되어 있는 것은 오류이다.
淮南子云 "同舟浮江, 奔南巢之山而死", 此作'流於海'誤.

≪詩經≫에 말하기를 "아름다운 哲婦가, 올빼미가 되며 솔개가 되도다."[11]라고 하였으니, 이를 두고 이른 말이다.

詩曰 懿厥哲婦가 爲梟爲鴟(치)로다하니 此之謂也라

頌은 다음과 같다.

末喜가 桀王의 妃가 되어
난잡하고 교만한 기세 떨쳤도다
걸왕이 이미 無道하였거늘
또 荒淫함을 더하였도다
간악하고 무도한 짓을 행하여
떳떳한 법을 돌보지 않았도다
夏后[12]의 나라가

---

11) 아름다운……되도다 : ≪詩經≫ 〈大雅 瞻卬〉에 "명철한 지아비는 나라를 이루거늘, 명철한 婦人은 나라를 전복시키느니라. 아름다운 哲婦가, 올빼미가 되며 솔개가 되도다. 부인이 말을 많이 함이여, 亂의 階梯로다. 亂이 하늘로부터 내려오는 것이 아니라, 婦人으로부터 생기느니라. 교훈이 못되며 가르칠 말이 못되는 것은, 이 婦人과 內侍의 말이니라.〔哲夫成城 哲婦傾城 懿厥哲婦 爲梟爲鴟 婦有長舌 維厲之階 亂匪降自天 生自婦人 匪教匪誨 時維婦寺〕"라고 하였다.

12) 夏后 : 夏朝로, 夏后氏 또는 夏氏라고 일컫기도 한다. ≪史記≫ 〈夏本紀〉에 太史公이 말하기를 "禹는 姒姓이었는데 그 뒤에 分封할 적에 나라로써 姓을 삼았다. 그러므로 夏後氏, 扈氏, 有

드디어 商나라가 되고 말았도다

頌曰 末喜配桀하여 維亂驕揚이로다 桀旣無道어늘 又重其荒이로다 姦軌是用①하여 不恤法常하니 夏后之國이 遂反爲商이로다

① 姦軌是用 : '軌'는 '宄(궤)'와 같다.
軌與宄同.

7-2 殷 紂王[13]의 애첩 妲己 殷紂妲(달)己

妲己는 殷 紂王의 妃로, 주왕에게 총애를 받았다. 주왕은 材力이 남보다 뛰어나 맨손으로 猛獸를 때려잡을 정도였고, 지혜는 간언하는 자를 막기에 충분하였으며, 언변은 자신의 잘못을 꾸며대어 감추기에 충분하였다. 신하들에게 자신의 능력을 자랑하고 천하에 자신의 명성을 드높여 사람들이 모두 자신의 아래에 있다고 여겼다. 술을 좋아하고 음악에 빠져 달기의 곁을 떠나지 않고서, 달기가 칭찬하는 자를 귀하게 여기고 달기가 미워하는 자를 주벌하였다. 신기하고 음란한 음악과 북쪽 변방의 비속한 춤과 퇴폐적인 곡조를 만들게 하고 진귀한 물건을 거두어들여 후궁에 쌓아두어 아첨하는 신하와 수많은 궁녀가 모두 원하는 것을 가질 수 있게 하였다. 술지게미를 쌓아 언덕을 만들고 술을 쏟아 부어 못을 만들고 고기를 매달아 숲을 만들고는, 사람들로 하여금 벌거벗은 몸으로 그 사이에서 서로 쫓아다니게 하고서 밤새도록 술을 마시니, 달기가 이러한 놀이를 좋아하였다.

妲己者는 殷紂之妃也①니 嬖幸於紂라 紂材力過人하여 手格猛獸②하고 智足以距諫하며 辯足以飾非라 矜人臣以能하고 高天下以聲하여 以爲人皆出己之下라 好酒淫樂(악)하며 不離妲己하여 妲己之所譽貴之하고 妲己之所憎誅之라 作新淫之聲과 北鄙之舞와 靡靡之樂(악)③하며 收珍物하여 積之於後宮하여 諛臣群女가 咸獲所欲이라 積糟爲邱하고 流酒爲池하고 懸肉爲林하여 使人裸形相逐其間하여 爲長夜之飮[14]하니 妲己好之러라

男氏, 斟尋氏, 彤城氏, 褒氏, 費氏, 杞氏, 繒氏, 辛氏, 冥氏, 斟戈氏가 있게 되었다.〔禹爲姒姓 其後分封 用國爲姓 故有夏後氏有扈氏有男氏斟尋氏彤城氏褒氏費氏杞氏繒氏辛氏冥氏斟戈氏〕"라고 하였다.

13) 紂王 : 殷나라, 즉 商나라의 마지막 임금으로, 殷紂・商紂・帝臣이라고도 일컫는다. 湯임금의 31세 帝乙의 아들이다.

14) 飮 : ≪列女傳集注≫에는 '歡'으로 되어 있다.

① 妲己者 殷紂之妃也 : 妲己는 어떤 곳에는 妲改로 되어 있으니, 有蘇氏의 딸이다.
妲己或作妲改, 有蘇氏女也.

② 手格猛獸 : 格은 加擊함이니, 맨손으로 猛獸를 때려잡을 수 있음을 말한다.
格, 鬪也, 言徒手可以搏猛獸.

③ 作新淫之聲……靡靡之樂 : ≪史記≫에 이르기를 "師涓으로 하여금 이를 만들게 하였다." 라고 하였다. '鄙'는 '里'로 되어 있다.
史記云 "使師涓作之." 鄙, 作里.

百姓은 怨望하고 諸侯 중에 배반하는 자가 있었다. 紂王이 이에 炮烙의 형법을 만들었는데 구리 기둥에 기름을 바르고 밑에서 숯불을 달군 다음 죄를 지은 사람에게 그 위를 걸어가게 하여 그 사람이 걷다가 문득 미끄러져 숯불 속으로 떨어지면 妲己가 이에 웃었다. 比干[15]이 諫言하기를 "先王의 典法을 닦지 않고 부인의 말만 따르니, 머지않아 재앙이 닥칠 것입니다."라고 하였다. 주왕이 怒하여 요망한 말이라고 하자, 달기가 말하기를 "제가 들으니, 聖人의 심장에는 일곱 개의 구멍이 있다고 합니다."라고 하였다. 주왕이 이에 비간의 심장을 갈라 살펴보았다. 箕子[16]를 잡아 가두니 微子[17]는 나라를 떠났다.

百姓怨望하고 **諸侯有畔者**①어늘 **紂乃爲炮烙之法**②하니 **膏銅柱**하여 **加之炭**하고 **令有罪者行其上**③하여 **輒墮炭中**④이면 **妲己乃笑**⑤러라 **比干諫曰 不修先王之典法**하고 **而用婦言**하니 **禍至無日**이라 **紂怒**하여 **以爲妖言**이라하여늘 **妲己曰 吾聞聖人之心有七竅**⑥라하니 **於是剖心而觀之**라 **囚箕子**⑦하니 **微子去之**라

① 【校注】 百姓怨望 諸侯有畔者 : ≪尙書正義≫ 〈牧誓〉의 이 구절을 인용한 곳 아래에는 "妲己가 말하기를 '벌이 가볍고 주벌이 박하면 위엄이 서지 않는다.'라고 하였다.〔妲己曰 罰輕誅薄 威不立耳〕"는 11자가 있는데, 今本에는 빠졌다.
書牧誓正義引此句下有"妲己曰罰輕誅薄威不立耳"十一字, 今本脫.

---

15) 比干 : 紂王의 叔父로, 관직이 少師에 이르렀다. 微子, 箕子와 더불어 殷나라의 '三仁'으로 일컬어졌다.(≪論語≫ 〈微子〉)

16) 箕子 : 紂王의 諸父로, 관직이 太師에 이르렀고, 箕에 封해졌다. 일찍이 紂王에게 간하다가 감옥에 갇혔는데, 殷나라가 망한 뒤에 周 武王이 석방하였다. 箕는 지금의 山西省 太谷縣 동북쪽에 있었다.

17) 微子 : 紂王의 庶兄으로, 이름은 啓이고, 微에 봉해졌다. 자주 紂王에게 간언하였는데 주왕이 듣지 않자 나라를 떠났다. 뒤에 周公 旦에 의해 宋나라에 봉해져 周代 宋나라의 始祖가 되었다. 微는 지금의 山東省 梁山 서북쪽에 있었다.

② 【校注】 紂乃爲炮烙之法 : ≪상서정의≫ 〈목서〉의 이 구절을 인용한 곳에는 '乃'자 아래에 '형벌을 엄중하게 하여〔重刑辟〕'라는 3자가 있는데, 今本에는 빠졌다. 盧文弨[18]가 '烙'을 교정하여 '格'으로 고쳤는데, 설명이 ≪鍾山札記≫에 보인다.
書正義引乃字下有"重刑辟"三字, 今本脫. 盧校烙改格, 說見鍾山札記.

③ 【校注】 令有罪者行其上 : 〈'行其上'은〉 ≪史記集解≫와 ≪荀子≫ 注에는 모두 '行焉'으로 되어 있다.
史記集解・荀子注, 皆作行焉.

④ 【校注】 輒墮炭中 : ≪순자≫ 注에는 '炭'이 '火'로 되어 있다.
荀子注炭作火.

⑤ 紂乃爲炮烙之法……妲己乃笑 : ≪사기집해≫의 이 구절을 인용한 곳에는 '妲己笑'의 아래에 '명명하여 炮格의 刑이라고 하였다.〔名曰炮格之刑〕'는 6자가 있는데, 여기에는 빠졌다. ≪史記索隱≫에 말하기를 "鄒誕生[19]이 '「格」의 또 다른 독음은 「閣」이다.' 하였다. 鄒誕生이 또 이르기를 '銅格을 만들고 그 아래 숯을 피워두고 죄인으로 하여금 그 위를 걸어가게 하였다.'라고 하였으니, ≪列女傳≫과 조금 다르다."라고 하였다. 지금 상고해보건대, '炮格'을 세속에서 '炮烙'으로 쓰니, 이는 宋本 ≪사기≫에 의거하여 고친 것이다.
史記集解引妲己笑下有"名曰炮格之刑"六字, 此脫去之. 索隱曰 "鄒誕生〔云〕[20]'格, 一音閣', 又云'爲銅格, 炊炭其下, 使罪人步其上', 與列女傳少異." 今按炮格俗作炮烙, 此依宋本史記改.

⑥ 【校注】 吾聞聖人之心有七竅 : ≪太平御覽≫ 〈人事部17〉에는 이 아래에 '구멍에 아홉 가닥의 털이 있다.〔竅有九毛〕'라는 4자가 있다.
太平御覽人事部十七下有"竅有九毛"四字.

⑦ 【集注】 囚箕子 : ≪大戴禮≫에 "紂王이 王子 比干을 죽이자 箕子가 머리를 풀어헤치고 거짓으로 미친 체하였다."라고 하였다.
大戴禮 "紂殺王子比干, 而箕子被髮佯狂."

武王이 드디어 天命을 받아 군사를 일으켜 紂王을 정벌하고자 牧野[21]에서 전투를

18) 盧文弨 : 1717~1795. 淸나라 浙江 餘姚 사람으로, 초명은 嗣宗, 자는 紹弓, 호는 磯漁・檠齋・弓父・抱經先生이고, 翰林院編修・侍讀學士・湖南學政 등을 지냈다. 벼슬을 그만둔 뒤 경학에 전념했는데, 특히 고적의 校勘과 彙編에 공을 들여 ≪群書拾補≫・≪儀禮注疏詳校≫・≪抱經堂叢書≫ 등을 펴냈다. 저서에 ≪抱經堂集≫・≪鍾山札記≫・≪龍城札記≫ 등이 있다.
19) 鄒誕生 : 鄒誕으로, 南朝 宋나라 사람이다. 輕車都尉를 지냈다. 저서에 ≪史記音≫ 3권이 있다.
20) 〔云〕 : 저본에는 '云'이 없으나, ≪史記索隱≫에 의거하여 보충하였다.
21) 牧野 : 지명으로, 지금의 河南省 淇縣 서남쪽이다.

벌였는데, 주왕의 군사들이 창끝을 돌려서 거꾸로 자기 군대를 공격하였다. 주왕이 이에 廩臺[22]에 올라가 보옥으로 장식한 옷을 입고 자살하였다. 이에 무왕이 드디어 天罰을 이루어 달기의 머리를 베어 잡색 비단 旗에 매다니, 주왕을 망하게 한 것이 이 여자라고 생각하였기 때문이다.

武王遂受命하여 **興師伐紂**하여 **戰于牧野**할새 **紂師倒戈**라 **紂乃登廩臺**하여 **衣寶玉衣而自殺**①②이라 **於是武王遂致天之罰**하여 **斬妲己頭**하여 **懸於小白旗**③하니 **以爲亡紂者是女也**라

① 紂乃登廩臺 衣寶玉衣而自殺 : 廩臺는 바로 鹿臺이다. ≪史記集解≫에 徐廣[23]이 말하기를 "鹿은 어떤 본에는 '廩'으로 되어 있다."라고 하였다. '寶玉으로 만든 옷을 입고 불에 뛰어들어 죽었다.'는 것은 ≪史記≫에 근본하였다.
廩臺, 卽鹿臺也. 史記集解徐廣曰 "鹿, 一作廩." 衣其寶玉衣, 赴火而死, 本史記.

② 【校注】 衣寶玉衣而自殺 : ≪逸周書≫ 〈世俘解〉에 "갑자일 저녁에 商王 紂가 天智와 玉琰 5개를 취하여 몸에 둘러 후하게 하고서 스스로 불에 타 죽었다."라고 하였는데, 이에 대한 注에 "天智는 玉 중에 가장 아름다운 것이니, 그 몸에 부착하여 둘러서 스스로 후하게 한 것이다."라고 하였다.
逸周書世俘解 "時甲子夕, 商王紂取天智玉琰五, 環身, 厚以自焚." 注 "天智玉之上美者, 縫環其身, 以自厚也."

③ 【校注】 懸於小白旗 : 陳奐[24]이 말하기를 "小白은 곧 잡색 비단이다. ≪春秋左氏傳≫에 '少帛'[25]이라고 하였으니, '白'과 '帛'은 통용한다."라고 하였다.
陳氏奐曰 "小白, 卽雜帛也. 左傳謂之少帛, 白與帛通."

---

22) 廩臺 : 朝歌城 안에 축조한 높은 臺이다. ≪新序≫ 〈刺奢〉에 "주왕이 녹대를 지어 7년 만에 완공하였는데 그 크기는 3里이고 높이는 1,000尺이었다.〔紂爲鹿臺 七年乃成 其大三里 高千尺〕"라고 하였다.

23) 徐廣 : 東晉時代 사람으로, 자는 野民이다. 秘書監을 지냈다. 저서에 ≪車服儀注≫, ≪晉紀≫ 등이 있다.

24) 陳奐 : 1785~1863. 淸나라 長州 사람이다. 자는 碩甫, 호는 師竹, 만년의 호는 南園老人이다. 段玉裁의 제자이고, 王念孫·王引之 부자와 從遊하였다. 저서에 ≪毛詩傳疏≫, ≪毛詩說≫, ≪毛詩音≫, ≪詩義類≫ 등이 있다.

25) 少帛 : ≪春秋左氏傳≫ 定公 4년 조에 "康叔에게 大路와 少帛과 綪茷와 旃旌과 大呂와 殷나라 遺民 七族인 陶氏, 施氏, 繁氏, 錡氏, 樊氏, 饑氏, 終葵氏를 나누어주었다.〔分康叔以大路少帛綪茷旃旌大呂 殷民七族陶氏施氏繁氏錡氏樊氏饑氏終葵氏〕"라고 하였다. 少帛은 雜帛旗로, 깃발과 가장자리에 단 장식의 색깔이 다른 旗이다.

≪書經≫에 말하기를 "암탉은 새벽에 울지 말아야 하니, 암탉이 새벽에 울면 집안이 망한다."[26]라고 하였고, ≪詩經≫에 이르기를 "君子가 讒人을 믿는지라, 亂이 이 때문에 심해지도다. 맡은 일을 공손히 수행하는 것이 아니라, 王을 병들게 할 뿐이로다."[27]라고 하였으니, 이를 두고 이른 말이다.

書曰 牝(빈)鷄無晨이니 牝鷄之晨은 惟家之索(삭)이라하고 詩云 君子信盜라 亂是用暴이라 匪其止共이라 維王之邛(공)이라하니 此之謂也라

頌은 다음과 같다.

妲己가 紂王의 배필이 되어
미혹하고 음란한 짓을 일삼았도다
紂王이 이미 무도하거늘
거듭 서로 그릇되게 하였도다
포락의 형벌을 당하는 자를 가리키며 웃고
간언하는 신하는 심장을 가르고 가두었도다
드디어 牧野의 전투에서 패배하여
商나라가 周나라가 되고 말았도다

頌曰 妲己配紂하여 惑亂是修로다 紂旣無道어늘 又重相謬로다 指笑炮炙하고 諫士刳(고)囚로다 遂敗牧野하여 反商爲周로다

7-3 周 幽王[28]의 애첩 褒姒 周幽褒(포)姒

褒姒는 계집종의 딸이요, 周 幽王의 后妃이다. 처음 夏나라가 쇠할 때 褒나라 先君의 神靈이 두 마리 龍으로 변하여 왕궁의 뜰에 함께 거처하면서 말하기를 "우리는

26) 암탉은……망한다 : ≪書經≫ 〈周書 牧誓〉에 보인다.
27) 君子가……뿐이로다 : ≪詩經≫ 〈小雅 巧言〉에 보인다.
28) 周 幽王 : 西周의 임금으로, 宣王의 아들이다. 姬姓이고, 이름은 宮涅, 또는 宮生이라 하기도 한다.

포나라의 두 임금이다."라고 하였다. 夏나라 임금 桀이 그 용을 죽일지 쫓아낼 지를 점치니 어느 쪽도 吉하지 않았는데, 그 침을 청하여 보관하는 일을 점치니 吉하였다. 이에 幣帛을 진열하여 〈簡冊에 사유를 적어 아뢰었더니〉 용이 홀연 사라지거늘 그 침을 궤 안에 갈무리하여 이에 교외에 두고서 周나라에 이르도록 감히 열어보지 못하였다. 周 厲王 말기에 이르러 열어 보니 침이 뜰에 흘러 없앨 수 없었다. 왕이 婦人들로 하여금 치마를 벗고 떠들썩하게 소리 지르게 하였더니 검은 도마뱀으로 변하여 後宮으로 들어갔다. 후궁의 계집종이 아직 젖니도 다 갈지 않은 나이에 도마뱀을 만났는데, 이미 비녀를 꽂을 나이가 되자 임신을 하여 宣王 때에 아이를 낳았으니 남편 없이 아이를 낳았는지라 두려워하여 아이를 버렸다.

이보다 앞서 어린 계집아이들의 노래가 있었는데, 그 노래 가사는 "산뽕나무로 만든 활과 箕나무로 만든 화살통이 실로 周나라를 망칠 것이다."라는 것이었다. 宣王도 이 노래를 들었는데 후에 산뽕나무로 만든 활과 箕나무로 만든 화살통 등의 기물을 팔러 다니는 부부가 있었다. 왕이 사람으로 하여금 잡아서 죽이게 하였는데, 밤에 부부가 도망을 가다가 계집종의 딸이 버림을 당하여 밤에 우는 소리를 듣고 불쌍히 여겨 거두어 가지고 드디어 포나라로 달아났다. 그 여자아이는 자라서 아름답고 예뻤는데, 포나라 임금 姁가 죄를 지어 옥에 갇히게 되었으므로 幽王에게 그 여자아이를 바쳐 죗값을 대신하고자 하였다. 幽王이 이 여자아이를 받아들여 총애하고 마침내 포나라 임금 후를 풀어주었다. 그러므로 이름을 褒姒라고 하였다.

褒姒者는 童妾之女요 周幽王之后也라 初에 夏之衰也에 褒人之神①이 化爲二龍하여 同於王庭而言曰②③ 余는 褒之二君也라하니라 夏后卜殺之與去하니 莫吉④이어늘 卜請其漦(시)藏之而吉⑤이라 乃布幣焉하니 龍忽不見이어늘 而藏漦櫝(독)中하여 乃置之郊⑥하여 至周莫之敢發也러니 及周厲王之末하여 發而觀之하니 漦流於庭하여 不可除也라 王使婦人裸而譟(조)之하니 化爲元[29]蚖(원)하여 入後宮⑦이라 宮之童妾이 未毁〔齒〕[30]而遭之⑧러니 旣笄(계)而孕⑨하여 當宣王之時産하니 無夫而乳라 懼而棄之라 先是有童〔女〕[31]謠曰 檿(염)弧箕服⑩이 實亡周國이라 宣王聞之러니 後有人夫妻賣檿弧箕服之器者어늘 王使執而戮之라 夫妻夜逃라가 聞童妾〔之女〕[32]遭

29) 元 : ≪列女傳校注≫와 ≪列女傳集注≫에는 모두 '玄'으로 되어 있다.

30) 〔齒〕: 저본에는 '齒'가 없으나, ≪列女傳校注≫에 의거하여 보충하였다.

31) 〔女〕: 저본에는 '女'가 없으나, 王照圓의 注에 의거하여 보충하였다.

32) 〔之女〕: 저본에는 '之女'가 없으나, 臧庸의 校正에 의거하여 보충하였다.

棄而夜號⑪하고 哀而取之하여 遂竄於褒라 長而美好한대 褒人姁(후)有獄일새 獻之以贖⑫이라 幽王受而嬖之하고 遂釋褒姁라 故號曰褒姒라하니라

① 【校注】褒人之神 : ≪國語≫ 韋昭 注에 "褒나라 사람은 포나라 임금이다."라고 하였다.
國語韋昭注"褒人, 褒君也."

② 化爲二龍 同於王庭而言曰 : '同'은 함께이다. 이 아래는 모두 ≪국어≫ 〈鄭語〉의 글이다.
同, 共也. 此下俱鄭語文.

③ 【校注】同於王庭而言曰 : 위소가 이르기를 "함께 거처하는 것을 '同'이라고 한다."라고 하였다.
韋昭云"共處曰同."

④ 夏后卜殺之與去 莫吉 : ≪국어≫ 〈정어〉에는 '去' 아래에 '之'자가 있고, 또 '與止之' 3자가 있으며, '吉'은 '告'로 되어 있다.[33)]
鄭語去下有之字, 又有與止之三字, 吉作告.

⑤ 卜請其漦藏之而吉 : '漦'는 용이 뿜어낸 거품이다. 혹자는 말하기를 "피이다."라고 하였다.
漦, 龍所吐沫也. 或曰"血也."

⑥ 而藏漦櫝中 乃置之郊 : '櫝'은 궤짝이다. '置之郊'는 ≪국어≫ 〈정어〉에 '傳郊之'로 되어 있으니, 이는 驛馬로 운반하여 郊祭를 지냄을 말한 것이다.
櫝, 櫃也. 置之郊, 鄭語作傳郊之, 蓋言傳祭之於郊也.

⑦ 王使婦人裸而譟之……入後宮 : '裸'는 치마를 벗는 것이다. '譟'는 떠들썩하게 부르짖는 것이다. ≪국어≫ 〈정어〉에는 '不幃而譟之'로 되어 있는데, 이에 대한 注에 이르기를 "치마의 正幅을 幃라고 한다."라고 하였다. 蚖은 도마뱀이니, 용과 비슷하다. ≪국어≫ 〈정어〉에는 '黿'으로 되어 있는데, 이에 대한 注에 이르기를 "'黿'은 어떤 본에는 '蚖'으로 되어 있다."라고 하였다.
裸, 去裳也. 譟, 讙呼也. 鄭語作不幃而譟之, 注云"裳正幅曰幃." 蚖, 蜥蜴(석척)也, 象龍. 鄭語作黿(원), 注云"黿或爲蚖."

⑧ 【校注】宮之童妾 未毁〔齒〕而遭之 : ≪국어≫ 〈정어〉에는 '아직 이도 다 갈지 않았다.'로

33) 吉은……있다 : ≪國語≫ 권16 〈鄭語 史伯爲桓公論興衰〉에 "夏나라 임금 桀이 그 용을 죽일 것인가, 내쫓을 것인가, 붙잡아둘 것인가를 점쳐보았는데 어느 것도 吉한 것이 나오지 아니했다. 그 침을 청하여 갈무리해두는 일로 점을 쳤더니 길하다는 점괘가 나왔다. 이에 幣帛을 늘어놓고서 간책에 사유를 적어 아뢰었더니 용은 사라져 버리고 침만 남아 있었다. 그래서 궤에 갈무리하여 역마로 운반하여 郊祭를 지냈다.〔夏后卜殺之與去之與止之 莫吉 卜請其漦而藏之 吉 乃布幣焉 而策告之 龍亡而漦在 櫝而藏之 傳郊之〕"라고 하였다. 여기에 의거하면 '吉은 告로 되어 있다'는 것은 오류이다.

되어 있다. 韋昭가 이르기를 "이를 가는 것을 '齔'이라고 한다."라고 하였다. 여기에는 아마 '毁' 아래에 '齒'자가 빠진 듯하다.

國語作未旣齔. 韋昭云 "毁齒曰齔(츤)." 此疑毁下脫齒字.

⑨ 宮之童妾……旣笄而孕 : 毁는 이를 가는 것이다. 여자는 7세에 이를 갈고 15세에 비녀를 꽂는다.

毁, 毁齒也. 女子七歲而毁齒, 十五而笄也.

⑩ 先是有童〔女〕謠曰 檿弧箕服 : ≪史記≫에는 '童' 아래에 '女'자가 있다. ≪국어≫ 〈정어〉 注에 이르기를 "산뽕나무를 '檿'이라고 한다. 弧는 활이다. 箕는 나무 이름이다. 服은 화살통이다."라고 하였다.

史記童下有女字. 鄭語注云 "山桑曰檿. 弧, 弓也. 箕, 木名. 服, 矢房."

⑪ 【校正】 聞童妾〔之女〕遭棄而夜號 : 牟房[34]이 상고하건대, '妾'자 아래에 아마 '之女' 2자가 빠진 듯하다.

房案妾字下, 疑脫之女二字.

⑫ 褒人姁有獄 獻之以贖 : 姁는 褒나라 사람의 이름이다. 贖은 속죄함이다.

姁, 褒人之名也. 贖, 贖罪也.

褒姒가 아들 伯服을 낳자 幽王은 王后인 申나라 諸侯의 딸을 폐위하고 포사를 세워 王后를 삼고 太子인 宜咎를 폐위하고 백복을 세워 태자를 삼았다. 유왕은 포사에게 미혹되어 출입할 때에 포사와 수레를 함께 타고 나랏일을 돌보지 않았으며 수시로 말을 몰아 사냥을 하여 포사의 비위를 맞추려 하였다. 음주에 빠지고 배우들을 앞에 불러 공연하고 춤을 추게 하여 밤낮없이 즐겼다.

포사가 웃지 않으니 유왕이 그녀를 웃게 만들기 위해 온갖 방법을 썼으나 포사는 그래도 웃지 않았다. 유왕이 〈일찍이 변경에〉 봉화와 큰 북을 만들어 놓고 외적이 침입하면 봉화를 울리고 큰 북을 쳐서 알리도록 제후들과 약속하였다. 〈한번은 유왕이 봉화를 올리고 북을 치자〉 제후들이 모두 달려왔으나 외적이 침입하지 않았다. 그러자 포사가 크게 웃었다. 유왕이 포사를 기쁘게 해주고자 하여 자주 봉화를 올리니, 그 뒤로 제후들이 믿지 않아 달려오지 않았다. 충심으로 간언하는 자를 죽이고 오직 포사의 말만을 따르니 위아래가 서로 아첨을 일삼고 백성들의 마음은 離叛하

34) 牟房 : 淸나라 학자로, 原名은 廷相, 자는 陌人, 호는 默人이다. 山東省 棲霞 사람으로, 저서에 ≪周公年表≫, ≪投壺算草≫, ≪詩切≫, ≪改定崔氏易林≫, ≪同文尙書≫ 등이 있다.

였다.

既生子伯服에 幽王乃廢后申侯之女하고 而立褒姒爲后하며 廢太子宜咎하고 而立伯服爲太子라 幽王이 惑於褒姒하여 出入에 與之同乘하고 不衄(휼)國事하며 驅馳弋獵不時하여 以適褒姒之意라 飮酒流湎(면)①하고 倡優在前하여 以夜續晝②라 褒姒不笑어늘 幽王乃欲其笑萬端이로되 故不笑라 幽王爲熢燧大鼓하여 有寇至則擧③러니 諸侯悉至而無寇라 褒姒乃大笑라 幽王欲悅之하여 數(삭)爲擧烽火하니 其後不信하여 諸侯不至④라 忠諫者誅하고 唯褒姒言是從하니 上下相諛하고 百姓乖離라

① 【校注】 飮酒流湎 : '流'는 어떤 본에는 '沈'으로 되어 있다.
流一本作沈.

② 【校注】 以夜續晝 : '續'은 어떤 본에는 '繼'로 되어 있다.
續一本作繼.

③ 幽王爲熢燧大鼓 有寇至則擧 : 熢은 熢火이다. 밤에 올리는 것을 '熢'이라고 하고, 낮에 올리는 것을 '燧'라고 하니, 모두 亭障[35]에 두어 적의 동태를 살펴 위급한 상황을 알린다. 큰 북은 소리가 수 백리까지 들린다.
熢, 熢火也. 夜曰熢, 晝曰燧, 皆置亭障, 候敵以告警. 大鼓聲聞數百里.

④ 【集注】 諸侯悉至而無寇……諸侯不至 : ≪呂氏春秋≫에는 "周나라 왕실은 酆과 鎬에 터를 잡았는데 戎人들의 거처와 가까운지라 諸侯들과 약속하되 왕도로 통하는 큰 길을 따라 높이 보루를 만들고 그 위에 북을 설치하여 遠近에 들리게 한 다음, 만일 융인이 침략해 오면 북소리를 전해 서로 알리기로 하였다. 융인이 침략하자 幽王이 북을 치니 諸侯의 군대들이 모두 이르렀다. 褒姒가 매우 좋아하며 기뻐하였다. 유왕이 포사를 웃게 하고 싶어서 인하여 여러 번 북을 치니 제후들의 군대가 여러 번 이르렀지만 침략자는 없었다. 후에 융인의 침략군이 정말로 침입하기에 이르러서, 유왕의 몸은 驪山 아래에서 죽임을 당하였다."라고 하였다.
呂氏春秋 "周室酆鎬近戎人, 與諸侯約, 爲高葆禱於王路, 置鼓其上, 遠近相聞. 卽戎寇至, 傳鼓相告[36]. 戎寇當至, 幽王擊鼓, 諸侯之兵皆至, 褒姒大說(열), 喜之. 幽王欲褒姒之笑也, 因數擊鼓, 諸侯之兵數至而無寇. 至於後戎寇眞至[37], 幽王(身之)〔之身〕[38], 乃死於麗

35) 亭障 : 변방 요새지에 설치한 보루이다.

36) 傳鼓相告 : ≪呂氏春秋≫ 〈愼行論 第2 疑似〉에는 이 뒤에 '제후의 군대들이 모두 이르러 천자를 구원하기로 하였다.〔諸侯之兵皆至救天子〕'라는 구절이 더 있다.

37) 至於後戎寇眞至 : ≪呂氏春秋≫ 〈愼行論 第2 疑似〉에는 이 뒤에 '幽王이 북을 쳤으나 제후의 군대는 오지 않았다.〔幽王擊鼓 諸侯兵不至〕'라는 구절이 더 있다.

38) (身之)〔之身〕 : 저본에는 '身之'로 되어 있으나, ≪呂氏春秋≫에 의거하여 '之身'으로 바로잡았다.

山之下[39)]."

申侯가 이에 繒나라와 西夷의 犬戎과 연합하여 함께 幽王을 공격하였다. 유왕이 봉화를 올려 諸侯의 군대를 불렀으나 아무도 달려오지 않았다. 〈신후가〉 마침내 驪山 아래에서 유왕을 죽이고 褒姒를 사로잡고 周나라의 재물을 모두 취하여 가지고 갔다. 이에 제후들이 신후의 뜻에 따라 옛 太子 宜咎를 함께 세우니, 이가 바로 平王이다. 이후로부터 주나라는 다른 諸侯國과 다를 바가 없게 되었다.

申侯乃與繒西夷犬戎으로 共攻幽王이라 幽王擧烽燧徵兵호되 莫至라 遂殺幽王於驪山之下하고 虜褒姒하고 盡取周賂而去라 於是諸侯乃卽申侯하여 而共立故太子宜咎하니 是爲平王이라 自是之後로 周與諸侯無異라

≪詩經≫에 이르기를 "赫赫한 宗周를 포사가 멸하리로다."[40)]라고 하였으니, 이를 두고 이른 말이다.

詩曰 赫赫宗周를 褒姒滅之①②라하니 此之謂也라

① 赫赫宗周 褒姒滅之 : 宗周는 西周이니, 鎬京이다. '滅'은 ≪毛詩≫에 '烕'로 되어 있다. 傳에 이르기를 "烕은 滅이다."라고 하였다. ≪經典釋文≫에 "'烕'은 어떤 판본에는 '滅'로 되어 있기도 하다."라고 하였다.
宗周, 西周, 鎬京也. 滅, 毛詩作烕(멸). 傳云 "烕, 滅也." 釋文 "烕, 本或作滅."

② 【校正】 褒姒滅之 : 臧庸은 상고하건대, '烕'은 옛날의 '滅'자이다. ≪모시≫는 古文이기 때문에 '烕'로 되어 있고, ≪韓詩≫와 ≪魯詩≫는 今文이기 때문에 '滅'로 되어 있다. 毛傳은 금문으로 고문을 증명하였기 때문에 "'烕'은 '滅'이다."라고 하였다.
庸案烕, 古滅字. 毛詩古文, 故作烕, 韓魯詩今文, 故作滅. 毛傳以今證古, 故曰"烕, 滅也".

頌은 다음과 같다.

褒나라 신령이 용으로 변하여

---

39) 乃死於麗山之下 : ≪呂氏春秋≫ 〈愼行論 第2 疑似〉에는 이 뒤에 '천하의 웃음거리가 되었다.〔爲天下笑〕'라는 구절이 더 있다.

40) 赫赫한……멸하리로다 : ≪詩經≫ 〈小雅 正月〉에 보인다.

실로 褒姒를 낳았도다
자라나 幽王의 배필이 되어
王后와 太子를 폐위하였도다
봉화를 올려 군대를 동원하였는데
외적이 침입하지 않자 포사가 웃었도다
申侯가 周나라를 정벌하여
과연 그 제사를 멸하였도다

頌曰 褒神龍變하여 寔生褒姒로다 興配幽王하여 廢后太子로다 擧烽致兵하니 笑寇不至로다 申侯伐周하여 果滅其祀로다

7-4 衛 宣公[41]의 부인 宣姜 衛宣公姜

宣姜은 齊나라 제후의 딸이요 衛 宣公의 부인이다. 당초에 宣公의 夫人 夷姜이 伋子를 낳자 선공이 太子로 삼았다. 선공이 또 제나라에 장가드니, 그 여인이 바로 선강으로 壽와 朔을 낳았다. 이강이 이미 죽자 선강은 수를 태자로 세우고자 하여 수의 아우 삭과 모의하여 급자를 誣陷하였다. 선공이 급자를 제나라에 사신으로 가게 하자, 선강이 몰래 力士를 시켜 국경에서 기다리다가 죽이게 하면서 말하기를 "네 마리 말이 끄는 수레에 흰 소꼬리 털을 깃대 머리에 매달고 지나가는 자가 있거든 반드시 가로막고 죽여야 한다."라고 하였다.

宣姜者는 齊侯之女요 衛宣公之夫人也라 初에 宣公夫人夷姜生伋子①하니 以爲太子라 又娶於齊하니 曰宣姜이니 生壽及朔이라 夷姜旣死에 宣姜欲立壽하여 乃與壽弟朔으로 謀構伋子라 公使伋子之齊할새 宣姜乃陰使力士待之界上而殺之②曰 有四馬白旄(모)至者어든 必要殺之③라하니라

① 【校注】 宣公夫人夷姜生伋子 : 〈'伋子'는〉 ≪春秋左氏傳≫에는 '急子'로 되어 있다. 左傳作急子.

② 【集注】 宣姜乃陰使力士待之界上而殺之 : 상고해보건대, ≪新序≫에 "사람을 시켜 伋과 함께 河中에서 배를 타고 〈물을 건널 적에〉 빠뜨려 죽이게 하였다. 壽가 인하여 그 배에 함께 타니 뱃사람이 伋을 죽이지 못하였다. 伋이 막 배에 올랐을 때 伋의 傅母가 伋

41) 衛 宣公 : 春秋時代 衛나라의 임금으로, 姬姓이며 이름은 晉이다.

이 죽음을 당할까 염려하여 불쌍히 여겨 시를 지었으니, 〈二子乘舟〉의 詩가 바로 이것이다. 그 시에 말하기를 '두 사람이 배를 타고 가니, 둥둥 떠가는 그 그림자로다. 그리워하여 그대를 생각하는지라, 中心이 울렁거리노라.'라고 하였다. 이에 壽가 그 형이 또 해를 입을까 불쌍히 여겨 근심하는 시를 지었으니, 〈黍離〉의 詩가 바로 이것이다." 라고 하였다.

案新序 "使人與伋乘舟於河中,[42] 將沈而殺之, 壽[43]因與之同舟, 舟人不得殺伋. 方乘舟時, 伋傅母恐其死也, 閔而作詩, 二子乘舟之詩是也. 其詩曰 '二子乘舟, 泛泛其景. 顧言思子, 中心養養.' 於是壽閔其兄之且見害, 作憂思之詩, 黍離之詩是也.[44]"

③ 有四馬白旄至者 必要殺之 : 상고해보건대, ≪詩經≫에 말하기를 "펄럭이는 干旄여, 浚邑의 교외에 있도다. 흰 실로 짜서 매달고, 좋은 말 네 필에 멍에를 메니, 저 忠順한 그대에게, 어찌 이것을 주는고?"라고 하였다. 지금 이 傳으로 미루어보건대, 아마 이 詩는 곧 이 일 때문에 지은 듯하다. 반드시 흰 소꼬리 털을 깃대 머리에 매단 旗〔白旄〕를 사용한 것은 식별을 쉽게 함을 취한 것이다. 詩에 흰 실〔素絲〕을 말하였기 때문에 白旄임을 아는 것이다. 浚은 衛나라의 경계에 있는 邑이니, 宣姜이 力士로 하여금 伋을 기다리게 한 곳이다. 姝는 忠順한 모양이니, 姝子는 伋子를 이른다. 畀는 줌이다. '저 네 마리 말이 끄는 수레에 흰 소꼬리 털을 깃대 머리에 매달아서 수레에 꽂은 충순한 사람에게 무슨 까닭으로 이것을 주는고?'라는 말이니, 매우 애통하게 여기는 말이다. 이는 아마 ≪魯詩≫의 說에서 나와서 劉氏[45]가 서술한 듯하니 ≪毛詩≫와 다르다. 그 夷姜과 宣姜을 서술한 것은 또 ≪春秋左氏傳≫과 다르니,[46] 아마 모두 ≪노시≫에 근

42) 使人與伋乘舟於河中 : ≪新序≫ 卷7 〈節士 衛宣公之子〉에는 이 앞에 "壽의 어머니가 朔과 모의하여 太子 伋을 죽이고 壽를 太子로 세우려고〔壽之母與朔謀 欲殺太子伋而立壽也〕"라는 구절이 더 있다.

43) 壽 : ≪新序≫ 卷7 〈節士 衛宣公之子〉에는 이 뒤에 "모의를 알았으나 중지시킬 수 없는지라〔知 不能止也〕"라는 구절이 더 있다.

44) 黍離之詩是也 : ≪新序≫ 卷7 〈節士 衛宣公之子〉에는 이 뒤에 "그 시에 말하기를 '길 가기를 더디고 더디하여, 중심에 울렁거리노라. 이내마음 아는 자는 나더러 마음에 근심한다 하거늘, 이내마음 알지 못하는 자는 나더러 무엇을 구하는고 하니, 아득하고 아득한 蒼天아, 이 어떤 사람이 이렇게 하였는고?〔其詩曰 行邁靡靡 中心搖搖 知我者謂我心憂 不知我者謂我何求 悠悠蒼天 此何人哉〕'라고 하였다."라는 구절이 더 있다.

45) 劉氏 : 劉向을 말한다.

46) 그……다르니 : ≪春秋左氏傳≫ 桓公 16년 조에는 "처음에 衛 宣公이 夷姜과 姦淫하여 急子를 낳고서 급자를 右公子에게 부탁하였다. 얼마의 세월이 지난 뒤에 急子를 위하여 齊나라에서 아내를 맞이하게 하였는데, 그 여자의 美貌가 뛰어나자, 선공이 그 여자를 자기의 아내로 맞이하였다. 그리하여 壽와 朔을 낳았는데, 선공은 수를 左公子에게 부탁하였다. 선공의 사랑을 잃은 이강은 스스로 목매어 죽었다. 宣姜이 公子 삭과 함께 급자를 誣陷하니 선공은 급자를

본한 듯하다. 要는 가로막음이다. ≪史記≫에 말하기를 "刺客으로 하여금 국경에서 가로막고 살해하게 하였는데, 太子에게 白旄를 주고는 국경의 자객에게 백모를 가진 자를 죽이라고 고하였다."라고 하였으니, 의미가 여기서 기술한 내용과 합치한다.

按詩曰 "孑(혈)孑干旄, 在浚之郊. 素絲紕(비)之, 良馬四之. 彼姝者子, 何以畀(비)之?" 今以傳推之, 疑詩卽爲此事而作也. 必用白旄者, 取易於識別也, 以詩言素絲, 故知爲白旄也. 浚, 衛之界上邑, 姜使力士待伋之地也. 姝, 忠順貌. 姝子, 謂伋子也. 畀, 與也. 言彼四馬白旄忠順之子, 何故以此與之, 深痛惜之辭也. 此蓋出於魯詩之說而劉氏述之, 與毛詩異也. 其敍夷姜・宣姜, 與左傳又異, 蓋皆本於魯詩耳. 要, 遮也. 史記曰 "令盜遮界上殺之,[47] 與太子白旄, 而告界盜見持白旄者殺之." 義與此合.

壽가 이를 듣고 太子에게 고하여 말하기를 "태자께서는 피하십시오."라고 하였는데, 伋子가 말하기를 "안 된다. 아버지의 명을 저버리면 어찌 자식이라 할 수 있겠는가."라고 하였다. 수는 태자가 반드시 齊나라로 사신가리라는 것을 헤아리고 태자와 함께 술을 마셔 〈태자가 취하자〉 흰 쇠 꼬리털로 장식한 깃발을 빼앗아 가지고 국경으로 가니 刺客이 수를 죽였다. 급자가 술에서 깨어 그 깃발을 찾다가 찾지 못하여 급히 뒤쫓아 갔으나 수는 이미 죽은 뒤였다. 급자는 수가 자신을 위해 죽은 것을 애통히 여겨 자객에게 일러 말하기를 "네가 죽이려고 했던 자는 바로 나다. 이 사람이 무슨 죄가 있단 말이냐. 청컨대 나를 죽여라."라고 하니, 자객이 또 급자를 죽였다.

壽聞之하고 **以告太子曰 太子其避之**어다하니 **伋子曰 不可**라 **夫棄父之命**이면 **則惡**(오)**用子也**리오하니라 **壽度**(탁)**太子必行**하고 **乃與太子飮**하고 **奪之旄而行**하니 **盜殺之**라 **伋子醒**하여 **求旄不得**하여 **遽往追之**한대 **壽已死矣**라 **伋子痛壽爲已死**하여 **乃謂盜曰 所欲殺者**는 **乃我也**라 **此何罪**오 **請殺我**하라하니 **盜又殺之**라

두 아들이 이미 죽자 朔이 드디어 太子가 되었다. 宣公이 薨御하자 삭이 왕위에

齊나라에 使臣으로 보내고 刺客을 시켜 莘에서 기다리다가 그를 죽이게 하고자 하였다.〔初 衛宣公烝於夷姜 生急子 屬諸右公子 爲之娶於齊 而美 公取之 生壽及朔 屬壽於左公子 夷姜縊 宣姜與公子朔構急子 公使諸齊 使盜待諸莘 將殺之〕"라고 하였다.

47) 令盜遮界上殺之 : ≪史記≫ 卷37 〈衛康叔世家〉에는 이 구절 앞에 '宣公이 太子 伋이 나쁘다는 소문을 듣게 되자 크게 노하여 태자 급을 齊나라에 사신으로 파견하고서〔及聞其惡 大怒 乃使太子伋於齊而〕'라는 구절이 더 있다.

올랐으니, 이가 바로 惠公이다. 혜공은 끝내 후사가 없어 혼란이 3대까지 이어지다가 戴公[48]에 이른 뒤에 안정되었다.

二子旣死에 朔遂立爲太子라 宣公薨에 朔立하니 是爲惠公이라 竟終無後하여 亂及(五)〔三〕[49]世라가 至戴公而後寧①이라

① 亂及(五)〔三〕世 至戴公而後寧 : '五'는 응당 '三'이 되어야 하니, 글자의 오류이다. 三世는 宣公, 惠公, 懿公을 이른다. 戴公은 昭伯 頑의 아들이다. 寧은 안정이다.
五當作三, 字之誤也. 三世, 謂宣惠懿也. 戴公, 昭伯頑之子也. 寧, 安也.

≪詩經≫에 이르기를 "이와 같은 사람이여, 德音이 좋지 못하도다."[50]라고 하였으니, 이를 두고 이른 말이다.

詩云 乃如之人이여 德音無良이로다하니 此之謂也라

頌은 다음과 같다.

衛나라의 宣姜이
모의하여 太子를 위태롭게 하였도다
자신의 아들 壽를 태자로 세우려고
몰래 力士를 숨겨 놓았도다
수가 이에 태자와 함께 죽으니
衛나라는 과연 위태롭게 되었도다
五代 동안 안정되지 못하니
혼란함이 선강으로 말미암아 일어났도다

頌曰 衛之宣姜이 謀危太子로다 欲立子壽하여 陰設力士로다 壽乃俱死하니 衛果危殆로다 五世不寧하니 亂由姜起로다

48) 戴公 : 春秋時代 衛나라 임금으로, 姬姓이며 이름은 申이다.
49) (五)〔三〕: 저본에는 '五'로 되어 있으나, 王照圓의 注에 의거하여 '三'으로 바로잡았다.
50) 이와……못하도다 : ≪詩經≫ 〈邶風 日月〉에 보인다.

7-5 魯 桓公[51]의 부인 文姜 魯桓文姜

文姜은 齊나라 제후의 딸이요 魯 桓公의 부인이다. 〈그녀는 출가하기 전에〉 오빠인 齊 襄公[52]과 집안에서 姦淫하였다. 환공이 鄭나라를 쳐서 〈邊邑으로 出奔해 있던〉 厲公[53]을 본국인 鄭나라에 들여보내 復位시킬 계획을 세우고 있었다. 출발할 때에 환공이 부인과 함께 제나라로 가려고 하였다. 申繻[54]가 말하기를 "안 됩니다. 여자에게는 남편이 있으며 남자에게는 부인이 있어 서로 冒瀆하지 않는 것을 禮가 있다고 이르니, 이를 어기면 반드시 일을 그르치게 될 것입니다. 또 禮에 婦人은 큰 죄를 지어 쫓겨나지 않으면 친정으로 돌아가 형제를 보지 않는 법입니다."[55]라고 하였다. 환공은 신수의 말을 듣지 않고 드디어 문강과 함께 齊나라로 갔다.

文姜者는 齊侯之女요 魯桓公之夫人也라 內亂其兄齊襄公이라 桓公將伐鄭하여 納厲公이라 旣行에 與夫人俱하여 將如齊也라 申繻(수)曰 不可라 女有家하며 男有室[56]하여 無相瀆也를 謂之有禮니 易此必敗라 且禮에 婦人無大故則不歸①라 桓公不聽하고 遂與如齊라

① 且禮 婦人無大故則不歸 : 禮에 형제를 歸寧한다는 글은 없다. 大故는 〈七去之惡의 큰 죄를 지어〉 쫓겨남을 이른다.

---

51) 魯 桓公 : 春秋時代 魯나라의 임금으로, 姬姓이다. 이름은 允이라 하기도 하고 軌라 하기도 한다.

52) 齊 襄公 : 春秋時代 齊나라의 임금으로, 姜姓이고 이름은 諸兒이다.

53) 厲公 : 春秋時代 鄭 莊公의 아들로, 姬姓이고 이름은 突이다. 일찍이 大臣 祭仲이 권력을 마음대로 휘두름으로 인하여 한 차례 邊邑으로 出奔하였다.

54) 申繻 : 魯나라의 大夫로, 혹 申兪라 하기도 한다.

55) 禮에……법입니다 : ≪毛詩正義≫ 〈鄘風 載馳〉에 ≪春秋左氏傳≫ 服虔의 注를 인용하여 "禮에 부인은 부모가 이미 모두 돌아가셨으면 친정으로 돌아가 형제를 보지 않는다.〔在禮 婦人父母旣沒 不得寧兄弟〕"라고 하였다. 大故는 큰 죄라는 뜻으로, 여기서는 '七去之惡'을 말한다. 참고로 七去之惡에 대해서는 ≪大戴禮≫ 〈本命篇〉에 "부인은 일곱 가지 내쫓기는 경우가 있으니, 시부모에게 순종하지 않으면 내쫓기며, 자식이 없으면 내쫓기며, 음란하면 내쫓기며, 투기하면 내쫓기며, 나쁜 질병이 있으면 내쫓기며, 말이 많으면 내쫓기며, 도둑질하면 내쫓긴다.〔婦有七去 不順父母去 無子去 淫去 妬去 有惡疾去 多言去 竊盜去〕"라고 하였다.

56) 男有室 : ≪禮記≫ 〈曲禮〉에 "사람이 태어나 10세가 된 자를 '幼'라 하니 학업을 익힌다. 20세를 '弱'이라 하니 관례를 한다. 30세를 '壯'이라 하니 아내를 둔다. 40세를 '强'이라 하니 벼슬한다.〔人生十年曰幼學 二十曰弱冠 三十曰壯有室 四十曰强而仕〕"라고 하였는데, 이에 대한 鄭玄의 注에 "有室은 아내를 두는 것이다. 妻를 室이라 이른다.〔有室 有妻也 妻稱室〕"라고 하였다.

禮無歸寧兄弟之文. 大故, 謂出也.

〈齊나라에 이른 뒤에〉 文姜이 襄公과 다시 姦淫하자 桓公이 이 사실을 알고는 怒하여 淫行을 금하였으나 문강은 淫行을 그치지 않았다. 문강이 양공에게 자신들이 姦淫한 사실을 환공이 알고 있다고 고하자, 양공이 환공을 위해 宴會를 베풀어 술을 먹여 취하게 한 뒤에 公子 彭生을 시켜서 환공을 안아 수레에 태우는 척하면서 갈비뼈를 부러뜨려 죽이게 하니, 환공이 드디어 수레에서 죽었다. 魯나라 사람들이 팽생을 찾아내어 치욕을 씻으려 하였는데, 齊나라 사람이 팽생을 죽여 버렸다.

文姜與襄公通이어늘 桓公怒하여 禁之不止라 文姜以告襄公하니 襄公享桓公酒하여 醉之에 使公子彭生으로 抱而乘之하여 因拉其脅而殺之①하니 遂死於車라 魯人求彭生以除恥한대 齊人殺彭生이라

① 因拉其脅而殺之 : 拉은 부러뜨리는 것이다. 脅은 뼈대이니, 갈비뼈를 이른다.
拉, 折也. 脅, 幹也, 謂脅骨.

≪詩經≫에 말하기를 "亂이 하늘로부터 내려오는 것이 아니라, 婦人으로부터 생기느니라."[57]라고 하였으니, 이를 두고 이른 말이다.

詩曰 亂匪降自天이라 生自婦人이라하니 此之謂也라

頌은 다음과 같다.

文姜이 淫亂한 짓을 하더니
魯 桓公의 배필이 되었도다
환공과 함께 齊나라로 돌아가서
齊 襄公과 姦淫하였도다
저 公子 彭生을 시켜서
갈비뼈를 부러뜨려 환공을 죽였도다
여자가 음란한 짓을 함이

57) 亂이……생기느니라 : ≪詩經≫ 〈大雅 瞻卬〉에 보인다.

마침내 災殃을 이루었도다

頌曰 文姜淫亂이러니 配魯桓公이로다 與俱歸齊하여 齊襄淫通이로다 俾厥彭生으로 摧幹拉胸이로다 維女爲亂이 卒成禍凶이로다

7-6 魯 莊公[58]의 부인 哀姜 魯莊哀姜

哀姜은 齊나라 임금의 딸이요 魯 莊公의 부인이다. 처음 애강이 아직 노나라로 시집오지 않았을 때 장공이 자주 제나라에 가서 애강과 姦淫하였는데, 애강이 노나라로 시집오고 나서는 그 여동생 叔姜과 함께 장공을 侍奉하였다. 장공이 同宗 大夫의 부인에게 비단을 가지고 애강을 만나보게 하였는데, 大夫 夏甫不忌가 말하기를 "부인의 幣帛[59]은 대추나 밤 정도로 하여 禮를 표시하고, 남자의 폐백[60]은 옥과 비단이나 짐승과 새 정도로 하여 각각 다른 물건으로 신분의 등급을 드러냅니다. 그런데 지금 부인의 폐백을 비단으로 하게 하니, 이는 남녀의 분별이 없는 것입니다. 남녀의 분별은 나라의 큰 예절인데 부인으로 말미암아 이 분별을 어지럽혔으니 불가하지 않겠습니까."라고 하였다. 장공이 하보불기의 諫言을 듣지 않고, 또 그 아버지 桓公의 廟宮의 기둥에 붉은 칠을 하고 그 서까래에 조각을 해서 애강에게 과시하였다.

哀姜者는 齊侯之女요 〔魯〕[61]莊公之夫人也①라 初에 哀姜未入時에 公數如齊하여 與哀姜淫이러니 旣入에 與其弟叔姜俱라 公使大夫宗婦用幣見한대 大夫夏甫不忌②曰 婦贄(지)不過棗栗③하여 以致禮也하고 男贄不過玉帛禽鳥④하여 以彰[62]物也어늘 今婦贄用幣하니 是男女無別也라 男女之別은 國之大節也⑤어늘 〔而由夫人亂之하니〕[63] 無乃不可乎아 公不聽하고 又丹其父桓公廟宮

58) 魯 莊公 : 春秋時代 魯나라의 임금으로, 姬姓이고 이름은 同이다.

59) 부인의 幣帛 : ≪禮記≫ 〈曲禮 上〉에 "부인의 폐백은 석리, 개암, 脯, 脩, 대추, 밤이다.〔婦人之摯 椇榛脯脩棗栗〕"라고 하였다. '贄'는 '摯'로도 쓰는데, 옛사람이 서로 만날 때 반드시 손에 물건을 잡고서 誠敬을 표시하였으므로 손에 잡는 물건을 摯라고 일컬은 것이다.

60) 남자의 폐백 : ≪周禮≫ 〈春官宗伯〉에 "王은 鎭圭를 잡고, 公은 桓圭를 잡고, 侯는 信圭를 잡고, 伯은 躬圭를 잡는다.〔王執鎭圭 公執桓圭 侯執信圭 伯執躬圭〕"라고 하였는데, 이에 대한 鄭玄의 注에 "信圭와 躬圭는 모두 사람의 모습을 형상화하였는데, 이는 행실을 삼가서 몸을 보전하고자 한 것이다. 길이는 모두 7치이다."라고 하였다.

61) 〔魯〕 : 저본에는 '魯'가 없으나, 王照圓의 注에 의거하여 보충하였다.

62) 彰 : ≪列女傳校注≫와 ≪列女傳集注≫에는 모두 '章'으로 되어 있다.

之楹하며 刻其桷하여 以夸哀姜이라

① 〔魯〕莊公之夫人也 : '莊' 위에 '魯'자가 빠졌다. 아래 僖公의 '僖'자는 古本에 '釐'로 되어 있다. ≪毛詩正義≫ 〈鄘風 柏舟〉에 曹大家의 注를 인용하여 이르기를 "釐의 독음은 僖이다."라고 하였으니, 증거로 삼을 만하다.
莊上脫魯字. 下僖公僖字, 古本作釐(희). 詩鄘正義引曹大家云"釐音僖", 可證.

② 大夫夏甫不忌 : 夏甫는 氏이고, 不忌는 이름이다. ≪國語≫ 〈魯語 上〉에 '宗人 夏父展'이라 하였고,[64] 또 韋昭 注에 "夏父弗忌는 바로 夏父展의 後人이다."라고 하였으니,[65] 여기에서는 아마 잘못된 듯하다.
夏甫, 氏. 不忌, 名也. 魯語云"宗人夏父展", 又"夏父弗忌, 是夏父展後人", 此蓋誤也.

③ 婦贄不過棗栗 : ≪국어≫ 〈노어 상〉 注에 "'棗'는 '일찍 일어난다'는 早起의 早와 음이 같음을 취하고 '栗'은 '경건하다'는 敬栗의 栗과 음이 같음을 취하였다."라고 하였다. ≪禮記≫ 〈曲禮〉에 말하기를 "부인의 폐백은 脯, 脩, 대추, 밤이다."라고 하였다.
魯語注 "棗取早起, 栗取敬栗." 曲禮曰 "婦人之贄脯·脩·棗·栗."

④ 男贄不過玉帛禽鳥 : '禽鳥'는 양과 기러기의 등속이다. 獸를 또한 '禽'이라고 한다.
禽鳥, 羔(고)雁之屬. 獸亦曰禽也.

⑤ 【校注】 國之大節也 : ≪春秋左氏傳≫에는 이 구 아래에 '부인으로 말미암아 이 분별을 어지럽혔다.〔而由夫人亂之〕'라는 6자가 있다.
左傳此句下, 有而由夫人亂之六字.

哀姜은 교만하고 음란하여 두 시동생 公子 慶父와 公子 牙와 私通하였다. 애강이 경보를 왕위에 세우고자 하였는데 莊公이 薨御하고 子般이 왕위에 오르자, 경보가 애강과 모의하여 드디어 자반을 黨氏[66]의 집에서 죽이고 叔姜의 아들을 왕위에 세우니, 이가 바로 閔公[67]이다. 민공이 왕위에 오르자 경보와 애강의 음란한 행실은

63) 〔而由夫人亂之〕 : 저본에는 '而由夫人亂之'가 없으나, ≪列女傳校注≫에 의거하여 보충하였다.

64) 國語……하였고 : ≪國語≫ 〈魯語 上〉에 "哀姜이 이르니, 莊公이 同宗 大夫의 婦人에게 비단을 가지고 애강을 만나보게 하였는데, 宗人 夏父展이 말하기를 '前例가 아닙니다.' 하니, 莊公이 말하기를 '임금이 하는 것이 전례가 된다.'라고 하였다.〔哀姜至 公使大夫宗婦覿用幣 宗人夏父展曰 非故 公曰 君作故〕" 하였다.

65) 韋昭……하였으니 : ≪國語≫ 〈魯語 上〉의 韋昭 注에 '弗忌는 魯나라 大夫로, 夏父展의 후손이다.〔弗忌 魯大夫 夏父展之後也〕'로 되어 있다.

66) 黨氏 : 魯나라의 大夫로, 그의 장녀 孟任이 子般의 어머니이다. '子般'은 어떤 판본에는 '子斑'으로 되어 있다.

더욱 심해졌고, 애강이 또 경보와 더불어 민공을 죽이고 경보를 왕위에 세우기를 도모하였다. 드디어 〈경보가〉 卜齮[68]에게 민공을 武闈[69]에서 습격하여 시해하게 하고 스스로 왕위에 오르려고 하였다. 魯나라 사람들이 〈경보를 죽이기를〉 도모하자, 경보가 두려워하여 莒[70]나라로 달아나고 애강은 邾[71]나라로 달아났다. 齊 桓公[72]이 僖公[73]을 세운 다음, 애강이 경보와 私通하여 魯나라를 위태롭게 만들었다는 사실을 듣고 哀姜을 불러서 鴆毒을 먹여 죽였다. 魯나라 사람들이 드디어 경보를 죽였다.

哀姜驕淫하여 通於二叔公子慶父(보)公子牙라 哀姜欲立慶父러니 公薨하고 子般立이어늘 慶父與哀姜謀하여 遂殺子般於黨氏하고 立叔姜之子하니 是爲閔公이라 閔公旣立에 慶父與哀姜淫益甚하고 又與慶父謀殺閔公而立慶父하여 遂使卜齮(의)襲弑閔公於武闈하고 將自立이라 魯人謀之한대 慶父恐하여 奔莒(거)하고 哀姜奔邾라 齊桓公立僖公하고 聞哀姜與慶父通以危魯하고 乃召哀姜하여 酖(짐)而殺之①한대 魯遂殺慶父라

① 酖而殺之 : 酖은 鴆과 같다. 새 깃의 독으로 사람을 죽이는 것이다. ≪春秋公羊傳≫에는 '酖'이 '縊'로 되어 있다.
酖與鴆(짐)同. 鳥羽毒殺人也. 公羊傳酖作縊(액).

≪詩經≫에 이르기를 "철철 우니, 슬퍼한들 어찌 미치리오?"[74]라고 하였으니, 이를 두고 이른 말이다.

詩云 啜(철)其泣矣호니 何嗟及矣리오하니 此之謂也라

---

67) 閔公 : 魯나라의 임금으로, 姬姓이고 이름은 開이다. 哀姜의 여동생 叔姜의 아들이다.

68) 卜齮 : 魯나라의 大夫이다.

69) 武闈 : 宮中의 側門이다.

70) 莒 : 나라 이름으로, 己姓이다. 혹 曹姓이라고도 한다. 지금의 山東省 莒縣 一帶에 있었다. 戰國時代에 楚나라에 멸망하였다.

71) 邾 : 나라 이름으로, 曹姓이다. 지금의 山東省 鄒縣 一帶에 있었다. 戰國時代에 楚나라에 멸망하였다.

72) 齊 桓公 : 齊나라 임금으로, 姜姓 呂氏이고 이름은 小白이다. 釐公의 아들이고, 襄公의 동생으로, 즉위한 후 管仲을 중용하여 齊나라를 부강하게 만들고 春秋五霸의 하나가 되었다.

73) 僖公 : 魯 莊公의 아들로, 姬姓이고 이름은 申이다.

74) 철철……미치리오 : ≪詩經≫ 〈王風 中谷〉에 보인다.

頌은 다음과 같다.

哀姜이 姦邪하여
魯 莊公과 姦淫하였도다
두 시동생과도 私通하여
교만하고 질투함이 제멋대로였도다
慶父에게 의지하여 모의하니
魯나라가 결국 망하게 되었도다
齊 桓公이 정벌하여
애강에게 鴆毒을 먹여 죽였도다

頌曰 哀姜(好)〔奸〕[75)]邪[①]하여 淫於魯莊이로다 延及二叔하여 驕妒縱橫이로다 慶父是依하니 國適以亡이로다 齊桓征[76)]伐하여 酖殺哀姜이로다

① 哀姜(好)〔奸〕邪 : '好'는 응당 '奸'자가 되어야 하니, 字形이 비슷해서 생긴 誤字이다. 好當作奸, 字形之誤.

7-7 晉 獻公[77)]의 부인 驪姬　晉獻驪姬

驪姬는 驪戎[78)]의 여자요 晉 獻公의 夫人이다. 처음에 헌공이 齊나라의 齊姜에게 장가들어 秦 穆公의 夫人이 된 딸 穆姬와 太子 申生을 낳고, 또 戎에서 두 여자에게 장가들어 公子 重耳와 夷吾를 낳았다. 헌공이 여융을 정벌하여 승리하고 여희를 얻어 돌아와 奚齊와 卓子를 낳았다. 여희는 헌공의 총애를 받았기에 제강이 먼저 죽자 헌공이 여희를 세워 夫人으로 삼았다.

驪姬者는 驪戎之女요 晉獻公之夫人也라 初에 獻公娶於齊하여 生秦穆夫人及太子申生하고 又娶二女於戎하여 生公子重耳夷吾라 獻公伐驪戎하여 克之하고 獲驪姬以歸하여 生奚齊卓子라 驪

---

75) (好)〔奸〕: 저본에는 '好'로 되어 있으나, 王照圓의 注에 의거하여 '奸'으로 바로잡았다.

76) 征 : ≪列女傳校注≫에는 '彼'로 되어 있다.

77) 晉 獻公 : 春秋時代 晉나라의 임금으로, 姬姓이고 이름은 詭諸이다. 武公의 아들이다.

78) 驪戎 : 西戎의 한 支派로 驪山에 거주하였고, 그 임금은 姬姓이고 그 爵位는 男이다. 지금의 陝西省 臨潼縣 동남쪽에 있었다.

姬嬖於獻公일새 齊姜先死에 公乃立驪姬以爲夫人이라

驪姬가 奚齊를 太子로 세우고자 하여 이에 자신의 동생과 모의하여 말하기를 "어느 날 아침 조회에 참석하지 않으면 그 틈을 타 칼로 中傷을 입힐 수 있는 법이니, 太子와 두 公子를 쫓아내면 틈을 볼 수 있을 것이다."라고 하였다. 이에 여희가 獻公을 설득하여 말하기를 "曲沃[79]은 主君의 宗廟가 있는 고을이며, 蒲[80]와 두 屈邑[81]은 주군의 邊境이니, 主管하는 사람이 없어서는 안 됩니다. 종묘가 있는 고을에 주관하는 사람이 없으면 백성들이 두려워하지 않고, 변경에 주관하는 사람이 없으면 戎狄에게 침범할 마음을 갖도록 인도하는 것입니다. 융적이 침범할 마음을 내고 백성들이 임금의 政令을 輕視하는 것은 국가의 憂患입니다. 만약 태자에게 곡옥을 主管하게 하고 두 公子에게 포와 두 굴읍을 주관하게 하신다면 백성들을 위압하여 복종하게 하며 戎狄을 두렵게 할 수 있을 것입니다."라고 하였다. 이에 헌공이 드디어 태자를 곡옥으로, 重耳를 포로, 夷吾를 두 굴읍으로 보내어 거주하게 하였다.

驪姬欲立奚齊하여 乃與弟謀曰① 一朝不朝면 其間用刀②니 逐太子與二公子而可間也라 於是驪姬乃說公曰 曲沃은 君之宗邑也며 蒲與二屈은 君之境也니 不可以無主니이다 宗邑無主면 則民不畏하며 邊境無主면 則開寇心이리니 夫寇生其心하며 民嫚(만)其政은 國之患也니이다 若使太子主曲沃하며 二公子主蒲與二屈이면 則可以威民而懼寇矣리이다하다 遂使太子居曲沃하며 重耳居蒲하며 夷吾居二屈이라

① 乃與弟謀曰 : '弟'는 '娣'와 같으니, 여자 중 먼저 태어난 이가 뒤에 태어난 이를 일러 娣라 한다. ≪春秋左氏傳≫에 말하기를 "驪姬의 동생은 卓子를 낳았다."[82]라고 하였는데,

---

79) 曲沃 : 晉나라의 邑名으로, 지금의 山西省 聞喜縣 東北쪽에 있었다. ≪國語≫ 〈晉語1〉 韋昭의 注에 "曲沃은 桓叔이 봉해진 곳으로 先君의 宗廟가 있는 곳이니 西周를 일러 宗周라 이르는 것과 같다.〔曲沃 桓叔之封 先君宗廟在焉 猶西周謂之宗周〕"라고 하였다.

80) 蒲 : 晉나라의 邑名으로, 지금의 山西省 隰縣의 西北쪽에 있었다.

81) 屈邑 : 晉나라의 邑名이다. ≪國語≫ 〈晉語1〉 韋昭의 注에 "屈은 南北이 있으니, 지금 河東에 北屈이 있으니, 이 당시에 또 南屈이 있었다.〔屈有南北也 今河東有北屈 則是時復有南屈也〕"라고 하였다. 北屈은 지금 山西省 吉縣 東北쪽에 있었고, 南屈은 그 南쪽에 있었다.

82) 驪姬의……낳았다 : ≪春秋左氏傳≫ 莊公 28년 조에 "晉나라가 驪戎을 토벌할 때 驪戎男이 驪姬를 獻公에게 주니 그녀를 데리고 돌아왔는데, 여희는 奚齊를 낳고 여희의 동생은 卓子를 낳았다.〔晉伐驪戎 驪戎男女以驪姬 歸 生奚齊 其娣生卓子〕"라고 하였다.

여기에서는 奚齊와 卓子를 모두 驪姬가 낳았다고 하였다.

弟與娣同, 女子先生謂後生爲娣也. 左傳曰"其娣生卓子", 此以奚齊卓子俱驪姬生.

② 一朝不朝 其間用刀 : 間은 틈이니, 조회하지 않는 때가 매우 적으니 문득 그 틈을 타고 칼로 中傷을 입힌다는 것을 말한다. 예컨대 上官桀 등이 燕王 劉旦의 上書를 거짓으로 꾸미고서 霍光이 휴가로 궁을 나가는 날을 틈타 그 글을 올려 곽광을 해치려고 한 것[83]과 같은 경우가 이른바 어느 날 아침 조회에 참석하지 않으면 그 틈에 칼을 쓴다는 것이다.

間, 隙也, 言不朝之時甚少耳, 便有乘其間而用刀中傷之者, 如上官桀等詐爲燕王書, 伺霍光出沐日, 奏之, 欲以害光, 所謂一朝不朝, 其間用刀也.

-원래 두 칸이 비었다.- 驪姬가 太子를 먼 지방으로 보낸 뒤에 밤에 울었다. 獻公이 그 까닭을 물으니, 여희가 대답하기를 "제가 들으니, 申生의 사람됨이 심히 仁德을 베풀기를 좋아하면서도 강하며, 매우 관대하고 은혜로워 백성에게 자애롭다고 하였습니다. 〈신생은〉 지금 主君께서 저에게 미혹되어 있어 반드시 나라를 혼란하게 할 것이라 하니, 이는 바로 나라와 백성을 위한다는 명분으로 주군에게 簒逆을 행하는 것이 아니겠습니까. 그렇게 된다면 주군께서 天命을 마치지 못하고 죽을까 두려우니, 주군께서는 어찌 하시겠습니까? 어찌 저를 죽이지 않으십니까? 妾 한 사람 때문에 백성을 혼란하게 하지 마소서."[84]라고 하였다.

헌공이 말하기를 "그 백성을 사랑하면서 그 아비를 사랑하지 않겠소?"라고 하니, 여희가 말하기를 "백성을 위함과 부친을 위함은 다르니, 임금을 죽여 백성을 이롭게 한다면 백성이 누구인들 받들지 않겠습니까. 진실로 모두를 이롭게 하여 사랑을 얻으며 화란을 제거하여 백성들을 기쁘게 하는 일은 누구인들 하고자 하지 않겠습니까. 비록 태자가 주군을 사랑하더라도 貪慾을 이기지 못할 것입니다. 만일 紂王에게 훌륭한 아들이 있어 먼저 그 아버지 紂를 죽여 주의 악행이 드러나지 않았다면 똑같

83) 上官桀……것 : 漢 昭帝는 武帝의 少子로 8세의 어린 나이에 즉위하였는데, 大將軍 霍光과 左將軍 上官桀이 武帝의 遺詔를 받들어 보좌하였다. 뒤에 상관걸이 자신의 딸을 황후로 세우는 과정에서 霍光이 이를 반대하는 등 그들 사이에 알력이 생기게 되었다. 이에 상관걸이 소제의 이복형인 燕王 旦 등과 결탁하여 곽광을 제거하고자 무함하는 上書를 올렸으나 소제는 그것이 날조된 내용임을 간파하고 곽광에게 죄가 없음을 밝혔다.(≪漢書≫ 卷7 〈昭帝紀〉, 卷68 〈霍光傳〉)

84) 어찌……마소서 : 이 부분은 '어찌 저를 죽여서 첩 한 사람 때문에 백성을 혼란하게 하는 일이 없도록 하지 않으십니까?'로도 번역할 수 있다.

은 죽음이지만 굳이 武王의 손을 빌려 그 宗祀를 폐기하는 일은 없었을 것입니다. 우리 先君 武公께서 翼을 겸병하고[85] 楚 穆王이 成王을 시해하였으니,[86] 이는 모두 백성을 위하고 부친을 돌아보지 않은 것입니다. 주군께서 일찍 도모하지 않는다면 재앙이 곧 미칠 것입니다."라고 하였다.

헌공이 두려워하여 말하기를 "이 일을 어떻게 해야 좋겠소?"라고 하니, 여희가 말하기를 "주군께서는 어찌 늙었다 하고 태자에게 정권을 넘겨주지 않으십니까. 태자가 정권을 넘겨받아 나라를 다스리면 아마 장차 주군을 놓아줄 것입니다."라고 하였다. 헌공이 말하기를 "그건 안 되오. 내 장차 방도를 강구해보겠소."라고 하고, 이로부터 태자를 의심하기 시작하였다.

-元空二格이라- 驪姬旣遠太子에 乃夜泣한대 公問其故하니 對曰 吾聞申生爲人이 甚好仁而强하고 甚寬惠而慈於民이라하더이다 今謂君惑於我하여 必亂國이라하니 無乃以國民之故로 行强於君①이니잇가 君未終命而歿가하노니 君其柰何오 胡不殺我니잇고 無以一妾亂百姓하소서 公曰 惠其民而不惠其父乎리오 驪姬曰 爲民與爲父異하니 夫殺君利民하면 民孰不戴리오 苟(父)〔交〕[87]利而得寵②하며 除亂而衆悅은 孰不欲焉이리오 雖其愛君이나 欲不勝也③라 若紂有良子而先殺紂하여 毋彰其惡④이면 鈞死也로대 毋必假手於武王以廢其祀⑤라 自吾先君武公兼翼하고 而楚穆弑成⑥하니 此皆爲民而不顧親이라 君不早圖면 禍且及矣리라 公懼曰 柰何而可리오 驪姬曰 君何不老而授之政이니잇고 彼得政而治之면 殆將釋君乎인져 公曰 不可로다 吾將圖之호리라하고 由此疑太子라

① 無乃以國民之故 行强於君 : '行强'은 簒逆을 행함을 말한다.
行强, 言行簒逆也.

② 苟(父)〔交〕利而得寵 : ≪國語≫ 〈晉語〉에는 '父'가 '交'로 되어 있으니, 여기의 글자는 字形이 비슷해서 생긴 오자이다. 交는 모두이다.
晉語父作交, 此字形之誤. 交, 俱也.

---

85) 武公께서……겸병하고 : 武公은 晉나라 임금으로, 이름은 稱이고, 曲沃의 桓叔成師의 손자이다. 桓叔이 晉나라를 치자 翼에서 그의 형의 아들 昭侯를 죽였다. 桓叔이 嚴伯을 낳았는데 嚴伯이 또 翼을 정벌하여 昭侯의 아들 孝侯를 죽였다. 嚴伯이 武公을 낳았다. 翼은 晉나라의 邑名으로 지금의 山西省 翼城縣 남쪽에 있었다.

86) 楚 穆王이……시해하였으니 : 楚 成王이 太子 商臣(穆王)을 죽이고 그의 아우 職을 태자로 세우려 하자, 商臣이 왕궁의 衛兵을 이끌고 가서 부친인 成王에게 자살하도록 강요하였는데, 成王이 곰 발바닥 고기를 삶아 먹고 죽게 해 달라고 간청하였으나 들어주지 않자 목을 매어 죽은 일을 가리킨다.(≪春秋左氏傳≫ 文公 元年)

87) (父)〔交〕: 저본에는 '父'로 되어 있으나, 王照圓의 注에 의거하여 '交'로 바로잡았다.

③ 雖其愛君 欲不勝也 : 欲은 탐욕이다.
欲, 貪欲也.

④ 若紂有良子而先殺紂 毋彰其惡 : 良은 훌륭함이다. 紂가 不善하였으니 만약 먼저 죽임을 당했다면 그의 악행이 오히려 드러나는 데 이르지 않았을 것이라는 말이다.
良, 善也. 言紂之不善, 假若先時被殺, 其惡猶不至於彰聞.

⑤ 鈞死也 毋必假手於武王以廢其祀 : 鈞은 같음이다. 假는 빌림이다. 紂가 만약 아들에게 죽임을 당했다면 武王에게 죽임을 당한 것과 똑같은 죽음이지만 그 宗祀는 폐하지 않을 수 있음을 말한 것이다.
鈞, 同也. 假, 借也. 言紂若被殺於子, 與被殺於武王, 鈞之死耳, 而可不廢其宗祀.

⑥ 自吾先君武公兼翼 而楚穆弑成 : ≪국어≫ 〈진어〉에 말하기를 "武公이 翼을 정벌하여 哀侯를 시해하였다."라고 하였다. 楚 穆王은 太子 商臣이다. 穆王이 成王을 시해한 일은 驪姬의 뒤에 있었으니, 이 일을 말한 것은 오류이다.
晉語曰"武公伐翼, 殺哀侯." 楚穆太子商臣也. 弑成王事, 在驪姬後. 言此失矣.

驪姬가 이에 사람을 시켜 獻公의 명령이라면서 太子에게 고하기를 "主君께서 꿈에 태자의 생모 齊姜을 보았다 하니 속히 가서 제사를 지내도록 하시오."라고 하였다. 申生이 曲沃에서 제사를 지내고 胙肉[88]을 헌공에게 드리려고 도읍인 絳으로 가지고 돌아왔다. 헌공이 사냥을 나가고 없었는데 여희가 조육을 받아서 술에는 鴆毒을 타고 脯에는 독약을 넣었다. 헌공이 사냥에서 돌아와 신생을 불러 장차 조육을 올리게 하였는데, 여희가 말하기를 "음식이 밖으로부터 왔으니 시험해 보지 않아서는 안 됩니다."라고 하고, 술을 땅에 부으니 땅이 부풀어 오르자 신생이 두려워 밖으로 나갔다. 여희가 脯를 개에게 던져 주니 개가 죽고, 宦官에게 술을 마시게 하니 환관이 죽었다.[89]

여희가 이에 하늘을 우러러 가슴을 치고 울며 신생을 보고 哭하여 말하기를 "아!

88) 胙肉 : 제사를 지낼 때 신에게 올리는 고기이다. 여기서는 제사에 사용하였던 음식으로, 酒肉을 말한다.

89) 헌공이……죽었다 : ≪國語≫ 〈晉語2 驪姬譖殺太子申生〉에는 "獻公이 사냥을 나갔는지라 驪姬가 胙肉을 받아서 술에는 鴆毒을 타고, 고기에는 烏頭를 넣었다. 헌공이 사냥에서 돌아와 申生을 불러 조육을 올리게 하였다. 헌공이 술을 땅에 부으니 땅이 부풀어 오르거늘 신생이 두려워 밖으로 나갔다. 여희가 개에게 고기를 주니 개가 죽고, 宦官에게 술을 마시게 하니 환관 또한 죽었다.[公田 驪姬受福 乃寘鴆於酒 置堇於肉 公至 召申生獻 公祭之地 地墳 申生恐而出 驪姬與犬肉 犬斃 飮小臣酒 亦斃]"로 되어 있다.

이 나라는 그대의 나라이거늘 그대는 어찌 임금 되는 것을 더디게 여기시오. 부친의 은혜가 있는데도 오히려 차마 시해를 하려 하는데, 더구나 나라 사람에 있어서야 말할 나위 있겠소. 부친을 시해하여 이로움을 구한들 사람 중에 누가 이롭게 여기겠소."라고 하였나. 헌공이 사람을 시켜 태자에게 이르기를 "너는 스스로 생각하거라." 라고 하였다.

太傅[90] 里克이 말하기를 "태자께서 궁으로 들어가 스스로 해명한다면 살 수 있거니와 궁으로 들어가 스스로 해명하지 않는다면 살 수 없을 것입니다."라고 하였다. 태자가 말하기를 "우리 주군께서는 연로하신지라 만약 들어가서 스스로 해명한다면 여희는 죽을 것이고 우리 주군께서는 마음이 편치 못할 것입니다."라고 하고, 드디어 스스로 新城의 사당[91]에서 목매어 죽었다. 헌공이 드디어 少傅[92] 杜原款을 죽이고, 宦官 伯楚에게 重耳를 찔러 죽이게 하였는데 중이는 狄으로 달아나고, 賈華[93]에게 夷吾를 찔러 죽이게 하였는데 이오는 梁[94]으로 달아났다. 여러 公子를 다 축출한 뒤에 여희의 소생 奚齊를 태자로 세웠다.

驪姬乃使人以公命告太子曰 君夢見齊姜하니 亟往祀焉하라 申生祭于曲沃하고 歸福于絳①이라 公田不在한대 驪姬受福하여 乃寘(치)鴆于酒하고 施毒于脯②라 公至하여 召申生하여 將胙(조)③한대 驪姬曰 食自外來하니 不可不試也라하고 覆(복)酒於地하니 地墳④이어늘 申生恐而出이라 驪姬與犬하니 犬死하고 飮小臣하니 小臣死(之)⑤[95]라 驪姬乃仰天叩心而泣하여 見申生哭曰 嗟乎라 國은 子之國〔也〕[96]어늘 子何遲〔於〕[97]爲君⑥고 有父恩忍之어든 況國人乎⑦아 弑父以求利런들 人孰利之리오 獻公使人謂太子曰 爾其圖之하라 太傅里克曰 太子入自明이면 可以生이어니와 不〔入自明〕[98]이면 則不可以生⑧이라 太子曰 吾君老矣라 若入而自明이면 則驪姬死요 吾君不安이리라하고

90) 太傅 : 晉나라의 관직으로, 임금의 일을 보좌하였다.

91) 新城의 사당 : 曲沃의 宗廟를 가리킨다. 獻公이 曲沃에 太子城을 새로 만들었기 때문에 新城이라 명명한 것이다.

92) 少傅 : 晉나라의 벼슬로, 太子를 輔導하는 스승이다.

93) 賈華 : 晉나라의 大夫이다.

94) 梁 : 나라 이름으로, 嬴姓이다.

95) (之) : 저본에는 '之'가 있으나, 牟房의 校正에 의거하여 衍文으로 처리하였다.

96) 〔也〕 : 저본에는 '也'가 없으나, ≪列女傳集注≫에 의거하여 보충하였다.

97) 〔於〕 : 저본에는 '於'가 없으나, ≪列女傳集注≫에 의거하여 보충하였다.

98) 〔入自明〕 : 저본에는 '入自明'이 없으나, ≪列女傳集注≫에 의거하여 보충하였다.

逐自經於新城廟라 **公遂殺少傅杜原款**하고 **使閹**(엄)**楚刺重耳**⑨한대 **重耳奔狄**하고 **使賈華刺夷吾**한대 **夷吾奔梁**이라 **盡逐群公子**하고 **乃立奚齊**라

① 申生祭于曲沃 歸福于絳 : 福은 胙肉이다. 絳은 晉나라의 도읍이다.
福, 胙肉也. 絳, 晉國都也.

② 乃寘鴆于酒 施毒于脯 : ≪國語≫ 〈晉語〉에는 '毒'이 '堇'으로 되어 있으니, 藥草 烏頭를 이른다. 烏頭에는 심한 毒이 있으니 사람을 죽일 수 있다.
晉語毒作堇(근), 謂藥草烏頭也. 烏頭有大毒, 能殺人.

③ 公至……將胙 : ≪국어≫ 〈진어〉에는 '胙'가 '獻'으로 되어 있으니, 胙肉을 올림을 이른다.
晉語胙作獻, 謂獻胙也.

④ 覆酒於地 地墳 : '墳'은 일어남이다.
墳, 起也.

⑤【校正】小臣死(之) : 牟房[99]이 상고하건대, '之'자는 아마도 衍字인 듯하다.
房案之字疑衍文.

⑥【集注】子之國〔也〕 子何遲〔於〕爲君 : ≪春秋穀梁傳≫에는 '之國' 아래에 '也'자가 있고, '遲' 아래에 '於'자가 있다.
穀梁之國下有也字, 遲下有於字.

⑦ 有父恩忍之 況國人乎 : "부친의 은혜가 있는데도 오히려 차마 시해를 하려 하는데 더구나 나라 사람을 사랑할 수 있겠는가."라는 말이다. ≪국어≫ 〈진어〉에는 '恩'자가 없다.
言有父之恩, 而尙忍殺之, 況能愛國人乎? 晉語無恩字.

⑧【集注】則不可以生 : ≪춘추곡량전≫에는 '則' 위에 '入自明' 3자가 있다.
穀梁則上有入自明三字.

⑨【集注】使閹楚刺重耳 : ≪국어≫ 〈진어〉에 "내가 伯楚 너에게 자주 곤액을 당했는데 무슨 옛날의 원한이 있었는가."[100]라고 하였는데, 이에 대한 注에 "백초는 勃鞮의 字이

---

99) 牟房 : 淸나라의 학자로, 原名은 廷相, 자는 陌人, 호는 默人이다. 山東 棲霞 사람이다. 저서에 ≪周公年表≫, ≪投壺算草≫, ≪詩切≫, ≪改定崔氏易林≫, ≪同文尙書≫ 등이 있다.

100) 내가……있었는가 : ≪國語≫ 〈晉語4 寺人勃鞮求見文公〉에 "당초에 獻公이 寺人 勃鞮를 시켜서 文公 重耳를 蒲城에서 치게 하였더니, 문공이 담을 넘어가거늘 발제가 그 소맷자락을 잘랐다. 중이가 귀국하게 되자 발제가 뵙기를 요구하였는데, 문공이 거절하고 말하기를 '驪姬의 참소로 네가 나를 병풍 안에서 쏘아 겨냥하였고, 나를 蒲城에서 곤궁하게 하여 나의 옷소매를 잘랐고, 또 惠公을 위하여 나를 渭濱에서 추적했을 적에 혜공이 명령하기를 3일 만에 해치우라고 하였거늘 네가 하룻밤만 자고 이르렀으니, 너는 헌공과 혜공 두 임금의 명령을 어기면서까지 나를 죽이려고 했다. 내가 伯楚 너에게 자주 곤액을 당했는데 무슨 옛날의 원한이 있었는가. 물러가 생각해 보고 뒷날 나를 보도록 하라.'라고 하였다.〔初 獻公使寺人勃鞮 伐公於蒲城 文

다. 발제는 宦官이다."라고 하였다.

晉語 "余於伯楚屢困, 何舊怨也." 注 "伯楚, 勃鞮(제)字. 勃鞮, 奄士."

獻公이 세상을 떠나자 奚齊가 왕위에 올랐는데 里克이 죽이고, 해제의 아우 卓子가 왕위에 올랐는데 또 죽이고, 마침내 驪姬를 죄주어 저자에서 채찍으로 쳐서 죽였다. 이에 秦나라가 夷吾를 왕위에 擁立하니, 이가 바로 惠公이다. 혜공이 세상을 떠나자 아들 圉가 왕위에 올랐으니 이가 바로 懷公이다. 晉나라 사람들이 회공을 高梁[101]에서 죽이고 重耳를 옹립하니 이가 바로 文公이다. 內亂이 五世에 이른 뒤에야 안정되었다.

獻公卒에 奚齊立이어늘 里克殺之하고 卓子立이어늘 又殺之하고 乃戮驪姬하여 鞭而殺之於(是)〔市〕①②[102]라 秦立夷吾하니 是爲惠公이라 惠公死에 子圉(어)立하니 是爲懷公이라 晉人殺懷公於高梁하고 立重耳하니 是爲文公이라 亂及五世③然後定④이니라

① 乃戮驪姬 鞭而殺之於(是)〔市〕: ≪史記索隱≫의 이 구절을 인용한 곳에는 '驪姬를 저자에서 채찍으로 쳐서 죽였다.〔鞭殺驪姬于市〕'로 되어 있는데, 今本에는 '是'로 되어 있으니, 아마 글자의 독음이 비슷해서 생긴 오자인 듯하다.

史記索隱引作鞭殺驪姬于市, 今本作是, 蓋字聲之誤耳.

②【集注】於(是)〔市〕: 王安人이 이르기를 "≪사기색은≫의 이 구절을 인용한 곳에는 '여희를 저자에서 채찍으로 쳐서 죽였다.〔鞭殺驪姬於市〕'로 되어 있는데, 今本에는 '是'로 되어 있으니, 아마 글자의 독음이 비슷해서 생긴 오자인 듯하다."라고 하였고, 梁端의 注도 같다. 내(蕭道管)가 상고해보건대, 於是는 응당 아래의 '秦나라가 夷吾를 옹립하였다.'와 연결하여 구를 삼아야 할 듯하다.

王云"史記索隱引作鞭殺驪姬於市, 今作是, 蓋聲之誤", 梁注同. 道管案於是, 疑當連下秦立夷吾爲句.

③【集注】五世: ≪淮南子≫에 "獻公이 여희의 아름다움을 戀慕하여 四世를 혼란하게 하였다."라고 하였다.

淮南子 "獻公豔(염)驪姬之美而亂四世."

④ 亂及五世然後定: 五世는 奚齊, 卓子, 惠公, 懷公을 거쳐 文公에 이르러서야 안정된 것

公踰垣 勃鞮斬其袪 及入 勃鞮求見 公辭焉 曰驪姬之讒 爾射予于屛內 困余於蒲城 斬余衣袪 又爲惠公 從余于渭濱 命曰三日 若宿而至 若干二命 以求殺余 余於伯楚屢困 何舊怨也 退而思之 異日見我〕" 하였다.

101) 高梁: 晉나라의 邑名으로, 지금의 山西省 臨汾縣 동북쪽에 있었다.

102) (是)〔市〕: 저본에는 '是'로 되어 있으나, 王照圓의 注에 의거하여 '市'로 바로잡았다.

을 이른다.
五世, 謂奚齊·卓子·惠公·懷公, 至文公, 乃定也.

≪詩經≫에 말하기를 "부인이 말을 많이 함이여, 亂의 階梯로다."라고 하였고, 또 말하기를 "명철한 婦人은 나라를 전복시키느니라."[103]라고 하였으니, 이를 두고 이른 말이다.

詩曰 婦有長舌이여 惟厲之階라하고 又曰 哲婦傾城이라하니 此之謂也라

頌은 다음과 같다.

驪姬가 太子의 繼母가 되어
晉 獻公을 미혹시켰도다
태자를 참소하길 도모하여
毒酒로 속임수를 부렸도다
과연 태자 申生을 죽이니
公子들은 멀리 달아났도다
자신 또한 죄를 받아 죽고
五世 동안 혼란에 빠졌도다

頌曰 驪姬繼母하여 惑亂晉獻이로다 謀譖太子하여 毒酒爲權①이로다 果弑申生하니 公子出奔이로다 身又伏辜하고 五世亂昏이로다

① 毒酒爲權 : 權은 속임수를 이른다.
權, 謂譎(휼)詐也.

7-8 魯 宣公[104]의 부인 繆姜 魯宣繆(목)姜

繆姜은 齊나라 제후의 딸이요, 魯 宣公의 夫人이요, 成公[105]의 어머니이다. 목강

103) 부인이……전복시키느니라 : ≪詩經≫ 〈大雅 瞻卬〉에 보인다.
104) 魯 宣公 : 春秋時代 魯나라의 임금으로, 姬姓이고 이름은 倭이다. 文公의 아들이다.

은 총명하고 지혜로웠지만 행실이 음란하였다. 그러므로 시호를 繆이라 하였다. 처음에 성공이 어렸을 때 목강은 叔孫宣伯[106]과 私通하였으니, 그의 이름은 喬如였다. 교여는 목강과 함께 季孫氏와 孟孫氏[107]를 제거하고 魯나라의 정권을 독차지하려고 모의하였나.[108]

晉나라와 楚나라가 鄢陵[109]에서 전쟁을 벌였는데, 성공이 〈병사를 거느리고〉 출정하여 晉나라를 도우려 하였다. 성공이 떠나려 할 때에 목강이 성공에게 고하기를 "반드시 계손씨와 맹손씨를 축출하여야 합니다. 그들은 主君을 배반할 것입니다."라고 하였다. 성공은 진나라의 危難을 구원한다는 이유로 거절하고서 돌아와 命을 듣겠다고 청하였는데, 또 교여와 목강이 진나라 大夫 郤犨에게 뇌물을 주어 季孫行父를 붙잡아 억류해두고 우리가 仲孫蔑을 죽이는 것을 허락해주면 노나라를 가지고 진나라를 섬겨 內臣이 되겠다고 하였다.[110] 노나라 사람들이 교여를 따르지 않고 맹약하여 逐出하려 하니 교여가 齊나라로 달아났다. 노나라가 드디어 목강을 東宮으

---

105) 成公 : 春秋時代 魯나라의 임금으로, 姬姓이고 이름은 黑肱이다. 宣公의 아들이다.

106) 叔孫宣伯 : 魯나라의 宗室大夫이다. 叔孫氏로 이름은 喬如 또는 僑如라고도 한다. 叔牙의 曾孫이며 莊叔得臣의 아들이다.

107) 季孫氏와 孟孫氏 : 孟孫氏와 叔孫氏와 季孫氏는 魯 桓公의 세 아들 仲慶父, 叔牙, 季友의 후손이다. 이들은 '三家'라 일컬어졌는데 당시 魯나라의 정권을 장악하였다. 이들을 합칭하여 '三桓'이라고도 한다. 孟孫氏는 仲孫氏라고도 한다. 이 당시 季孫氏의 大宗은 季孫行父 즉 季文子였고, 孟孫氏의 大宗은 仲孫蔑 즉 孟獻子였는데, 두 사람은 일찍이 魯나라의 執政을 지냈다.

108) 교여는……모의하였다 : 《春秋左氏傳》 成公 16년 조에는 "宣伯이 穆姜과 私通하고서, 季孫氏와 孟孫氏를 除去하고 그 家産을 取하고자 하였다.〔宣伯通於穆姜 欲去季孟而取其室〕"라고 하였다.

109) 鄢陵 : 鄭나라의 邑名으로, 지금의 河南省 鄢陵縣 북쪽에 있었다.

110) 교여와……하였다 : 《春秋左氏傳》 成公 16년 조에는 다음과 같이 되어 있다. 宣伯이 郤犨에게 사람을 보내어 말하기를, "魯나라에 季氏와 孟氏가 있는 것이 晉나라에 欒氏와 范氏가 있는 것과 같아 政令이 이들에 의해 이루어지는데, 지금 저들이 計劃하기를, '晉나라는 政令이 여러 곳에서 나와 따를 수가 없으니, 차라리 齊나라와 楚나라를 섬기다가 亡할지언정 晉나라를 따를 수 없다.'고 합니다. 貴國이 魯나라에서 뜻을 이루려면 行父를 抑留해 죽이십시오. 그러면 나는 이곳에서 蔑을 죽이고서, 두 마음을 품지 않고 晉나라를 섬기겠습니다. 우리 魯나라가 두 마음을 품지 않으면 작은 나라들도 晉나라와 和睦해질 것이지만, 만약 그렇게 하지 않으면 行父는 魯나라로 돌아와서 반드시 晉나라를 背叛할 것입니다.〔宣伯使告郤犨曰 魯之有季孟 猶晉之有欒范也 政令於是乎成 今其謀曰 晉政多門 不可從也 寧事齊楚 有亡而已 蔑從晉矣 若欲得志於魯 請止行父而殺之 我斃蔑也 而事晉 蔑有貳矣 魯不貳 小國必睦 不然 歸必叛矣〕"라고 하였다.

로 내쳤다.

繆[111)]姜者는 齊侯之女요 魯宣公之夫人이요 成公母也라 聰慧而行亂이라 故謚曰繆①이라 初에 成公幼에 繆姜通於叔孫宣伯하니 名喬如②라 喬如與繆姜으로 謀去季孟而擅魯國이라 晉楚戰於鄢陵이어늘 公出佐晉이라 將行에 姜告公호되 必逐季孟이어다 是背君也니이다 公辭以晉難하고 請反聽命한대 又貨晉大夫③하여 使執季孫行父(보)而止之하고 許殺仲孫蔑하면 以魯士晉爲內臣④이라 魯人不順喬如하고 明而逐之⑤한대 喬如奔齊라 魯遂擯繆姜於東宮이라

① 故謚曰繆 : 謚法에 명분과 실제가 어긋나는 것을 '繆'이라고 한다.
謚法, 名與實爽, 曰繆.

② 【校注】 名喬如 : '喬'는 ≪春秋左氏傳≫에 '僑'로 되어 있다.
喬, 左傳作僑.

③ 又貨晉大夫 : 大夫는 郤犨이다.
大夫, 郤犨(각주)也.

④ 以魯士晉爲內臣 : '士'는 섬김이다. '內臣'은 晉나라 신하에 나란히 하는 것이다.
士, 事也. 內臣, 比於晉臣也.

⑤ 明而逐之 : 明은 盟과 같다. ≪춘추좌씨전≫에 "叔孫僑如를 逐出하고서 맹약하였다."라고 하였다.
明與盟同. 左傳 "出叔孫僑如而盟之."

繆姜이 처음에 東宮으로 가서 蓍草占을 치게 하였는데 艮卦가 八로 변한 卦(☶☶)를 만났다. 太史[112)]가 말하기를 "이것은 간괘가 隨卦(☱☳)로 變한 것입니다. 隨는 나가는 뜻이니, 小君께서는 반드시 동궁에서 빨리 나가게 될 것입니다."라고 하니, 목강이 말하기를 "나갈 수 없을 것이다. ≪周易≫ 수괘의 卦辭에 "隨는 元하고 亨하고 利하고 貞하니 禍가 없을 것이다.'고 하였다. 元은 善의 으뜸이고,[113)] 亨은 嘉禮에서의 모임이고,[114)] 利는 義에 和合함이고,[115)] 貞은 사물의 根幹이다.[116)] 이와 같

111) 繆 : ≪春秋左氏傳≫에는 '穆'으로 되어 있다.

112) 太史 : 官名으로, 국가의 典籍과 천문・역법 등의 일을 관장하였다.

113) 元은……으뜸이고 : ≪春秋左氏傳≫ 襄公 9年 5月 조에는 '元은 신체의 가장 높은 곳이다.〔元 體之長也〕'로 되어 있다. 元은 머리이다.

114) 亨은……모임이고 : 亨은 宴享이다. 嘉禮를 행할 때 반드시 宴享을 베풀어 主人과 賓客이 있기 때문에 '모임〔會〕'이라고 한 것이다.

115) 利는……和合함이고 : ≪大戴禮≫ 〈四代〉에 "義는 利의 근본이다.〔義 利之本也〕"라고 하였다.

기 때문에 진실로 〈四德이 없는 자는 있는 것처럼〉 속일 수가 없다. 그러므로 비록 수괘를 만나더라도 재앙이 없지만 지금 나는 婦人으로 亂에 참여하였으며, 본래 下位의 신분으로 不仁을 저질렀으니 '元'이라 할 수 없고, 국가를 안정시키지 못하였으니 '亨'이라고 할 수 없고, 난을 일으켜 자신을 해쳤으니 '利'라고 할 수 없고, 小君의 지위를 버리고서 간음하였으니 '貞'이라 할 수 없다. 이 사덕이 있는 사람은 수괘를 만나도 재앙이 없지만 나에게는 사덕이 전혀 없으니 어찌 수괘의 괘사에 符合할 수 있겠는가. 내가 악행을 취하였으니 어찌 재앙이 없을 수 있겠는가. 반드시 여기서 죽을 것이고 나갈 수 없을 것이다."라고 하였다. 목강은 끝내 동궁에서 죽었다.

始往하여 繆姜使筮(서)之하니 遇艮之(六)〔八〕①[117]이라 史曰 是謂艮之隨라 隨는 其出也니 君必速出하리다 姜曰 亡(무)是②리라 於周易曰 隨는 元亨利貞하니 无咎라하니라 元은 善之長也요 亨은 嘉之會也요 利는 義之和也요 貞은 事之幹也[118]라 (終)〔然〕[119]故不可誣也라 是以雖隨无咎③어니와 今我婦人而與於亂하며 固在下位而有不仁④하니 不可謂元이요 不靖國家하니 不可謂亨이요 作而害身하니 不可謂利요 棄位而(放)〔姣(효)〕[120]하니 不可謂貞⑤이라 有四德者는 隨而無咎어니와 我皆無之하니 豈隨也哉아 我則取惡하니 能無咎乎아 必死於此요 不得出矣리라 卒薨於東宮이라

① 遇艮之(六)〔八〕: '六'은 ≪春秋左氏傳≫에 '八'로 되어 있으니, 이곳의 '六'은 오자이다.
六, 左傳作八, 此誤.

② 姜曰 亡是 : 亡는 독음이 無이니, 無是는 이런 일이 없음을 말한다. 예전에 '亡'으로 句를 끊고 '是'를 아래 구에 붙여 읽었으니, 잘못이다.
亡, 讀音無, 無是, 言無此事也. 舊讀以亡(망)斷句, 是屬下句, 非.

③ (終)〔然〕故不可誣也 是以雖隨无咎 : '終'은 ≪춘추좌씨전≫에 '然'으로 되어 있으니, 이곳

古人의 義利觀에 근거하면 公利를 행하는 것을 義라 여기고, 私利를 행하는 것을 利라 여기고, 利가 조화로운 것을 公利라고 여겼다.

116) 貞은……根幹이다 : ≪周易≫ 乾卦 〈文言傳〉에 "貞固함이 일의 根幹이 될 수 있다.〔貞固足以幹事〕"라고 하였다.

117) (六)〔八〕: 저본에는 '六'으로 되어 있으나, 王照圓의 注에 의거하여 '八'로 바로잡았다.

118) 事之幹也 : ≪春秋左氏傳≫ 襄公 9년 5월 조에는 이 뒤에 '仁을 體現하면 사람들의 長이 될 수 있고, 아름다운 덕은 禮에 부합할 수 있고, 만물을 이롭게 하면 道義와 조화될 수 있고, 성실하고 견고하면 일을 主幹할 수 있다.〔體仁足以長人 嘉德足以合禮 利物足以和義 貞固足以幹事〕'라는 구절이 더 있다.

119) (終)〔然〕: 저본에는 '終'으로 되어 있으나, 王照圓의 注에 의거하여 '然'으로 바로잡았다.

120) (放)〔姣〕: 저본에는 '放'으로 되어 있으나, 王照圓의 注에 의거하여 '姣'로 바로잡았다.

의 '終'은 오자이다. '然'이라는 것은 윗글을 옳게 여기는 것이니, 이러한 四德이 있음을 말한다.

終, 左傳作然, 此誤也. 然者, 然上文, 言有此四德也.

④ 固在下位而有不仁 : 婦人은 丈夫보다 낮기 때문에 下位에 있다고 말한 것이다.

婦人卑於丈夫, 故云在下位.

⑤ 棄位而(放)〔姣〕不可謂貞 : '放'은 ≪춘추좌씨전≫에 '姣'로 되어 있으니, 이곳의 '放'은 字形이 비슷해서 생긴 오자이다. ≪經典釋文≫에 "'姣'를 稀叔夜(嵇康)가 '效'로 독음하였다."라고 하였고, ≪春秋左傳正義≫에 말하기를 "服虔[121]이 '姣'를 放效의 '效'로 독음하였다."라고 하였으니, 아마 이곳에서는 '效'로 되어 있는 것에 근본하였고, '效'로 인하여 또 '放'으로 잘못 쓴 것인 듯하다.

放, 左傳作姣, 此字形之誤也. 釋文姣, 稀叔夜音效. 正義曰"服虔讀姣爲放效之效, 蓋此本作效, 因效又誤作放耳.

君子가 말하기를 "애석하도다. 繆姜이여. 비록 총명하고 지혜로운 자질을 지녔으나 끝내 음란한 죄를 가릴 수 없었구나."라고 하였다. ≪詩經≫에 말하기를 "남자의 놀아남은 오히려 말할 수 있거니와 여자의 놀아남은 말할 수 없느니라."[122]라고 하였으니, 이를 두고 이른 말이다.

君子曰 惜哉라 繆姜이여 雖有聰慧之質이나 終不得掩其淫亂之罪라하니라 詩曰 士之耽兮는 猶可說也어니와 女之耽兮는 不可說也로다하니 此之謂也라

頌은 다음과 같다.

繆姜은 행실이 음탕하였고
宣伯은 진실로 교만하였도다
季孫氏와 孟孫氏를 축출하려 모의하고
선백에게 魯나라 정권을 장악하게 하려 하였도다
목강이 폐위되어 東宮에 幽閉되니

121) 服虔 : 後漢의 학자로, 初名은 重, 자는 子愼이다. 河南 滎陽 사람으로 九江太守를 역임하였다. ≪漢書≫ 등을 주석하고, ≪春秋左氏傳解≫를 찬술하였으며, 古文의 經學에 밝았다.

122) 남자의……없느니라 : ≪詩經≫ 〈衛風 氓〉에 보인다.

마음과 뜻이 꺾이고 말았도다
후에 점괘의 해설을 잘하였으나
끝내 잘못을 씻지 못하였도다

頌曰 繆姜淫泆하고 宣伯(是阻)〔寔怚(저)〕[123)]로다 謀逐季孟하고 欲使專魯로다 既廢見擯하니 心意摧下로다 後雖善言이나 終不能補로다

① 宣伯(是阻)〔寔怚〕: 夫子[124)]가 말하기를 "'是阻'는 아마 '寔怚'일 듯하니, 字形이 비슷해서 생긴 오자이다. '寔'과 '實'은 古字에 통용하였다. '怚'와 '姐'는 독음과 의미가 같다. ≪說文解字≫에 '怚는 교만함이다.' 하였고, ≪文選≫의 詩에 대한 注에는 '怚'가 '姐'로 되어있고, ≪玉篇≫에는 '怚는 秦·呂의 反切이다.' 하였다."라고 하였다.
夫子曰"是阻, 疑寔怚, 字之誤也. 寔與實, 古字通. 怚與姐, 音義同. 說文怚, 驕也. 文選詩注, 怚作姐. 玉篇怚秦·呂切."

7-9 鄭나라 여인 夏姬 (陳)〔鄭〕[125)]女夏姬①

鄭나라의 여인 夏姬는 陳나라 大夫 夏徵舒[126)]의 어머니요, 御叔[127)]의 아내이다. 그 용모가 비할 데 없이 아름다웠고 안으로 才藝까지 겸비하였다. 하희는 늙었다가 젊음을 회복한 것이 두 번이었는데 한 번 王后가 되었고 일곱 번 夫人이 되었다. 그런데도 公侯들이 하희를 얻으려고 다투어 그녀에게 미혹되어 정신을 잃지 않는 자가 없었다. 하희의 아들 징서는 大夫가 되었다. 公孫寧과 儀行父[128)]와 陳 靈公[129)]이 모두 하희와 奸婬하였다. 그들은 혹 하희의 옷을 입기도 하고 혹 하희의 속옷을 속에 받쳐 입고서 조정에서 공공연히 희롱을 일삼았다. 泄冶[130)]가 이러한 광경을 보

---

123) (是阻)〔寔怚〕: 저본에는 '是阻'로 되어 있으나, 王照圓의 注에 의거하여 '寔怚'로 바로잡았다.
124) 夫子: 王照圓의 남편 郝懿行(1757~1825)으로, 자는 恂久, 호는 蘭皐이며 山東 棲霞 사람이다. 淸나라 때의 저명한 經學家이자 訓詁學者로, 벼슬은 戶部主事를 역임하였으며, 저서에 ≪爾雅義疏≫, ≪山海經箋疏≫, ≪易說≫, ≪書說≫, ≪春秋說略≫, ≪竹書紀年校正≫ 등이 있다.
125) (陳)〔鄭〕: 저본에는 '陳'으로 되어 있으나, 王照圓의 注에 의거하여 '鄭'으로 바로잡았다. 아래도 같다.
126) 夏徵舒: 字는 子南이다. 夏南이라 일컫기도 한다.
127) 御叔: 嬀姓으로, 夏徵舒의 아버지이다. 陳나라 公子 夏의 아들이며, 靈公의 從祖父이다.
128) 公孫寧과 儀行父: 두 사람은 春秋時代 陳나라의 大夫이다. 公孫寧은 바로 孔寧이다.
129) 陳 靈公: 陳나라의 18대 군주로, 이름은 平國이다.

고 〈공손녕과 의행보에게〉 이르기를 "主君에게 善하지 못한 점이 있으면 그대들이 의당 덮어주어야 하거늘 지금 그대들이 주군을 인도하여 방탕한 짓을 하여 심지어 은밀한 곳도 아니고 조정에서 희롱하고 있으니, 士民들이 그대들을 일러 무어라 하겠소?" 하였다. 두 사람이 이 사실을 영공에게 알리자, 영공이 말하기를 "다른 사람들이 나의 선하지 못한 점을 알아도 해로울 것이 없지만 설야가 알았으니, 寡人이 수치스럽다." 하고, 사람을 시켜 몰래 설야를 殺害하게 하였다.

(陳)〔鄭〕女夏姬者는 〔陳〕[131]大夫夏徵舒之母요 〔御叔之妻〕[132]也②라 其狀美好無匹하고 內挾伎術이라 蓋老而復壯者(三)〔二〕라 〔一〕[133]爲王后하고 七爲夫人③이어늘 公侯爭之하여 莫不迷惑失意라 夏姬之子徵舒爲大夫라 公孫寧儀行父與陳靈公이 皆通於夏姬하여 或衣其衣하고 〔或衷其襦(유)하여〕[134] 以戱於朝④라 泄冶見之하고 謂曰 君有不善이면 子宜掩之어늘 今自子率君而爲之하여 不待幽閒하고 於朝廷以戱하니 士民이 其謂爾何리오 二人以告靈公한대 靈公曰 衆人知(之吾)〔吾之〕[135]不善⑤이라도 無害也⑥어니와 泄冶知之하니 寡人恥焉이로다하고 乃使人(徵)〔微〕[136]賊泄冶而殺之⑦라

① (陳)〔鄭〕女夏姬 : 陳은 응당 '鄭'이 되어야 하니, 글자의 오류이다.
陳當作鄭, 字之誤.

② 〔陳〕大夫夏徵舒之母 〔御叔之妻〕也 : ≪史記正義≫의 이 구절을 인용한 곳에는 大 위에 '陳'자가 있고, 母 아래에 '御叔之妻' 4자가 있다.
史記正義引大上有陳字, 母下有御叔之妻四字.

③ 蓋老而復壯者(三)〔二〕……七爲夫人 : ≪藝文類聚≫의 이 구절을 인용한 곳에는 '三' 아래에 '三'자가 중복되어 있고, ≪사기정의≫에도 '三爲王后'라고 인용하였으니, 여기에는 '三'자가 빠졌다. 어떤 사람이 말하기를 "응당 '一'자가 되어야 하는데 지금 三으로 되어 있으니, 바로 '二'와 '一' 두 자를 잘못 합친 것일 뿐이다. '二'자는 위 구절에 속하고, '一'자는 아래 구절에 속한다."라고 하였다.

---

130) 泄冶 : 陳나라의 大夫이다.

131) 〔陳〕 : 저본에는 '陳'이 없으나, 王照圓의 注에 의거하여 보충하였다.

132) 〔御叔之妻〕 : 저본에는 '御叔之妻'가 없으나, 王照圓의 注에 의거하여 보충하였다.

133) (三)〔二〕〔一〕 : 저본에는 '三'으로 되어 있으나, 王照圓의 注에 '二一'로 바로잡았다.

134) 〔或衷其襦〕 : 저본에는 '或衷其襦'가 없으나, 王照圓의 注에 의거하여 보충하였다.

135) (之吾)〔吾之〕 : 저본에는 '之吾'로 되어 있으나, ≪列女傳校注≫에 의거하여 '吾之'로 바로잡았다.

136) (徵)〔微〕 : 저본에는 '徵'으로 되어 있으나, 王照圓의 注에 의거하여 '微'로 바로잡았다.

藝文類聚引三下重三字, 史記正義亦引三爲王后, 此脫三字. 或曰"當作一字, 今作三, 乃二一兩字之誤倂耳. 二字屬上句, 一字屬下句."

④ 或衣其衣……以戲於朝 : ≪春秋穀梁傳≫에는 '或衣其衣' 아래에 '或衷其襦' 4자가 있는데, 여기에는 빠졌다. ≪예문유취≫의 이 구절을 인용한 곳에는 비록 빠지지는 않았으나 다만 '或褻其幡'으로 잘못되어 있고, 또 '蔽膝' 2자가 더 들어가 있을 뿐이다.
穀梁傳或衣其衣下有或衷其襦四字, 此脫去之. 藝文類聚引雖未脫, 但誤作或褻其幡, 又衍蔽膝二字耳.

⑤ 【校注】 衆人知(之吾)〔吾之〕不善 : '之吾' 2자는 잘못 도치된 듯하다.
之吾二字疑誤倒.

⑥ 衆人知(之吾)〔吾之〕不善 無害也 : 〈'之吾'의〉 '之'자는 衍字이다.
之字衍.

⑦ 乃使人(徵)〔微〕賊泄冶而殺之 : '徵'은 '微'자의 오자인 듯하다. 微는 은밀함이다.
徵疑微字之誤. 微, 隱也.

靈公이 公孫寧과 儀行父 두 사람과 함께 夏姬의 집에서 술을 마실 적에 아들 徵舒를 불렀다. 영공이 두 사람에게 희롱하기를 "징서는 그대들을 닮았소." 하니, 두 사람이 또한 말하기를 "공을 더 많이 닮은 것 같습니다." 하였다. 징서가 이 말을 싫어하였다. 영공이 술자리를 파하고 나갈 적에 징서가 쇠뇌를 가지고 마구간 문 뒤에 숨어 있다가 영공을 쏘아 죽였다. 공손녕과 의행보는 모두 楚나라로 달아나고 영공의 太子 午는 晉나라로 달아났다. 그 다음 해에 楚 莊王[137]이 군사를 일으켜 징서를 죽이고 陳나라를 안정시킨 다음, 午를 세우니 이가 바로 成公이다.

靈公與二子飮於夏氏할새 召徵舒也라 公戲二子曰 徵舒似汝로다 二子亦曰 不若其似公[138]也로이다 徵舒疾此言하여 靈公罷酒出할새 徵舒伏弩廐門이라가 射殺靈公이라 公孫寧儀行父皆奔楚하고 靈公太子午奔晉이라 其明年에 楚莊王擧兵誅徵舒하고 定陳國하고 立午하니 是爲成公이라

楚 莊王이 夏姬의 美色을 보고 자신의 부인으로 거두려고 하니, 申公 巫臣[139]이

137) 楚 莊王 : 春秋五霸의 하나로, 荊 莊王이라고도 일컫는다. 羋(미)姓이고 이름은 旅이다. '旅'는 '呂' 또는 '侶'로도 쓴다. B.C. 597년 晉나라와 벌인 邲 땅의 전투에서 대승을 거둠으로써 中原의 패자가 되었으며, 春秋五霸 가운데 유일하게 王이라는 칭호를 썼다.

138) 公 : ≪列女傳集注≫에는 '君'으로 되어 있다.

간하기를 "不可합니다. 君王께서 죄인을 討伐하였는데 하희를 거두신다면 이는 女色을 탐하는 것입니다. 여색을 탐하는 것은 淫亂이요 음란하면 大罰을 받게 되니, 원컨대 군왕께서는 깊이 생각하소서." 하였다. 이에 장왕이 무신의 諫言을 따라 뒷담을 헐어 하희를 내보내게 하였다. 將軍 子反[140]이 하희의 미색을 보고 또 취하려 하자 무신이 간하기를 "이 여인은 상서롭지 못한 사람입니다. 御叔을 죽게 하고 靈公을 시해당하게 하고 夏南을 죽게 하고 公孫寧과 儀行父를 쫓겨나게 하고 陳나라를 망하게 하였습니다. 천하에 아름다운 부인이 많은데 하필 이 여인을 취하려 하십니까." 하니, 자반도 즉시 그만두었다. 장왕이 하희를 連尹[141] 襄老에게 주었는데, 양로는 邲에서 죽고 그 시신마저 찾지 못하였다.[142] 양로의 아들 黑要가 또 하희와 姦通하였다. 무신이 하희를 보고 이르기를 "그대가 〈親庭인 鄭나라로〉 돌아가 있으면 내가 禮를 갖추어 아내로 맞이하겠소." 하였다.

莊王見夏姬美好하고 將納之하니 申公巫臣諫曰 不可하니이다 王討罪也어늘 而納夏姬면 是貪色也니이다 貪色爲淫이요 淫爲大罰이니 願王圖之하소서 王從之하여 使壞後垣而出之①하니라 將軍子反見美하고 又欲取之하니 巫臣諫曰 是不祥人也라 殺御叔하고 弑靈公하고 戮夏南하고 出孔儀하고 喪陳國이니이다 天下多美婦女[143]어늘 何必取是리오 子反乃止하다 莊王以夏姬與連尹襄老러니 襄老死於邲하고 亡其尸하다 其子黑要가 又通於夏姬하다 巫臣見夏姬하고 謂曰 子歸면 我將聘汝호리라

① 使壞後垣而出之 : 남이 볼까 두려워한 것이다. 이를 일러 '한 번 왕후가 되었다.'고 하는 것이다.
畏人見也. 此謂一爲王后.

楚 恭王[144]이 卽位하기에 이르러 巫臣이 齊나라로 사신가게 되자 무신은 온 가족

139) 申公 巫臣 : 楚나라의 宗族大臣으로, 屈巫라고도 일컫는다. 자는 子靈이다.

140) 子反 : 楚나라의 大夫로, 일찍이 司馬를 지냈다. 公子側이라고도 일컫는다.

141) 連尹 : 楚나라의 官名이다.

142) 양로는……못하였다 : 邲는 鄭나라 지명으로 지금의 河南省 鄭州市 서북쪽에 있었다. ≪春秋左氏傳≫ 宣公 12년 6월 조에 "晉나라의 知莊子가 楚나라 連尹 襄老를 쏘아 죽여 그 屍體를 수레에 싣고, 公子 穀臣을 쏘아 사로잡아, 이 두 사람을 수레에 싣고 돌아왔다. 黃昏에 이르러 楚軍은 邲에 駐屯하였다."라고 하였다.

143) 女 : ≪列女傳校注≫와 ≪列女傳集注≫에는 모두 '人'으로 되어 있다.

과 재산을 다 가지고 鄭나라로 가서 사람을 시켜 夏姬를 불러 오게 하면서 말하기를 "〈襄老의〉 시신을 찾을 수 있을 것이오."라고 하니, 하희가 따라 나섰다. 무신이 副使로 하여금 제나라가 보낸 禮幣를 가지고 楚나라로 돌아가 復命하게 하고 자신은 하희와 晉나라로 도망갔다. 大夫 子反이 원망하여 드디어 子重과 함께 무신의 親族을 죽이고 그 재산을 나누어 가졌다.[145)]

及恭王卽位하여 巫臣娉於齊할새 盡與其室俱하고 至鄭하여 使人召夏姬曰 尸可得也라하니 夏姬從之라 巫臣使介歸幣於楚하고 而與夏姬奔晉이라 大夫①子反怨之하여 遂與子重滅巫臣之族하고 而分其室이라

① 而與夏姬奔晉 大夫 : '大夫' 위에 빠진 글이 있다. ≪春秋左氏傳≫에는 "마침내 晉나라로 달아났는데, 晉나라 사람들이 그를 邢의 大夫로 삼았다."[146)]라고 하였다.
大夫之上, 有脫文. 左傳 "遂奔晉, 晉人使爲邢大夫."

≪詩經≫에 이르기를 "이러한 사람이여! 昏姻을 망쳤도다. 너무도 미더움이 없으니, 목숨도 보전할 줄 몰랐네."[147)]라고 하였으니, 美色을 총애하여 목숨을 잃음을 말한 것이다.

---

144) 恭王 : 共王이라 쓰기도 한다. 楚나라 23대 군주로 莊王의 아들이다. 이름은 審이다.

145) 大夫……가졌다 : 子重은 莊王의 아우 公子 嬰齊이다. ≪春秋左氏傳≫ 成公 7년 조에 "전에 楚軍이 宋나라를 포위한 전쟁에서 돌아와서, 자중이 申과 呂의 토지를 취하여 자기에게 賞田으로 주기를 청하니, 楚王이 허락하였다. 그러자 申公 巫臣이 말하기를, '불가합니다. 이 신과 여가 국가의 邑이었기 때문에 兵賦를 징수하여 북방을 방어하였습니다. 그런데 만약 이곳을 취하여 賞田으로 준다면 이는 申邑과 呂邑이 없어지는 것이니, 晉나라와 鄭나라가 반드시 漢水까지 그 세력을 넓혀 올 것입니다.'고 하니, 초왕은 그 허락을 취소하였다. 자중은 이로 인해 무신에게 원한을 품었고, 子反이 夏姬를 취하려 할 때 무신이 저지하고는 마침내 자신이 하희를 취해 도망갔으므로 자반도 무신에게 원한을 품었다. 楚 共王이 즉위함에 미쳐 자중과 자반이 무신의 族人 子閻과 子蕩 및 淸尹弗忌와 襄老의 아들 黑要를 죽이고서 그들의 家産을 나누어, 자중은 자염의 가산을 취하고, 沈尹과 王子 罷에게는 자탕의 가산을 나누어 가지게 하고, 자반에게는 흑요와 청윤의 가산을 취하게 하였다."라고 하였다.

146) 마침내……삼았다 : ≪春秋左氏傳≫ 成公 2년 조에 巫臣이 "齊나라로 가려다가 齊軍이 막 敗戰한 것을 알고는 말하기를 '나는 勝戰하지 못한 나라에는 居住하지 않는다.'고 하고서, 마침내 晉나라로 도망가서 郤止를 통해 晉나라의 臣下가 되니, 晉나라 사람들이 그를 邢의 大夫로 삼았다.〔將奔齊 齊師新敗 曰吾不處不勝之國 遂奔晉而因郤至 以臣於晉 晉人使爲邢大夫〕"라고 하였다.

147) 이러한……몰랐네 : ≪詩經≫ 〈鄘風 蝃蝀〉에 보인다.

詩云 乃如之人兮①여 懷[148)]昏姻也로다 大無信也하니 不知命也②로다하니 言嬖色殞命也라

① 乃如之人兮 : '兮'는 ≪毛詩≫에 '也'로 되어 있다.
兮, 毛詩作也.

② 【校注】 乃如之人兮……言嬖色殞命也 : ≪모시≫와 의미가 다르다.[149)]
與毛詩義異.

頌은 다음과 같다.

夏姬의 빼어난 미색이
陳나라를 망하게 하였도다
두 大夫를 도망가게 하고
자신의 아들도 죽게 하였도다
楚 莊王을 그르칠 뻔하였고
巫臣을 망하게 하였도다
子反은 후회하고 두려워하여
申公의 친족을 멸하고 재산을 나누어 가졌도다

頌曰 夏姬好美가 滅國破陳이로다 走二大夫하고 殺子之身이로다 殆誤楚莊하고 敗亂巫臣이로다 子反悔懼하고 申公族分이로다

7-10 齊 靈公[150)]의 부인 聲姬 齊靈聲姬

聲姬는 魯나라 제후의 딸이요 齊 靈公의 夫人이요 太子 光[151)]의 어머니이다. 孟子

148) 懷 : '壞'의 借字이다.

149) 모시와……다르다 : ≪詩經≫ 〈鄘風 蝃蝀〉에 "이러한 사람이여! 昏姻을 생각하도다. 크게 신의가 없으니, 天命을 알지 못하도다.〔乃如之人也 懷昏姻也 大無信也 不知命也〕"라고 하였는데, 朱熹가 이 시를 해설하기를 "이 淫奔한 사람은 단지 남녀 간의 정욕만을 생각할 줄 아니, 이는 스스로 그 貞信의 절개를 지키지 못하여 天理의 올바름을 알지 못함을 말한 것이다.〔言此淫奔之人 但知思念男女之欲 是不能自守其貞信之節 而不知天理之正也〕"라고 하였다. ≪毛詩≫는 '懷'를 '생각하다'는 의미로 본 것이다.

150) 齊 靈公 : 춘추시대 齊나라 군주로, 姜姓이며 이름은 環이다.

라고 불렀으니, 大夫 慶剋[152]과 私通하였다. 경극이 婦人과 함께 두건으로 머리를 덮어 부인의 복장을 하고 輦을 타고 巷門으로 들어갔는데,[153] 鮑牽[154]이 이를 보고 國佐[155]에게 告하였다. 국좌가 경극을 불러 장차 이를 물으려 하니, 경극이 오랫동안 집에서 나오지 않으면서 〈사람을 보내〉 맹자에게 告하기를, "국좌가 나를 비난하기 때문에 〈나갈 수 없습니다.〉"라고 하니, 맹자가 怒하였다.

聲姬者는 魯侯之女요 〔齊〕[156]靈公之夫人[①]이요 太子光之母也라 號孟子니 淫通於大夫慶剋이라 與(之)〔婦人〕[157]蒙衣乘輦而入於閎(굉)[②]이어늘 鮑牽見之하고 以告國佐하다 國佐召慶剋하여 將詢之하니 慶剋久不出하고 以告孟子曰 國佐非我라하니 孟子怒하다

① 〔齊〕靈公之夫人 : '靈' 위에 '齊'자가 빠졌다.
靈上脫齊字.

② 與(之)〔婦人〕蒙衣乘輦而入於閎 : 輦은 사람이 끄는 수레이다. 閎은 巷門이다. 與之는 ≪春秋左氏傳≫에 '與婦人' 3자로 되어 있으니, 여기에는 빠지거나 잘못된 글자가 있다. 慶剋이 부인과 함께 두건으로 머리를 덮어 부인의 복장을 하고 輦을 타고 巷門으로 들어감을 말한 것이니, 남들이 볼까 두려워한 것이다. '剋'은 ≪춘추좌씨전≫에는 '克'으로 되어 있다.
輦, 人輓車也. 閎, 巷門也. 與之, 左傳作與婦人三字, 此有脫誤. 言慶剋與婦人蒙衣爲婦人服而乘輦入閎, 恐人見也. 剋, 左傳作克.

당시 國佐는 靈公의 相[158]이 되어 柯陵[159]에서 제후들과 會合하였고, 高子[160]와

151) 光 : 齊 靈公의 太子로, 이름은 購이다. 후에 莊公이 되었다.
152) 慶剋 : 慶封의 아버지로, 齊나라의 大夫이다.
153) 경극이……들어갔는데 : ≪春秋左氏傳≫ 成公 17년 6월 조에 "齊나라 慶克이 聲孟子와 情을 通하고서, 하루는 부인과 함께 머리를 덮어 부인의 복장을 하고 輦을 타고 巷門으로 들어갔는데, 鮑牽이 이를 보고 國武子에게 告하였다. 국무자가 경극을 타이르니, 경극이 오랫동안 집에서 나오지 않으면서 사람을 보내 부인에게 告하기를, '國子가 나를 꾸짖기 때문에 나갈 수가 없습니다.'고 하니, 부인이 노하였다.〔齊慶克通于聲孟子 與婦人蒙衣乘輦而入于閎 鮑牽見之 以告國武子 武子召慶克而謂之 慶克久不出 而告夫人曰 國子謫我 夫人怒〕"라고 하였다. 巷門은 宮中의 담장 사이의 좁은 길에 난 문이다.
154) 鮑牽 : 鮑莊子이다. 鮑叔牙의 曾孫으로, 齊나라의 大夫이다.
155) 國佐 : 國武子이다. '佐'는 '差'로 쓰기도 한다. 齊나라의 正卿이다.
156) 〔齊〕 : 저본에는 '齊'가 없으나, 王照圓의 注에 의거하여 보충하였다.
157) (之)〔婦人〕 : 저본에는 '之'로 되어 있으나, 王照圓의 주에 의거하여 '婦人'으로 바로잡았다.

鮑子는 남아서 나라를 지켰다. 영공이 還國하여 거의 都城에 이르려 할 때 〈고자와 포자가 불의의 사태를 예비하기 위해〉 성문을 닫고 旅客을 檢索하자, 孟子가 사람을 보내어 영공에게 讒訴하기를, "고자와 포자가 國君을 城 안으로 들이지 않고 公子角[161]을 임금으로 세우려 하는데, 국좌도 그 陰謀를 알고 있습니다."고 하였다. 영공이 노하여 鮑牽에게 刖刑[162]을 내리고 고자와 국좌를 逐出하니, 두 사람이 莒나라로 달아났다.[163]

時國佐相靈公하여 會諸侯于柯陵하고 高子鮑子處內守라 及還하여 將至에 閉門而索(색)客한대 孟子訴之曰 高鮑將不內(납)君하고 而欲立公子角하니 國佐知之라 公怒하여 刖(월)鮑牽而逐高子國佐하니 二人奔莒(거)①②하다

① 而逐高子國佐 二人奔莒 : 이로부터 이하는 ≪春秋左氏傳≫과 다르니, 어떤 책에 나오는지 알지 못하겠다.
自此以下與左傳異, 不知出何書.

② 【校注】 二人奔莒 : '二人'은 어떤 본에는 '佐遂'로 되어 있다. 이 아래는 ≪춘추좌씨전≫과 같지 않으니, 응당 별도로 출처가 있을 것이다.
二人一本作佐遂. 此下與左傳不同, 當別有所出.

靈公이 다시 崔杼[164]를 大夫로 삼고 慶剋에게 그를 보좌하게 하였다. 영공이 이에 군대를 거느리고 가서 莒를 포위하였으나 이기지 못하였다. 國佐가 사람을 시켜 경

---

158) 相 : 주재자의 의식을 돕는 일을 책임진 관리이다.

159) 柯陵 : 鄭나라의 地名으로, 嘉陵 또는 加陵이라고도 한다. 지금의 河南省 許昌市 남쪽에 있었다.

160) 高子 : 高无咎로, 齊나라의 正卿이다.

161) 角 : 齊 頃公의 아들이며, 靈公의 아우이다.

162) 刖刑 : 발뒤꿈치를 베는 형벌로, 五刑의 하나이다. 참고로, 五刑은 ≪書經≫ 〈虞書 皐陶謨〉에 보이는데, 刖刑 외에 얼굴에 刺字하는 墨刑, 코를 베는 劓刑, 생식기를 못 쓰게 하는 宮刑, 死刑인 大辟이다.

163) 영공이……달아났다 : ≪春秋左氏傳≫ 成公 17년 조에 "가을 7월 壬寅日에 靈公은 鮑牽에게 刖刑을 내리고 高無咎를 逐出하였다. 無咎가 莒나라로 달아나니, 그 아들 高弱이 盧邑의 백성을 거느리고 叛亂을 일으켰다.〔秋七月壬寅 刖鮑牽而逐高無咎 無咎奔莒 高弱以盧叛〕"라고 하였다. 莒나라는 지금의 山東省 莒縣에 있었다.

164) 崔杼 : 崔武子로, 齊나라 大夫이다. 군주인 莊公을 시해하고 景公을 옹립하여 재상이 되었다.

극을 죽이자 영공이 국좌와 結盟하고서 그를 원래의 官位로 회복시켰는데, 孟子가 다시 국좌를 讒訴하여 죽였다. 영공이 세상을 떠나기에 이르러 高子와 鮑子가 다시 원래의 관위를 회복하여 마침내 맹자를 죽이니, 齊나라의 난리가 그제야 그쳤다.

更以崔杼(저)爲大夫하고 使慶剋佐之라 乃帥(솔)師圍莒나 不勝이라 國佐使人殺慶剋이어늘 靈公與佐盟而復(복)之하다 孟子又愬(소)而殺之하다 及靈公薨하여 高鮑皆復하여 遂殺孟子하니 齊亂乃息이라

≪詩經≫에 이르기를 "교훈이 못되며 가르칠 말이 못되는 것은, 이 婦人과 內侍의 말이니라."[165]라고 하였으니, 이를 두고 이른 말이다.

詩云 匪教匪誨는 時維婦寺(시)라하니 此之謂也라

頌은 다음과 같다.

齊 靈公의 부인 聲姬는
그 행실이 음란하였도다
慶剋과 姦淫하고
鮑牽을 미워하였도다
高子와 鮑子를 참소하니
두 사람이 드디어 달아났도다
간악한 재앙으로 화란을 만들더니
그 일로 자신도 죽음을 당하였도다

齊靈聲姬는 厥行亂失(일)①이로다 淫於慶剋하고 鮑牽是疾이로다 譖愬高鮑하니 遂以奔亡이로다 (好)〔奸〕[166]禍用(亡)〔妄〕②③[167]하니 亦以事喪이로다

① 【校注】 厥行亂失 : '失'은 '泆'과 같다.
失與泆同.

165) 교훈이……말이니라 : ≪詩經≫ 〈大雅 瞻卬〉에 보인다.

166) (好)〔奸〕: 저본에는 '好'로 되어 있으나, 王照圓의 注에 의거하여 '奸'으로 바로잡았다.

167) (亡)〔妄〕: 저본에는 '亡'으로 되어 있으나, ≪列女傳校注≫에 의거하여 '妄'으로 바로잡았다.

② (好)〔奸〕禍用(亡)〔妄〕: '好'는 응당 '奸'이 되어야 하고, '亡'은 응당 '已'가 되어야 하니, 모두 字形이 비슷해서 생긴 오자이다.
好當作奸, 亡當作已, 竝字形之誤.

③【校注】(好)〔奸〕禍用(亡)〔妄〕: 陳氏 奐이 말하기를 "'亡'은 아마 '妄'자의 오자인 듯하다."라고 하였다. ≪說文解字≫에 "'妄'은 '亂'이다."라고 하였다.
陳氏奐曰 "亡, 疑妄字之誤." 說文 "妄, 亂也."

7-11 齊나라 東郭姜　齊東郭姜

齊나라 東郭姜은 棠公[168]의 아내요, 齊나라 崔杼의 馬夫 東郭偃의 누이이다. 동곽강은 아름다워 姿色이 있었다. 남편 당공이 죽자 崔子가 조문을 갔다가 동곽강의 姿色에 반하여 드디어 동곽언과 의논하여 동곽강을 아내로 맞이하였다.

齊東郭姜者는 棠公之妻요 齊崔杼(저)御東郭偃之姊也라 美而有色이라 棠公死에 崔子弔而說(열)姜하여 遂與偃謀娶之라

이윽고 그 거처하는 집이 王宮과 가까움으로 인하여 莊公[169]이 東郭姜과 私通하여 누차 崔氏의 집에 이르러 밀회하였다. 崔子도 이 일에 대해 알고 있었다. 어느 날 장공이 최자의 冠을 侍人에게 주니, 최자가 노하여 병을 핑계로 집의 대문을 나가지 않았다. 장공이 누대에 올라 최자의 집을 내려다보면서 누대 위에서 동곽강과 희롱하였다. 장공이 누대에서 내려가 동곽강을 쫓아가니, 동곽강이 달아나 방안으로 들어가 문을 닫아걸었다. 장공이 문을 밀면서 말하기를 "문을 열어주시오. 나요." 하니, 동곽강이 말하기를 "남편이 안에 있는데 미처 머리를 빗지 못하였습니다." 하였다. 장공이 말하기를 "나는 최자의 병문안을 온 것인데 어째서 문을 열어주지 않는 것이오?" 하였다.

최자가 동곽강과 함께 옆문으로 나와서 문을 걸어 잠그고 북을 울려 군대를 소집하니, 장공이 두려워하여 기둥을 안고 노래를 불렀다. 장공이 최씨에게 간청하기를 "나에게 죄가 있음을 알고 있으니 마음을 고쳐먹고 그대를 섬기겠소. 만약 믿지 못

168) 棠公 : 春秋時代 齊나라 棠邑의 大夫이다. 棠邑은 지금의 山東省 聊城 서북쪽에 있었다.
169) 莊公 : 春秋時代 齊나라 君主로, 이름은 光이다. 靈公의 아들이다.

하겠다면 맹세를 하겠소." 하였다. 최자가 말하기를 "臣은 감히 명을 들을 수 없습니다." 하고, 이에 장공을 피하였다. 장공이 다시 최씨의 家臣에게 청하기를 "先君의 사당에서 죽게 해 달라." 하였다. 최씨의 가신이 말하기를 "主君의 신하 崔杼가 병이 있어 이 사리에 없으니, 그를 모시는 가신으로서는 감히 명을 들을 수 없습니다." 하였다. 장공이 담을 넘어 도망하려 하자 최씨가 활을 쏘아 다리를 맞히니, 장공이 도로 담 안으로 떨어졌다. 최씨가 드디어 장공을 죽였다.

既오 (居其)〔其居〕[170)]室이 比於公宮①하여 莊公通焉하여 驟如崔氏하니 崔子知之라 異日에 公以崔子之冠賜侍人하니 崔子慍하여 告有疾不出이라 公登臺以臨崔子之宮하여 由臺上與東郭姜戲라 公下從之하니 東郭姜奔入戶而閉之라 公推之曰 開하라 余니라 東郭姜曰 老夫在此한대 未及收髮②이라 公曰 余(開)〔問〕[171)]崔子之疾也어늘 不開③④오 崔子與姜自側戶出하여 閉門하고 聚衆鳴鼓하니 公恐하여 擁柱而歌⑤라 公請於崔氏曰 孤知有罪矣니 請改心事吾子리라 若不信이어든 請盟이리라 崔子曰 臣不敢聞命이라하고 乃避之어늘 公又請於崔氏之宰曰 請就先君之廟而死焉이라 崔氏之宰曰 君之臣杼가 有疾不在하니 侍臣不敢聞命이라 公踰牆而逃어늘 崔氏射公中踵⑥하니 公反墮라 遂弑公이라

① 既……比於公宮 : '既'자에서 句가 떨어진다. '居其'는 응당 '其居'가 되어야 하니, 글이 잘못 도치된 것이다. '比'는 가깝다는 뜻이니, 거처하는 집이 王宮에 가까움을 말한 것이다.
既字絶句. 居其當作其居, 文誤倒耳. 比, 近也, 言其居室近於公宮.

② 老夫在此 未及收髮 : 老夫는 崔子를 이른다. 崔子가 안에서 머리를 감았는데 미처 머리를 빗지 못하였기 때문에 우선 문을 닫았다고 핑계 댄 것이다.
老夫謂崔子也. 託言崔子在內沐頭, 未及收髮, 故且閉戶.

③ 崔子之疾也 不開 : 莊公이, '崔子가 지금 병을 앓고 있는데 그대는 핑계 댈 뿐이니, 어찌 감히 문을 열어 주지 않는 것인가?'라고 말한 것이다.
公言崔子方有疾, 汝乃託言耳, 何敢不開乎?

④【校注】余(開)〔問〕崔子之疾也 不開 : 위의 '開'자는 응당 '問'자가 되어야 하니, 공이 문병하러 왔다고 스스로 말한 것이다. '不開'는 무슨 까닭으로 열어 주지 않느냐는 말이다.
上開字當作問. 公自言來問疾也. 不開, 言何故不開也?

⑤ 公恐 擁柱而歌 : 莊公이 두려워하여 나가지 못하였기 때문에 기둥을 안고 노래하여 스

170) (居其)〔其居〕: 저본에는 '居其'로 되어 있으나, 王照圓의 注에 의거하여 '其居'로 바로잡았다.
171) (開)〔問〕: 저본에는 '開'로 되어 있으나, ≪列女傳校注≫에 의거하여 '問'으로 바로잡았다.

스스로 상심함을 말한 것이다.

言公恐懼, 不得出, 故擁柱而歌以自傷.

⑥ 崔氏射公中踵 : '踵'은 발뒤꿈치이다. ≪春秋左氏傳≫에는 '股'로 되어 있다.

踵足跟也. 左傳作股.

이에 앞서 東郭姜이 전 남편의 아들 棠毋咎와 함께 崔子의 집으로 들어왔는데, 최자가 그를 사랑하여 相室[172]의 자리에 앉혔다. 최자는 前妻의 아들이 둘이니, 큰아들은 成이고 작은 아들은 彊이다. 동곽강이 최자의 집에 들어온 뒤에 또 아들 明을 낳았다. 〈前妻 所生의 큰 아들〉 成이 병에 걸리자 최자가 成을 廢하고 明을 後嗣로 삼았다. 成이 사람을 최자에게 보내 崔邑[173]에서 여생을 보내고 싶다고 청하자 최자가 가련히 여겨 허락하였는데, 당무구와 東郭偃이 극력 다투어 결국 崔邑을 주지 않았다. 成과 彊이 노하여 당무구와 동곽언을 죽이려고 하여 慶封[174]에게 알렸다. 경봉은 齊나라의 大夫이니 은밀히 崔氏와 勸力을 다투고 있었는지라 그들이 서로 죽여주기를 바랐다.

경봉이 최씨의 두 아들에게 말하기를 "그들을 죽여 버리시오."라고 하였다. 이에 두 아들이 돌아가 최자의 뜰에서 당무구와 동곽언을 죽였다. 최자가 노하여 경씨에게 하소연하기를 "내가 불초하여 아들을 두었으나 제대로 가르치지 못해서 일이 이 지경에 이르렀소. 내가 夫子를 섬기는 것은 온 나라 사람들이 모두 알고 있으니, 비록 使者를 욕되게 하더라도 제지할 수 없습니다." 하였다. 경봉이 이에 盧蒲嫳에게 병사를 거느리고 가서 나라 사람들과 함께 崔杼의 곳간과 마구간을 불태우고 成과 彊을 죽이게 하였다. 최씨의 妻가 말하기를 "이렇게 사는 것은 죽는 것만 못하다."라고 하고, 드디어 스스로 목을 매어 죽었다. 최자가 돌아와서 곳간과 마구간이 모두 불타고 처자식이 모두 죽은 것을 보고, 또 스스로 목을 매어 죽었다.

先是時하여 東郭姜與前夫子棠毋咎俱入하니 崔子愛之하여 使爲相室이라 崔子前妻子二人[175]이니

172) 相室 : 古代에 卿大夫의 집안일을 管理하던 사람이다.

173) 崔邑 : 崔氏의 祖上 祠堂이 있는 城邑으로, 지금의 山東省 濟陽縣 境內에 있었다.

174) 慶封 : 春秋時代 齊나라의 大夫이다. 崔杼가 齊 莊公을 살해하고 景公을 擁立하자, 慶封이 崔杼와 左右 宰相의 직임을 나누어 맡았다. 景公 2년에 崔氏를 滅하고 齊나라의 실권을 잡았다.

175) 子二人 : ≪列女傳集注≫에는 '二子'로 되어 있다.

大子(城)〔成〕[176)]이오 少子彊이라 及姜入後하여 生(二)[177)]子明(成)[①178)]이라 成有疾이어늘 崔子廢成하고 而以明爲後라 成使人請崔邑以老라하니 崔子哀而許之어늘 棠毋咎與東郭偃爭而不與라 成與彊怒하여 將欲殺之[②]하여 以告慶封이라 慶封은 齊大夫也니 陰與崔氏爭權이라 欲其相滅也하여 謂二子曰 殺之하라 於是二子歸殺棠毋咎東郭偃於崔子之庭이라 崔子怒하여 愬之於慶氏曰 吾不肖하여 有子不能教也하여 以至於此로이다 吾事夫子는 國人之所知也니 唯辱使者[③]라도 不可以已[④⑤]로이다 慶封乃使盧蒲嫳(별)帥(솔)徒衆하여 與國人焚其庫廐하고 而殺成(姜)〔彊〕[⑥179)]이라 崔氏之妻曰 生若此가 不若死라하고 遂自經而死라 崔子歸見庫廐皆焚하고 妻子皆死하고 又自經而死라

① 大子(城)〔成〕……生(二)子明(成) : ≪春秋左氏傳≫에는 '城'은 '成'으로 되어 있고, '姜生明'으로 되어 있고, 〈뒤의〉 '成'자는 없다.[180)]
左傳城作成, 姜生明, 無成字.

② 【集注】 成與彊怒 將欲殺之 : ≪呂氏春秋≫에 말하기를 "慶封이 또 崔杼를 죽이고 그를 대신해 재상이 되고 싶어 하였다. 이에 최저의 아들들을 이간질하여 그들로 하여금 後嗣 자리를 다투게 하니, 최저의 아들들이 서로 다투었다."라고 하였다.
呂氏春秋"慶封又欲殺崔杼而代之相, 於是椓崔杼之子, 令之爭後. 崔杼之子相與私鬨(홍)."

③ 【校注】 唯辱使者 : '唯'는 讀音이 '雖'이니, 古字에 통용하였다.
唯讀爲雖, 古字通.

④ 唯辱使者 不可以已 : '唯'는 아마도 의당 '雖'가 되어야 할 듯하고, '已'는 제지함이니, 비록 가는 使者를 욕되게 하더라도 제지하여 가지 않게 해서는 결코 안 됨을 말한 것이다.
唯疑當作(誰)〔雖〕,[181)] 已止也. 言(誰)〔雖〕可辱使之往者, 必不可止而不往也.

⑤ 【校正】 唯辱使者 不可以已 : 王念孫은 상고하건대, '唯'와 '雖'는 같으니, 崔杼가 慶封에게 두 아들을 하소연하여 경봉이 사람을 시켜 討伐하기를 원하였다. 그러므로 '비록 使者를 욕되게 하더라도 제지할 수 없다.'라고 한 것이다. 古書에 '雖'자는 혹 '唯'로 쓰기

176) (城)〔成〕 : 저본에는 '城'으로 되어 있으나, 王照圓의 注에 의거하여 '成'으로 바로잡았다.
177) (二) : 저본에는 '二'가 있으나, 王照圓의 注에 의거하여 衍文으로 처리하였다.
178) (成) : 저본에는 '成'이 있으나, 王照圓의 注에 의거하여 衍文으로 처리하였다.
179) (姜)〔彊〕 : 저본에는 '姜'으로 되어 있으나, 王照圓의 注에 의거하여 '彊'으로 바로잡았다.
180) 城은……없다 : ≪春秋左氏傳≫ 襄公 27년 조에 '齊나라 崔杼의 아내가 아들 成과 彊을 낳고서 죽으니, 최저가 東郭姜을 아내로 맞아 아들 明을 낳았다.〔齊崔杼生成及彊而寡 取東郭姜生明〕'로 되어 있다.
181) (誰)〔雖〕 : 저본에는 '誰'로 되어 있으나, ≪列女傳校注≫와 王念遜의 校正에 의거하여 '雖'로 바로잡았다. 아래도 같다.

도 하였으니, 설명이 내가 지은 ≪戰國策考正≫의 '計聽知覆逆者'라는 한 조목 아래에 보인다.

念孫案唯與雖同, 崔杼怨其二子於慶封, 欲封使人討之, 故曰雖辱使者, 不可以已也. 古書雖字, 或作唯, 說見鄙著戰國策考正, 計聽知覆逆者一條下.

⑥ 而殺成(姜)〔彊〕: '姜'은 응당 '彊'이 되어야 한다. 夫子(郝懿行)가 말하기를 "'彊'과 '姜' 2자는 옛날에 讀音이 같아 通用하였다. ≪毛詩≫의 '鵲之彊彊'[182]이 ≪禮記≫ 〈表記〉에 '鵲之姜姜'으로 되어 있으니, 바로 여기와 합치한다." 하였다.

姜當作彊. 夫子曰"彊姜二字, 古同聲通用. 毛詩鵲(작)之彊彊, 表記作鵲之姜姜, 正與此合."

君子가 말하기를 "東郭姜은 한 나라의 군주를 죽이고 세 집안[183]을 멸망시키고, 자신 또한 죽었으니, 상서롭지 못한 여자라 이를 만하다."라고 하였다.

君子曰 東郭姜殺一國君而滅三室하고 又殘其身하니 可謂不祥矣로라

≪詩經≫에 말하기를 "枝葉이 해로움이 없으나, 뿌리가 실로 먼저 끊긴다."[184]라고 하였으니, 이를 두고 이른 말이다.

詩曰 枝葉未有害나 本實先敗①라하니 此之謂也로다

① 本實先敗: ≪毛詩≫에는 '敗'가 '撥'로 되어 있으니, 이는 아마 ≪魯詩≫일 것이다.
毛詩敗作撥, 此蓋魯詩.

頌은 다음과 같다.

齊나라 東郭姜은
崔杼의 아내로다
莊公을 미혹시켜 혼란에 빠뜨리고

182) 鵲之彊彊: ≪詩經≫ 〈鄘風 鶉之奔奔〉에 "메추라기는 달려가며, 까치는 깡충깡충 걸어가거늘, 선량하지 못한 사람을, 내 兄이라고 한단 말인가.〔鶉之奔奔 鵲之彊彊 人之無良 我以爲兄〕"라고 하였다.

183) 세 집안: 崔氏, 棠氏, 東郭氏의 세 집안을 말한다.

184) 枝葉이……끊긴다: ≪詩經≫ 〈大雅 蕩〉에 보인다.

毋咎는 이에 의지하였도다
재앙이 아들 明과 成에게 미쳐
邑을 다투어 서로 죽였도다
父母가 의지할 곳 없으니
崔氏가 드디어 멸망하였도다

頌曰 齊東郭姜은 崔杼之妻로다 惑亂莊公하고 毋咎是依로다 禍及明成하여 爭邑相殺이로다 父母無聊하니 崔氏遂滅이로다

7-12 衛나라의 淫亂한 두 여인 衛二亂女

衛나라의 음란한 두 여자는 南子와 衛伯姬이다. 남자는 宋나라 여자로 衛 靈公[185]의 부인이다. 宋나라 子朝[186]와 간통하였는데, 太子 蒯聵가 그것을 알고 남자를 미워하였다. 남자가 영공에게 태자를 讒訴하기를 "태자가 저를 죽이려 합니다." 하였다. 영공이 괴외에게 크게 노하자, 괴외가 宋나라로 달아났다. 영공이 세상을 떠나자 괴외의 아들 輒이 즉위하니, 이가 바로 出公이다.

衛二亂女者는 南子及衛伯姬也라 南子者는 宋女衛靈公之夫人이라 通於宋子朝어늘 太子蒯聵(괴외)知而惡(오)之라 南子讒太子於靈公曰 太子欲殺我라 靈公大怒蒯聵하니 蒯聵奔宋이라 靈公薨에 蒯聵之子輒立하니 是爲出公이라

衛伯姬는 蒯聵의 누이요 孔文子[187]의 아내요 孔悝의 어머니이다. 공리가 出公의 宰相이 되었는데 공문자가 죽자, 백희가 孔氏의 奴僕인 渾良夫와 姦淫하였다. 백희가 혼량부를 괴외에게 심부름 보냈는데, 괴외가 말하기를 "그대가 만일 나를 衛나라로 돌아가게 해준다면 보답으로 그대에게 大夫의 수레를 타게 할 것이고,[188] 세 가지

185) 衛 靈公 : 春秋時代 衛나라 君主로, 姓은 姬, 이름은 元이다. 襄公의 아들이며 蒯聵의 아버지이다.
186) 子朝 : 宋나라 公子로, 宋朝라고도 일컫는다. 용모가 매우 아름다웠다고 전한다.
187) 孔文子 : 衛나라의 大夫로, 文叔이라고도 일컫는다. 이름은 圉이다. 孔悝의 아버지이다.
188) 大夫의……것이고 : 大夫로 封하겠다는 말이다. 軒은 고대에 大夫가 타던 수레이다.

죽을죄[189)]를 짓더라도 사면할 것이다." 하고서 그와 盟約을 맺고, 백희를 혼량부의 아내로 삼도록 허락하였다. 혼량부가 기뻐하여 백희에게 알리자 백희가 크게 기뻐하였다.

혼량부가 이에 괴외와 함께 〈衛나라로〉 들어가서 공씨의 채소밭에 머물다가 날이 어두워지자 두 사람은 옷을 뒤집어써 얼굴을 가리고서 수레에 올라서 드디어 백희의 처소에 들어갔다. 식사를 마친 뒤에 백희는 창을 잡고 앞장서고 太子는 갑주를 갖춘 다섯 명의 병사와 함께 백희의 아들 공리를 담장 모퉁이로 몰아붙여 강요해 〈괴외의 아들 출공을 逐出할 것을〉 맹약하도록 하였다. 출공은 魯나라로 달아났고 子路[190)]도 죽었다. 괴외가 드디어 卽位하니 이가 바로 莊公이다. 장공은 靈公의 夫人 南子를 죽이고, 또 혼량부를 죽였다.[191)]

그러나 장공은 戎州에서 일어난 亂 때문에 또 出奔하였다.[192)] 4년이 지난 뒤에 魯

189) 세……죽을죄 : ≪史記≫ 〈衛康叔世家〉의 裵駰의 ≪集解≫에 "杜預가 말하기를 '三死는 죽을 죄 세 가지이다.〔三罪 死罪三〕'라고 하였다." 하였고, 張守節의 ≪正義≫에 "杜預가 말하기를 '三罪는 紫色 옷을 입음과 어깨를 드러내는 옷을 입음과 칼을 차는 것이다.〔三罪 紫衣袒裘帶劍〕" 하였다. 자색 옷은 임금의 복색으로 다른 사람은 입을 수 없다. 어깨를 드러내는 옷은 不敬에 해당한다. 칼은 사람을 해치는 도구이므로 임금 가까이에서 찰 수 없는데 임금 가까이에서 칼을 풀지 않는 것 또한 불경에 해당한다.

190) 子路 : 孔子의 弟子 仲由의 字이다. 衛나라 大夫로, 당시 孔悝의 邑宰가 되어 있었다.

191) 혼량부를 죽였다 : ≪春秋左氏傳≫ 哀公 17년 조에 "봄에 衛侯는 藉圃에 虎幄을 建造하였다. 이 막사가 완성되자 아름다운 名聲이 있는 사람들을 招致하여 함께 처음으로 음식을 먹으려 하였다. 太子가 사람을 보내어 良夫를 招請하니, 양부는 두 필의 牡馬가 끄는 卿의 수레를 타고 자주색 옷에 여우갖옷을 입고 갔다. 도착한 뒤에 양부는 갖옷의 한쪽을 벗어 어깨를 드러내고 칼을 풀어놓지 않고서 음식을 먹으니, 태자가 사람을 시켜 그를 잡아끌어 물러나오게 하고서, 세 가지 罪目을 열거하여 죽였다.〔春 衛侯爲虎幄于藉圃 成 求令名者而與之始食焉 大子請使良夫 良夫乘衷甸兩牡 紫衣狐裘 至 袒裘 不釋劒而食 太子使牽以退 數之以三罪而殺之〕" 하였다.

192) 장공은……出奔하였다 : ≪春秋左氏傳≫ 哀公 17년 조에 "당초에 莊公이 城에 올라 바라보다가 戎州를 보고서 저곳이 어디냐고 묻자, 從者가 융주라고 고하니, 장공은 '우리나라는 姬姓인데, 어찌 戎人이 있을 수 있느냐?'라고 하고서, 융주의 취락을 파괴하였으며, 장공은 匠人들을 부리면서 오래도록 휴식하지 못하게 하였다. 장공은 石圃를 축출하려 하였으나, 축출하기 전에 변란이 일어났다. 辛巳日에 석포가 匠氏에 의지하여 장공을 공격하자, 장공이 문을 닫고 살려달라고 청하였으나, 석포가 허락하지 않았다. 장공이 북쪽 담을 넘다가 떨어져서 다리가 부러지니, 융인이 장공을 공격하였다. 太子 疾과 公子 靑이 담을 넘어 장공을 따랐는데, 융인이 그들을 죽였다. 장공은 융주의 己氏 집으로 들어갔다. 당초에 장공이 성 위에서 기씨 아내의 頭髮이 아름다운 것을 보고서 사람을 보내어 그 머리를 깎아 대머리로 만들고서 그 자른 머리카락을 가지고 와서 呂姜의 다리〔月子〕를 만들게 한 일이 있었다. 기씨의 집으로 들어간

나라로 달아났던 출공이 다시 돌아왔다. 출공이 돌아오려 할 적에 大夫가 공리의 어머니를 죽이고 출공을 맞이하였다. 두 여인이 禍亂을 일으켜 5世 동안 이어지다가 悼公[193]에 이르러서야 안정되었다.

衛伯姬者는 蒯聵之姊也요 孔文子之妻요 孔悝之母也라 悝相出公이라 文子卒에 姬與孔氏之豎(수)渾良夫淫이라 姬使良夫於蒯聵한대 蒯聵曰 子苟能內(납)我於國이면 報子以乘軒하고 免子三死라하여 與盟하고 許以姬爲良夫妻라 良夫喜하여 以告姬한대 姬大悅이라 良夫乃與蒯聵로 入舍孔氏之圃라가 昏時에 二人蒙衣而乘하여 遂入至姬所라 已食에 姬杖戈先하고 太子與五介冑之士로 迫其子悝於廁하여 强盟之라 出公奔魯하고 子路死之라 蒯聵遂立하니 是爲莊公이라 殺夫人南子하고 又殺渾良夫러니 莊公以戎州之亂으로 又出奔이라 四年而出公復入이라 將入에 大夫殺孔悝之母①而迎公이라 二女爲亂五世에 至悼公而後定②이라

① 大夫殺孔悝之母 : ≪春秋左氏傳≫에 "孔悝가 그 어머니 伯姬를 수레에 태우고 宋나라로 달아났다." 하였다. 여기에서 〈孔悝의 어머니를〉 죽였다고 이른 것과 위에 靈公의 夫人 男子를 죽였다고 말한 것은 모두 출전이 보이지 않는다.
左傳言 "孔悝載其母伯姬奔宋." 此云殺之, 與上言殺夫人南子, 俱未見所出.

② 二女爲亂五世 至悼公而後定 : 5世는 莊公, 公子 班師, 公子 起, 出公, 悼公을 이르니, 모두 다섯 임금이 바뀐 것이다.
五世, 謂莊公・公子班師・公子起・出公・悼公, 凡更(경)五君也.

≪詩經≫에 이르기를 "쥐를 보건대 가죽이 있으니, 사람으로서 威儀가 없단 말인가. 사람으로서 威儀가 없는 이는, 죽지 않고 무엇하는고."[194]라고 하였으니, 이를 두고 이른 말이다.

詩云 相鼠有皮하니 人而無儀리오 人而無儀면 不死何爲리오하니 此之謂也라

頌은 다음과 같다.

뒤에 기씨에게 璧玉을 보여주며 '나를 살려주면 내가 이 벽옥을 너에게 주겠다.'고 하니, 기씨가 말하기를 '너를 죽이면 그 벽옥이 어디로 가겠느냐?'고 하고서, 드디어 장공을 죽이고서 그 벽옥을 취하였다."라고 하였으니, 이에 근거하면 본문에서 '장공이 또 出奔하였다'고 한 것은 잘못된 듯하다.

193) 悼公 : 出公의 季父로, 이름은 黔이다.

194) 쥐를……무엇하는고 : ≪詩經≫ 〈鄘風 相鼠〉에 보인다.

南子는 미혹하고 음란하여
宋나라 子朝와 간통하였도다
太子 蒯聵를 참소하여
宋나라로 出奔하게 하였도다
孔悝의 어머니도 총애를 받아
두 임금[195] 사이를 드나들었도다
두 가지 화란이 서로 뒤섞여
모두 이 때문에 죽고 말았도다

頌曰 南子惑淫하여 宋朝是親이로다 譖彼蒯聵하여 使之出奔이로다 悝母亦嬖하니 出入兩君이로다 二亂交錯하여 咸以滅身이라

7-13 趙 武靈王[196]의 吳女 趙靈吳女

趙 武寧王의 吳女는 號가 孟姚이니, 吳廣[197]의 딸이요 조 무령왕의 왕후이다. 처음에 무령왕이 韓나라 왕의 딸을 맞이하여 부인으로 삼아 아들 章을 낳으니, 부인을 세워 왕후로 삼고 章을 太子로 삼았다. 왕이 일찍이 꿈에서 처녀가 거문고를 타며 노래하는 것을 보았다. 그 노래에 "환하고 아름다운 미인이여, 얼굴이 능소화 같도다. 운명이여! 운명이여! 天時를 만나 태어났건만, 나의 아름다움 알아주는 이 없도다."라고 하였다. 다른 날 왕이 술을 마시며 즐길 적에 꿈에 본 처녀를 여러 번 말하면서 만나고 싶어 하였다. 오광이 이 말을 듣고 王后를 통해서 자신의 딸 맹요를 왕에게 들여보냈는데 맹요가 매우 아름다운지라 왕이 총애하여 곁을 떠나지 못하였다. 몇 년이 지난 뒤에 맹요가 아들 何를 낳았다. 맹요가 여러 차례 왕에게 왕후는 음란한 마음을 품고 있고 태자는 부모를 사랑하고 효도하는 행실이 없다고 넌지시 말하였다. 왕이 이에 왕후와 태자를 廢位하고 맹요를 세워 惠后로 삼고 何를 왕으로 삼으니 이가 바로 惠文王이다. 무령왕은 主父라 自號하고 章을 代[198] 땅에 封하여

195) 두 임금 : 衛 莊公과 出公을 가리킨다.

196) 趙 武靈王 : 戰國時代 趙나라 군주로, 이름은 雍이다. 武靈王은 軍事를 改革하고 백성들에게 胡服을 입히고 騎射法을 가르쳐 國力을 增强하고 領土를 擴張하였다.

197) 吳廣 : 戰國時代 趙나라 사람으로, 虞舜의 後裔라고 전해진다.

安陽君이라 불렀다.

趙靈吳女者는 **號孟姚**니 **吳廣之女**요 **趙武靈王之后也**라 **初**에 **武靈王娶韓王女爲夫人**하여 **生子章**하니 **立以爲后**하고 **章爲太子**라 **王嘗夢見處女鼓瑟而歌曰**① **美人熒**(형)**熒兮**여 **顔若苕**(초)**之榮**②이로다 **命兮命兮**③여 **逢天時而生**④이언마는 **曾莫我嬴**(영)**嬴**⑤이로다 **異日**에 **王飮酒樂**일새 **數言所夢**하여 **想見其人**이라 **吳廣聞之**하고 **乃因后而入其女孟姚**하니 **甚有色焉**이라 **王愛幸之**하여 **不能離**라 **數年**에 **生子何**라 **孟姚數微言后有淫意**하고 **太子無慈孝之行**하니 **王乃廢后與太子**하고 **而立孟姚爲惠后**하고 **以何爲王**하니 **是爲惠文王**이라 **武靈王自號主父**라하고 **封章於代**하여 **號安陽君**이라

① 王嘗夢見處女鼓瑟而歌曰 : '瑟'은 ≪史記≫에는 '琴'으로 되어 있다.
瑟, 史記作琴.

② 顔若苕之榮 : 苕는 바로 凌霄이다. 榮은 꽃이다. ≪史記集解≫에 綦毋邃가 말하기를 "陵苕의 화초는 그 꽃이 紫色이다."라고 하였다.
苕, 卽凌霄也. 榮, 華也. 史記集解綦毋邃曰"陵苕之草, 其華紫."

③ 命兮命兮 : '兮'는 ≪사기≫에는 '乎'로 되어 있다.
兮, 史記作乎.

④ 逢天時而生 : ≪사기≫에는 이 구절이 없다. ≪사기집해≫에 기모수가 말하기를 "운수가 있으니 태어남이 그 때를 만난 것을 말한다."라고 하였으니, 바로 이 구절에 대한 注이다.
史記無此句. 集解綦毋邃曰"言有命祿, 生遇其時", 卽此句之注也.

⑤ 曾莫我嬴嬴 : '莫'은 ≪사기≫에는 '無'로 되어 있고, '嬴'자는 중첩된 글로 되어 있지 않다. ≪사기집해≫에 기모수가 말하기를 "자신의 고귀하고 아름다움을 알아주는 사람이 없는 것이다. 지금 살펴보건대 '嬴嬴'은 '盈盈'과 같고, 또한 '熒熒'과 독음과 의미가 같으니, 모두 그 용모와 몸매가 날씬하고 아름다움을 말한 것이다."라고 하였다.
莫, 史記作無, 嬴字不作重文. 集解綦毋邃曰 "人莫知己貴盛盈端也. 今按嬴嬴, 猶盈盈也, 亦與熒熒聲義同, 皆言其容體輕麗也."

4년이 지난 뒤에 惠文王이 신하들을 조회하였는데 安陽君도 와서 조회하였다. 主父가 곁에서 신하들과 종실 귀족들을 엿보다가 章이 고개를 숙이고 기가 죽은 채 도리어 아우에게 신하 노릇 하는 것을 보고 마음속으로 가련히 여겼다. 이때는 惠后가 죽은 지 오래되어 은총도 쇠하였는지라 이에 主父가 趙나라를 나누어 章을 代의 왕

198) 代 : 趙나라의 지명으로, 지금의 河北省 蔚縣 동북쪽에 있었다.

으로 세우고자 하다가 계획이 결정되기 전에 중지되었다.

四年에 朝群臣하니 安陽君來朝어늘 主父從旁觀窺群臣宗室①이라가 見章儽(루)然也②하여 反臣於弟하고 心憐之라 是時에 惠后死久恩衰라 乃欲分趙而王章於代라가 計未決而輟이라

① 【校注】 主父從旁觀窺群臣宗室 : ≪史記≫에는 이 아래에 '之禮' 두 자가 있다.
史記下有之禮二字.

② 【校注】 見章儽然也 : '儽'는 ≪사기≫에는 '傫'로 되어 있다.
儽, 史記作傫.

主父가 沙邱宮[199]에 가서 지냈는데 章이 그의 무리를 거느리고 난을 일으키니 李兌[200]가 이에 네 邑의 병사를 일으켜 장을 공격하였다. 장이 주부에게 달아나니 주부가 궁문을 닫아걸고 장을 숨겨 주었는데, 이태가 주부의 宮을 포위하였다. 이태가 이미 장을 죽이고 부하들과 모의하기를 "장을 토벌하기 위해 주부를 포위하였지만 병사를 해산하면 우리들은 주륙당할 것이다." 하고, 이에 드디어 주부를 포위하였다. 주부가 나가려고 하여도 나갈 수 없고, 또 먹을 것도 구할 수 없어서 참새 새끼를 잡아먹으며 연명하더니 3개월 남짓 만에 드디어 사구궁에서 굶어 죽었다.

主父遊[201]沙邱[202]宮①이어늘 章以其徒作亂하니 李兌乃起四邑之兵擊章이라 章走主父하니 主父閉之②한대 兌因圍主父宮이라 旣殺章하고 乃相與謀曰 以章圍主父로되 卽解兵이면 吾屬夷矣리라하고 乃遂圍主父라 主父欲出不得하고 又不得食하여 乃探雀鷇(구)而食之③러니 三月餘에 遂餓死沙邱宮이라

① 【校注】 主父遊沙邱宮 : ≪史記正義≫에 이르기를 "沙丘宮은 邢州 平鄕縣 東北쪽 20리 지점에 있다." 하였다.
史記正義云"沙丘宮在邢州平鄕縣東北二十里."

② 章走主父 主父閉之 : '閉'는 ≪사기≫에는 '開'로 되어 있으니, 문을 열어 들어오게 함을 말한다. 一本에 또한 '閉'로 되어 있으니, 문을 닫아걸어 숨겨 줌을 이른다. 두 가지 뜻이 모두 통한다.

199) 沙邱宮 : 沙邱에 지은 離宮이다.
200) 李兌 : 趙나라의 大臣으로, 司寇, 相國을 지냈다. 奉陽君에 봉해졌다.
201) 遊 : ≪列女傳校注≫와 ≪列女傳集注≫에는 모두 '游'로 되어 있다.
202) 邱 : ≪列女傳校注≫와 ≪列女傳集注≫에는 모두 '丘'로 되어 있다. 아래도 같다.

閉, 史記作開, 言開門納之也. 本亦作閉, 謂閉藏之也. 二義俱通.

③ 乃探雀鷇而食之 : ≪史記索隱≫에 曹大家의 注를 인용하여 이르기를 "鷇는 참새 새끼이다. 태어나서 먹이를 받아먹는 것을 '鷇'라 이른다." 하였다.
史記索隱引曹大家注云"鷇, 雀子也. 生受哺者, 謂之鷇."

≪詩經≫에 말하기를 "流言으로써 대답하게 하나니, 도둑질하는 자가 안에 있도다."[203]라고 하였으니, 不善이 안으로부터 나옴을 말한 것이다.

詩曰 流言以對하나니 寇攘式內라하니 言不善之從內出也라

頌은 다음과 같다.

吳女는 얼굴이 능소화처럼 아름다웠는데
신령하게 趙나라 武靈王과 感悟하였도다
이미 만남에 총애하고 친근히 하니
이내 미혹한 마음이 생겼도다
王后를 폐하고 전쟁을 일으키니[204]
아들 何가 왕위를 계승하였도다
主父가 沙邱宮에 유폐되니
나라는 亂으로 기울고 말았도다

頌曰 吳女苕顏하니 神寤趙靈이로다 旣見嬖近하니 惑心乃生이로다 廢后興戎하니 子何是成이로다 主閉沙邱하니 國以亂傾이로다

7-14 楚 考烈王[205]의 李后　楚考李后

楚 考烈王의 李后는 趙나라 사람 李園의 여동생이요 초 고열왕의 王后이다. 처음

203) 流言으로써……있도다 : ≪詩經≫ 〈大雅 蕩〉에 보인다.
204) 전쟁을 일으키니 : 惠文王과 公子 章 사이의 싸움을 가리킨다.
205) 楚 考烈王 : 戰國時代 楚나라의 군주로, 熊姓이며 이름은 元이라 하기도 하고 完이라 하기도 한다.

에 고열왕에게 아들이 없으니, 春申君[206]이 이를 걱정하였다. 이원이 춘신군의 舍人[207]이 되었는지라 이에 자신의 여동생을 춘신군에게 바쳤는데, 이원의 여동생이 자신이 임신한 것을 알고 기회를 틈타 춘신군에게 다음과 같이 말하였다.

“楚王이 君을 존귀하게 여기고 총애하는 것은 왕의 형제라도 君만 못할 것입니다. 지금 君이 楚나라 宰相이 된 지 20여 년이 되었고 왕에게는 아들이 없으니, 왕이 죽은 뒤에는 다른 형제를 왕으로 세우게 될 것입니다. 곧 초나라에 다시 왕이 서게 되면 새로운 왕 역시 각기 자기와 친한 자를 존귀하게 여길 것이니, 그렇게 되면 君께서 어떻게 길이 왕의 총애를 받을 수 있겠습니까. 이와 같을 뿐만이 아닙니다. 君께서 執政한 지 오래여서 왕의 형제들에게 失禮한 것이 많습니다. 참으로 왕의 형제 중에 한 사람이 왕이 되면 禍가 장차 君의 몸에 미칠 것이니, 어떻게 재상의 인장과 江東의 封地를 보존할 수 있겠습니까. 지금 妾 자신만 임신했음을 알 뿐 다른 사람들은 아무도 모르고, 君의 총애를 받은 지도 얼마 안 되니, 참으로 君의 중요한 지위를 이용하여 첩을 초왕에게 바치시면 초왕은 반드시 첩을 총애할 것입니다. 첩이 하늘의 도움으로 아들을 낳는다면 이는 君의 아들이 왕이 되는 것입니다. 그렇게 되면 초나라를 모두 가질 수 있을 것이니, 君의 몸에 예측할 수 없는 죄가 닥쳐오는 것과 비교하면 어느 것이 낫겠습니까.”

춘신군은 그 말을 크게 옳게 여겨 이에 이원의 여동생을 자신의 집에서 내보내 조심스럽게 다른 거처를 마련하여 지내도록 하고는 고열왕에게 추천하였다. 고열왕이 그녀를 불러 총애하여, 드디어 아들 悍을 낳으니 太子로 세웠다.

楚考李后者는 趙人李園之女弟요 楚考烈王之后也라 初에 考烈王無子하니 春申君患之라 李園爲春申君舍人이라 乃取其女弟與春申君이러니 知有身하고 園女弟承間謂春申君曰 楚王之貴幸君이 雖兄弟不如라 今君相楚(三)〔二〕[208]十餘年①②이요 而王無子하니 卽百歲後에 將立兄弟라 卽楚更立君後에 彼亦各貴其所親하리니 又安得長有寵乎아 非徒然也라 君用事久에 多失禮於王兄弟하니 〔王〕[209]兄弟誠立③이면 禍且及身이리니 何以保相印江東之封乎아 今妾知有身矣로되

206) 春申君 : 楚나라의 貴族으로 姓은 黃이고 이름은 歇이다. 頃襄王 때 左徒가 되었고, 考烈王 때 令尹이 되었다. 齊나라의 孟嘗君, 魏나라의 信陵君, 趙나라의 平原君과 함께 戰國 四公子로 일컬어졌다.

207) 舍人 : 官名으로, 좌우의 친근한 小吏이다.

208) (三)〔二〕: 저본에는 ‘三’으로 되어 있으나, 王照圓의 注와 ≪列女傳校注≫에 의거하여 ‘二’로 바로잡았다.

而人莫知하고 妾之幸君未久하니 誠以君之重而進妾於楚王이면 楚王必〔幸〕[210]妾④이리니 妾賴天有子男이면 則是君之子爲王也라 楚國盡可得이니 孰與身臨不測之罪乎아 春申君大然之하여 乃出園女弟謹舍之하고 言之考烈王한대 考烈王召而幸之하여 遂生子(悼)〔悍〕[211]하니 立爲太子⑤라

① 今君相楚(三)〔二〕十餘年 : ≪史記≫에 '三'은 '二'로 되어 있다.
史記三作二.

② 【校注】 今君相楚(三)〔二〕十餘年 : '三'자는 오자이다. ≪戰國策≫ 〈楚策4〉와 ≪사기≫ 〈春申君列傳〉에 모두 '二'로 되어 있다.
三字誤. 楚策四史記春申君傳, 皆作二.

③ 【校注】 〔王〕兄弟誠立 : '王'자는 舊本에 빠졌는데 別本에 따라 校勘 增補하였다.
王字舊脫, 從別本校增.

④ 楚王必〔幸〕妾 : ≪사기≫에 의거하건대, '必' 아래에 '幸'자가 빠졌다.
据史記, 必下脫幸字.

⑤ 遂生子(悼)〔悍〕 立爲太子 : '悼'는 ≪사기≫에 '悍'으로 되어 있으니, 이는 字形이 비슷해서 생긴 오자이다.
悼史記作悍, 此字形之誤.

李園의 여동생이 王后가 되고 李園이 존귀하게 되어 권세를 부리게 되자, 병사를 양성하여 春申君을 죽여 입을 막고자 하였다. 考烈王이 죽기에 이르러 이원이 마침내 춘신군을 죽이고 그 집안을 滅하였다. 悍이 王位에 오르니 이가 바로 幽王이다. 유왕이 죽은 뒤에 고열왕의 遺腹子 猶가 王位에 오르니 이가 바로 哀王이다. 고열왕의 아우 公子 負芻의 무리들이 유왕이 고열왕의 아들이 아니라는 말을 듣고 애왕까지 의심하여, 이에 애왕과 太后를 습격하여 죽이고 이원의 집안을 다 滅하고는 부추를 세워 王을 삼았다. 〈부추가 즉위한 지〉 5년 만에 秦나라가 楚나라를 멸망시켰다.

園女弟爲后하고 而李園貴用事에 養士欲殺春申君以滅口러니 及考烈王死하여 園乃殺春申君하고 滅其家라 (悼)〔悍〕立하니 是爲幽王이라 〔幽王死〕[212]後에 有考烈王遺腹子猶立①하니 是爲哀王②이라

209) 〔王〕 : 저본에는 '王'이 없으나, ≪列女傳校注≫에 의거하여 보충하였다.
210) 〔幸〕 : 저본에는 '幸'이 없으나, 王照圓의 注에 의거하여 보충하였다.
211) (悼)〔悍〕 : 저본에는 '悼'로 되어 있으나, 王照圓의 注에 의거하여 '悍'으로 바로잡았다. 아래도 같다.

考烈王弟公子負芻之徒③가 聞知幽王非考烈王子하고 疑哀王하여 乃襲殺哀王及太后하고 盡滅李園之家하고 而立負芻爲王이러니 五年에 而秦滅之라

① 【校注】 考烈王遺腹子猶立 : ≪史記≫ 〈楚世家〉에는 이름이 같고, 〈六國年表〉에는 이름이 '郝'으로 되어 있다.
史記楚世家同, 六國表名郝(학).

② (悼)〔悍〕立……是爲哀王 : 幽王 아래에 응당 '幽王死' 3자가 빠졌을 것이다. 遺腹子의 이름이 猶이니, 幽王의 同腹 아우이다.
幽王下, 當脫幽王死三字. 遺腹子名猶, 幽王母弟也.

③ 考烈王弟公子負芻之徒 : ≪사기≫에 이르기를 "負芻는 哀王의 庶兄이다." 하였고, 여기에는 考烈王의 아우라 하였으니, 未詳이다.
史記云"負芻, 哀王庶兄", 此言考烈王弟, 未詳.

≪詩經≫에 이르기를 "讒言을 매우 달게 여기는지라, 亂이 이 때문에 진전되도다."213)라고 하였으니, 이를 두고 이른 말이다.

詩云 盜言孔甘이라 亂是用餤(담)이라하니 此之謂也라

頌은 다음과 같다.

李園의 여동생은
春申君을 통해 현달하게 되었도다
考烈王이 아들이 없었는지라
과연 몸을 바칠 수 있었도다
자신이 임신한 줄 알고 宮으로 들어가서
드디어 고열왕의 후사를 낳았도다
悍이 즉위함은 근본을 배반함이니
宗族이 멸하고 죽임을 당하였도다

頌曰 李園女弟는 發迹春申이로다 考烈無子라 果得納身이로다 知重而入①하여 遂得爲嗣로다 既

212) 〔幽王死〕 : 저본에는 '幽王死'가 없으나 王照圓의 注에 의거하여 보충하였다.
213) 讒言을……진전되도다 : ≪詩經≫ 〈小雅 巧言〉에 보인다.

立畔本이니 宗族滅祀로다

① 知重而入 : 重은 임신을 이른다. ≪詩經≫에 말하기를 "太妊이 임신하였다."[214]라고 하였는데, 이에 대한 毛傳에 "身은 임신이다."[215]라고 하였다.
重, 謂懷孕也. 詩曰"太妊有身", 毛傳"身, 重也."

7-15 趙 悼襄王의 倡后　趙悼倡后

倡后는 邯鄲[216]의 노래하고 춤추는 藝人으로 趙 悼襄王[217]의 王后이다. 그녀는 이전에 시집가서 한 宗族을 어지럽혔는데, 이미 과부가 되자 도양왕이 그 美貌에 반해 자신의 부인으로 맞이하려 하였다. 李牧[218]이 간언하기를 "안 됩니다. 여자가 행실이 바르지 못하면 國家가 이 때문에 무너지고 불안해지는 것입니다. 이 여자가 한 종족을 어지럽혔는데 大王께서는 두렵지 않으십니까?" 하였다. 왕이 말하기를 "국가가 혼란해지고 혼란해지지 않는 것은 과인이 정사를 어떻게 하느냐에 달린 것이오." 하고, 드디어 그녀를 부인으로 맞이하였다.

倡后者①는 〔邯鄲之倡〕[219]이니 趙悼襄王之后也라 前(日)〔嫁〕[220]而亂一宗之族②이러니 旣寡에 悼襄王以其美而取之라 李牧諫曰 不可라 女之不正이면 國家所以覆而不安也니 此女亂一宗이어늘 大王不畏乎잇가 王曰 亂與不亂은 在寡人爲政이니라하고 遂娶之라

① 倡后者 : ≪史記集解≫에 徐廣이 '邯鄲之倡' 4자를 인용하였다. 응당 이 아래에 있어야 하는데, 今本에 빠졌다.

---

214) 太妊이 임신하였다 : ≪詩經≫ 〈大雅 大明〉에 "摯나라의 둘째 따님인 太任이, 저 殷商으로부터 周나라에 시집오사, 周나라 서울에 新婦가 되시니, 이에 王季와 더불어 德을 행하셨다. 太任이 임신하사, 이 文王을 낳으시니라.〔摯仲氏任 自彼殷商 來嫁于周 曰嬪于京 乃及王季 維德之行 大任有身 生此文王〕" 하였다.

215) 身은 임신이다 : 鄭玄의 箋에는 "身은 임신을 이른다.〔身 謂懷孕也〕"라 하였고, 孔穎達의 正義에는 "몸 속에 다시 한 몸이 있기 때문에 重이라 한 것이다.〔以身中復有一身 故言重〕"라 하였다.

216) 邯鄲 : 趙나라의 都城으로 지금의 河北省 邯鄲에 있었다.

217) 悼襄王 : 戰國時代 趙나라 군주로, 이름은 偃이다.

218) 李牧 : 戰國時代 趙나라의 名將으로, 일찍이 匈奴의 침입을 막아내고 秦나라 군대를 대패시킨 공으로 武安君에 봉해졌다. 뒤에 趙王이 秦나라의 反間計에 걸려들어 李牧을 斬殺하였다.

219) 〔邯鄲之倡〕 : 저본에는 '邯鄲之倡'이 없으나, 王照圓의 注에 의거하여 보충하였다.

220) (日)〔嫁〕 : 저본에는 '日'로 되어 있으나, ≪列女傳校注≫에 의거하여 '嫁'로 바로잡았다.

史記集解徐廣引邯鄲之倡四字. 當在此下, 今脫去之.

② 【校注】 前(日)〔嫁〕而亂一宗之族 : '日'은 盧文弨[221]의 校注에 '嫁'로 改定하였다.
日, 盧校改嫁.

처음에 悼襄王의 王后가 아들 嘉를 낳아 太子로 삼았는데, 倡后가 이미 궁중으로 들어와 姬가 되어서 아들 遷을 낳았다. 창후가 이미 왕에게 총애를 받자 왕후와 태자를 왕에게 몰래 참소하고, 사람을 시켜 태자를 충동하여 죄를 짓게 하였다. 王이 드디어 태자 가를 폐하고 천을 태자로 삼았으며, 왕후를 내쫓고 창희를 왕후로 삼았다. 도양왕이 세상을 떠나기에 이르러 천이 왕위에 오르니, 이가 바로 幽閔王이다.

初에 悼襄王后生子嘉爲太子러니 倡后旣入爲姬에 生子遷이라 倡后旣嬖幸於王에 陰譖后及太子於王하고 使人犯太子而陷之於罪라 王遂廢嘉而立遷하며 黜后而立倡姬爲后라 及悼襄王薨하야 遷立하니 是爲幽閔王①이라

① 遷立 是爲幽閔王 : ≪史記≫에 '幽繆王'으로 되어 있다. 徐廣이 말하기를 "또 湣王이라고 이르니, '湣'은 바로 '閔'이다." 하였다.
史記作幽繆王. 徐廣曰 "又云湣王, 湣卽閔耳."

倡后는 음란하고 행실이 바르지 않아 春平君과 私通하였고, 秦나라의 뇌물을 많이 받고서 왕으로 하여금 훌륭한 장수 武安君 李牧을 죽이게 하였다. 그 후에 진나라 군대가 곧바로 쳐들어왔는데 막을 수 없어서 遷이 드디어 진나라에 포로로 잡혔다. 도망쳤던 趙나라의 大夫들이 창후가 태자를 참소하고 이목을 죽게 한 것을 원망하여 이에 창후를 죽이고 그 집안을 멸한 다음, 嘉를 代 땅에서 함께 왕으로 옹립하였다. 7년 후에도 여전히 진나라를 이기지 못하니, 조나라가 드디어 멸망하여 진나라의 郡이 되었다.

倡后淫佚不正하여 通於春平君①하고 多受秦賂하여 而使王誅其良將武安君李牧②이라 其後에 秦兵徑入호되 莫能距하여 遷遂見虜於秦③하니 趙亡大夫④가 怨倡后之譖太子及殺李牧하여 乃殺倡后而滅其家하고 共立嘉於代라 七年에 不能勝秦하니 趙遂滅爲郡이라

① 通於春平君 : 春平君은 바로 太子 嘉이다.

---

221) 盧文弨 : 淸代 經學家로, 자는 召弓, 호는 磯漁 또는 檠齋, 抱經, 弓父이다.

春平君, 卽太子嘉也.

② 【集注】 而使王誅其良將武安君李牧 : ≪史記≫ 〈趙世家〉에 "趙王 遷은 평소에 품행이 단정하지 못하였고 참소를 믿었기 때문에 훌륭한 장수 李牧을 죽인 것이다."라고 하였다.
史記 "遷素無行, 信讒, 故誅其良將李牧."

③ 【集注】 遷遂見虜於秦 : ≪淮南子≫ 〈泰足訓〉에 "趙王 遷이 房陵에 유배되어 故鄕을 그리워하여 山水의 노래를 지었다."라고 하였다.
淮南子 "趙王遷流於房陵, 思故鄕, 作爲山水之謳."

④ 【集注】 趙亡大夫 : 살펴보건대, 〈'趙亡大夫'〉 4자는 이어서 읽어야 하니, '亡國의 대부'라고 말하는 것과 같다. ≪사기≫ 〈조세가〉에 "秦나라가 이미 遷을 포로로 잡자 도망쳤던 趙나라의 대부들이 함께 嘉를 옹립하여 왕으로 삼았다."라고 하였으니, 증거할 만하다.
案四字連讀, 猶言亡國之大夫也. 史記"秦旣虜遷, 趙之亡大夫共立嘉爲王", 可證.

≪詩經≫에 이르기를 "사람으로서 禮가 없는 이는 죽지 않고 무엇을 기다리는가."[222]라고 하였으니, 이를 두고 이른 말이다.

詩云 人而無禮는 不死胡俟(사)①리오하니 此之謂也니라

① 不死胡俟 : 胡는 ≪毛詩≫에 '何'로 되어 있다.
胡, 毛詩作何.

頌은 다음과 같다.

趙나라 悼襄王의 倡后는
탐욕스러워 만족할 줄 몰랐도다
王后와 太子를 廢黜하였으니
간사함 부리고 성실치 않았도다
春平君과 음란한 짓 벌였으니
마음에 하고 싶은 바를 다하였도다
秦나라 뇌물 받고는 趙나라 멸망시켰으니
자신도 죽고 一族도 망하고 말았도다

222) 사람으로서……기다리는가 : ≪詩經≫ 〈鄘風 相鼠〉에 보인다.

頌曰 趙悼倡后는 貪叨無足이로다 隳(휴)廢后適①하니 執詐不愨(각)이로다 淫亂春平하니 窮意所欲이로다 受賂亡趙하니 身死滅(國)〔族〕②[223]이로다

① 隳廢后適 : '適'은 '嫡'과 같다.
適與嫡同.

② 身死滅(國)〔族〕: '國'자는 韻이 맞지 않으니, 혹 '族'자로 고쳐야 할 듯하다.
國字失韻, 或改作族.

223) (國)〔族〕: 저본에는 '國'으로 되어 있으나, 王照圓의 注에 의거하여 '族'으로 바로잡았다.

列女傳補注 卷八[1]

福山 王照圓

속전 續傳

〈續傳〉은 후인이 추가하여 편집해 넣은 것으로, 총 20편으로 구성되어 있다. 간략한 내용은 다음과 같다.

① 尹氏가 王子 朝를 도와 난을 일으킨 것을 미워하고 天道가 그를 돕지 않을 것을 미리 안 周郊 婦人. ② 말솜씨가 뛰어나며 지조가 있는 陳國 辯女. ③ 죽음을 피하지 않고 동생의 의로운 이름을 사라지게 하지 않은 聶政의 누나. ④ 아들에게 임금 섬기는 의리를 잘 가르친 王孫氏의 어머니. ⑤ 天命을 알고 先世의 舊業을 지켜 福祿을 후세에까지 전해지게 한 陳嬰의 어머니. ⑥ 項羽의 포로가 되자 자결함으로서 아들이 漢 高祖에게 충성을 다해 功業을 이루게 한 王陵의 어머니. ⑦ 악독한 참언에 무함을 당해 죽은 아들의 사건 경위를 임금이 조사하게 만든 張湯의 어머니. ⑧ 인자함으로 자식을 잘 가르친 雋不疑의 어머니. ⑨ 일의 기미를 알아 남편이 바른 결정을 하도록 도운 楊敞의 부인. ⑩ 자신의 딸을 皇后로 만들려고 許皇后를 독살하고 이 일이 탄로 나자 아들 霍禹를 천자로 세우려 한 霍光의 부인. ⑪ 형벌을 엄격히 집행하여 위엄을 세우는 아들에게 仁義의 교화를 실행하라고 꾸짖은 嚴延年의 어머니. ⑫ 우리를 뛰쳐나온 곰이 元帝를 덮칠까 두려워 막아선 漢나라 馮昭儀. ⑬ 남편을 분발하게 하고 남편에게 만족의 도리로 경각시킨 王章의 아내와 아버지의 죽음을 먼저 알아차린 王章의 딸. ⑭ 趙飛燕 자매의 미움을 받아 長信宮에 물러나 皇太后를 봉양하며 〈怨歌行〉을 지은 班況의 딸 婕妤. ⑮ 後宮의 다른 妃嬪을 질투하여 成帝에게 後宮이 낳은 아이를 모두 죽이게 漢나라 趙飛燕. ⑯ 漢室의 存亡으로 마음을 바꾸지 않은 漢나라 孝皇后. ⑰ 更始帝와 술을 마시며 즐기면서 신하들에게 정사를 아뢰지 못하게 한 更始帝의 부인. ⑱ 품팔이하는 가난한 생활 속에서도 밥상을 눈썹과 나란하게 들어 남편을 공경한 梁鴻의 부인. ⑲ 후

1) 저본의 원주에 "20傳이고 頌은 없다.〔二十傳無頌〕"라고 하였다.

덕한 성품과 검소한 생활로 훌륭한 황후의 본보기가 된 明德皇后 馬氏. ⑳竇皇后에게 誣陷을 당한 원통함을 和帝에게 호소하여 사실을 명백히 밝혀낸 梁夫人 嫕에 대한 이야기이다.

8-1 周나라 國都 郊外[2]의 婦人 周郊婦人[3]

周나라 국도 교외의 婦人은 주나라 大夫 尹固가 〈주나라 국도의〉 교외에서 만난 부인이다. 周 敬王[4] 때 王子 朝[5]가 景王의 총애를 믿고 난을 일으켜 敬王과 왕위를 다투니, 敬王이 都城으로 들어가지 못하였다. 윤고가 召伯 盈[6], 原伯 魯[7]와 함께 왕자 조에게 붙었다. ≪春秋左氏傳≫ 魯 昭公 26년에 의거해보건대, 晉나라 군대가 敬王을 도성으로 들여보내자, 윤고와 왕자 조가 周나라의 典藉을 가지고 楚나라로 出奔하였다.[8]

周郊婦人者는 周大夫尹固所遇於郊之婦人也라 周敬王之時에 王子朝怙(호)寵爲亂하여 與敬王爭立하니 敬王不得入이라 尹固與召伯盈原伯魯로 附於子朝라 春秋魯昭二(年)〔十〕六(月)〔年〕[①9]에 晉師納王하니 尹固與子朝奉周之典藉하여 出奔楚라

---

2) 周나라……郊外 : 東周의 都城인 洛邑의 郊外이다. 지금의 河南省 洛陽이다.

3) 周郊婦人 : ≪列女傳校注≫에는 이 아래에 '仁智. 이 두 자는 明나라 張溥의 翻宋本에 따라 增補하였다. 뒤에도 이를 본받았다.〔仁智 此二字從明張溥翻宋本增 後放此〕'라는 注가 붙어있다. ≪列女傳集注≫에도 이 아래 '仁智' 두 자가 있다. 이는 ≪續列女傳≫ 20전을 유향의 ≪列女傳≫ 7편에 각각 나누어 해당시킨 것이다. 아래도 같다. 張溥는 明나라 太倉 사람으로, 자는 天如이다. 詩文이 敏捷하였다. 張采와 명성이 나란하여 '婁東二張'으로 불리었다. 저서에 ≪詩經注疏大全合纂≫, ≪歷代史論≫, ≪漢魏六朝一百三家集≫ 등이 있다.

4) 周 敬王 : 周 景王의 아들이며, 悼王의 아우이다. 이름은 丏이다. 혹 匄라고도 한다.

5) 王子 朝 : 周 景王의 庶長子이다.

6) 召伯 盈 : 召國의 國君인 召 莊公의 아들 召 簡公을 말한다.

7) 原伯 魯 : 周나라의 大夫이다.

8) 윤고와……出奔하였다 : ≪春秋左氏傳≫ 昭公 26년 조에 "겨울 10월 丙申日에 周 敬王이 滑에서 出發하여 辛丑日에 郊邑에 進駐해 있다가 드디어 尸邑에 주둔하였다. 11월 辛酉日에 晉軍이 鞏邑을 공격해 승리하니, 召伯 盈이 王子 朝를 축출하였다. 王子 朝와 召氏의 宗族은 毛伯得·尹氏固·南宮嚚과 함께 周나라의 典籍을 가지고서 楚나라로 出奔하고, 陰忌는 莒邑으로 달아나 叛亂을 일으켰다.〔冬十月丙申 王起師于滑 辛丑 在郊 遂次于尸 十一月辛酉 晉師克鞏 召伯盈逐王子朝 王子朝及召氏之族毛伯得尹氏固南宮嚚奉周之典籍以奔楚 陰忌奔莒以叛〕"라고 하였다.

9) 二(年)〔十〕六(月)〔年〕: 저본에는 '二年六月'로 되어 있으나, 王照圓의 注에 의거하여 '二十六年'으로 바로잡았다.

周郊婦人

① 春秋魯昭二(年)〔十〕六(月)〔年〕: '年月' 2자는 오자이니, 의당 '二十六年'이 되어야 한다. ≪春秋經傳≫에 보인다.
年月二字誤, 當作二十六年. 見春秋經傳.

며칠이 지난 뒤에 〈尹固가 楚나라에서〉 周나라 國都의 郊外로 돌아왔는데, 한 부인이 교외에서 그를 만나 꾸짖기를 "그대는 國內에 있을 때는 王子 朝를 권하여 禍亂을 일으키게 하고, 國外로 도망가서는 며칠 만에 다시 돌아오니, 이런 사내가 어찌 3년을 넘길 수 있겠는가."라고 하더니, 昭公 29년에 이르러 주나라 서울 사람들이 과연 윤고를 죽였다.

數日道還周郊러니 **婦人遇郊**하여 **尤之曰**① **處則勸人爲禍**하고 **行則數日而反**하니 **是其過三歲乎**리오하더니 **至昭公二十九年**하여 **京師果殺尹固**라

① 尤之曰 : '尤'는 꾸짖음이다.

尤, 過責也.

君子가 이르기를 "周나라 국도 교외의 婦人이 尹氏가 王子 朝를 도와 난을 일으킨 것을 미워하고 天道가 그를 돕지 않을 것을 알아 그가 죽을 시기를 미리 보여 주었더니, 마침내 그 말과 같이 되었다."라고 하였다. ≪詩經≫에 이르기를 "취하여 비유함이 멀지 않은지라, 하늘의 이치가 어그러지지 않네."[10]라고 하였으니, 이를 두고 이른 말이다.

君子謂周郊婦人이 惡尹氏之助亂하고 知天道之不祐하여 示以大期러니 終如其言이라 詩云 取辟(비)不遠①이라 昊天不忒(특)이라하니 此之謂也라

① 取辟不遠 : '辟'는 ≪毛詩≫에 '譬'로 되어 있다.
辟, 毛詩作譬.

8-2 陳나라의 辯舌이 뛰어난 여인 陳國辯女[11]

辯女는 陳나라의 뽕 따는 여인이다. 晉나라 大夫 解居甫[12]가 宋나라에 사신 갈 적에 陳나라를 지나다가 뽕 따는 여인을 만나 가던 길을 멈추고 희롱하기를 "네가 나를 위해 노래를 불러준다면 내 장차 너를 놓아 주리라."라고 하였다. 뽕을 따던 여인이 이에 노래하기를 "墓門에 가시나무가 있거늘 도끼로 쪼개도다. 그 사람이 불량하거늘 國人들이 모두 알도다. 알아도 그만두지 않으니 예부터 그러했도다."[13]라고 하였다. 대부가 또 말하기를 "나를 위해 또 한 수를 노래하라."라고 하였다. 여인이 노래하기를 "묘문에 매화나무가 있거늘 올빼미가 모여 앉았도다. 그 사람이 불량하거늘 노래하여 알려주도다. 알려주어도 나를 돌아보지 않나니 낭패를 당하고서야 나를 생각하리라."[14]라고 하였다.

---

10) 취하여……않네 : ≪詩經≫ 〈大雅 抑〉에 보인다.
11) 陳國辯女 : ≪列女傳校注≫에는 '國'자가 없고, ≪列女傳校注≫와 ≪列女傳集注≫에는 이 아래에 '辯通' 두 자가 있다.
12) 解居甫 : 晉나라 大夫 이름으로, 解居父라고 쓰기도 한다.
13) 墓門에……그러했도다 : ≪詩經≫ 〈陳風 墓門〉에 보인다. 墓門은 陳나라의 城門 이름이다.
14) 묘문에……생각하리라 : ≪詩經≫ 〈陳風 墓門〉에 보인다.

陳國辯女

대부가 말하기를 "매화나무는 있거니와 올빼미는 어디에 있느냐?"라고 하니, 여인이 말하기를 "陳나라는 작은 나라로 큰 나라 사이에 끼어 있습니다. 큰 나라가 飢饉을 이용해 제어하고 군대를 이용해 침해하니 사람조차 없는데 더구나 올빼미에 있어서이겠습니까."라고 하였다. 대부가 이에 탄복하고 풀어 주었다.

辯女者①는 陳國採桑之女也라 晉大夫解(해)居甫使於宋할새 道過陳이라가 遇採桑之女하여 止而戲之曰 女爲我歌면 我將舍汝호리라 採桑女乃爲之歌曰 墓門有棘이어늘 斧以斯之로다 夫也不良이어늘 國人知之로다 知而不已하나니 誰昔然矣로다 大夫又曰 爲我歌其二하라 女曰 墓門有梅어늘 有鴞(효)萃止②로다 夫也不良이어늘 歌以(訊)〔誶(쇄)〕[15] 止로다 (訊)〔誶〕予不顧③하나니 顚倒思予리라 大夫曰 其梅則有어니와 其鴞安在오 女曰 陳은 小國也니 攝乎大國之間이라 因之以飢餓[16]하고 加

15) (訊)〔誶〕: 저본에는 '訊'으로 되어 있으나, 王照圓의 注에 의거하여 '誶'로 바로잡았다. 아래도 같다.

16) 餓 : ≪列女傳校注≫에는 '饉'으로 되어 있다. 梁端의 注에 "舊本에 '飢餓'로 잘못 되어 있었는

之以師旅하니 其人且亡이어든 而況鴞乎아 大夫乃服而釋之라

① 辯女者 : 《藝文類聚》의 이 구절을 인용한 곳에는 '辯'이 '辨'으로 되어 있고, '辨' 위에 '陳'자가 있다.
藝文類聚引辯作辨, 辨上有陳字.

② 墓門有梅 有鴞萃止 : '梅'는 응당 '棘'이 되어야 한다. 《楚辭》 注에 이르기를 "晉나라 解居父가 吳나라에 장가들었는데, 陳나라의 墓門을 지나다가 자식을 업은 婦人을 보고 그와 간음하고자 하니, 부인이 詩를 인용하여 풍자하기를 '墓門에 가시나무가 있거늘, 올빼미가 모여 앉았도다.'라고 하였다. 이는 묘문에 가시나무가 있으니 비록 사람은 없지만 가시나무 위에 오히려 올빼미가 있으니, 너는 유독 부끄럽지 않은가라는 말이다."라고 하였다. 《초사》 注 및 이 傳에서 말한 바에 의거하건대, 이는 모두 《魯詩》의 說이다. 본디 한 가지 일인데 스승이 전수한 바가 각각 다르기 때문에 傳述이 같지 않을 뿐이다. 이곳의 '有梅'의 '梅'는 혹 俗本에 《毛詩》에 의거하여 마음대로 고쳤으나, 《노시》 두 章에 모두 '有棘'으로 되어 있다. 그러므로 《초사》 注에 "가시나무 위에 오히려 올빼미가 있다."라고 한 것이니, '梅'는 古本에 '棘'으로 되어 있음을 알 수 있다.
梅當作棘. 楚辭注云"解居父聘乎吳, 過陳之墓門, 見婦人負其子, 欲與之淫泆. 婦人引詩刺之曰'墓門有棘, 有鴞萃止.' 言墓門有棘, 雖無人, 棘上猶有鴞, 汝獨不愧也." 据注及此傳所言, 蓋皆魯詩之說也. 本爲一事而師授各異, 故傳述不同耳. 是有梅之梅, 或俗本据毛詩妄改, 魯詩二章, 俱作有棘, 故云"棘上猶有鴞", 可知梅古本作棘矣.

③ 歌以(訊)〔誶〕止 (訊)〔誶〕予不顧 : 夫子(郝懿行)가 말하기를 "'訊'은 모두 '誶'자의 오자이다. '誶'의 독음은 '碎'로 '萃'와 서로 韻이 되니, 誶는 고함이다. '訊'으로 되어 있는 것은 독음과 뜻이 모두 어긋난 것이다. 《모시》는 오자가 이곳과 같고, 《초사》 注의 이 구절을 인용한 곳은 틀리지 않았다.
夫子曰"訊, 俱誶字之誤. 誶音碎, 與萃相韻, 誶告也. 作訊音義俱舛矣. 毛詩誤與此同, 楚辭注引不誤.

君子가 이르기를 "辯女는 굳고 바르면서도 말솜씨가 뛰어났으며 유순하면서도 지조가 있었다."라고 하였다. 《詩經》에 이르기를 "이미 군자를 만나보니 즐겁고 또 禮儀가 있도다."[17]라고 하였으니, 이를 두고 이른 말이다.

데, 《楚辭補注》를 따라 교정하였다.〔舊誤飢餓 從楚辭補注校改〕"라고 하였다.

17) 이미……있도다 : 《詩經》〈小雅 菁菁者莪〉에 보인다.

君子謂辯女貞正而有辭하며 柔順而有守로다 詩云 旣見君子호니 樂且有儀라하니 此之謂也라

8-3 聶政의 누나 聶政之姊[18]

齊나라 勇士 聶政의 누나이다. 섭정의 어머니가 돌아가신 뒤에 오직 누나만 남게 되었다. 후일에 濮陽[19] 嚴仲子[20]를 위하여 韓나라 재상 俠累[21]를 찔러 죽이기에 이르러 아울러 죽인 자가 수십 인이었다. 섭정은 화가 누나에게 미칠까 두려워 이 때문에 스스로 얼굴 가죽을 벗기고 눈을 도려내고 스스로 배를 갈라 창자를 꺼내 죽었다.

齊勇士聶政之姊也①라 聶政母旣終에 獨有姊在라 及爲濮(복)陽嚴仲子刺韓相俠累하여 所殺者數十人이러니 恐禍及姊하여 因自披其面하고 抉其目하고 自屠(剔(척))〔出腸〕[22]而死②라

① 【校注】 齊勇士聶政之姊也 : ≪史記≫ 〈刺客列傳〉에는 聶政의 누나 이름을 嫈이라 하였고, ≪史記集解≫에는 "어떤 본에는 '嫈'으로 되어 있다."라고 하였다.
史記刺客傳政姊嫈, 集解曰 "一作嫈."

② 因自披其面……自屠(剔)〔出腸〕而死 : 披는 分離함이다. ≪戰國策≫과 ≪사기≫에는 모두 '皮'로 되어 있는데, '皮'는 바로 '披'자일 뿐이다. '剔'은 '出腸' 2자로 되어 있다.
披, 分離也. 戰國策史記俱作皮, 皮卽披字耳. 剔作出腸二字.

韓나라에서 聶政의 시체를 저잣거리에 내어놓고 현상금 千金을 걸고 탐문하였지만 누구인지 아는 이가 아무도 없었다. 섭정의 누나가 말하기를 "내 동생은 지극히 어질었으니, 내 몸을 아껴서 내 동생의 이름이 사라지게 할 수 없다. 이는 내 동생의 본뜻도 아닐 것이다."라고 하였다. 그러고는 한나라에 이르러 섭정의 시체를 보고 울부짖으며 시체를 지키는 관리에게 말하기를 "한나라 재상을 죽인 자는 나의 동

---

18) 聶政之姊 : ≪列女傳校注≫에는 '之'자가 없고, ≪列女傳校注≫와 ≪列女傳集注≫에는 이 아래에 '辯通' 두 자가 있다.

19) 濮陽 : 魏나라 都城으로, 지금의 河南省 濮陽 서남쪽에 있었다.

20) 嚴仲子 : 仲子는 韓 烈侯 때 大臣 嚴遂의 자이다. 韓나라 宰相 韓傀와 정권을 다투어 원수가 되었다.

21) 俠累 : 韓나라 宰相 韓傀의 자이다. 韓 景侯의 동생이자 韓 烈侯의 숙부이다.

22) (剔)〔出腸〕 : 저본에는 '剔으로 되어 있으나, 王照圓의 주에 의거하여 '出腸'으로 바로잡았다.

聶政之姊

생인 軹縣 深井里의 섭정입니다."라고 하고, 또한 섭정의 시체 곁에서 자살하였다.

韓暴其尸於市하고 **購問以千金**하되 **莫知爲誰**라 **姊曰 弟至賢**하니 〔**不可**〕[23]**愛妾之軀**하여 **滅吾(之弟)〔弟之〕**[24]**名**①이니 **非弟意也**라하고 **乃之韓**하여 **哭聶政尸**하여 **謂吏曰 殺韓相者**는 **妾之弟軹**(지)**深井里聶政也**②라하고 **亦自殺於尸下**라

① 〔不可〕愛妾之軀 滅吾(之弟)〔弟之〕名 : ≪戰國策≫에는 '愛' 위에 '不可' 2자가 있다. '之弟'는 '弟之'로 되어 있으니, 이곳은 그 글을 잘못 도치한 것일 뿐이다.
戰國策愛上有不可二字. 之弟作弟之, 此誤倒其文耳.

② 【校注】 妾之弟軹深井里聶政也 : ≪史記索隱≫에 말하기를 "≪地理志≫에 '河內에 軹縣이 있으니, 深井은 지현의 마을 이름이다.'라고 하였다." 하였다.
史記索隱曰 "地理志河內有軹縣, 深井, 軹縣之里名也."

23) 〔不可〕 : 저본에는 '不可'가 없으나, 王照圓의 注에 의거하여 보충하였다.
24) (之弟)〔弟之〕 : 저본에는 '之弟'로 되어 있으나, 王照圓의 注에 의거하여 '弟之'로 바로잡았다.

晉[25]・楚・齊・衛 등 여러 나라 사람들이 이 일에 대해 듣고 말하기를 "聶政만 용감한 것이 아니라 그 누나도 烈女로다."라고 하였다.

晉楚齊衛聞之曰 非獨聶政之勇이라 乃其姊者烈女也라

君子가 이르기를 "聶政의 누나는 어질면서도 용감하여 죽음을 피해 동생의 이름을 사라지게 하지 않았다."라고 하였다. ≪詩經≫에 이르기를 "死喪의 두려움에 兄弟間이 심히 걱정한다."[26]라고 하였다. 이는 죽는 것이 두려워할 만한 일이로되 오직 형제가 심히 서로 걱정함을 말한 것이니, 이를 두고 이른 말이다.

君子謂聶政姊仁而有勇하여 不去死以滅名①이로다 詩云 死喪之威에 兄弟孔懷라하니 言死可畏之事로되 唯[27]兄弟甚相懷니 此之謂也라

① 【集注】 不去死以滅名 : 梁端이 이르기를 "'去'는 ≪戰國策≫ 〈韓策〉에 대한 吳師道[28]의 補注에 '怯'으로 되어 있다."라고 하였다. 내(蕭道管)가 살펴보건대 '去死'는 '죽음을 피함〔避死〕'과 같으니, 바로 '君子가 仁을 떠난다.'[29]라고 할 때의 去의 뜻이다.
梁云"去, 韓策吳師道補注作怯", 道管案去死, 猶避死, 卽君子去仁之去.

8-4 王孫氏의 어머니 王孫氏母[30]

王孫氏의 어머니는 齊나라 大夫 王孫賈의 어머니이다. 왕손가가 나이 15살에 齊閔王[31]을 섬겼다. 제나라에 난리가 일어나 민왕이 달아나던 도중에 시해를 당하였

25) 晉 : 戰國時代 晉나라는 三晉, 즉 韓・趙・魏 三國을 일컫는 말로 쓰인다.
26) 死喪의……걱정한다 : ≪詩經≫ 〈小雅 常棣〉에 보인다.
27) 唯 : ≪列女傳集注≫에는 '惟'로 되어 있다.
28) 吳師道 : 1283~1344. 元나라 蘭溪 사람으로, 자는 正傳, 호는 蘭陰山人이다. 金履祥의 제자로 國子博士, 禮部郎中 등의 벼슬을 지냈다. 저서에 ≪易詩書雜說≫, ≪春秋胡傳附辨≫, ≪戰國策校注≫, ≪敬鄕錄≫ 등이 있다.
29) 君子가……떠난다 : 孔子가 말하기를 "富와 貴는 사람들이 하고자 하는 것이나 그 정상적인 방법으로 얻지 않으면 처하지 않아야 하며, 貧과 賤은 사람들이 싫어하는 것이나 그 정상적인 방법으로 얻지 않았다 하더라도 버리지 않아야 한다. 君子가 仁을 떠나면 어찌 이름을 이룰 수 있겠는가.〔富與貴是人之所欲也 不以其道得之 不處也 貧與賤是人之所惡也 不以其道得之 不去也 君子去仁 惡乎成名〕"라고 하였다.(≪論語≫ 〈里仁〉)
30) 王孫氏母 : ≪列女傳校注≫와 ≪列女傳集注≫에는 이 아래에 '節義' 두 자가 있다.

王孫氏母

으나 나라 사람들이 민왕을 시해한 자를 토벌하지 않았다.

王孫氏之母者는 齊大夫王孫賈之母也라 賈年十五에 事齊閔王이라 國亂하여 閔王出見弑로되 國人不討賊이라

왕손가의 어머니가 왕손가에게 이르기를 "네가 아침에 나가서 저녁에 돌아오면 나는 대문에 기대어 너를 기다렸고, 네가 저녁에 나가서 돌아오지 않으면 나는 마을 문에 기대어 너를 기다렸다. 네가 이제 왕을 섬기다가 왕이 패주하였는데, 너는 그 계신 곳을 알지 못하니, 너는 어찌 그러고서도 돌아왔느냐?"라고 하였다. 왕손가가 이에 저자 가운데로 들어가 백성들에게 號令하기를 "淖齒가 齊나라를 어지럽혀 閔王

31) 齊 閔王 : 戰國時代 齊나라 임금으로, 田氏이고 이름은 地이다. 宣王의 아들로, 湣王 또는 愍王이라고도 한다.

을 시해하였으니,[32] 나와 함께 요치를 주벌하고자 하는 자는 오른쪽 어깨를 드러내 보이시오."라고 하였다. 저자 사람들 중에 따르는 자가 4백 인이었으므로, 왕손가는 이들과 함께 요치를 주벌하여 찔러 죽였다.

王孫母謂賈曰 汝朝出而晩來면 則吾倚門而望汝①하고 汝暮出而不還이면 則吾倚閭而望汝러니 今汝事王이라가 王出走어시늘 汝不知其處하니 汝尙何歸乎아 王孫賈乃入市中하여 而令百姓曰 淖(뇨)齒亂齊國하여 弑閔王하니 欲與我誅之者는 袒右②③하라한대 市人從者四百人이어늘 與之誅淖齒④하여 刺而殺之라

① 【集注】 則吾倚門而望汝 : ≪戰國策≫ 〈齊策〉에는 두 '望'자 아래에 '汝'자가 없다.
齊策兩望字下, 無汝字.

② 欲與我誅之者 袒右 : 袒은 옷의 솔기를 푸는 것이고, 右는 오른팔이니, 옷의 솔기를 풀어 오른팔을 드러내어 표시를 하는 것을 말한다. ≪전국책≫에 이 일이 실려 있다. ≪漢書≫에 말하기를 "劉氏를 위하는 자들은 왼쪽 어깨를 드러내라."[33]라고 한 것은 여기에 근본한 것이다.
袒, 衣縫解也. 右, 右臂也. 言袒出右臂, 以爲表識. 戰國策有其事. 漢書曰"爲劉氏左袒", 本此也.

③ 【校正】 袒右……袒衣縫解也[34] : 王紹蘭[35]은 상고하건대, ≪說文解字≫ 〈人部〉에 "'但'은 裼이다."라고 하였으니, 但裼은 곧 ≪전국책≫과 ≪韓非子≫에 이른바 '徒裼袒右'[36]라

32) 淖齒가……시해하였으니 : 淖齒는 楚나라의 公族이다. 齊 閔王 17년에 燕나라 장수 樂毅가 燕・秦・趙・魏・韓 다섯 나라의 군사를 거느리고 齊나라를 공격하여 70여 성을 함락하자 민왕이 달아났다. 楚 頃襄王이 淖齒를 파견하여 병사를 거느리고 齊나라를 구원하게 하였다. 이에 민왕이 요치를 相國으로 임명하였으나 오래지 않아 요치가 민왕을 협박하여 鼓里에서 죽였다.

33) 劉氏를……드러내라 : 左袒은 '좌측 어깨의 맨살을 드러낸다.'는 뜻으로, 같은 편이 되어 生死를 같이 하는 것을 비유하는 말이다. 漢나라 高后 8년 呂后가 죽은 뒤에, 右丞相 陳平과 太尉 周勃이 呂氏들을 숙청하려고 모의하고 나서, 주발이 北軍에게 호령하기를 "여씨를 위하는 자는 오른쪽 어깨를 드러내고, 劉氏를 위하는 자는 왼쪽 어깨를 드러내라.〔爲呂氏右袒 爲劉氏左袒〕"라고 하였는데, 軍中이 모두 좌단을 하니, 주발이 마침내 북군을 이끌고 여씨를 제거하고 한나라를 안정시켰다.(≪漢書≫ 卷3 〈高后紀〉)

34) 袒右……袒衣縫解也 : 원 표제어는 "袒右 補注 袒衣縫解也"로 '袒右'에 대한 王照圓의 補注(위의 원주 ②) "袒 衣縫解也"에 대한 校正이다.

35) 王紹蘭 : 1760~1835. 淸나라 학자로, 자는 畹馨, 호는 南陔 또는 思維居士이다. 저서에 ≪儀禮圖≫, ≪周人禮說≫, ≪周人經說≫, ≪說文集注≫, ≪讀書雜記≫ 등이 있다.

36) 徒裼袒右 : ≪戰國策≫과 ≪韓非子≫에는 '頓足徒裼'으로 되어 있다. ≪戰國策≫ 〈秦策一 張儀說秦王〉과 ≪韓非子≫ 卷1 〈初見〉에 "전쟁이라는 말만 들으면 맨발로 좇아 나가 맨몸으로 시

고 할 때의 袒이다. '但'이 正字이고 '袒'은 假借字이다. ≪설문해자≫ 〈衣部〉에 "'袒'은 옷의 솔기를 푸는 것이다."라고 하였으니, 곧 ≪禮記≫ 〈內則〉에 이른바 '衣裳綻裂'[37]이라는 것이다. 袒과 綻은 古字와 今字이니, 但裼의 뜻과 같지 않다.

紹蘭案說文人部"但, 裼(석)也", 但裼, 卽戰國策·韓非子所謂徒裼袒右之袒. 但爲正字, 袒則假借字. 衣部"袒, 衣縫解也", 卽內則所謂衣裳綻(탄)裂. 袒綻古今字, 與但裼之義不同.

④【校注】與之誅淖齒 : ≪한서≫ 顔師古 注에 말하기를 "'淖'의 독음은 女·教의 反切이고, 글자는 혹 '卓'으로도 쓴다."라고 하였다.

漢書顔師古注曰 "淖音女·教反, 字或作卓."

君子가 이르기를 "王孫賈의 어머니는 의롭고 아들을 잘 가르쳤도다."라고 하였다. ≪詩經≫에 이르기를 "네 아들을 잘 가르쳐서 善으로 인도하여 너와 똑같게 하라."[38]라고 하였으니, 이를 두고 이른 말이다.

君子謂王孫母義而能教로다 詩云 教誨爾子하여 式穀似之라하니 此之謂也라

8-5 陳嬰의 어머니　陳嬰之母[39]

漢나라 棠邑[40]侯 陳嬰의 어머니이다. 처음에 진영이 東陽縣[41]의 令史[42]가 되어 그 현에 거처하면서 평소 信實하고 謹愼하여 忠厚한 長者라 일컬어졌다. 秦 二世[43]가 帝位에 있을 때 동양현의 少年이 縣令을 죽이고 수천 명을 모아 首領을 세우고자

퍼런 칼날에 대들며, 숯불을 밟아 나라를 위해 죽기를 결심한 자들이 전부입니다.〔聞戰 頓足徒裼 犯白刃 蹈爐炭 斷死於前者比是也〕"라고 하였다.

37) 衣裳綻裂 : ≪禮記≫ 〈內則〉에 "부모의 침과 콧물을 보이지 않게 하며, 관과 띠에 때가 끼었거든 잿물을 타서 빨기를 청하며, 의상에 때가 끼었거든 잿물을 타서 빨기를 청하며, 의상이 터지고 찢어졌거든 바늘에 실을 꿰어 깁고 꿰매기를 청한다.〔父母唾洟 不見 冠帶垢 和灰請漱 衣裳垢 和灰請澣 衣裳綻裂 紉箴請補綴〕"라고 하였다.

38) 네……하라 : ≪詩經≫ 〈小雅 小宛〉에 보인다.

39) 陳嬰之母 : ≪列女傳校注≫에는 '之'자가 없고, ≪列女傳校注≫와 ≪列女傳集注≫에는 이 아래에 '賢明' 두 자가 있다.

40) 棠邑 : 지금의 江蘇省 六合縣 境內에 있었다.

41) 東陽縣 : 秦代의 縣名으로, 지금의 安徽省 天長縣 서북쪽에 있었다.

42) 令史 : 縣令 아래의 書吏이다.

43) 秦 二世 : 秦始皇의 아들 二世皇帝 胡亥로, 3년간 在位하였다.

陳嬰之母

하였으나 적합한 사람이 없어 이에 진영에게 청하였다. 진영이 능력이 없다고 사양하였는데 결국 억지로 진영을 수령으로 세우고, 현에서 따르는 자 2만 명을 얻게 되자 진영을 옹립하여 왕으로 삼고자 하였다.

漢棠邑侯陳嬰之母也①②라 **始**에 **嬰爲東陽令史**하여 **居縣素信**하여 **爲長者**[44]라 **秦二世之時**에 **東陽少年殺縣令**하고 **相聚數千人**하여 **欲立長帥**하되 **未有所用**하여 **乃請陳嬰**이라 **嬰謝不能**한대 **遂强立之**하고 **縣中從之得二萬人**일새 **欲立嬰爲王**이라

① 漢棠邑侯陳嬰之母也 : '棠'은 ≪漢書≫ 〈功臣表〉에 '堂'으로 되어 있으니, 아마 陳嬰은 堂邑 사람으로 東陽縣 令史가 되었을 것이다. 그 어머니는 播旌 사람이다. 播旌과 東陽과 堂邑은 모두 臨淮郡에 속한다.

棠漢表作堂, 嬰蓋堂邑人爲東陽令史. 其母播旌人也. 播旌東陽堂邑, 俱屬臨淮郡.

44) 居縣素信 爲長者 : ≪史記≫ 〈項羽本紀〉에는 '居縣中 素信謹 稱爲長者'로 되어 있다.

② 【校注】 漢棠邑侯陳嬰之母也 : ≪史記集解≫ 〈項羽本紀〉에 張晏이 말하기를 "陳嬰의 어머니는 潘旌 사람으로, 묘가 潘旌에 있다."라고 하였다.
史記項羽紀集解張晏曰 "陳嬰母潘(파)旌人, 墓在潘旌."

陳嬰의 어머니가 다음과 같이 말하였다.

"내 너의 집안의 며느리가 된 이후로 들어보니 너의 집 선대에 크게 顯貴하게 된 분이 없었다. 지금 갑자기 큰 이름을 얻는 것은 상서롭지 못하다. 병사를 다른 사람에게 맡기는 것만 못하다. 일이 이루어지면 오히려 侯에 봉해질 수 있고 실패하더라도 화를 면하기 쉬울 것이니, 사람들에게 지목받지 않을 수 있기 때문이다."

진영이 어머니의 말을 따라 병사를 項梁[45]에게 맡겼는데, 항량이 진영을 上柱國[46]으로 삼았다. 뒤에 항씨가 패하자 진영은 漢朝에 歸附하여 功으로 棠邑侯에 봉해졌다.

嬰母曰 我爲子家婦하여 聞先故不甚貴①하니 今暴得大名은 不祥이라 不如以兵有所屬하니 事成猶得封侯요 敗則易以亡이니 可無爲人所指名也라 嬰從其言[47]하여 以兵屬項梁한대 梁以爲上柱國이라 後項氏敗에 嬰歸漢하여 以功封棠邑侯라

① 【校注】 聞先故不甚貴 : '故'는 ≪史記≫에 '古'로 되어 있다.
故, 史記作古.

君子가 말하기를 "진영의 어머니는 天命을 알고, 또 능히 선대의 舊業을 지켜 그 福祿을 후세에까지 전해지게 하였으니, 계책과 사려가 깊었다."라고 하였다. ≪詩經≫에 이르기를 "後孫에게 계책을 남겨 주어, 공경하는 아들을 편안하게 하였다."[48]라

45) 項梁 : 楚나라 장군 項燕의 아들이다. 秦 二世 元年(B.C. 209)에 陳勝 등이 의병을 일으키자, 項梁은 조카 項羽와 함께 吳에서 병사를 일으켜 秦王朝에 항거하였다.

46) 上柱國 : 楚나라의 官名이다. 上卿의 벼슬로, 相國에 해당한다.

47) 嬰從其言 : ≪史記≫ 〈項羽本紀〉에는 '嬰從其言'이 '陳嬰은 이에 감히 왕이 되지 못하고〔嬰乃不敢爲王〕'로 되어 있고, 그 아래에 "그 군리에게 이르기를 '항씨는 대대로 장수 집안으로 초나라에서 이름이 높다. 지금 대사를 거행하고자 한다면 장수는 그 사람이 아니면 안 될 것이다. 우리들이 명문대족에 의탁하면 진나라를 멸망시키는 일은 틀림없을 것이다.'라고 하니, 이에 군사들이 그의 말을 따랐다.〔謂其軍吏曰 項氏世世將家 有名於楚 今欲擧大事 將非其人 不可 我倚名族 亡秦必矣 於是衆從其言〕"라는 구절이 더 있다.

48) 後孫에게……하였다 : ≪詩經≫ 〈大雅 文王〉에 보인다.

고 하였으니, 이를 두고 이른 말이다.

君子曰 嬰母知天命하고 又能守先故之業①하여 流祚後世하니 謀慮深矣로다 詩曰 貽(이)厥孫謀②하여 以燕翼子라하니 此之謂也라

① 又能守先故之業 : '先故'는 '先古'와 같으니, 능히 先世의 舊業을 지킴을 말한다.
先故, 猶先古也. 言能守其先世舊故之業.

② 貽厥孫謀 : '貽'는 ≪毛詩≫에 '詒'로 되어 있다.
貽, 毛詩作詒(이).

8-6 王陵의 어머니 王陵之母[49)]

漢나라 丞相 安國[50)]侯 王陵의 어머니이다. 왕릉이 처음에 沛縣[51)]의 호걸이었는데 高祖[52)]가 미천했을 때에 왕릉을 형으로 섬겼다. 고조가 패현에서 병사를 일으켜 〈秦나라에 항거하기에〉 이르러 왕릉 또한 무리 수천 명을 모아 그 병사를 漢王에게 귀속시켰다.

漢丞相安國侯王陵之母也라 陵始爲縣(邑)[53)]豪①니 高祖微時兄事陵이라 及高祖起沛하여 陵亦聚黨數千〔人〕②[54)]하여 以兵屬漢王이라

① 陵始爲縣(邑)豪 : '邑'자는 衍文이니, ≪史記≫와 ≪漢書≫에는 없다.
邑字衍, 史記漢書無之.

② 【校注】 陵亦聚黨數千〔人〕 : ≪太平御覽≫ 〈人事部82〉에는 '千' 아래에 '人'자가 있다.
太平御覽人事部八十二千下有人字.

項羽[55)]가 漢 高祖와 對敵하게 되자, 왕릉의 어머니를 잡아다가 軍中에 두었다. 왕

---

49) 王陵之母 : ≪列女傳校注≫에는 '之'자가 없고, ≪列女傳校注≫와 ≪列女傳集注≫에는 이 아래에 '節義' 두 자가 있다.

50) 安國 : 漢代의 縣名으로, 지금의 河北省 安國에 있었다.

51) 沛縣 : 지금의 江蘇省에 속한 縣으로, 漢 高祖 劉邦의 고향이 沛縣의 豐邑이다.

52) 高祖 : 漢 高祖 劉邦으로, 자는 季이다. 秦 二世 元年에 起兵하여 咸陽을 공략하여 漢王이 되었고, 項羽를 垓下에서 격파한 뒤 帝位에 올라 국호를 漢이라 하고 長安에 도읍하였다.

53) (邑) : 저본에는 '邑'이 있으나, 王照圓의 注에 의거하여 衍文으로 처리하였다.

54) 〔人〕 : 저본에는 '人'이 없으나, ≪列女傳校注≫에 의거하여 보충하였다.

王陵之母

릉의 使者가 이르자, 항우가 왕릉의 어머니를 禮遇하여 東嚮하여 앉게 해서 이로써 왕릉을 투항하게 하고자 하였다. 이윽고 왕릉의 어머니가 사사로이 使者를 보낼 적에 울며 말하기를 "老妾을 위하여 왕릉에게 말을 전하되 漢王을 잘 모시라고 해주오. 한왕은 仁慈하고 忠厚한 長者인지라 반드시 천하를 얻을 것이니, 노첩 때문에 두 마음을 품지 말라고 해주오. 첩은 이미 죽었다고 말해주오."라고 하고는 칼에 엎어져 죽어 한왕에게 충성하려는 왕릉의 의지를 굳히게 하였다. 항우가 大怒하여 왕릉의 어머니의 시체를 삶아버렸다. 王陵은 더욱 감동하여 마침내 고조와 더불어 천하를 평정하니 지위가 丞相에 이르렀고 安國侯에 봉해져 그 爵位가 五世 子孫에게까지 전해졌다.

55) 項羽 : 羽는 秦末 楚의 장수 項籍의 자이다. 숙부 項梁과 함께 起兵하여 秦軍을 쳐서 咸陽을 불사르고 秦王 子嬰을 죽이고 자립하여 西楚霸王이 되었다. 劉邦과 천하를 다투었으나 垓下의 싸움에서 패하고 烏江에서 투신자살하였다.

項羽與漢爲敵國에 得陵母하여 置軍中이라 陵使至則東嚮坐陵母①하여 欲以招陵이라 陵母旣而私送使者泣曰 爲老妾語陵호되 善事漢王하라 漢王長者〔也라 必得天下〕②[56]리니 無以老妾故로 懷〔持〕[57]二心하라 言妾已死也라하고 乃伏劍而死하여 以固勉陵이라 項羽怒烹之라 陵志益感하여 終與高祖定天下하니 位至丞相하고 封侯하여 傳爵五世라

① 則東嚮坐陵母：東嚮은 높여 예우하는 것이다.
東嚮者, 尊禮之也.

②【校注】漢王長者〔也 必得天下〕：≪太平御覽≫에는 이 아래에 '也必得天下' 5자가 있다.
太平御覽下有也必得天下五字.

君子가 이르기를 "王陵의 어머니는 자신의 몸을 버려 義를 세워서 그 아들이 功業을 이루게 하였도다."라고 하였다. ≪詩經≫에 이르기를 "내 몸도 주체할 수 없는데, 하물며 내 뒤를 걱정하랴."[58]라고 하였으니, 이는 종신토록 자신의 仁德을 지켜내기 어려움을 말한 것인데, 왕릉의 어머니의 仁德은 五世 자손에게까지 전해졌도다.

君子謂王陵母能棄身立義하여 以成其子로다 詩云 我躬不閱이어든 遑恤我後리오하니 終身之仁也①어늘 陵母之仁及五世矣로다

① 我躬不閱……終身之仁也：본래 ≪禮記≫ 〈表記〉의 글이다.
本表記文.

8-7 張湯의 어머니　張湯之母[59]

漢나라 御史大夫[60] 張湯[61]의 어머니이다. 장탕은 法令에 밝음으로 漢 孝武帝[62]를

56) 〔也 必得天下〕：저본에는 '也 必得天下'가 없으나, ≪列女傳校注≫에 의거하여 보충하였다.

57) 〔持〕：저본에는 '持'가 없으나, ≪太平御覽≫ 〈人事部82〉에 의거하여 보충하였다.

58) 내……걱정하랴：≪詩經≫ 〈邶風 谷風〉에 보인다.

59) 張湯之母：≪列女傳校注≫에는 '之'자가 없고, ≪列女傳校注≫와 ≪列女傳集注≫에는 이 아래에 '仁智' 두 자가 있다.

60) 御史大夫：官名으로, 監察과 司法을 主管하였다. 뒤에 大司空, 司空으로 명칭을 바꾸었다. 丞相, 太尉와 함께 三公이라 불렸다. 승상은 大司徒이고, 태위는 大司馬이다.

61) 張湯：前漢 杜陵 사람이다. 武帝 때 廷尉와 御史大夫에 任用되었다. 白金과 五銖錢을 鑄造할 것을 건의하였고, 鹽鐵을 관청에서 운영하는 정책을 지지하였다. 律令을 제정하고 法令을 엄

섬겨 御史大夫가 되었는데, 이기기를 좋아하고 남을 업신여겼다. 어머니가 자주 꾸짖고 성내었으나 본성이 고쳐지지 않았다. 뒤에 과연 丞相 嚴靑翟과 세 명의 長史[63]에게 원망을 샀는데, 마침 趙王이 글을 올려 장탕의 죄를 말하였다. 효무제가 그 일을 廷尉[64]에 회부하니 승상과 세 명의 장사가 함께 장탕의 죄를 나열하여 모함하였는데, 장탕이 결국 자살하였다.

漢御史大夫張湯之母也라 **湯以文法**으로 **事漢孝武帝**하여 **爲御史大夫**한대 **好勝陵人**하니 **母數責怒**나 **性不能悛**(전)**改**라 **後果爲丞相嚴靑翟**(적)①**及三長史**②**所怨**이어늘 **會趙王上書言湯罪**라 **(繫)〔事下〕**[65] **廷尉**③하니 **丞相及三長史共致其罪**한대 **遂自殺**이라

① 【校注】 嚴靑翟 : 莊靑翟이니, 漢나라에서 明帝의 諱를 피하여 嚴으로 고쳤다.
莊靑翟, 漢避明帝諱改嚴.

② 【校注】 三長史 : 朱買臣[66]과 王朝와 邊通[67]이다.
朱買臣・王朝・邊通.

③ 會趙王上書言湯罪 (繫)〔事下〕廷尉 : 張湯이 비록 죄를 지었지만 몸이 拘禁을 당하지는 않았으니, '繫'자는 오자이다. ≪漢書≫에는 다만 '사건을 廷尉에 회부하였다.'라고만 하였다.
湯雖有罪, 身未被繫, 繫字誤也. 漢書但云事下廷尉.

張湯의 형제와 아들들이 후하게 장례지내고자 하였는데, 어머니가 말하기를 "장탕이 天子의 大臣으로 악독한 참언에 무함을 당하여 죽었는데 또한 어찌 후하게 장례지내겠는가."라고 하고, 소가 끄는 수레에 장탕의 시체를 싣고 매장할 때에 內棺만 쓰고 外槨은 쓰지 못하게 하였다. 천자가 이 소식을 듣고 말하기를 "이러한 어머니

격히 적용하여 酷吏로 유명하였다.

62) 孝武帝 : 漢 武帝로, 이름은 劉徹이다. 漢 高祖의 증손이며, 景帝의 둘째 아들이다.

63) 長史 : 前漢 때 丞相과 太尉와 御史大夫의 屬官으로, 三公輔佐라 불리었다.

64) 廷尉 : 官名으로, 司法과 刑獄을 담당하는 九卿의 하나이다. 大理 또는 廷尉卿이라고도 불린다.

65) (繫)〔事下〕 : 저본에는 '繫'로 되어 있으나, 王照圓의 注에 의거하여 '事下'로 바로잡았다.

66) 朱買臣 : 前漢 武帝 때의 文臣으로, 자는 翁子이다. 會稽 사람으로, 처음에는 독서에만 열중하여 집이 가난해져 아내가 도망갈 정도였으나 50세가 되어 부귀하게 되었다. 武帝에게 중용되었으나 張湯을 모함한 죄를 입어 사형당하였다.

67) 邊通 : 前漢 사람으로, 策士의 游說術을 익혀 두 차례 濟南相이 되었으나 후에 관직을 잃고 長史에 임명되었다.

가 아니면 이러한 아들을 낳지 못하리라."라고 하고, 이에 사건의 경위를 철저히 조사하여 세 명의 長史를 주살하니, 丞相 嚴靑翟은 자살하였다.

昆弟諸子欲厚葬之어늘 母曰 湯爲天子大臣하여 被惡言而死하니 亦何厚葬〔爲〕①②[68]이리오하고 載以牛車하고 有棺而無槨이라 天子聞之曰 非此母면 不生此子라하고 乃盡案誅三長史하니 丞相嚴靑翟自殺이라

① 亦何厚葬〔爲〕: '葬' 아래에 아마 '爲'자가 빠진 듯하다. ≪漢書≫에는 '何厚葬爲'로 되어 있다.
葬下疑脫爲字. 漢書作何厚葬爲.

② 【校注】 亦何厚葬〔爲〕: ≪史記≫에는 '何厚葬乎'로 되어 있고, ≪한서≫에는 '乎'가 '爲'로 되어 있으니, 이곳에 아마 1자가 빠진 듯하다.
史記何厚葬乎, 漢書乎作爲, 此疑脫一字.

君子가 이르기를 "張湯의 어머니는 자신의 감정을 억제하여 당시의 군주를 감동시켜 깨닫게 하였도다."라고 하였다. ≪詩經≫에 이르기를 "저 아름다운 孟姜이여 德音을 잊지 못하리로다."[69]라고 하였으니, 이를 두고 이른 말이다.

君子謂張湯母能克己하여 感悟時主로다 詩云 彼美孟姜이여 德音不忘이라하니 此之謂也라

8-8 雋不疑의 어머니 雋不疑母[70]

漢나라 京兆尹[71] 雋不疑[72]의 어머니이다. 그녀는 인자하면서 자식을 잘 가르쳤다. 전불의가 경조윤이 되어 관할 縣을 순행하며 옥에 갇힌 죄수의 情狀을 기록하고

68) 〔爲〕: 저본에는 '爲'가 없으나, 王照圓의 注에 의거하여 보충하였다. ≪史記≫에 의거하면 '乎'가 되어도 무방할 듯하다.

69) 저……못하리로다 : ≪詩經≫ 〈鄭風 有女〉에 보인다.

70) 雋不疑母 : ≪列女傳校注≫와 ≪列女傳集注≫에는 이 아래에 '母儀' 두 자가 있다.

71) 京兆尹 : 官名으로, 직임은 郡太守에 상당하며 治所는 長安에 있었다. 관할하는 지역은 대략 지금의 陝西省 秦嶺 以北, 西安 以東, 渭河 以南이었다. 漢나라 때 도성인 長安을 京兆, 馮翊, 扶風 세 구역으로 나누고 三輔라 하였다.

72) 雋不疑 : 前漢 渤海 사람으로, 자는 曼倩이다. 武帝 때 青州刺史를 지냈고, 昭帝 때 京兆尹이 되었다. 항상 儒家의 經術로 일을 결정하여 조정에 명성이 높았다.

雋不疑母

돌아올 때마다 그 어머니가 잘못 판결한 것을 시정하여 몇 사람이나 살렸는지 물었다. 전불의가 잘못 판결한 것을 시정하여 억울한 누명을 벗겨 준 것이 많으면 그 어머니가 기쁘게 웃으며 음식을 드시고 말씀하는 것이 다른 때와 달랐다. 혹 석방한 죄수가 없으면 어머니가 노하여 이 때문에 음식을 드시지 않았다. 이런 까닭으로 전불의가 관리를 맡은 동안에 법을 집행함이 嚴厲하였으나 잔혹하지는 않았다.

漢京兆尹雋(전)不疑之母也라 仁而善教라 不疑爲京兆尹하여 行縣錄囚徒하고 還에 其母輒問〔有〕[73]所平反(번)①하여 〔活幾何人고 卽不疑多所平反〕②[74]이면 母喜笑③하여 飮食言語異於他時하고 或無所出이면 母怒하여 爲之不食이라 由是故不疑爲吏에 (不嚴)〔嚴而〕[75]不殘④이라

73) 〔有〕: 저본에는 '有'가 없으나, 王照圓의 注에 의거하여 보충하였다.

74) 〔活幾何人 卽不疑多所平反〕: 저본에는 '活幾何人 卽不疑多所平反'이 없으나, ≪列女傳校注≫에 의거하여 보충하였다.

75) (不嚴)〔嚴而〕: 저본에는 '不嚴'으로 되어 있으나, 王照圓의 注에 의거하여 '嚴而'로 바로잡았다.

① 【校注】 其母輒問〔有〕所平反 : 〈'平反'은〉 ≪太平御覽≫ 〈人事部60〉의 이 구절을 인용한 注에 이르기를 "그 일을 바로잡아 죽음을 번복해서 살리는 것이다."라고 하였다.
太平御覽人事部六十引注云 "平其事, 反死爲生也."

② 【校注】 〔活幾何人 卽不疑多所平反〕 : 이 11자가 舊本에 빠졌는데, ≪태평어람≫을 따라 校勘 增補하였다. '卽'은 잘못 '耶'로 되어 있었는데, ≪漢書≫ 本傳을 따라 교정하였다.
十一字舊脫, 從太平御覽校增. 卽誤耶, 從漢書本傳校改.

③ 其母輒問〔有〕所平反……母喜笑 : ≪한서≫에 의거하면 '所' 위에 '有'자가 빠졌다. '反'은 옛날 독음이 '幡'이다.
据漢書所上脫有字. 反舊音幡(번).

④ (不嚴)〔嚴而〕不殘 : ≪한서≫에는 '嚴而不殘'으로 되어 있다.
漢書作嚴而不殘.

君子가 이르기를 "雋不疑의 어머니는 인자함으로 자식을 가르쳤도다."라고 하였다. ≪詩經≫에 이르기를 "높은 하늘은 사람이 형벌로 백성을 위협하여 천하에 재앙이 퍼지는 것을 미워한다."[76]라고 하였으니, 天道는 살리기를 좋아하여 포악한 형벌이 천하에 행해지는 것을 미워함을 말한 것이다.

君子謂不疑母能以仁教로다 詩云 昊天疾威①하여 敷于下土라하니 言天道好生하여 疾威虐之行于下土也로다

① 昊天疾威 : ≪毛詩≫에는 '昊'가 '旻'으로 되어 있다.
毛詩昊作旻.

8-9 漢나라 楊敞[77]의 夫人 漢楊夫人[78]

楊夫人은 漢나라 丞相 安平[79]侯 楊敞의 아내이다. 漢 昭帝[80]가 崩御하고 昌邑王

76) 높은……미워한다 : ≪詩經≫ 〈小雅 小旻〉에서는 "하늘의 포악함이 천하에 퍼졌다.〔旻天疾威 敷于下土〕"라고 하여, 疾威를 '포학하다'는 동일한 의미를 가진 글자의 병렬관계로 보았으나, 이에 대한 鄭玄의 箋注에서는 "하늘의 덕은 王者가 형벌로 백성들을 위협하는 것을 미워한다.〔疾王者以刑罰威恐萬民〕"라고 하였다. 여기서는 문맥을 살펴 鄭玄의 箋注에 의거하여 번역하였다.
77) 楊敞 : 前漢 華陰 사람이다. 관직이 丞相에 이르렀고, 安平侯에 封해졌고 諡號는 敬侯이다.
78) 漢楊夫人 : ≪列女傳校注≫에는 '漢'자가 없고, ≪列女傳校注≫와 ≪列女傳集注≫에는 이 아래에 '賢明' 두 자가 있다.

漢楊夫人

賀[81]가 황제로 즉위하였는데 생활이 淫亂하였다. 大將軍[82] 霍光[83]이 車騎將軍[84] 張安世[85]와 모의하여 賀를 폐하고 다른 皇帝를 세우고자 하였다. 의논이 이미 정해지자 大司農[86] 田延年[87]에게 이를 丞相 양창에게 보고하게 하였는데, 양창이 놀라고

79) 安平 : 縣名으로, 지금의 河北省 安平에 있었다.

80) 漢 昭帝 : 漢 武帝의 아들로, 이름은 劉弗陵이다.

81) 昌邑王 賀 : 武帝의 손자이며 哀王의 아들이다. 昌邑은 지금의 山東省 巨野 동남쪽 지역이다.

82) 大將軍 : 官名으로, 병사를 통솔하여 出征해서 싸우는 일을 관장하는 직임이다. 漢代에는 大司馬의 명칭을 大將軍 위에 더하여 정사에 참여하는 皇帝 左右의 大臣이 되었다.

83) 霍光 : 河東 平陽 사람으로, 자는 子孟이고, 시호는 宣成이다. 驃騎大將軍 霍去病의 배다른 아우이다. 昭帝 때 桑弘羊과 더불어 정사를 보좌하여 大司馬大將軍의 지위에 올랐으며 博陸侯에 봉해졌다.

84) 車騎將軍 : 官名으로, 職位가 大將軍과 驃騎將軍의 다음이다.

85) 張安世 : 자는 子孺이다. 張湯의 아들로 富平侯에 봉해졌다.

86) 大司農 : 官名으로, 九卿의 하나이다. 租稅, 錢穀, 鹽鐵과 國家의 財政 收支를 담당하였다.

두려워 무슨 말을 해야 할지 몰라 등에 땀을 줄줄 흘리면서 그저 '예, 예.'라고 할 뿐이었다.

楊夫人者는 漢丞相安平侯楊敞之妻也라 漢昭帝崩하고 昌邑王賀卽帝位어늘 淫亂하니 大將軍霍光與車騎將軍張安世謀하여 欲廢賀更立帝라 議已定에 使大司農田延年報敞한대 敞驚懼하여 不知所言하여 汗出浹背하여 徒曰唯唯而已라

田延年이 잠시 측간에 간 사이에 楊敞의 부인이 급히 동쪽 방에서 나와 양창에게 다음과 같이 말하였다.

"이는 나라의 大事입니다. 지금 大將軍이 의논을 이미 정하고 九卿으로 하여금 君侯에게 와서 보고하게 하였습니다. 그런데 군후께서 속히 응답하여 대장군과 마음을 함께하지 않고 머뭇거리며 결정하지 않는다면 일이 벌어지기도 전에 군후를 먼저 죽일 것입니다."

전연년이 측간에서 돌아오자 양창과 부인이 전연년과 더불어 함께 상의하여 허락하고 대장군의 명령을 받들기를 청하였다. 드디어 함께 昌邑王을 폐하고 宣帝[88]를 옹립하였다. 한 달 남짓 지나 양창이 죽었는데 食邑 3,500호를 더 받았다.

延年出更衣어늘 夫人遽從東廂謂敞曰 此國之大事라 今大將軍議已定하고 使九卿來報君侯어늘 君侯不疾應하여 與大將軍同心하고 猶與無決이면 先事誅矣리라 延年從更衣還이어늘 敞夫人與延年參語許諾①하고 請奉大將軍敎令이라 遂共廢昌邑王하고 立宣帝라 居月餘에 敞薨하니 益封三千五百戶라

① 敞夫人與延年參語許諾 : '參'은 섞임과 같으니, 楊敞이 田延年과 함께 얘기를 나눌 적에 夫人이 곁에서 참여하여 楊敞을 대신해서 허락한 것이다.
參, 猶錯也. 敞與延年共語, 夫人從旁參錯之, 代敞許諾也.

君子가 이르기를 "楊敞의 夫人은 일의 기미를 아는 여인이라 이를 만하도다."라고 하였다. ≪詩經≫에 이르기를 "진실로 저 현명한 여인이 善한 덕으로 와서 가르쳐주네."[89]라고 하였으니, 이를 두고 이른 말이다.

87) 田延年 : 자는 子賓이다. 벼슬이 大司農에 이르렀고 陽成侯에 봉해졌다.
88) 宣帝 : 前漢의 7대 황제 劉詢으로, 武帝의 太子 劉據의 손자이다.

君子謂敵夫人可謂知事之機者矣로다 詩云 展彼碩女①여 令德來教라하니 此之謂也라

① 展彼碩女 : '展'은 진실함이고, '碩'은 큼이니, 진실로 저 크게 賢明한 여인이 善한 德으로 와서 가르쳐 줌을 말한 것이다. 이는 ≪魯詩≫이니, ≪毛詩≫에는 '展'이 '辰'으로 되어 있다.
展, 信也. 碩, 大也. 言信彼大賢之女, 以善德來敎也. 此蓋魯詩, 毛詩展作辰.

8-10 漢나라 霍光의 夫人 漢霍夫人[90]

霍夫人 顯은 漢나라 大將軍 博陸[91]侯 霍光의 아내이다. 사치하고 음란하며 포학하고 잔혹하여 법도를 지키지 않았다. 곽광이 충성스럽고 신중함으로 孝武皇帝가 임종할 때 남긴 詔書를 받아 어린 군주[92]를 보필하였고, 孝宣帝 때에는 또 宣帝를 擁立한 功으로 존경과 총애를 받아 신하 중에 비할 이가 없었다.

곽부인 顯에게 어린 딸이 있었는데 字가 成君이었다. 곽부인은 딸을 尊貴하게 만들려고 하였으나 그렇게 할 방법이 없었다. 마침 宣帝의 許皇后[93]가 출산할 때가 되어 병을 얻었는데 顯이 女醫 淳于衍에게 이르기를 "婦人이 아이를 낳는 것은 큰일이니 열에 아홉은 죽고 하나가 사는 정도이다. 지금 허황후가 아이를 낳을 때가 되었으니 기회를 노려 독약을 넣어 허황후를 제거하라. 만일 내 딸이 皇后가 되면 부귀를 함께 누리리라."라고 하였다.

순우연이 곽부인의 말을 받들어 附子[94]를 찧어 가루로 만들어 太醫가 조제한 大丸[95] 속에 함께 넣어 가지고 들어가 드디어 약을 먹여 허황후를 시해하였다. 사태가 급박해지자 현이 그 사실을 곽광에게 알리자 곽광이 몹시 놀랐다. 이미 순우연을

89) 진실로……주네 : ≪詩經≫ 〈小雅 車舝〉에 보인다.
90) 漢霍夫人 : ≪列女傳校注≫와 ≪列女傳集注≫에는 '霍夫人顯'으로 되어 있고, 이 아래에 '孼嬖' 두 자가 있다.
91) 博陸 : 縣名으로, 지금 河北省 蠡縣 남쪽에 있었다.
92) 어린 군주 : 漢 昭帝로, 나이 8세에 즉위하였으므로 이렇게 일컬은 것이다.
93) 許皇后 : 漢 宣帝의 皇后 恭哀皇后 許平君이다.
94) 附子 : 毒性이 있는 藥草이다. 체온이 부족한 데 원인이 되는 모든 병에 유효하나 극약이므로 맞지 않으면 해가 된다.
95) 大丸 : 일종의 丸藥이다.

治罪하는 상황이 벌어지자 곽광이 선제에게 奏書를 올려 인하여 서명하여 명령을 내려 순우연의 죄를 더 이상 거론하지 말게 하도록 하였다. 그런 뒤에 현이 드디어 成君을 위하여 시집가서 입을 옷과 이불을 장만하고 궁중에 들어가 사용할 물건을 마련하더니, 과연 세워져 황후가 되었다.

霍夫人顯者①는 漢大將軍博陸侯霍光之妻也라 奢淫虐害하여 不循軌度라 光以忠愼으로 受孝武皇帝遺詔하여 輔翼少主하고 當孝宣帝時하여는 又以立帝之功으로 甚見尊寵하여 人臣無二라 顯有小女하니 字成君이라 欲貴之나 其道無由라 會宣帝許后當產하여 疾이어늘 顯乃謂女(監)〔醫〕[96]淳于衍曰② 婦人娩(만)乳大故③니 十死一生이라 今皇后當娩身하니 可因投藥去之하라 使我女得爲后면 富貴共之리라 衍承其言하여 擣(도)附子碎하여 〔幷合〕[97]太醫大丸中④하여 持入하여 遂藥弒許后라 事急에 顯以情告光하니 光驚愕이라 業已治衍에 奏(因令上署)〔上하여 因署令〕[98]勿論⑤이라 顯遂爲成君衣補하고 治入宮具러니 果立爲后라

① 霍夫人顯者 : ≪漢書≫ 注에 ≪漢語≫를 인용하여 "〈霍光의 嫡妻〉 東閭氏가 죽자 顯이 婢로써 대신 아내가 되었다."라고 하였다.
漢書注引漢語"東閭氏亡, 顯以婢代立."

② 顯乃謂女(監)〔醫〕淳于衍曰 : '監'은 응당 '醫'가 되어야 한다. '醫'는 혹 '毉'로 쓰기도 하니, 자형이 '監'과 비슷하여 잘못된 것이다.
監當作醫. 醫或作毉(의), 以形近監而誤也.

③【校注】婦人娩乳大故 : ≪說文解字≫에 "娩은 아이를 해산하는 것이다."라고 하였다. ≪한서≫ 〈外戚傳〉에는 〈'娩'이〉 '免'으로 되어 있다.
說文 "娩, 生子免身也." 外戚傳作免.

④ 擣附子碎 〔幷合〕太醫大丸中 : ≪한서≫ 〈외척전〉에는 '太醫' 위에 '幷合' 2자가 있다. 〈외척전〉 注에 晉灼의 말을 인용하여 말하기를 "大丸은 지금의 澤蘭丸[99]의 등속이다."라고 하였다.
外戚傳太醫上有幷合二字. 注引晉灼曰 "大丸, 今澤蘭丸之屬."

---

96) (監)〔醫〕: 저본에는 '監'으로 되어 있으나, 王照圓의 注에 의거하여 '醫'로 바로잡았다.

97) 〔幷合〕: 저본에는 '幷合'이 없으나, 王照圓의 注에 의거하여 보충하였다.

98) (因令上署)〔上 因署令〕: 저본에는 '因令上署'로 되어 있으나, ≪漢書≫ 〈霍光傳〉에 '會奏上 因署衍勿論'으로 되어 있고, 〈外戚傳〉에 '其後奏上 署衍勿論'으로 되어 있는데 의거하여 '上 因署令'로 바로잡았다. 여기서는 王照圓의 注를 따르지 않았다.

99) 澤蘭丸 : 澤蘭으로 만든 환약으로 보이나 자세하지 않다. 택란은 한약재의 이름으로 성질이 약간 따뜻하고 맛이 쓰고 맵다.

⑤ 奏(因令上署)〔上 因署令〕勿論 : ≪한서≫ 〈외척전〉에 의거하면 응당 '因令奏上署勿論'으로 되어야 하니, 傳寫하는 자가 그 글을 잘못 도치한 것뿐이다.
据外戚傳, 當作因令奏上署勿論, 傳寫者誤倒其文耳.

이때 許皇后의 아들이 嫡子의 신분으로 太子로 서게 되니, 顯이 성내어 피를 토하며 음식을 먹지 않고 말하기를 "이 아이는 皇帝가 민간에 있을 때 낳은 자식이니 어찌 태자가 될 수 있겠는가. 곧 내 딸이 아들을 낳으면 도리어 諸侯王이 되어야 한단 말인가."라고 하고, 다시 霍皇后를 사주하여 태자를 독살하게 하였다. 곽황후가 자주 태자를 불러 밥을 먹였는데 그때마다 태자를 보살피는 보모가 太子보다 먼저 음식을 맛보는 바람에 〈뜻을 이루지 못하였다.〉

是時에 許后之子가 以正適立爲太子하니 顯怒하여 歐血不食曰 此乃帝在民間時子니 安得爲太子리오 即我女有子면 反當爲王邪(야)아하고 復敎皇后하여 令毒殺太子라 皇后數召太子食(사)어늘 保阿輒先嘗之라

霍光이 이미 죽자 그 아들 霍禹가 이어 博陸侯가 되었다. 顯이 곽광이 생전에 조성한 무덤을 重修하여 사치스럽고 크게 만들고, 墓道를 修築하고, 輦車가 왕래하는 길을 만들고, 良人과 奴婢를 幽閉하여 墳墓를 守護하게 하였다. 또 저택을 수리하고, 皇帝와 諸侯가 타는 수레를 만들어 수레의 좌석과 軾木[100]에 수놓은 천을 깔고, 황금으로 수레를 장식하고, 소가죽과 솜으로 수레바퀴를 감싸고, 侍婢들에게 五色의 실로 수레를 끌게 하여 집안에서 즐겁게 노닐었으며, 또 집안일을 관리하는 노복 馮子都와 음란한 행위를 하였다. 곽우 등도 방자함이 날로 심해졌다. 宣帝가 이미 곽씨의 無道함을 알게 되었고, 게다가 許皇后를 시해한 일이 누설되자, 현이 매우 두려워하여 이에 역모를 꾀하여 天子를 폐하고 곽우를 세우고자 하였다. 그러나 일이 발각되어 곽씨 집안사람들이 모두 허리를 잘리는 腰斬의 형벌을 받고, 현은 시신이 저자거리에 걸리는 棄市의 형벌을 받고, 霍皇后는 폐위되어 昭臺宮에 유폐되었다.

光旣薨에 子禹嗣爲博陸侯러니 顯改更(경)光時所造塋而侈大之하고 築神道하고 爲輦閣하고 幽

100) 軾木 : 수레 앞에 가로로 댄 나무이니, 수레를 타고 있을 때 공경할 일이 있으면 이 나무를 잡고 몸을 굽혀 절한다.

閉良人奴婢①〔守之〕[101]라 又治第宅하고 作乘輿輦하여 (盡)〔畫〕[102]繡絪鞁(복)하고 黃金塗하고 (爲)〔韋絮〕[103]薦輪②하고 侍婢以五采(系)〔絲〕[104]輓顯遊戲〔第中〕③[105]하며 又與監奴馮子都淫亂이라 禹等縱弛日甚이라 宣帝既聞霍氏不道하고 又弑許后事泄하니 顯恐怖하여 乃謀爲逆하여 欲廢天子而立禹러니 發覺하여 霍氏中外皆腰斬하고 而顯棄市하고 后廢處昭臺宮이라

① 幽閉良人奴婢〔守之〕: ≪漢書≫ 〈霍光傳〉에는 '良人과 婢妾을 幽閉하여 수호하게 하였다.〔幽良人婢妾守之〕'로 되어 있는데, 여기에는 '守之' 2자가 빠졌다.
霍光傳作幽良人婢妾守之, 此脫守之二字.

② (盡)〔畫〕繡絪鞁 (爲)〔韋絮〕薦輪 : '盡'은 ≪한서≫ 〈곽광전〉에 '畫'로 되어 있으니, 이는 字形이 비슷해서 생긴 誤字이다. '鞁'은 '馮'으로 되어 있다. '薦輪' 위에 '韋絮' 2자가 있는데, 여기에는 빠지고 잘못되어 '爲'자가 된 것일 뿐이다. '絪'은 '茵'과 같으니, 수레의 자리이다. '鞁'의 독음은 '伏'이고, 또 다른 독음은 '被'이니, 수레의 기구이다. '絥'으로 쓰기도 한다.
盡霍光傳作畫, 此字形之誤也. 鞁作馮. 薦輪上有韋絮二字, 此脫誤作爲字耳. 絪與茵同, 車席也. 鞁音伏, 又音被, 車具也. 亦作絥.

③ 侍婢以五采(系)〔絲〕輓顯遊戲〔第中〕: ≪한서≫ 〈곽광전〉에는 '系'가 '絲'로 되어 있고, '戲' 아래에 '第中' 2자가 있다.
霍光傳系作絲, 戲下有第中二字.

≪詩經≫에 이르기를 "남을 해치는 짓을 하는 데에 익숙하여, 그 罪過를 알지 못하도다."[106]라고 하였다. 이는 악행을 저지르는 데에 익숙하여 자신이 행하는 바가 罪過가 되는 줄 알지 못함을 말하는 것이니, 霍夫人 顯을 두고 이르는 말이다.

詩云 廢爲殘賊하여 莫知其尤라하니 言[107]忕(세)於惡하여 不知其爲過①니 霍夫人顯之謂也라

① 言忕於惡 不知其爲過 : 忕는 익숙함이다. 남을 해치는 행위를 하는 데에 익숙하여 자신

101) 〔守之〕: 저본에는 '守之'가 없으나, 王照圓의 注에 의거하여 보충하였다.
102) (盡)〔畫〕: 저본에는 '盡'으로 되어 있으나, 王照圓의 注에 의거하여 '畫'로 바로잡았다.
103) (爲)〔韋絮〕: 저본에는 '爲'로 되어 있으나, 王照圓의 注에 의거하여 '韋絮'로 바로잡았다.
104) (系)〔絲〕: 저본에는 '系'로 되어 있으나, 王照圓의 注에 의거하여 '絲'로 바로잡았다. ≪列女傳校注≫와 ≪列女傳集注≫에도 모두 '絲'로 되어 있다.
105) 〔第中〕: 저본에는 '第中'이 없으나, 王照圓의 注에 의거하여 보충하였다.
106) 남을……못하도다 : ≪詩經≫ 〈小雅 四月〉에 보인다.
107) 言 : ≪列女傳校注≫에는 없다.

이 행하는 바가 罪過가 되는 줄 스스로 알지 못함을 말한 것이다.
忕, 習也. 言習慣爲殘賊之行, 不自知其所行爲過惡.

8-11 嚴延年의 어머니 嚴延年母[108)]

河南[109)]大守 東海[110)] 嚴延年[111)]의 어머니이다. 다섯 아들을 낳았는데 모두 관리의 재능이 있어서 品秩이 二千石[112)]에 오르니, 동해군의 사람들이 엄연년의 어머니를 '萬石嚴嫗'라 불렀다. 엄연년이 하남태수가 되어 하남군 사람들에게 엄격하고 능력이 있는 관리라고 이름이 났다. 겨울에 하남군에 소속된 각 縣의 罪囚를 이송하여 하남군에 모아 놓고 論罪할 적에 〈처형된 죄수들의〉 피가 몇 리를 흐르니, 하남군 사람들이 엄연년을 '屠伯'이라 불렀다.

河南大守東海嚴延年之母也라 **生五男**한대 **皆有吏材**하여 **至二千石**하니 **東海號曰萬石嚴嫗**(구)[①]라 **延年爲河南太守**하여 **所在名爲嚴能**이라 **冬月**에 **傳屬縣囚**하여 〔**會**〕[113)]**論府下**[②③]할새 **流血數里**하니 **河南號曰屠伯**[④]이라

① 東海號曰萬石嚴嫗 : 嫗는 어머니이다. 嚴氏 집안이 東海 下邳 사람인데, 다섯 아들이 모두 品秩이 二千石에 올랐기 때문에 '萬石'이라 부른 것이다.
嫗, 母也. 嚴東海下邳人, 五子俱二千石, 故號曰萬石.

② 〔會〕論府下 : ≪漢書≫ 〈酷吏傳〉에는 '하남군에 모아 놓고 論罪하였다.'로 되어 있다.
漢書作會論府上.

③ 【校正】 冬月……〔會〕論府下 : 胡承珙[114)]이 상고하건대, ≪한서≫ 〈혹리전〉에는 '하남군

---

108) 嚴延年母 : ≪列女傳校注≫와 ≪列女傳集注≫에는 이 아래에 '仁智' 두 자가 있다.

109) 河南 : 漢代의 郡名으로, 治所는 洛陽에 있었다. 지금의 河南省 黃河 以南과 黃河 以北 地域을 管轄하였다.

110) 東海 : 漢代의 郡名으로, 治所는 郯城에 있었다. 지금의 山東省 南部와 江蘇省 北部 一帶를 管轄하였다.

111) 嚴延年 : 자는 次卿이고, 前漢 東海 下邳 사람이다. 일찍이 河南太守가 되어 법을 엄격하게 적용하여 權勢家와 貴族에게도 예외를 두지 않았다.

112) 二千石 : 漢代 郡守에 대한 通稱이다. 당시 郡守의 祿俸이 二千石, 즉 月俸 124斛이었기 때문에 이러한 명칭이 있게 되었다.

113) 〔會〕 : 저본에는 '會'가 없으나, 王照圓의 注에 의거하여 보충하였다.

114) 胡承珙 : 淸나라 학자로, 자는 景孟, 호는 墨莊, 安徽 涇縣 사람이다. 저서에 ≪永是堂詩文

에 모아 놓고 논죄하였다.'로 되어 있고, 荀悅[115)]의 ≪漢紀≫에는 또한 '府下'로 되어 있다.

承珙案漢書作會論府上. 荀悅漢紀亦作府下.

③【校注】河南號曰屠伯 : ≪太平御覽≫ 〈刑法部8〉의 이 구절을 인용한 곳의 注에 이르기를 "刑殺을 쓰는 것을 위주로 삼는 것이 屠殺과 같은 것이다."라고 하였다.

太平御覽刑法部八引注云"以用刑殺爲主若屠者也."

그의 어머니가 일찍이 東海로부터 와서 嚴延年과 함께 臘祭[116)]를 지내려고 하였다. 어머니가 洛陽에 이르러서 마침 엄연년이 죄수를 판결하는 것을 보고 깜짝 놀라, 곧바로 都亭[117)]에서 멈추고 府中으로 들어가려 하지 않았다. 엄연년이 부중에서 나와 도정에 이르러 어머니를 배알하려 하였으나 어머니는 閤門을 닫아걸고 아들을 보려 하지 않았다. 엄연년이 冠을 벗고 합문 아래에서 머리를 조아리자 어머니가 그제야 아들을 만나 보고서, 엄연년을 다음과 같이 꾸짖었다.

"네가 다행히 郡守에 충임되어 천 리나 되는 이 河南을 독자적으로 다스리고 있는데, 仁義의 教化를 실행하여 백성들을 보전하고 안정되게 한다는 말은 들리지 않고 도리어 형벌을 빙자하여 사람을 많이 사형시켜 위엄을 세우려 하니, 어찌 백성의 부모 된 本意라 하겠는가."

其母常從東海來하여 欲就延年臘(랍)①이러니 到洛陽하여 適見報囚②하고 母大驚하여 便止都亭하고 不肯入府이라 延年出至都亭謁호되 母閉閤不見③이어늘 延年免冠頓首閤下한대 母乃見之하고 因責數延年曰 幸備郡守하여 專治千里로되 不聞仁義教化④하여 有以全安愚民하고 顧乘刑罰多刑殺人하여 欲以致威하니 豈爲民父母之意哉리오

① 欲就延年臘 : 臘은 초저녁에 북두칠성의 자루가 丑方을 가리키는 달인 12월에 지내는 제사의 이름이니, 집안사람들이 이를 인하여 술을 마시고 모인다.

臘, 建丑之月祭名, 家人因飮酒聚會也.

集≫, ≪毛詩後箋≫, ≪小爾雅義證≫, ≪儀禮古今文疏義≫, ≪爾雅古義≫ 등이 있다.

115) 荀悅 : 後漢 穎川 사람으로, 자는 仲豫이다. 獻帝 때 秘書監, 侍中 등의 벼슬을 지냈다. 저서에 ≪申鑑≫, ≪漢紀≫ 등이 있다.

116) 臘祭 : 古代의 祭祀 이름이다. 또 다른 이름은 正臘이다. 先祖와 여러 神에게 지내는 제사로, 12월에 거행하였다.

117) 都亭 : 古代 都城 門 아래에 있던 亭舍이다.

② 【校注】 報囚 : ≪太平御覽≫의 이 구절을 인용한 곳의 注에 이르기를 "형벌을 받거나 사형에 처해질 죄수를 판결하는 것이다."라고 하였다.
太平御覽引注云 "所報決刑戮之囚也."

③ 閉閤不見 : 閤은 門 곁의 지게문이다. 작은 협문을 閤이라 이른다.
閤, 門旁戶也, 小閨謂之閤.

④ 【校注】 不聞仁義教化 : '義'는 ≪漢書≫ 〈酷吏傳〉에 '愛'로 되어 있다.
義, 漢書作愛.

嚴延年이 자신의 죄를 인정하여 머리를 조아려 사죄한 다음, 자신이 직접 수레를 몰아 어머니를 모시고 府中의 廳舍로 돌아갔다. 正歲의 禮와 臘祭를 마치자 어머니가 엄연년에게 이르기를 "天道가 神明하니 사람을 독단적으로 죽여서는 안 된다. 나는 연로한 나이에 장성한 아들이 형벌을 받아 죽는 것을 볼 줄 스스로 생각지 못하였다. 떠날 것이다. 너를 버리고 東海로 돌아가서 너의 묏자리를 掃除해두리라."라고 하고, 드디어 洛陽을 떠나 동해군으로 돌아가 兄弟와 宗族을 만나서 다시 이 일을 말하였다.

延年服罪하여 **頓首謝**하고 **因爲御歸府舍**라 **母畢正臘**①(已)[118]에 **謂延年曰 天道神明**하니 **人不可獨殺**이라 **我不自意老當見壯子被刑戮也**②라 **行矣**라 **去汝東(海)〔歸〕**③[119]하여 **掃除墓地耳**라하고 **遂去**하고 **歸郡**하여 **見昆弟宗族**하고 **復爲言之**라

① 因爲御歸府舍 母畢正臘(已) : 嚴延年이 인하여 자신이 직접 어머니를 위해 수레를 몰고 廳舍로 돌아갔는데, 어머니의 마음이 즐겁지 않아 臘祭와 正歲의 禮를 마치자마자 어머니가 떠난 것이다. '正'의 독음은 본래 글자와 같다. 또 다른 독음은 '征'이다.
延年因自爲母御車歸府舍, 母意不樂, 臘及正歲禮畢, 母便去也. 正讀如字, 又音征.

② 【校注】 我不自意老當見壯子被刑戮也 : '老當'은 ≪漢書≫ 〈酷吏傳〉에는 '當老'로 되어 있다.
老當, 漢書作當老.

③ 去汝東(海)〔歸〕 : '海'는 응당 '歸'가 되어야 한다. ≪한서≫ 〈혹리전〉에 보인다.
海, 當作歸. 見漢書.

---

118) 已 : 저본에는 '已'가 있으나, ≪列女傳集注≫ 蕭道管의 注에 "≪漢書≫ 〈酷吏傳〉에는 '已'자가 없다.〔漢書無已字〕"라고 한 것에 의거하여 衍文으로 처리하였다.

119) (海)〔歸〕 : 저본에는 '海'로 되어 있으나, 王照圓의 注에 의거하여 '歸'로 바로잡았다.

嚴延年母

1년 남짓 지나 府丞[120]이 황제에게 奏章을 올려 엄연년의 罪狀 10가지를 책하였다. 황제가 御史[121]에게 사실을 조사하게 하여 마침내 엄연년을 棄市의 형벌에 처하였다. 동해군의 사람들이 모두 어머니의 어질고 지혜로움을 칭찬하였다.

後歲餘에 **爲府丞所章**하여 **結延年罪名十事**①한대 **下御史案驗**하여 **遂棄延年於市**라 **東海莫不稱母賢智**이라

① 爲府丞所章 結延年罪名十事 : 府丞의 이름은 義이다. 글을 올려 일을 말하는 것을 章이라고 한다. 結은 그 죄를 책하여 바로잡는 것이다.
府丞名義. 上書言事曰章. 結, 結正其罪也.

120) 府丞 : 河南府의 佐吏이다.

121) 御史 : 여기서는 御史大夫의 下屬인 御史丞을 가리킨다. 郡國의 行政을 감찰하고 彈劾하기 위해 上奏한 글의 사실 여부를 조사하는 임무를 맡았다.

君子가 이르기를 "嚴延年의 어머니는 仁慈하고 智慧로우며 信實하고 道理를 지켰다."라고 하였다. ≪詩經≫에 이르기를 "마음에 근심함이여, 어찌 지금 시작된 것이리오."[122]라고 하였으니, 아마 엄연년의 어머니를 두고 이른 말일 것이다.

君子謂嚴母仁智信道라 詩云 心之憂矣여 寧自(全)〔今〕[123]矣①리오하니 其嚴母之謂也라

① 寧自(全)〔今〕矣 : '全'은 ≪毛詩≫에 '今'으로 되어 있으니, 이곳의 '全'자는 오자이다.
全, 毛詩作今, 此誤.

8-12 漢나라 馮昭儀[124] 漢馮昭儀[125]

漢나라 馮昭儀는 孝元帝[126]의 昭儀요 右將軍[127] 光祿勳[128] 馮奉世[129]의 딸이다. 元帝 2년에 풍소의가 後宮으로 뽑혀 들어가 처음에 長使가 되었다가 몇 달 만에 美人이 되어 아들을 낳으니, 이가 바로 中山孝王[130]이 되었는지라 美人에서 婕妤가 되었다.

漢馮昭儀者는 孝元帝之昭儀요 右將軍光祿勳馮奉世之女也라 元帝二年에 昭儀以選入後宮하여 始爲長使라가 數月爲美人①하여 生男하니 是爲中山孝王이라 美人爲婕妤(첩여)라

① 昭儀以選入後宮……數月爲美人 : 美人과 長史와 婕妤는 모두 婦官의 명칭이다. 元帝가 昭儀에게 더해준 것이다.
美人・長史・婕妤, 皆婦官名. 元帝加昭儀.

---

122) 마음에……것이리오 : ≪詩經≫ 〈大雅 瞻卬〉에 보인다.

123) (全)〔今〕: 저본에는 '全'으로 되어 있으나, 王照圓의 注에 의거하여 '今'으로 바로잡았다.

124) 馮昭儀 : 이름은 媛이다. 昭儀는 前漢 妃嬪의 칭호로, 妃嬪 중 가장 높은 등급이다. 地位는 丞相과 같고 爵位는 諸侯王과 같다.

125) 漢馮昭儀 : ≪列女傳校注≫와 ≪列女傳集注≫에는 이 아래에 '節義' 두 자가 있다.

126) 孝元帝 : 前漢의 11대 皇帝로, 이름은 奭이다.

127) 右將軍 : 官名으로, 漢代에 前・後・左・右의 장군이 있었는데, 모두 황제 左右의 大臣이다.

128) 光祿勳 : 官名으로, 宿衛와 侍從을 관장하였다.

129) 馮奉世 : 자는 子明이다. ≪春秋≫를 공부하여 大義를 알았고, 兵法에 능하였다. 일찍이 군사를 이끌고 羌族을 토벌하여 戰功을 세웠다.

130) 中山孝王 : 元帝의 셋째 아들로, 이름은 興이다.

漢馮昭儀

建昭[131] 연간(B.C. 38~B.C. 34)에 元帝가 호랑이 우리에서 짐승들이 싸우는 것을 구경하러 행차할 적에 後宮들이 모두 따라 갔다. 그런데 곰이 우리를 뛰쳐나와 난간을 타고 전각 위로 오르려고 하였다. 좌우의 貴人들과 傅昭儀[132] 등은 모두 놀라 달아났지만 馮婕妤는 곧장 나아가 곰을 가로막아 섰다. 이에 좌우의 호위하던 병사들이 곰을 때려서 죽였다.

建昭中에 上幸虎圈鬪獸할새 後宮皆從이러니 熊逸出圈하여 攀檻欲上殿하니 左右貴人傅昭儀〔等〕[133] 皆驚走어늘 而馮婕妤直〔前〕[134]當熊而立①한대 左右格殺熊이라

131) 建昭 : 漢 元帝의 연호이다.

132) 傅昭儀 : 元帝의 昭儀로, 定陶恭王의 어머니이며 哀帝의 祖母이다. 恭王을 따라 歸國하여 定陶太后로 불렸으며, 후에 恭皇太后로 追尊되었다.

133) 〔等〕 : 저본에는 '等'이 없으나, 王照圓의 注에 의거하여 보충하였다.

134) 〔前〕 : 저본에는 '前'이 없으나, 王照圓의 注에 의거하여 보충하였다.

① 左右貴人傅昭儀〔等〕皆驚走 而馮婕妤直〔前〕當熊而立 : '昭儀' 아래에 '等'자가 빠졌고, '當熊' 위에 '前'자가 빠졌다.
昭儀下脫等字, 當熊上脫前字.

天子가 婕妤에게 묻기를 "사람들은 모두 놀라 두려워하였는데 무슨 연고로 곰을 가로막아 섰는가?"라고 하니, 첩여가 대답하기를 "妾이 들으니 猛獸는 한 사람을 잡으면 멈추어 선다고 하였습니다. 첩은 곰이 御坐에 이를까 두려웠습니다. 그러므로 첩의 몸으로 가로막아 선 것입니다."라고 하였다. 元帝가 감탄하고 이 일 때문에 첩여를 공경하고 중히 여겼다. 傅昭儀 등은 모두 부끄러워하였다. 이듬해 아들이 信都王에 봉해지자 원제가 첩여를 세워 昭儀로 삼아 신도왕을 따라 封國으로 가도록 하였다. 후에 中山太后라고 호칭하였다.

天子問婕妤호되 人情皆驚懼어늘 何故當熊고 對曰 妾聞猛獸得人而止라하니 妾恐〔熊〕[135]至御坐①라 故以身當之라 元帝嗟嘆하고 以此敬重焉이라 傅昭儀等皆慙이라 明年에 (中山)〔信都〕[136]王封②에 乃立婕妤爲昭儀하여 隨王之國이라 號中山太后③라

① 【校注】 妾恐〔熊〕至御坐 : ≪漢書≫ 〈外戚傳〉에는 '至' 위에 '熊'자가 있다.
漢書至上有熊字.

② 明年 (中山)〔信都〕王封 : '中山'은 응당 '信都'가 되어야 한다. 이 당시에 信都王에 봉해졌다가 河平[137] 연간(B.C. 28~B.C. 25)에 이르러서야 中山王에 옮겨 봉해졌다. ≪한서≫ 〈외척전〉에 보인다.
中山, 當作信都. 此時封信都王, 至河平中, 乃徙封中山, 見外戚傳.

③ 【校注】 號中山太后 : ≪한서≫ 〈외척전〉에 "馮倢伃의 아들이 信都王에 책립되자 倢伃를 높여 昭儀로 삼았다. 元帝가 崩御하자, 信都太后가 되었다. 河平 연간에 왕을 따라 封國으로 갔다. 후에 中山으로 옮겼다."라고 하였다. 이 傳에는 脫字나 誤字가 있다.
漢書馮倢伃男立爲信都王, 尊倢伃爲昭儀. 元帝崩, 爲信都太后.[138] 河平中, 隨王之國. 後徙中山.[139] 此傳有脫誤.

---

135) 〔熊〕 : 저본에는 '熊'이 없으나, ≪列女傳校注≫에 의거하여 보충하였다.
136) (中山)〔信都〕 : 저본에는 '中山'으로 되어 있으나, 王照圓의 注와 ≪列女傳校注≫에 의거하여 '信都'로 바로잡았다.
137) 河平 : 漢 成帝의 연호이다.
138) 爲信都太后 : ≪漢書≫ 〈外戚傳〉에는 이 뒤에 '與王俱居儲元宮'이 더 있다.
139) 後徙中山 : ≪漢書≫ 〈外戚傳〉에는 이 뒤에 '是爲孝王'이 더 있다.

君子가 이르기를 "馮昭儀는 용감하면서도 義를 숭상하였도다."라고 하였다. ≪詩經≫에 이르기를 "公의 사랑하는 사람이, 公을 따라 사냥하도다."[140]라고 하였고, ≪論語≫에 말하기를 "義를 보고 행하지 않음은 용맹이 없는 것이다."[141]라고 하였으니, 馮昭儀는 이 두 가지를 겸하였도다.

君子謂昭儀勇而慕義로다 詩云 公之媚子가 從公于狩로다하고 論語曰 見義不爲가 無勇也라하니 昭儀兼之矣로다

8-13 王章[142]의 아내와 딸 王章妻女[143]

王章의 아내와 딸은 漢나라 京兆尹 왕장의 아내와 그 딸이다. 왕장이 諸生으로 長安에서 공부할 적에 아내와 단둘이 살았다. 왕장이 병이 들었는데 이불도 없어 牛衣 속에 누워 아내와 결별하려 하면서 눈물을 흘리며 울었다. 아내가 노하여 꾸짖기를 "仲卿이여! 朝廷에 있는 京師의 尊貴한 인물 중에 누가 중경보다 낫겠습니까. 지금 병이 들고 곤액을 겪는다 해서 스스로 분발하지 않고 도리어 눈물을 흘리며 우니 어찌 그리 비루하오."라고 하였다. 후일에 왕장의 벼슬이 京兆尹에 이르렀다.

王章妻女는 漢京兆尹王(仲卿)〔章〕[144]之妻及其女也라 (仲卿)〔章〕爲(書)〔諸〕[145]生①하여 學於長安에 獨與妻居라 疾病에 無被하여 臥牛衣中②하여 與妻訣하여 泣涕어늘 妻呵怒曰 仲卿이여 〔京師〕[146]尊貴在朝廷〔人〕③[147]이 誰愈於仲卿者리오 今疾病困厄하여 不自激昻하고 乃反涕泣하니 何鄙也오 後章仕宦至京兆尹이라

① (仲卿)〔章〕爲(書)〔諸〕生 : '書'는 응당 '諸'가 되어야 하니, 독음으로 인해 잘못된 것이

---

140) 公의……사냥하도다 : ≪詩經≫ 〈秦風 駟驖〉에 보인다.

141) 義를……것이다 : ≪論語≫ 〈爲政〉에 보인다.

142) 王章 : 字는 仲卿이고, 前漢 泰山 鉅平 사람이다. 일찍이 諫大夫가 되어 直言을 과감히 하니, 大臣과 貴戚들이 두려워하였다.

143) 王章妻女 : ≪列女傳校注≫와 ≪列女傳集注≫에는 이 아래에 '仁智' 두 자가 있다.

144) (仲卿)〔章〕: 저본에는 '仲卿'으로 되어 있으나, 王照圓의 注에 의거하여 '章'으로 바로잡았다. 아래도 같다.

145) (書)〔諸〕: 저본에는 '書'로 되어 있으나, 王照圓의 注에 의거하여 '諸'로 바로잡았다.

146) 〔京師〕: 저본에는 '京師'가 없으나, 王照圓의 注에 의거하여 보충하였다.

147) 〔人〕: 저본에는 '人'이 없으나, 王照圓의 注에 의거하여 보충하였다.

다. 男子는 이름을 일컫고 婦人은 字를 일컫나니, 위 구절의 '王仲卿之妻' 및 이 구절의 '仲卿'은 모두 응당 '章'이 되어야 한다. 字를 일컬은 것은 잘못된 듯하다.

書當爲諸, 聲之誤也. 男子稱名, 婦人稱字, 上句王仲卿之妻及此句仲卿, 俱當作章. 稱字蓋失之矣.

② 臥牛衣中 : ≪漢書集注≫에 "牛衣는 헝클어진 삼을 엮어 만드니, 곧 지금 항간에서 '龍具'[148]라고 하는 것이다."라고 하였다.

漢書集注 "牛衣編亂麻爲之, 卽今俗呼爲龍具者."

③ 〔京師〕尊貴在朝廷〔人〕: ≪漢書≫에는 '尊' 위에 '京師' 2자가 있고, '廷' 아래에 '人'자가 있는데, 여기에는 빠졌다.

漢書尊上有京師二字, 廷下有人字, 此脫去之.

成帝[149]의 외삼촌인 大將軍 王鳳[150]이 政權을 잡고 독단하였는데 王章이 비록 왕봉의 천거를 받아 벼슬길에 올랐으나, 내심 그에게 빌붙으려 하지 않았다. 마침 日食의 災變이 일어나자 왕장이 이 기회를 타고 封事를 올려 왕봉을 任用해서는 안 된다고 말하려 하였다. 봉사를 작성하여 막 天子에게 올리려 할 때에, 그 아내가 만류하며 말하기를 "사람은 의당 만족할 줄 알아야 하니, 어찌 牛衣 속에 누워 눈물 흘리며 울던 때를 생각지 않으십니까."라고 하였다. 왕장이 말하기를 "이 일은 여자가 알 바가 아니오."라고 하고, 봉사를 드디어 천자에게 올렸다. 천자가 차마 왕봉을 파직하지 못하고, 왕장이 오히려 이 일로 말미암아 왕봉에게 모함을 받아 大逆罪에 걸려 옥에 갇히는 신세가 되고 말았다.

成帝舅大將軍王鳳秉政專權하니 章雖爲鳳所擧나 意不肯附라 會有日食之變이어늘 章上封事하여 言鳳不可任用이라 事成當上①에 妻止之曰 人當知足이니 獨不念牛衣中流涕時邪아 章曰 非女子所知라하고 書遂上하니 天子不忍退鳳하고 章猶是爲鳳所陷하여 (事)〔罪〕[151]至大逆②하여 收繫下獄이라

148) 龍具 : 삼과 풀로 엮어 만든 것으로, 소의 추위를 막기 위해 등에 덮어주던 덕석이다.

149) 成帝 : 前漢의 11대 황제 劉驁로, 元帝의 아들이다.

150) 王鳳 : 字는 孝卿이고, 前漢 平陵 사람이다. 아버지를 이어 陽平侯가 되었고, 그의 누이가 元帝의 皇后가 되었다. 이로 인하여 外戚으로서 大司馬, 大將軍, 領尙書事 등을 역임하면서 정권을 독단하였다.

151) (事)〔罪〕: 저본에는 '事'로 되어 있으나, 王照圓의 注에 의거하여 '罪'로 바로잡았다.

① 事成當上 : 事는 封事이니, 封事를 이미 작성하여 上奏하게 된 것을 말한다.
事, 封事也, 言封事旣成, 當奏上之.

② 章猶是爲鳳所陷 (事)〔罪〕至大逆 : '猶'는 '由'와 같다. '事'는 응당 '罪'가 되어야 한다.
猶與由同. 事當作罪.

王章의 어린 딸이 열 두 살이었는데 밤에 목 놓아 울며 말하기를 "평상시 獄舍 곁에서 獄卒이 罪囚를 點呼하는 것을 들어보면 그 숫자가 항상 아홉에 이르렀는데 지금은 여덟에 그쳤다. 나의 부친이 평소 강직하니 먼저 죽은 자는 필시 나의 부친일 것이다."라고 하였는데,[152] 이튿날 물어보니 과연 왕장이 죽은 것이었다. 왕장의 아내와 딸은 모두 合浦[153]에 유배되었다. 王鳳이 죽은 뒤에 成都侯 王商[154]이 大將軍이 되어 왕장의 無罪를 불쌍히 여겨 천자에게 아뢰어 아내와 딸을 고향으로 돌려보냈고, 財産과 田宅은 많은 사람이 주었다.[155]

章有小女하니 年十二라 夜號哭曰 平日坐獄上하여 聞呼囚①면 數常至九러니 今八而止라 我君素剛하니 先死者必我君也라하더니 明日問之하니 果死라 妻子皆徙合浦라 鳳薨後에 成都侯王商이 爲大將軍하여 閔章無罪하여 白還其妻子하고 財産田宅은 衆庶給之②라

152) 王章의……하였는데 : ≪漢書≫ 〈趙尹韓張兩王傳〉에는 "왕장의 어린 딸이 나이 대략 12살이었는데 밤에 일어나 목 놓아 울며 말하기를 '평상시 獄中에서 罪囚를 點呼할 때 숫자가 항상 아홉에 이르렀는데 지금은 여덟에 그쳤다. 나의 부친이 평소 강직하니 먼저 죽은 자는 필시 나의 부친일 것이다.'라고 하였다.〔章小女年可十二 夜起號哭曰 平生獄上呼囚 數常至九 今八而止 我君素剛 先死者必君〕"로 되어 있다.

153) 合浦 : 前漢의 郡名으로, 지금의 廣西省 동남쪽과 廣東省 서남쪽 일대이다. 治所는 지금의 廣西省 合浦 동북쪽에 있었다.

154) 王商 : 자는 子威이다. 벼슬이 丞相에 이르러 外戚重臣으로 정사를 보좌하다가 뒤에 무함을 입어 병이 나서 죽었다.

155) 王鳳이……주었다 : ≪漢書≫ 〈趙尹韓張兩王傳〉에는 '大將軍 王鳳이 죽은 뒤에 그 아우 成都侯 王商이 다시 大將軍輔政이 되어 천자에게 아뢰어 王章의 처자를 고향으로 돌려보냈다. 그의 家屬들이 모두 온전하여 구슬을 채취하여 수 백 만의 재산을 이루었고, 당시 蕭育이 泰山太守가 되어 옛 田宅을 모두 돌려주게 하였다. 王章이 京兆尹이 된 지 2년 만에 죽은 것이 그의 죄 탓이 아니었으므로 많은 사람들이 죄 없이 원통하게 죽은 것을 기억하여 三王이라 불렀다.〔大將軍鳳薨後 弟成都侯商復爲大將軍輔政 白上還章妻子故郡 其家屬皆完具 采珠致産數百萬 時蕭育爲泰山太守 皆令贖還故田宅 章爲京兆二歲 死不以其罪 衆庶冤紀之 號爲三王〕'로 되어 있다. 三王은 王尊, 王章, 王駿을 말한다.

① 平日坐獄上 聞呼囚 : '坐獄'은 罪名에 연루되어 獄中에 갇힌 자를 이른다. '坐獄' 2자는 연이어 읽는다. ≪漢書≫에는 '平' 아래에 '日'자가 빠졌고, '坐'는 잘못 '生'으로 되어 있다. 설명하는 자들이 드디어 '平生'을 '先時'라고 하니, 매우 잘못된 것이다. 의당 이 傳에 의거하여 ≪한서≫의 빠지고 잘못된 것을 증명하여야 한다.
坐獄, 謂罪名所坐收禁獄中者也. 坐獄二字連讀. 漢書平下脫日字, 坐誤作生. 說者遂以平生爲先時, 殊失之也. 宜据此傳, 以證漢書之脫誤.

② 衆庶給之 : '給'은 줌이다. 많은 사람이 모두 王章이 억울하다고 여겨 그 財産과 田宅을 주었음을 말한다.
給, 與也. 言衆庶俱冤章, 給與其財産田宅也.

君子가 이르기를 "王章의 아내는 굽히고 펴는 절도를 알았다."라고 하였다. ≪詩經≫에 이르기를 "하늘의 위엄이 너무 심하나 나는 실로 죄가 없도다."[156]라고 하였으니, 왕이 포학한 정사를 행함에 죄 없이 災禍를 만남을 말한 것이다.

君子謂王章妻知卷舒之節①이로다 詩云 昊天已威나 予愼無罪로다하니 言王爲威虐之政에 則無罪而遘(구)咎也라

① 君子謂王章妻知卷舒之節 : 卷舒는 굽히고 폄과 같다.
卷舒, 猶屈伸也.

8-14 班況의 딸 婕妤[157]　班女婕妤(첩여)[158]

班婕妤는 左曹越騎[159] 班況의 딸이요, 漢 孝成皇帝의 婕妤로 어질고 재능 있고 辯論에 능통하였다. 처음에 後宮에 뽑혀 들어와 少使가 되었다가 얼마 지나지 않아 크게 총애를 받아 婕妤가 되었다.

---

156) 하늘의……없도다 : ≪詩經≫ 〈小雅 巧言〉에 보인다.

157) 婕妤 : ≪漢書≫ 〈昭帝紀〉 顔師古의 注에 "婕은 총애를 받음이고, 妤는 부인의 美稱이다. 그러므로 婕妤로써 宮中의 婦官을 명명하였다.〔倢 接幸也 伃 美稱也 故以名宮中婦官〕"라고 하였다. '婕妤'는 '倢伃'로도 쓴다.

158) 班女婕妤 : ≪列女傳校注≫에는 '女'자가 없고, ≪列女傳校注≫와 ≪列女傳集注≫에는 이 아래에 '辯通' 두 자가 있다.

159) 左曹越騎 : 官名이다. 左曹越騎校尉로, 京師를 경비하는 將領의 하나이다.

班婕妤者는 左曹越騎班況之女요 漢孝成皇帝之婕妤也라 賢才通辯이라 始選入後宮爲(小)〔少〕[160]使①라가 俄而大幸하여 爲婕妤라

① 始選入後宮爲(小)〔少〕使 : '小'는 응당 '少'가 되어야 하니, 少使는 地位가 제11등이다. 小當作少, 少使位第十一等.

成帝가 王宮의 後苑에서 노닐 적에 일찍이 반첩여와 輦車를 함께 타고자 하였다. 반첩여가 사양하여 말하기를 "古代의 圖畫를 보니 賢聖한 임금은 모두 名臣이 곁에 있었고, 三代 말기의 군주[161]에 이르러서야 총애하는 여인이 곁에 있었습니다. 지금 연거를 함께 타고자 하니 저들과 비슷하지 않겠습니까."라고 하니, 성제가 그 말을 훌륭하게 여겨 그만두었다. 太后가 이 일을 듣고 기뻐하여 말하기를 "옛적에 樊姬[162]가 있었는데, 지금은 반첩여가 있다."라고 하였다. 반첩여는 매양 ≪詩經≫과 〈窈窕〉, 〈德象〉, 〈女師〉 篇을 誦讀할 때마다 반드시 세 번 반복하였으며, 매양 나아가 성제를 뵙고 疏章을 올릴 때마다 古禮에 의거하였다.

成帝遊於後庭에 嘗欲與婕妤同輦이어늘 辭曰 觀古圖畫하니 賢聖之君은 皆有名臣在側하고 三代之末主라야 乃有(女嬖)〔嬖女〕①[163]라 今欲同輦하니 得無似之乎아하니 上善其言而止라 太后聞而喜曰 古有樊姬러니 今有班婕妤라하니라 每誦詩及窈窕德(家)〔象〕[164]女師之篇②에 必三復(복)之하며 每進見上疏에 依古禮러라

① 【校注】 乃有(女嬖)〔嬖女〕 : 〈'女嬖'는〉 ≪漢書≫ 〈外戚傳〉에 '嬖女'로 되어 있다. 漢書作嬖女.

② 每誦詩及窈窕德(家)〔象〕女師之篇 : '家'는 ≪한서≫에 '象'으로 되어 있으니, 이는 字形이 비슷해서 생긴 오자이다. 〈窈窕〉와 〈德象〉과 〈女師〉는 모두 古詩의 편명인데, 어느 책

---

160) (小)〔少〕 : 저본에는 '小'로 되어 있으나, 王照圓의 注에 의거하여 '少'로 바로잡았다.

161) 三代……군주 : 夏나라의 桀王, 商나라의 紂王, 周나라의 幽王을 가리킨다. 이들은 모두 妺喜, 妲己, 褒姒 등의 여인으로 인하여 나라를 망쳤다.

162) 樊姬 : 楚 莊王의 부인으로, 초 장왕에게 虞邱子가 賢者의 진로를 막는다고 풍자하여, 장왕으로 하여금 叔孫敖를 맞이하여 令尹으로 삼아 霸業을 이루게 하였다. 자세한 내용은 본서 권2 〈楚莊樊姬〉에 보인다.

163) (女嬖)〔嬖女〕 : 저본에는 '女嬖'로 되어 있으나, ≪列女傳校注≫에 의거하여 '嬖女'로 바로잡았다.

164) (家)〔象〕 : 저본에는 '家'로 되어 있으나, 王照圓의 注에 의거하여 '象'으로 바로잡았다.

에 나오는지 알지 못하겠다.

家, 漢書作象, 此字形之誤. 窈窕·德象·女師, 皆古詩篇名, 不知出何書.

鴻嘉[165)]연간 이후로 成帝가 점점 총애하는 여자에게 깊이 빠지게 되었다. 班婕妤가 侍女 李平을 성제에게 바쳤는데, 이평이 총애를 받아 婕妤에 책봉되었다. 성제가 말하기를 "처음에 衛皇后[166)]도 미천한 집안 출신이었다."라고 하였다. 이에 이평에게 衛姓을 하사하니, 이가 바로 이른바 衛婕妤이다.

自鴻嘉之後로 成帝稍隆於女寵이라 婕妤進侍者李平이러니 平得幸하여 立爲婕妤라 帝曰 始衛皇后도 亦從微起라하고 乃賜平姓曰衛하니 所謂衛婕妤也라

그 뒤에 趙飛燕 자매가 총애를 받아 班婕妤를 譖訴하여 이르기를 "반첩여는 마음에 간사함을 품고 사람에게 災禍를 내려달라고 神에게 저주의 기도를 하고 있습니다."라고 하였다. 成帝가 반첩여를 審問하니, 반첩여가 답하기를 "妾은 '죽고 사는 것은 命運이 있고 부유하고 귀하게 되는 것은 하늘에 달려 있다.'[167)]고 들었습니다. 몸을 닦아 행실을 바르게 해도 오히려 福을 받지 못하는데, 사특한 욕심을 부려서 무엇을 바라겠습니까. 게다가 귀신이 知覺이 있다면 신하의 직분을 다하지 않는 사람의 하소연은 받아들이지 않을 것이고, 만일 지각이 없다면 하소연한들 무슨 소용이 있겠습니까. 그러므로 妾은 그런 짓을 하지 않았습니다."라고 하였다. 성제가 그 대답을 훌륭하게 여기고 불쌍히 여겨 黃金 百斤을 하사하였다.

其後에 趙飛燕姊(妹)〔娣〕[168)]有寵(驕妒)①[169)]하여 譖訴婕妤云 挾邪詛呪라한대 考問班婕妤②하니

---

165) 鴻嘉 : 漢 成帝의 연호로, B.C. 20년부터 B.C. 17년까지 사용하였다.

166) 衛皇后 : 漢 武帝의 皇后 衛子夫이다. 원래 平陽公主 집안의 歌女였는데, 뒤에 궁중으로 들어가 세 딸과 戾太子를 낳아 皇后가 되었다.

167) 죽고……있다 : 司馬牛가 걱정하면서 말하기를 "사람들은 모두 兄弟가 있는데 나만이 홀로 없구나.〔人皆有兄弟 我獨亡〕"라고 하니, 子夏가 말하기를 "내가 들으니, 죽고 사는 것은 命運이 있고 부유하고 귀하게 되는 것은 하늘에 달려 있다 하였다. 君子가 恭敬하고 잃음이 없으며, 남과 더불에 恭遜하고 禮가 있으면 四海의 안이 다 兄弟이니, 군자가 어찌 형제가 없음을 걱정하겠는가?〔商聞之矣 死生有命 富貴在天 君子敬而無失 與人恭而有禮 四海之內 皆兄弟也 君子何患乎無兄弟也〕"라고 하였다.(≪論語≫ 〈顔淵〉)

168) (妹)〔娣〕 : 저본에는 '妹'로 되어 있으나, 王照圓의 注에 의거하여 '娣'로 바로잡았다.

〔婕妤〕[170]曰 妾聞死生有命하고 富貴在天이라하니 修正尙未蒙福이어든 爲邪欲以何望이리오 且使鬼神有知인댄 不受不臣之訴요 如其無知인댄 訴之何益이리오 故弗爲也라 上善其對而憐閔之하여 賜黃金百斤이라

① 其後 趙飛燕姊(妹)〔娣〕有寵(驕妒) : '妹'는 응당 '娣'가 되어야 하니, ≪漢書≫ 〈外戚傳〉에는 '弟'로 되어 있다. '驕妒' 2자는 아래 문장에 비로소 보이니, 아마 이곳은 衍字인 듯하다.
妹當作娣, 外戚傳作弟. 驕妒二字下文方見, 疑此衍也.

② 挾邪詛呪 考問班婕妤 : '呪'는 '祝'의 俗字이다. '婕妤' 2자는 응당 글자가 중복되어야 하는데, 여기에는 빠졌다.
呪俗祝字也. 婕妤二字應作重文, 此脫.

이때 趙飛燕이 교만과 질투를 부리자 班婕妤가 시일이 오래가면 자신이 危害를 당할까 두려워하여 長信宮[171]에서 皇太后를 봉양하겠다고 청하였는데, 成帝가 허락하였다. 반첩여가 물러나 東宮[172]에 거처하면서 賦를 지어 스스로 상심하였다. 賦는 다음과 같다.

조상이 남긴 덕을 이어받아, 착하고 어진 품성을 지녔도다.
미천한 몸으로 궁궐에 올라, 後宮의 아래 반열을 채웠도다.
聖皇의 후한 은혜를 입으니, 日月이 환하고 밝음과 같았도다.
聖朝의 興盛함을 널리 떨치고, 增成[173]에서 두터운 총애를 받들었도다.
이미 분수에 넘치는 총애를 받았으니, 아름다운 때를 기쁘게 여기노라.
매양 자나 깨나 길이 탄식하며, 거듭 향주머니를 차고 스스로 그리워하도다.
女圖[174]를 펼쳐놓고 경계로 삼고, 女史[175]를 돌아보며 詩를 물었노라.

---

169) (驕妒) : 저본에는 '驕妒'가 있으나, 王照圓의 注에 의거하여 衍文으로 처리하였다.
170) 〔婕妤〕 : 저본에는 '婕妤'가 없으나, 王照圓의 注에 의거하여 보충하였다.
171) 長信宮 : 漢나라의 궁궐 이름으로, 太后가 거처하는 곳이다.
172) 東宮 : 여기서는 長信宮을 가리킨다.
173) 增成 : 後宮의 구역 이름이다. ≪漢書≫ 〈外戚傳〉의 顔師古의 注에 應劭의 말을 인용하기를 "後宮에 8구역이 있는데 增成은 3번째이다.〔後宮有八區 增成第三也〕"라고 하였다.
174) 女圖 : 婦女의 德行을 그림으로 그려 놓은 병풍이다.
175) 女史 : 古代 女官의 명칭이다. 글을 아는 婦女로 충임하였다. 王后의 禮儀 등에 관계되는 일을 관장하였다. 혹 世婦의 下屬이 되어 書寫와 文件 등의 일을 관장하기도 하였다.

晨婦가 경계가 됨을[176] 悲嘆하고, 褒姒와 閻妻[177]가 美人임을 哀痛해하노라.

娥皇과 女英[178]이 舜임금의 아내임을 아름답게 여기고, 太任과 太姒[179]가 周나라의 어머니임을 영화롭게 여기노라.

내 어리석고 비루하여 그들에게 미칠 수 없으나, 감히 放心하여 이들을 잊으리오.

세월이 지나면서 마음이 두려우니, 활짝 핀 꽃이 생장하지 못함이 哀憐하도다.

陽祿과 柘觀[180]에서 悲痛해하노니, 襁褓에 쌓인 아들이 연이어 재앙을 만났도다.

어찌 妾이 재앙을 일으켰으리오마는, 天命을 어이할 수 없도다.

대낮의 해가 홀연 서쪽으로 옮겨가, 끝내 홀연 저녁이 되어 어두워졌도다.

오히려 천지 같은 황제의 厚德을 입어, 貶謫되어 죄에 빠지지는 않았도다.

東宮에서 皇太后의 봉양을 받들어, 長信宮의 末席에 의탁하였도다.

휘장 사이에서 물 뿌리고 쓰는 일을 하면서, 종신토록 이곳에 머물기를 기약하였도다.

산기슭에 유골이 묻혀, 松栢의 짙은 그늘에 의지하길 원하노라.

時飛燕驕妒하니 婕妤恐久見危하여 求供養皇太后於長信宮한대 上許焉이라 婕妤退處東宮하여 作賦自傷曰 承祖考之遺德兮여 荷性命之俶(숙)靈①이로다 登薄軀於宮闕兮여 充下陳於後庭이로다 蒙聖皇之渥惠兮여 當日月之盛明이로다 揚光烈之翕赫兮여 奉隆寵於(層)[181]〔增〕[182]成②이로다 旣過幸於非位兮여 竊庶幾乎嘉時로다 每寤寐而累息兮여 申佩離以自思③로다 陳女圖而鏡

176) 晨婦가……됨을 : 여자가 국정에 간여함을 경계한다는 뜻이다. 周 武王이 殷 紂王을 토벌하러 가면서 "옛사람의 말에 '암탉은 새벽에 울지 말아야 하니, 암탉이 새벽에 울면 집안이 망한다.'라고 하였다.〔王曰 古人有言曰 牝鷄 無晨 牝鷄之晨 惟家之索〕" 하였다. 암탉은 紂의 애첩이었던 妲己를 두고 한 말이다.(≪書經≫ 〈周書 牧誓〉)

177) 褒姒와 閻妻 : ≪한서≫ 〈谷永杜鄴傳〉에 "옛적에 褒姒가 나라를 다스려 宗周가 망하였고, 閻妻가 교만을 부려 日食이 일어나 좋지 못하게 되었다.〔褒姒用國 宗周以喪 閻妻驕扇 日以不臧〕"라고 하였다. 이는 周 幽王이 褒姒의 迷惑에 빠져 宗周가 망하고, 周 厲王의 총애를 받은 閻妻가 교만을 부려 國運이 좋지 못하게 되었음을 말한 것이다.

178) 娥皇과 女英 : 堯임금의 딸이요, 虞舜의 두 妃이다. 자세한 내용은 본서 권1 〈有虞二妃〉 참조.

179) 太任과 太姒 : 모두 周室의 어머니이다. 자세한 내용은 본서 권1 〈周室三母〉 참조.

180) 陽祿과 柘觀 : 둘 다 漢代에 妃嬪이 거처하던 곳으로 上林苑에 있었다. 柘觀은 柘館으로도 쓴다.

181) 層 : ≪列女傳校注≫와 ≪列女傳集注≫에는 모두 '增'으로 되어 있다.

182) (層)〔增〕 : 저본에는 '層'으로 되어 있으나, 王照圓의 注에 의거하여 '增'으로 바로잡았다.

鑑兮여 顧女史而問詩로다 悲晨婦之作戒兮④여 哀褒(艷(염))〔閻〕[183]之爲尤⑤[184]로다 美皇英之女(舜)〔虞〕[185]兮⑥여 榮任姒之母周로다 雖愚陋其靡及(乎)[186]〔兮〕⑦[187]여 敢舍心而忘玆리오 歷年歲而悼懼兮여 閔繁華之不滋⑧로다 痛陽祿與柘(자)觀兮여 仍繈[188](褓)〔緥(보)〕[189]而離災⑨로다 豈妾人之殃咎兮리오 將大命之不可求로다 白日忽以移光兮⑩여 遂奄莫(모)而昧幽⑪로다 猶被覆(부)載之厚德兮여 不廢捐於罪尤로다 奉供養於東宮兮여 託長信之末流로다 供灑掃於帷幄兮여 永終死以爲期로다 願歸骨於山足兮여 依松柏之餘休로다

① 荷性命之俶靈 : '俶'은 '善'이니, 經傳에 假借하여 '淑'으로 썼을 뿐이다. ≪說文解字≫에 보인다.
俶, 善也. 經傳假借作淑耳. 見說文解字.

② 奉隆寵於(層)〔增〕成 : '層'은 ≪漢書≫ 〈外戚傳〉에는 '增'으로 되어 있다. '增成'은 漢나라의 궁궐 이름이다.
層, 外戚傳作增, 增成漢宮名.

③ 申佩離以自思 : '離'는 '縭'와 같다. ≪詩經≫에 말하기를 "친히 그 향주머니를 매준다."[190] 라고 하였다.
離與縭同. 詩曰"親結其縭."

④ 悲晨婦之作戒兮 : 婦人이 男子의 일을 오로지 하니, 암탉이 새벽에 우는 것에 비유한 것이다.
婦人專男子之事, 比於牝(빈)鷄晨鳴也.

⑤ 哀褒(艷)〔閻〕之爲尤 : '艷'은 ≪한서≫ 〈외척전〉에 '閻'으로 되어 있으니, 옳다. 〈谷永傳〉에 '閻妻가 교만 방자함을 부린다.'라고 하였는데, 설명하는 자가 '이는 ≪魯詩≫이다.'

---

183) (豔)〔閻〕: 저본에는 '豔'으로 되어 있으나, 王照圓의 注에 의거하여 '閻'으로 바로잡았다.

184) 尤 : ≪漢書≫ 〈外戚傳〉에는 '郵'로 되어 있으니, 過失이라는 뜻이다. 이에 의거하여 번역하면 '褒姒와 閻妻의 過失을 哀痛해 한다.'는 뜻이 된다.

185) (舜)〔虞〕: 저본에는 '舜'으로 되어 있으나, 王照圓의 注에 의거하여 '虞'로 바로잡았다.

186) 乎 : ≪列女傳校注≫와 ≪列女傳集注≫에는 모두 '兮'로 되어 있다.

187) (乎)〔兮〕: 저본에는 '乎'로 되어 있으나, 王照圓의 注에 의거하여 '兮'로 바로잡았다.

188) 繈 : ≪列女傳集注≫에는 '繦'으로 되어 있다.

189) (褓)〔緥〕: 저본에는 '褓'로 되어 있으나, 王照圓의 注에 의거하여 '緥'로 바로잡았다.

190) 친히……매준다 : ≪詩經≫ 〈豳風 東山〉에 "친히 그 향주머니를 매주니, 아홉이며 열인 그 威儀로다. 新婚이 매우 아름다우니 舊婚이야 어떠하겠는고?〔親結其縭 九十其儀 其新孔嘉 其舊如之何〕"라고 하였다. 朱熹의 注에 "딸이 시집갈 때에 어머니가 딸을 경계하고 딸을 위하여 작은 띠를 채워주고 향주머니를 매주는 것이다. 그 威儀가 아홉이요 열이라는 것은 그 威儀의 많음을 말한 것이다."라고 하였다.

라고 하였다. ≪毛詩≫에 '艷妻'[191]로 되어 있으니, 이곳에는 아마 ≪毛詩≫에 의거하여 고친 듯하다. '尤'는 絶世美人이다.

艷, 外戚傳作閻, 是也. 谷永傳閻妻驕扇, 說者謂是魯詩也. 毛詩作艷妻, 此疑据毛詩改耳. 尤, 尤物也.

⑥ 美皇英之女(舜)〔虞〕兮 : '女'는 尼·據의 反切이다. '舜'은 응당 ≪한서≫ 〈외척전〉에 '虞'로 되어 있는 것을 따라야 한다. '女虞'는 아래 구의 '母周'와 서로 대구가 된다.

女尼·據切, 舜當從外戚傳作虞. 女虞, 與下句母周相比對也.

⑦ 雖愚陋其靡及(乎)〔兮〕 : '靡及'은 古人에게 미치지 못함을 말한다. '乎'는 응당 '兮'자가 되어야 하니, 字形이 비슷해서 생긴 오자이다.

靡及, 言不及古人也. 乎當作兮, 字形之誤耳.

⑧ 閔繁華之不滋 : '繁'은 '蕃'과 같고, '滋'는 생장함이다. 이는 자신이 낳은 아들이 성장하지 못함을 말한 것이니, 활짝 핀 꽃이 쉬이 떨어짐에 비유한 것이다.

繁與蕃同. 滋, 生也. 此言已生子不成, 比於蕃華易落也.

⑨ 痛陽祿與柘觀兮 仍襁(褓)〔緥〕而離災 : '觀'은 ≪한서≫ 〈외척전〉에 '館'으로 되어 있다. 陽祿과 柘館은 모두 離宮의 이름이다. 이곳에서 아들을 낳았는데 연이어 잃은 것이다. '褓'는 응당 '緥'가 되어야 하니, 襁緥는 어린아이의 옷이다. 離는 만남이다.

觀, 外戚傳作館. 陽祿柘館, 俱離宮名. 生子於此, 仍失之也. 褓當作緥, 襁緥小兒衣也. 離, 遭也.

⑩【校注】白日忽以移光兮 : '以'는 ≪한서≫ 〈외척전〉에 '已'로 되어 있다.

以, 漢書作已.

⑪ 遂奄莫而昧幽 : '奄'은 ≪한서≫ 〈외척전〉에 '晻'으로 되어 있으니, '晻'은 밝지 않은 것이다. '昧幽'와 뜻이 중복되니, '奄'으로 쓰는 것이 좋다. '奄'은 홀연과 같고, '莫'는 '暮'로 읽으니, 奄暮는 홀연히 저녁이 된 것이다.

奄, 外戚傳作晻, 晻, 不明也. 與昧幽義複, 作奄爲長. 奄猶忽也, 莫讀爲暮, 奄暮, 忽然晩暮也.

다시 다음과 같이 읊었다.

깊은 궁궐에 들어가 그윽하고 맑으나, 정문은 닫히고 작은 문은 빗장 걸렸도다.

화려한 궁전에 먼지 앉고 옥 계단에 이끼 끼며, 뜰 가운데 더부룩하게 푸른 풀 났도다.

넓은 궁궐 그늘져 휘장은 어둡고, 방의 창살 듬성하여 바람이 냉랭하도다.

---

191) 艷妻 : ≪詩經≫ 〈小雅 十月〉에 "皇父가 卿士요, 番氏가 司徒요,……楀氏가 師氏가 되었거늘, 艷妻가 화를 일으키며 그대로 있도다.〔皇父卿士 番維司徒……楀維師氏 艷妻煽方處〕"라고 하였다. 艷은 아름다운 容色이다.

치마가 나부낌에 비단이 펄럭이니, 어지러이 스치는 흰 비단소리로다.
외롭고 쓸쓸하여 고요히 지냄에, 황제께서 오지 않으니 누가 영광을 누리리오.
고개 숙여 붉은 섬돌 바라보니, 황제의 신발 장식 생각나는도다.
고개 들어 구름 궁궐[192] 바라보니, 두 줄기 눈물이 줄줄 흐르는도다.
좌우를 돌아보니 모두 화락한 얼굴로, 술잔을 들어 근심을 풀고 있도다.
인생살이 한 세상이, 홀연히 뜬구름처럼 흘러가는도다.
나만 홀로 高明한 尊貴를 누렸으니, 백성의 지극히 아름다움에 처하였도다.
마음을 즐기기에 힘써 즐거움 지극히 하여, 福祿이 한정 없기를 바라노라.
〈綠衣〉와 〈白華〉[193]는 슬픔을 노래했으니, 예로부터 이런 일은 있었도다.

成帝가 崩御하자 班婕好는 園陵[194]을 수호하는 데 충당되었는데, 반첩여가 죽자 인하여 원릉에 장사 지냈다.

重曰① 潛元[195]宮兮幽以淸이여 應門閉兮禁闥扃(경)이로다 華殿塵兮玉階苔하며 中庭萋(처)兮綠草生이로다 廣屋(蔭)〔陰〕[196]兮幨帷晻②하고 房櫳(롱)虛兮風泠泠이로다 感帷裳兮發(紅)〔綺〕[197]羅하니 紛悴縩(제)兮紈素聲③이로다 神眇眇兮密靖處④하니 君不御兮誰爲榮이리오 俯視兮丹墀(지)하니 思君兮履綦(기)⑤로다 仰視兮雲屋하니 雙涕(下)[198]兮橫流⑥로다 顧左右兮和顔하니 酌羽觴兮銷憂로다 惟人生兮一世가 忽壹過兮若浮로다 已獨嚮兮高明⑦하니 處生民兮極休로다 勉娛精兮極樂⑧하여 與福祿兮無期로다 綠衣〔兮〕[199]白華⑨는 自古兮有之로다 至成帝崩하여 婕好充奉園陵이러니 薨에 因葬園中이라

192) 구름 궁궐 : 구름 노을처럼 빛나는 궁궐을 말한다. 晉나라 葛洪의 ≪西京雜記≫에 "漢 成帝가 일찍이 甘泉宮의 紫殿에 雲帳, 雲幄, 雲幙을 설치하였는데, 세상 사람들이 三雲殿이라 하였다.〔漢成帝曾於甘泉宮紫殿 設雲帳雲幄雲幙 世謂三雲殿〕"라고 하였다.

193) 綠衣와 白華 : 〈綠衣〉는 ≪詩經≫ 〈邶風〉의 篇名으로, 衛나라 莊姜이 妾에게 참소를 당하여 부인의 자리를 잃고서 상심하여 지은 시이다. 〈白華〉는 ≪詩經≫ 〈小雅〉의 篇名으로, 周 幽王의 后妃인 申后가 褒姒로 인해 쫓겨난 뒤 상심하여 지은 시이다.

194) 園陵 : 帝王의 묘지로, 여기서는 漢 成帝의 延陵을 말한다.

195) 元 : ≪列女傳校注≫와 ≪列女傳集注≫에는 모두 '玄'으로 되어 있다.

196) (蔭)〔陰〕: 저본에는 '蔭'으로 되어 있으나, 王照圓의 注에 의거하여 '陰'으로 바로잡았다.

197) (紅)〔綺〕: 저본에는 '紅'으로 되어 있으나, 王照圓의 注에 의거하여 '綺'로 바로잡았다.

198) (下) : 저본에는 '下'가 있으나, 王照圓의 注에 의거하여 衍文으로 처리하였다.

199) 〔兮〕: 저본에는 '兮'가 없으나, 王照圓의 注에 의거하여 보충하였다.

① 重曰 : '重'은 '亂'과 같다. '亂'이라는 것은 그 번거로운 말을 정리하는 것이고, '重'이라는 것은 그 남은 뜻을 거듭 펴는 것이다.
重猶亂也. 亂者, 理其繁辭, 重者, 申其餘意.

② 廣屋(蔭)〔陰〕兮幨帷晻 : ≪漢書≫ 〈外戚傳〉에는 '廣室陰兮帷幄暗'으로 되어 있으니, 여기의 '蔭'은 잘못 '草'를 따른 것뿐이다. '晻'은 '暗'과 같다.
外戚傳作廣室陰兮帷幄暗, 此蔭誤從草耳. 晻與暗同.

③ 感帷裳兮發(紅)〔綺〕羅 紛悴悷兮紈素聲 : '帷裳'은 치마의 正幅이다. '紅羅'는 응당 '綺羅'가 되어야 한다. 이곳과 ≪한서≫ 〈외척전〉에 모두 잘못 '紅'으로 되어 있다. '悴悷'는 '萃蔡'와 같다. ≪한서≫ 〈외척전〉에는 '綷縩'로 되어 있고, ≪文選≫ 〈琴賦〉 注에는 또 '翠粲'으로 인용하였으니, 모두 새 옷에서 나는 소리이다. '紈'은 또한 흰 비단이니, 齊人이 만든 것이다.
帷裳, 裳正幅也. 紅羅, 當作綺羅. 此與外戚傳俱誤作紅耳. 悴悷與萃蔡同. 外戚傳作綷縩(최채), 文選琴賦注, 又引翠粲, 俱新衣聲也. 紈亦素也, 齊人工作之.

④ 【校注】 神眇眇兮密靖處 : '靖'은 ≪한서≫ 〈외척전〉에는 '靚'으로 되어 있다.
靖, 漢書作靚(정).

⑤ 思君兮履綦 : '綦'의 독음은 '其'이니, 신발의 장식이다.
綦音其, 履飾也.

⑥ 雙涕(下)兮橫流 : ≪한서≫ 〈외척전〉에는 '下'자가 없다.
外戚傳無下字.

⑦ 【校注】 已獨嚮兮高明 : '嚮'은 ≪한서≫ 〈외척전〉에는 '亨'으로 되어 있다.
嚮, 漢書作亨.

⑧ 【校注】 勉娛精兮極樂 : '娛'는 ≪한서≫ 〈외척전〉에는 '虞'로 되어 있다.
娛, 漢書作虞.

⑨ 綠衣〔兮〕白華 : ≪한서≫ 〈외척전〉에는 '衣' 아래에 '兮'자가 있는데, 이곳에는 빠졌다.
外戚傳衣下有兮字, 此脫.

君子가 이르기를 "班婕妤가 輦車를 함께 타자는 成帝의 요구를 사양한 말은 周 宣王의 妃 宣姜[200]의 뜻이요, 李平을 성제에게 바쳐 자신과 같은 반열에 오르게 한 일은 楚 莊王의 妃 樊姬[201]의 仁德이요, 저주의 참소를 푼 것은 衛나라의 시어머니 定

200) 周……宣姜 : 자세한 내용은 본서 권2 〈周宣姜后〉 참조.
201) 楚……樊姬 : 자세한 내용은 본서 권2 〈楚莊樊姬〉 참조.

姜[202]의 지혜요, 東宮에 물러나 皇太后를 奉養하는 일을 하기를 청한 것은 陳縣의 寡婦 孝婦[203]의 행실이다. 반첩여가 賦를 짓기에 이르러서는 슬퍼하되 和를 해치지 않으며,[204] 운명으로 돌리고 남을 원망하지 않았다."라고 하였다. ≪詩經≫에 이르기를 "문채나는 君子여 잘라놓은 듯하고 다듬어 놓은 듯하며, 쪼아놓은 듯하고 갈아놓은 듯하도다. 엄밀하고 굳세며 빛나고 점잖으니, 문채나는 君子여 끝내 잊을 수 없도다."라고 하였으니, 아마 반첩여를 두고 이르는 말인 듯하다.

君子謂班婕妤辭同輦之言은 蓋宣后之志也요 進李平於同列은 樊姬之德也요 釋詛祝之譖은 定姜之知也요 求供養於東宮은 寡(李)〔孝〕[205]之行也①②요 及其作賦하여는 哀而不傷하며 歸命不怨이라 詩云 有斐君子③여 如切如磋하며 如琢如磨로다 瑟兮僩(한)兮며 赫兮咺兮니 有斐君子여 終不可諼(훤)兮라하니 其班婕妤之謂也로다

① 寡(李)〔孝〕之行也 : '寡李'는 未詳이다.
寡李未詳.

② 【校正】 寡(李)〔孝〕之行也 : 王紹蘭은 상고해보건대, '李'는 응당 '孝'가 되어야 하니, 글자의 오류이다. '寡孝'는 바로 陳縣의 과부 孝婦이니, 마음을 오로지 하여 시어머니를 봉양하였다. 班婕妤가 長信宮에서 皇太后를 봉양하겠다고 청하였으니, 그 일이 〈진현의 과부 효부와〉 정히 같기 때문에 '寡孝之行'이라고 한 것이다.
紹蘭案李當爲孝, 字之誤也. 寡孝卽陳寡孝婦, 專心養姑, 班婕妤求供養皇太后於長信宮, 其事正同. 故云寡孝之行也.

③ 【校注】 有斐君子 : 斐는 ≪毛詩≫에는 '匪'로 되어 있다.
斐, 毛詩作匪.

8-15 漢나라 趙飛燕　漢趙飛燕[206]

趙飛燕 姉妹는 成陽[207]侯 趙臨의 딸이요, 孝成皇帝의 총애를 받은 여인이다. 조비

202) 衛나라의……定姜 : 자세한 내용은 본서 권1 〈衛姑定姜〉 참조.
203) 陳縣의……孝婦 : 자세한 내용은 본서 권4 〈陳寡孝婦〉 참조.
204) 슬퍼하되……않으며 : 孔子가 말하기를 "≪詩經≫ 〈關雎篇〉은 즐거워하되 지나치지 않고, 슬퍼하되 和를 해치지 않는다.〔關雎 樂而不淫 哀而不傷〕"라고 하였다.(≪論語≫ 〈八佾〉)
205) (李)〔孝〕 : 저본에는 '李'로 되어 있으나, 王紹蘭의 校正에 의거하여 '孝'로 바로잡았다.
206) 漢趙飛燕 : ≪列女傳校注≫에는 '趙飛燕姊娣'로 되어 있고, ≪列女傳校注≫와 ≪列女傳集注≫에는 이 아래에 '孼嬖' 두 자가 있다.

연이 처음 태어났을 때 부모가 기르려 하지 않았으나 3일이 지나도록 죽지 않자 거두어 길렀다. 成帝가 늘 微服 차림으로 밖에 나가곤 하였는데 河陽[208]公主의 집에 들렀을 적에 공주가 歌舞를 바쳤다. 성제가 舞女 중에서 조비연을 보고 기뻐하여 宮으로 불러들여 크게 사랑하였다. 조비연에게 여동생이 있었는데 그녀를 다시 불러들여 모두 婕妤를 삼으니, 尊貴함이 後宮에 있는 妃嬪들이 비할 수 없을 정도였다. 성제가 이에 그녀들의 아버지 조림을 봉하여 성양후로 삼고, 얼마 후 조비연을 세워 皇后로 삼고, 그 동생을 昭儀로 삼았다.

趙飛燕姊娣者는 成陽侯趙臨之女요 孝成皇帝之寵姬也라 飛燕初生에 父母不擧호되 三日不死어늘 乃收養之라 成帝常微行出이러니 過河陽主①할새 樂(악)作이라 上見飛燕而悅之하여 召入宮하여 大幸이라 有女弟어늘 復召入하여 俱爲婕妤(첩여)하니 貴傾後宮이라 乃封父臨爲成陽侯하고 有頃에 立飛燕爲皇后하고 其弟[209]爲昭儀라

① 成帝常微行出 過河陽主 : ≪漢書≫ 〈外戚傳〉에 '河陽'이 '陽阿'로 되어 있는데, 설명하는 자가 '河陽은 後人들이 고친 것'이라고 하였다. 그러나 ≪한서≫ 〈五行志〉와 荀悅의 ≪漢紀≫에도 모두 '河陽'으로 되어 있다.
外戚傳河陽作陽阿, 說者以河陽爲後人所改, 然五行志及荀悅漢紀, 亦俱作河陽.

趙飛燕은 皇后가 된 이후에 成帝의 총애가 쇠하였으나 昭儀는 비할 데 없는 총애를 받았다. 昭陽宮에 살면서 정원 가운데를 붉은색으로 칠하고 殿閣 위에는 옻칠을 하였으며, 섬돌에는 모두 銅으로 이어 붙이고 정원 가운데의 길을 황금으로 장식하고 섬돌을 白玉으로 만들었으며, 벽에는 곳곳에 황금으로 수레바퀴 통처럼 둥근 모양을 만들고 그 가운데 藍田[210]의 璧玉을 박아 넣고 그 곁에 明珠와 翠羽[211]를 연이어 장식하였으니, 後宮에서는 일찍이 없었던 일이었다. 자매가 성제의 총애를 독차지하였으나 모두 자식을 낳지 못하였다. 교태를 부려 공손하지 않았고 後宮의 다른 妃嬪들을 질투하였다.

---

207) 成陽 : 縣名으로, 지금의 河南省 信陽 동북쪽에 있었다.

208) 河陽 : 縣名으로, 지금의 山西省 陽城 서북쪽에 있었다.

209) 弟 : ≪列女傳校注≫와 ≪列女傳集注≫에는 '娣'로 되어 있다.

210) 藍田 : 山名으로, 지금의 陝西省 藍田 동쪽에 있었는데 美玉이 생산되는 곳으로 유명하다. 玉山이라 일컫기도 한다.

211) 翠羽 : 비취새의 깃털로, 상감과 장식에 쓰인다.

飛燕爲后而寵衰나 **昭儀寵無比**라 **居昭陽舍**하여 **其中廷彤**(동)**朱**하고 **殿上漆**①②하며 **砌**(체)**皆銅沓**③④하고 **黃金塗**하고 **白玉階**⑤⑥하며 **壁往往爲黃金釭**⑦하고 **函藍田璧**(王)[212]하고 **明珠翠羽飾之**⑧하니 **後宮未嘗有焉**이라 **姊娣專寵**하되 **而悉無子**라 **嬌媚不遜**하고 **嫉妒後宮**이라

① 其中廷彤朱 殿上漆 : '廷'은 '庭'과 같다. '彤朱'는 붉은 색으로 땅을 장식하는 것이니, 바로 丹墀이다. 殿 위에는 옻칠로 꾸민 것이다.
廷與庭同, 彤朱, 以赤色飾地, 卽丹墀(지)也. 殿上以髤(휴)漆爲飾.

② 【校注】 殿上漆 : ≪漢書≫ 〈外戚傳〉에는 '漆' 위에 '髤'자가 있다.
漢書漆上有髤字.

③ 砌皆銅沓 : '砌'는 섬돌이다. ≪한서≫ 〈외척전〉에는 '切'로 되어 있다. '沓'은 합함이니, 銅으로 그 섬돌의 틈새를 이어 붙이는 것이다.
砌, 階砌也. 外戚傳作切. 沓, 合也, 以銅合其砌縫.

④ 【校正】 砌皆銅沓……以銅合其砌縫[213] : 王紹蘭은 상고하건대, ≪한서≫ 〈외척전〉에는 '切皆銅沓冒'로 되어 있는데, 顔師古가 切을 문지방이라 하고 沓을 그 머리를 덮어씌우는 것이라고 하였으니, 옳다. ≪說文解字≫ 〈木部〉에 "楔은 문지방이니, 木을 따르고 屑은 독음이다."라고 하였다. 〈尸部〉에 "屑은 動作이 급박한 것이다."라고 하였다. 〈齒部〉에 "齰은 이가 어긋난 것이다. 齒를 따르고 屑은 독음이니, 切과 같이 읽는다."라고 하였다. ≪爾雅≫ 〈釋器〉에 "骨을 다루는 것을 切이라 이른다."라고 하였고, ≪爾雅注疏≫에 인용된 ≪經典釋文≫에 "切은 판본에 따라 혹 '齰'로 되어 있기도 하다."라고 하였으니, 이는 古音이 屑로 切에 가깝다. 그러므로 ≪한서≫에서 切을 가차하여 楔로 삼아 문지방을 일컬은 것이다. ≪설문해자≫ 〈金部〉에 "錔은 금으로 덮는 것이다."라고 하였으니, 沓은 곧 錔의 생략한 글자이다. 切이 문지방이기 때문에 銅沓으로 덮개를 만들 수 있는 것이지, 만약 섬돌이라면 冒라고 말할 수 없을 것이다. 또 아래 글의 '白玉階'는 별도의 한 가지 일이니, '切'이 섬돌이 아님을 더욱 알 수 있다. ≪廣雅≫에 이르기를 "限을 丞秩이라 이르니, 戺橉砌이다. 砌는 바로 切의 俗體이다."라고 하였으니, 이 또한 切을 문지방으로 여긴 것이다. 沓에는 합한다는 뜻이 있으나 '銅沓冒'는 위에서 冒合하는 것을 취하여 뜻을 삼은 것이지 合縫을 이르는 것은 아니다.
紹蘭案漢書外戚傳作切皆銅沓冒, 師古以切爲門限, 沓爲冒其頭是也. 說文木部 "楔(설), 限也, 从木屑聲." 尸部 "屑, 動作切切也." 齒部 "齰(절), 齒差也, 从齒屑聲, 讀若切." 爾雅釋器 "骨謂之切." 釋文 "切本或作齰", 是古音屑, 近切. 故漢書假切爲楔, 謂門閑也. 金部 "錔(탑)

---

212) (王) : 저본에는 '王'이 있으나, 王照圓의 注에 의거하여 衍字로 처리하였다.

213) 砌皆銅沓……以銅合其砌縫 : 원 표제어는 "砌皆銅沓 補注 砌階砌也 外戚傳作切 沓合也 以銅合其砌縫"으로 '切皆銅沓'에 대한 王照圓의 補注인 원주 ③에 대한 校正이다.

以金有所冒也." 沓卽鍣之省文. 切爲門限, 故可以銅沓爲冒, 若階砌, 則不得言冒矣. 且下文白玉階, 別爲一事, 更知切非階砌. 廣雅云"限謂之丞秩, 戺(사)橉砌也. 砌卽切之俗體." 是亦以切爲門限也. 沓有合訓, 但銅沓冒, 取從上冒合爲義, 非合縫之謂.

⑤ 黃金塗 白玉階 : '塗'는 길이다. 정원 가운데의 길을 황금으로 장식하고 殿 위의 계단을 白玉으로 장식함을 말한 것이니, 위의 일을 다시 말한 것이다.

塗, 路也. 言中庭之路, 以黃金爲飾, 殿上之階, 以白玉爲文, 復說上事也.

⑥ 【校正】 黃金塗……以黃金爲飾[214)] : 王紹蘭은 상고하건대, ≪한서≫ 〈외척전〉에 "섬돌은 모두 銅으로 머리를 덮어씌우고 그 위에 황금으로 바른다."라고 하였는데, 顔師古가 말하기를 "塗는 황금으로 銅 위에 바르는 것이다."라고 하였다. 그렇다면 이 傳은 銅沓으로 섬돌 위를 덮어씌우고 또 황금으로 銅沓 위에 바르는 것을 말한 것이다. ≪한서≫ 〈霍光傳〉에 이르기를 "皇帝와 諸侯가 타는 수레를 만들어 수레의 좌석과 軾木에 수놓은 천을 깔고, 황금으로 수레를 장식하고, 소가죽과 솜으로 수레바퀴를 감쌌다."라고 하였다. -〈霍夫人傳〉에도 대략 같다.- 수레의 좌석과 식목과 수레바퀴를 감쌌다는 말 사이에 '황금으로 장식한다.〔黃金塗〕'를 끼워 넣었으니 塗가 길이 아님을 알 수 있다. 그러므로 如淳이 말하기를 "絪은 또한 자리이고, 馮은 기대는 곳이니, 황금으로 장식하는 것이다."라고 하였고, 顔師古가 말하기를 "비단을 수레의 좌석과 식목에 깔고 황금으로 수레를 장식하는 것이다."라고 하였으니, 모두 塗를 길로 여기지 않았다. ≪설문해자≫ 〈金部〉에 "錯은 금으로 바르는 것이다.〔錯 金涂也〕"라고 하였다. '涂'는 곧 '塗'의 正字이니, 塗가 塗飾의 塗이지 塗路의 塗가 아님이 분명하다. '黃金塗'는 지금 세상에서 '鍍金'이라 하는 것이 바로 이것이다.

紹蘭按外戚傳"切皆銅沓冒, 黃金塗", 師古曰 "塗以金塗銅上也." 然則傳謂以銅沓冒切上, 又以黃金塗銅沓上也. 霍光傳云 "作乘輿輦, 加畫繡絪馮(빙), 黃金塗, 韋絮薦輪."-霍夫人傳畧同.- 廁黃金塗於絪馮薦輪之間, 則塗非路可知. 故如淳曰"絪, 亦茵, 馮, 所以馮者也, 以黃金塗飾之", 師古曰"以繡爲茵馮, 而黃金塗輿輦也", 皆不以塗爲路. 說文金部"錯, 金涂也." 涂, 卽塗之正字, 明塗爲塗飾之塗, 非塗路之塗矣. 黃金塗, 今俗云鍍金是.

⑦ 【校注】 壁往往爲黃金釭 : ≪한서≫ 〈외척전〉에는 '壁' 아래에 '帶'자가 있다.

漢書壁下有帶字.

⑧ 壁往往爲黃金釭……明珠翠羽飾之 : '釭'은 수레바퀴통의 쇠이다. 벽 가운데 띠처럼 가로댄 나무에 황금으로 그 바깥을 장식한 것이 수레바퀴통의 쇠 모양과 같으니, 이로 인하여 '釭'이라 이른 것이다. 그러므로 服虔의 注에 말하기를 "釭은 벽 가운데 가로 댄 띠이다."라고 하였다. 服虔의 이 注로 인하여 '帶'자가 있게 되었는데, 세상에서 ≪한

214) 黃金塗……以黃金爲飾 : 원 표제어는 "黃金塗 補注 塗路也 言中庭之路 以黃金爲飾"으로 '黃金塗'에 대한 王照圓의 補注인 원주 ⑤의 黃金塗 부분에 대한 校正이다.

서≫를 傳寫하면서 드디어 '帶'자를 덧붙여 '壁帶'가 된 것이니, 잘못된 것이다. 函은 머금음과 같고, 釭은 둥근 구멍을 만드는 것이니, 그 가운데에 아름다운 옥을 박아 넣어 장식을 한 것이다. '玉'자는 衍字이다. 그 곁에 또 明珠와 翠羽를 연이어서 장식한 것이다.

釭, 車轂中鐵也. 壁中橫木如帶, 以黃金飾其外如釭形, 因謂之釭. 故服虔注曰 "釭, 壁中之橫帶也." 緣服此注有帶字, 而流俗傳寫漢書, 遂衍作壁帶, 誤矣. 函, 猶銜也, 釭, 作圜孔, 於中銜美璧爲飾. 玉字衍也. 其旁又以明珠翠羽連綴爲飾.

成帝가 許美人을 총애하여 아들을 낳으니, 昭儀가 이 소식을 듣고 성제에게 말하기를 "항상 나를 속여 中宮[215]에서 오는 것이라 하더니, 지금 허미인의 자식은 어디에서 생긴 것입니까?"라고 하고, 원망하면서 손으로 자신을 때리고 머리로 기둥을 들이받고 침상 위에서 스스로 바닥으로 떨어져 울며 먹지 않으면서 말하기를 "지금 나를 어떻게 처리하려 하십니까? 나는 죽어 버리겠습니다."라고 하였다. 成帝가 말하기를 "내 이 일을 너에게 말하려 하였거늘 도리어 화를 낸단 말이냐."라고 하고, 또한 먹지 않았다. 소의가 말하기를 "陛下께서 스스로 이렇게 해놓고서는 왜 드시지 않는단 말입니까? 폐하께서 항상 '약속하노니 너를 저버리지 않겠다.'라고 하시더니, 지금 허미인이 아들을 낳았습니다. 결국 약속을 저버렸으니 무엇 때문입니까?"라고 하였다. 성제가 말하기를 "趙氏와 약속하노니, 결단코 許氏를 皇后로 세우지 않아서 천하에 조씨보다 높은 자가 없게 할 것이니, 걱정하지 말거라."라고 하였다. 이에 허미인에게 조서를 내려 그녀가 낳은 아이를 죽여 가죽 상자에 담아 묶게 하였다. 성제가 소의와 함께 열어 확인하고 다시 묶어서 御史中丞의 印으로 封한 다음, 가지고 나가 감옥 담장 아래에 묻었다.

中宮史[216] 曹宮은 字가 偉能이니, 성제의 총애를 받아 아들을 낳았다. 성제가 다시 소의의 말을 따라 아들인지 딸인지 묻지도 않고 죽이게 하였는데, 조궁이 아이를 죽이지 않자 소의가 노하였다. 掖庭[217]의 獄丞[218] 籍武가 中黃門[219]을 통해 이 일에

215) 中宮 : 황후가 거처하는 궁전으로 趙飛燕의 거처를 말한다.
216) 中宮史 : 皇后宮의 女史이다.
217) 掖庭 : 正殿 옆에 있는 궁으로, 妃嬪들이 거처하던 곳이다.
218) 獄丞 : 后宮의 刑獄을 관장하는 관리이다.
219) 中黃門 : 宮廷 안에서 服役하는 太監이다.

대해 上奏하기를 "陛下께서는 後嗣가 없으니 자식은 貴賤을 따지지 말고 소중히 여기소서."라고 하였다. 성제가 이 말을 듣지 않고, 당시 아이가 태어난 지 8, 9일 되었는데 곧장 데리고 가서 죽이게 하였다. 소의가 위능에게 書信과 독약을 보내 스스로 목숨을 끊게 하였다. 위능이 서신을 받고 말하기를 "과연 趙氏 자매가 천하를 독차지하고자 하는구나. 또 내 아이는 이마 위에 아래로 늘어진 머리카락이 先帝인 元帝와 닮았는데, 지금 아이는 어디에 있는가? 이미 죽였느냐?"라고 하고, 이에 독약을 마시고 죽었다.

帝幸許美人하여 有子하니 昭儀聞之하고 謂帝曰 常紿(태)我從中宮來①러니 今許美人子何從生고하고 懟(대)하여 〔以〕[220]手自擣②하고 以頭擊柱하고 從牀[221]上自投地하여 涕泣不食曰 今當安置我오 我欲歸爾라 帝曰 我欲語之어늘 反怒爲아하고 亦不食이라 昭儀曰 陛下自如是하고 不食謂何③④오 陛下常言約不負汝라하더니 今許美人有子라 竟負約이니 謂何오 帝曰 約以趙氏하노니 故不立許氏하여 使天下無出趙氏之上者니 無憂也라하고 乃詔許(氏夫)〔美〕[222]人⑤하여 令殺所生兒하여 革篋(협)盛緘之⑥하고 帝與昭儀共視하고 復緘하여 封以御史中丞印하고 出埋獄垣下라 中宮史曹宮은 字偉能이니 御幸生子⑦라 帝復用昭儀之言하여 勿問男女殺之어늘 宮未殺하니 昭儀怒라 掖庭獄丞籍武가 因中黃門奏事曰 陛下無繼嗣하니 子無貴賤하고 唯留意하소서 帝不聽하고 時兒生八九日이어늘 遂取去殺之라 昭儀與偉能書及藥하여 令自死하니 偉能得書曰 果欲姊娣擅天下로다 且我兒(額)〔頟〕[223]上有壯髮이 似元帝⑧러니 今兒安在오 已殺之乎⑨아하고 乃飮藥死라

① 常紿我從中宮來 : '紿'는 속임이다. '中宮'은 皇后宮이다.
紿, 欺誑也. 中宮, 皇后宮也.

② 懟〔以〕手自擣 : '懟'는 원망함이다. '擣'는 '擣'와 같으니, 손으로 침이다. ≪漢書≫ 〈外戚傳〉에는 '懟' 아래에 '以'자가 있는데, 여기에는 빠졌다.
懟, 怨也. 擣與擣(도)同, 手椎也. 外戚傳懟下有以字, 此脫去之.

③ 陛下自如是 不食謂何 : '如是'는 許美人의 일을 가리킨다. "陛下 자신이 이와 같이 하려 해놓고 먹지 않는 것은 또한 무엇 때문입니까?"라는 말이다. '如是'의 '如'가 ≪한서≫ 〈외척전〉에는 '知'자로 되어 있는데, 오자이다.
如是, 指許美人事也. 言陛下自己要如是耳, 不食亦何謂也. 如是之如, 外戚傳作知字, 誤.

220) 〔以〕: 저본에는 '以'가 없으나, 王照圓의 注에 의거하여 보충하였다.
221) 牀 : ≪列女傳集注≫에는 '床'으로 되어 있다.
222) (氏夫)〔美〕: 저본에는 '氏夫'로 되어 있으나, 王照圓의 注에 의거하여 '美'로 바로잡았다.
223) (額)〔頟〕: 저본에는 '額'으로 되어 있으나, 王照圓의 注에 의거하여 '頟'으로 바로잡았다.

④【校注】陛下自如是 不食謂何：≪한서≫〈외척전〉에는 '如'가 '知'로 되어 있으니, 응당 句를 끊고, '是'자는 아래로 이어 읽어야 한다.
漢書如作知, 當絶句, 是字續下讀.

⑤ 乃詔許(氏夫)〔美〕人：'氏夫人' 3자는 아마 '美人' 2자의 오자인 것이니, 衍字이다.
氏大人三字, 蓋美人二字之誤, 衍.

⑥ 革篋盛緘之：≪한서≫〈외척전〉에는 '革'이 '葦'로 되어 있으니, 두 자는 자형이 비슷하다. 아마 '革'으로 된 것이 옳을 것이다. '緘'은 묶음이다.
外戚傳革作葦, 二字形近. 疑作革是也. 緘, 束也.

⑦【校注】中宮史曹宮……御幸生子：≪한서≫〈외척전〉에 "曹宮은 元延 元年(B.C. 12) 10월에 아이를 낳았고, 許美人은 2년 11월에 아이를 낳았다."라고 하였으니, 이 傳과 先後가 같지 않다.
漢書"曹宮以元延元年十月乳, 許美人以二年十一月乳", 與此傳先後不同.

⑧ 且我兒(額)〔頟〕上有壯髮 似元帝：'額'은 응당 '頟'이 되어야 한다. '壯髮'이라는 것은 이마 위의 머리털이 아래를 많이 가리기 때문에 '壯'이라 한 것이다.
額, 當作頟. 壯髮者, 頟上髮多覆下, 故曰壯也.

⑨【校注】已殺之乎：≪한서≫〈외척전〉에는 '危殺之矣'로 되어 있으니, 아마 '已'는 바로 '危'자의 획이 빠지고 문드러진 듯하다.
漢書作危殺之矣, 疑已是危字脫壞也.

이후로부터 成帝의 사랑을 받아 아이를 낳은 자는 그때마다 죽이거나 혹 약을 먹여 스스로 낙태하게 하였으니, 이로 말미암아 성제는 후사가 없게 되었다. 성제가 이미 崩御하자 同姓의 諸侯王[224]을 찾아 황제의 자리에 세웠으나 여전히 後代를 길러내지 못하였다.

自後御幸有子者는 **輒死**어나 **或飮藥自墮**하니 **由是使成帝無嗣**라 **成帝旣崩**에 **援立外藩**이나 **仍不繁育**이라

君子가 이르기를 "趙昭儀의 흉악함과 총애를 받음은 褒姒와 행실이 같고, 成帝의 미혹함과 혼란함은 周 幽王[225]과 습성이 같다."라고 하였다. ≪詩經≫에 이르기를

224) 同姓의 諸侯王：元帝의 庶孫이며 定陶恭王의 아들 劉欣을 말한다. 劉欣은 成帝가 죽은 후 帝位를 이어 哀帝가 되었다.

"못이 마를 때에는 물가에서부터 마른다고 말하지 않으며, 샘물이 마를 때에는 가운데에서부터 마른다고 말하지 않는구나."라고 하였으니, 성제 때에 外戚[226]이 조정에서 권력을 마음대로 하였고, 趙氏가 궁 안에서 총애를 오로지 하였으니, 漢나라 王朝가 극도로 쇠퇴한 것이 대체로 또한 못과 샘물이 마르는 형상과 같았다.

君子謂趙昭儀之凶嬖는 與褒姒同行하고 成帝之惑亂은 與周幽王同風이라 詩云 池之竭矣에 不云自濱①②이라하고 泉之竭矣에 不云自中이라하니 成帝之時에 舅氏擅外하고 趙氏專內하니 其自竭極이 盖亦池泉之勢也라

① 池之竭矣 不云自濱 : '濱'은 ≪毛詩≫에 '頻'으로 되어 있으니, 곧 '瀕'자를 생략한 것일 뿐이다. '瀕'은 옛날의 '濱'자이니, '瀕'은 물가이다.
濱, 毛詩作頻, 卽瀕字之省耳. 瀕, 古濱字也. 瀕, 水厓也.

② 【校注】 不云自濱 : 〈'濱'은〉 ≪毛詩≫에 '瀕'으로 되어 있는데, 이곳과 鄭玄의 箋注에 글자를 고친 것이 합치된다.
毛詩作瀕, 此與鄭箋改字, 合.

8-16 漢나라 孝平王后 孝平王后[227]

漢나라 孝平王后는 安漢公 太傅 大司馬 王莽[228]의 딸이요, 孝平皇帝[229]의 皇后이다. 사람됨이 溫和하고 鎭重하며 節操와 品行이 있었다. 平帝가 즉위하였을 때에 황후는 나이가 아홉이었다. 왕망이 정권을 잡고서 霍光의 故事[230]를 따라서 딸을 皇帝의 배필로 삼고자 하였다. 이에 간사한 계교를 부려 혼례를 성사시키고서[231] 皇太后

---

225) 褒姒와……幽王 : 본서 권7 〈周幽褒姒〉 참조.

226) 外戚 : 成帝의 외삼촌인 大將軍 王鳳과 王商 등을 말한다.

227) 孝平王后 : ≪列女傳校注≫에는 '漢孝平王后'로 되어 있고, ≪列女傳校注≫와 ≪列女傳集注≫에는 이 아래에 '貞順' 두 자가 있다.

228) 王莽 : 漢 元帝의 皇后의 조카요, 孝平王后의 아버지이다. 자는 巨君이고, 賜號는 安漢公이다. 前漢 末年에 外戚으로 정권을 독차지하여 大司馬가 되고 新都侯에 봉해졌다. 후에 平帝를 독살하고 假皇帝라 自稱하고서 廣戚侯의 두 살된 아들 劉嬰을 太子로 세웠다. 初始 元年(A.D. 8)에 漢나라를 대신해 皇帝라 칭하고 國號를 '新'으로, 年號를 '始建國'으로 고쳤다. 更始 元年(A.D. 23)에 新나라는 赤眉軍과 綠林의 農民軍에게 망하였고, 王莽은 피살되었다.

229) 孝平皇帝 : 前漢의 皇帝 劉衎이다. 元帝의 庶孫이며 中山孝王의 아들이다.

230) 霍光의 故事 : 본서 권8 〈漢霍夫人〉 참조.

에게 넌지시 고하여 長樂少府[232]·宗正[233]·尙書令[234]을 보내어 納采하게 하고, 太師·大司徒·大司空 以下 49인이 사슴 가죽으로 만든 관을 쓰고 흰 비단으로 만든 하의를 입고 宗廟에 고하게 하였다. 이듬해 봄에 대사도·대사공·左將軍·右將軍을 보내어 乘輿와 法駕[235]를 받들어 안한공의 집에서 皇后를 맞이하게 하였다. 대사도가 옥새의 인끈을 황후에게 건네고 수레에 올라 警蹕[236]을 하고 시간에 맞추어 上林苑[237]과 延壽門을 거쳐 未央宮[238]의 前殿에 이르렀다. 여러 신하가 각자의 자리에 나아와 禮를 마치자 天下에 大赦免을 내리고 公卿으로부터 아래로 趨宰[239]와 執事에 이르기까지 상을 내리되 모두 차등을 두었다.

漢孝平王后者는 安漢公太傅大司馬王莽之女요 孝平皇帝之后也라 爲人婉(淑)[240]〔瘱(예)〕[241]

---

231) 간사한……성사시키고서 : 王莽이 이미 尊貴해지자 자신의 딸을 平帝의 皇后로 삼아 권세를 공고하게 하고자 하여 속임수를 부렸다. 이에 앞서 황후의 후보로 널리 많은 여자를 선발해야 한다고 주장하여 자신의 딸이 선발된 인원 속에 포함되게 한 다음, 또 자신의 딸은 재능이 없어 선발에 합당하지 않다고 하였다. 皇太后가 왕망의 이 말을 지극한 정성에서 나온 것이라 여겨 詔勅을 내리기를 "왕씨의 딸은 나의 外家이니 선발해서는 안 된다.〔王氏女 是我外家 不宜選〕"라고 하니, 公卿大夫들이 眞相을 알지 못하고 왕씨의 딸을 얻어 천하의 어머니를 삼기를 원한다고 분분히 上疏하였다. 황태후가 부득이 왕씨의 딸을 선발하자는 공경대부의 말을 허락하였다.(≪漢書≫ 권99 〈王莽傳〉)

232) 長樂少府 : 長樂은 漢나라 궁궐 이름으로 長信殿, 長秋殿 등이 있었다. 漢나라 초기에 朝會하던 곳인데 惠帝 이후에 太后의 거처로 바꾸고, 東宮이라 일컬었다. 少府는 官名으로 九卿의 하나이다. 山海와 池澤의 수입과 皇室의 手工業 製造를 관장하였다.

233) 宗正 : 官名으로, 九卿의 하나이다. 皇族의 事務를 관장하였는데, 대부분 皇族 중에서 充任하였다.

234) 尙書令 : 官名이다. 본래 少府의 屬官으로 殿內의 文書를 관장하였는데, 武帝 이후에 職權이 점점 커졌다.

235) 乘輿와 法駕 : 모두 황제가 타는 수레이다.

236) 警蹕 : 황제가 출입하고 지나는 길에 엄하게 경계하여 사람의 왕래를 금지하는 것이다. '警'은 경계함이고, '蹕'은 길을 청소함이다.

237) 上林苑 : 宮苑 이름이다. 前漢 武帝 때 上林苑 안에 禽獸를 놓아길러 황제가 사냥하였고, 아울러 離宮·館·觀 등을 건립하였다. 옛터는 지금의 陝西省 西安 서쪽에 있다.

238) 未央宮 : 궁전 이름이다. 前漢 때 朝會를 하던 곳으로, 둘레가 28里였다고 한다. 옛터는 지금의 陝西省 西安 西北쪽 교외에 있다.

239) 趨宰 : 僕役을 총괄하는 우두머리이다. '騶宰'라고 하기도 한다.

240) 淑 : ≪列女傳校注≫와 ≪列女傳集注≫에는 모두 '瘱'로 되어 있다.

241) (淑)〔瘱〕: 저본에는 '淑'으로 되어 있으나, 王照圓의 注에 의거하여 '瘱'로 바로잡았다.

孝平王后

有節行①이라 平帝卽位에 后年九歲라 莽秉政하여 欲(只)[242]依霍光故事하여 以女配帝②하여 設詐以成其禮하여 諷皇太后遣長樂少府③宗正④尙書令⑤納采하고 太師⑥大司徒⑦大司空⑧以下四十〔九〕[243]人皮弁素積⑨而告宗廟라 明年春에 遣〔大〕[244]司徒〔大〕司空⑩左右將軍⑪奉乘輿法駕하여 迎皇后于安漢公第라 〔大〕司徒授璽綬하고 登車稱警蹕하고 時自上林延壽門으로 入未央前殿이라 群臣就位行禮畢에 大赦天下하고 賜公卿下至騶宰執事하되 皆有差⑫라

① 爲人婉(淑)〔瘱〕有節行 : ≪漢書≫ 〈外戚傳〉에는 '淑'자가 '瘱'로 되어 있는데, 독음은 於・計의 反切이니, 또한 瘱라고 통용하여 쓰기도 한다. 瘱는 靜肅하다는 뜻이다. 혹 '嫕'로 쓰기도 하니, 독음은 같다. 그러므로 ≪文選≫ 注에 두 번 인용하였는데, 첫째는 〈女史箴〉의 注에 인용된 ≪한서≫에 '婉瘱有節操'로 되어 있는데 다시 曹大家의 注를 인용하여 '婉는 온화함이고, 嫕는 진중함이다.'라고 하였으며, 둘째는 〈洞簫賦〉의 注에 曹

242) (只) : 저본에는 '只'가 있으나, 王照圓의 注에 의거하여 衍文으로 처리하였다.

243) 〔九〕 : 저본에는 '九'가 없으나, 王照圓의 注에 의거하여 보충하였다.

244) 〔大〕 : 저본에는 '大'가 없으나, ≪列女傳校注≫에 의거하여 보충하였다. 아래도 같다.

大家의 注를 인용하여 "㥠는 진중함이고, 독음은 翳이다."라고 하였다. 이는 '㥠'자와 '嫕'자가 통용하는 것이기 때문에 둘 모두 그대로 둔 것이다. 今本에 '淑'으로 되어 있는 것은 아마 後人이 마음대로 그 글을 고친 듯하니, 의당 ≪한서≫와 ≪문선≫ 注에 의거하여 曹本의 옛 글자로 되돌려 놓아야 한다.

外戚傳淑字作㥠, 音於計切, 亦通作㥠. 㥠, 訓靜也. 或作嫕(예), 其音同耳. 故文選注兩引之, 一女史箴注引漢書作"婉嫕有節操", 又引曹大家注"婉, 柔和. 嫕, 深邃也." 一洞簫賦注引曹大家注曰 "㥠, 深邃也, 音翳." 是㥠嫕字通, 故兩存之. 今本作淑, 或後人妄改其文, 宜据漢書選注, 還曹本之舊焉.

② 欲(只)依霍光故事 以女配帝 : ≪한서≫ 〈외척전〉에는 '只'자가 없다. 어떤 자의 誤字인지 알지 못하겠다. 衍字이다.

外戚傳無只字. 不知何字之誤. 衍.

③【校注】少府 : 夏侯藩이다.

夏侯藩.

④【校注】宗正 : 劉宏이다.

劉宏.

⑤【校注】尙書令 : 平晏이다.

平晏.

⑥【校注】太師 : 孔光이다.

孔光.

⑦【校注】大司徒 : 馬宮이다.

馬宮.

⑧【校注】大司空 : 甄豐이다.

甄豐.

⑨ 四十〔九〕人皮弁素積 : ≪한서≫ 〈외척전〉에는 '四十九人'으로 되어 있는데, 여기에는 '九'자가 빠졌다. 皮弁은 사슴 가죽으로 冠을 만든 것이다. 素積은 흰 비단으로 만든 下衣이다.

外戚傳作四十九人, 此脫九字耳. 皮弁, 以鹿皮爲冠也. 素積, 素裳也.

⑩ 賜公卿下至趨宰執事 皆有差 : ≪한서≫ 〈외척전〉에는 '趨'가 '騶'로 되어 있으니, 아마 이 本에 '趣'로 되어 있는 것[245]은 趣와 騶가 독음이 비슷하고 글자가 통용되기 때문인 듯하다. ≪詩經≫에 말하기를 "蹶氏가 趣馬가 되었다."[246]라고 하였다.

245) 이……것 : 이 本에 '趣'로 되어 있다고 하였으나, 이는 착오인 듯하다. ≪列女傳補注≫, ≪列女傳校注≫, ≪列女傳集注≫에 모두 '趨'로 되어 있다.

外戚傳趨作騶, 疑此本作趣, 趣騶音近字通耳. 詩曰"蹶維趣馬."

⑪【校注】〔大〕司徒〔大〕司空 : 〈'司徒와 司空의 위에는'〉 모두 응당 '大'자가 있어야 한다.
皆當有大字.

⑫【校注】左右將軍 : 孫建과 甄邯이다.
孫建·甄邯.

皇后가 된 지 한 해 남짓 만에 平帝가 崩御하고, 몇 년이 지난 뒤에 王莽이 한나라를 찬탈하였는데, 당시 황후의 나이 18세였다. 劉氏의 漢 王朝가 망한 뒤로부터 황후는 항상 병을 핑계로 朝會에 나가지 않았다. 왕망은, 황후가 경외스럽기도 하고 불쌍하기도 하여 改嫁시키고자 立國將軍 孫建의 世子[247]로 하여금 옷을 잘 차려 입고 의원을 데리고 황후에게 가서 문병하게 하였다. 황후가 크게 노하여 곁에 있던 侍從을 매질하고 인하여 병이 나서 일어나려 하지 않으니, 왕망이 드디어 감히 강요하지 못하였다. 한나라 병사들이 왕망을 주살하고 未央宮을 불태우기에 이르러 황후가 말하기를 "무슨 面目으로 한나라 皇室을 보리오."라고 하고, 스스로 불속에 몸을 던져 죽었다.

后立歲餘에 **平帝崩**하고 **後數年**에 **莽簒漢位**하니 **后年十八**이라 **自劉氏廢**로 **常稱疾不朝會**호니 **莽敬憚哀傷**하여 **意欲嫁之**하여 **令立國將軍孫建世子(豫)〔襐(상)飾〕**[248]**將醫往問疾**①이라 **后大怒**하여 **笞鞭〔其〕**[249]**旁侍御**②하고 **因(廢)〔發〕**[250]**疾**하여 **不肯起**③하니 **莽遂不敢强也**라 **及漢兵誅莽**하고 **燔燒未央**하여 **后曰 何面目以見漢家**오하고 **自投火中而死**라

① 孫建世子(豫)〔襐飾〕將醫往問疾 : ≪漢書≫ 〈外戚傳〉에는 '豫'가 '襐飾' 2자로 되어 있으니, 여기의 '豫'는 바로 '襐'자의 오자이고, 또 '飾'자가 빠졌다. '襐'은 의복의 꾸밈이다. ≪急就篇≫[251]에 이르기를 "襐飾은 꾸민 것이 짝할 것이 없는 것이다."라고 하였다.

---

246) 蹶氏가……되었다 : ≪詩經≫ 〈小雅 十月〉에 "棸子가 內史가 되고, 蹶氏가 趣馬가 되었고, 楀氏가 師氏가 되었거늘, 豔妻가 화를 일으키며 그대로 있도다.〔棸子內史 蹶維趣馬 楀維師氏 豔妻煽方處〕"라고 하였다.

247) 立國將軍……世子 : 王莽이 漢나라를 찬탈하고 新나라를 세울 때 공을 세운 장군 孫建의 아들이다.

248) (豫)〔襐飾〕 : 저본에는 '豫'로 되어 있으나, 王照圓의 注에 의거하여 '襐飾'으로 바로잡았다.

249) 〔其〕 : 저본에는 '其'가 없으나, ≪列女傳校注≫에 의거하여 보충하였다.

250) (廢)〔發〕 : 저본에는 '廢'로 되어 있으나, 王照圓의 注에 의거하여 '發'로 바로잡았다.

251) 急就篇 : 字書의 명칭으로, 學童들에게 글자를 알게 하기 위한 책이다. 漢나라 史游가 撰하

外戚傳豫作襐飾二字, 此豫卽襐字之誤, 又脫飾字耳. 襐, 服飾也. 急就篇云 "襐飾, 刻畫無等雙."

② 【校注】 笞鞭〔其〕旁侍御 : ≪한서≫ 〈외척전〉에는 '旁' 위에 '其'자가 있다.
漢書旁上有其字.

③ 因廢疾 不肯起 : ≪한서≫ 〈외척전〉에는 '廢疾'이 '發病'으로 되어 있다.
外戚傳廢疾作發病.

君子가 이르기를 "孝平皇后는 자연스럽고 貞淑한 행실을 체득하여 漢室의 存亡으로 인하여 마음을 바꾸지 않았으니, 節操와 德行이 이지러지거나 더럽혀지지 않았다고 이를 만하다."라고 하였다. ≪詩經≫에 이르기를 "더풀거리는 저 두 갈래로 늘어뜨린 머리를 한 분이 실로 나의 짝이니, 죽을지언정 맹세코 다른 데로 가지 않으리라."[252]라고 하였으니, 이를 두고 이른 말이다.

君子謂平后體自然貞淑之行하여 不爲存亡改意하니 可謂節行不虧汚者矣로다 詩曰 髧(담)彼兩髦(모)가 實惟我儀니 之死矢靡他라하니 此之謂也라

8-17 更始帝[253]의 부인 更始夫人[254]

漢 更始帝의 韓氏夫人은 更始皇帝 劉聖公의 夫人이다. 그녀는 아첨하고 사특하며 술을 좋아하고 無禮하였다. 처음 王莽의 통치 말년에 경시제가 新市, 平林, 下江의 무리[255]를 거느리고 봉기해서 스스로 更始將軍이 되었고, 병사들의 위세가 날로 강

고, 唐나라 顔師古가 注를 달았다.

252) 더풀거리는……않으리라 : ≪詩經≫ 〈鄘風 柏舟〉에 보인다.

253) 更始帝 : 淮陽王 劉玄으로, 字는 聖公이다. 劉氏 皇族의 먼 支孫이며, 後漢 光武帝 劉秀의 族兄이다.

254) 更始夫人 : ≪列女傳校注≫에는 '更始韓夫人'으로 되어 있고, ≪列女傳校注≫와 ≪列女傳集注≫에는 이 아래에 '孼嬖' 두 자가 있다.

255) 新市……무리 : 新莽 말년에 綠林軍이 봉기하였을 때의 세 부대이다. 新莽 天鳳 4년에 王匡과 王鳳 등이 무리를 모아 봉기하여 綠林山을 근거지로 하여 '綠林軍'이라 하였다. 新莽 地皇 3년에 綠林軍이 둘로 나뉘었는데, 王常과 成丹이 南郡으로 진격하여 '下江兵'이라 하였고, 新市 사람 王匡과 王鳳 등이 북쪽으로 南陽에 들어가서 '新市兵'이라 하였고, 平林 사람 陳牧과 廖湛 등이 봉기하여 '平林兵'이라 하여 王匡과 호응하였다. 이들이 함께 劉玄을 皇帝로 추대하였다.

성해지자 드디어 스스로 황제가 되어 漢나라의 王統을 이었다.

漢更始韓夫人者는 更始皇帝劉聖公之夫人也라 佞(녕)諂邪媚하며 嗜酒無禮라 初에 王莽之末에 更始以新市平林下江之衆起하여 自立爲更始將軍하고 兵威日盛일새 遂自立爲帝하여 以紹漢統이라

申屠建[256]이 王莽을 토벌하여 왕망의 首級을 宛城[257]에 전달해 오기에 이르러, 更始帝가 이를 보고 말하기를 "왕망이 이렇게 되지 않았다면 응당 霍光과 同列이 되었을 것이다."라고 하였다. 이에 韓氏夫人이 말하기를 "만약 이렇게 되지 않았다면 황제께서 어찌 帝位를 차지하였겠습니까."라고 하였으니, 그녀가 아첨하고 교묘하여 경시제의 歡心을 사는 것이 이와 같았다. 경시제는 이미 政事에 태만하고 한씨부인은 술을 좋아하고 음란에 빠져 날마다 경시제와 술에 흠뻑 취하였으며, 이에 侍中[258]으로 하여금 장막 안에서 거짓으로 경시제인 체하여 신하들과 말하게 하였다. 신하들이 경시제의 음성이 아님을 알아차리고 원한을 갖지 않는 이가 없었다. 常侍가 政事를 上奏하면 한씨부인이 말하기를 "皇帝께서 막 나와 술을 마시며 즐기고 있거늘 꼭 이럴 때에 와서 정사를 아뢰는 것이오."라고 하였다. 이로부터 紀綱을 유지하지 못하고 諸侯들이 배반하여 赤眉軍[259]이 關[260]에 들어왔는데도 제어하지 못하니, 이에 경시제가 妻子를 데리고 천자의 옥새 끈을 받들어 적미군에게 항복하였다가 적미군에게 죽임을 당하였다.

及申屠建討莽하여 〔傳〕[261]首詣宛①하여 更始視之曰 〔莽〕[262]不如此면 當與霍光等이라 韓夫人

綠林山은 지금의 湖北省 當陽 東北쪽이고, 新市는 지금의 湖北省 京山縣 東北쪽이고, 南陽은 지금의 河南省 南陽이고, 南郡은 지금의 湖北省 江陵이고, 平林은 지금의 湖北省 隨縣 東北쪽이다.

256) 申屠建 : 綠林軍의 將領으로, 西屛대장을 역임하였고, 군대를 거느리고 長安을 점령하였다. 후에 平氏王에 봉해졌다.

257) 宛城 : 宛은 지명으로, 지금의 河南省 南陽이다. 更始帝가 일찍이 이곳에 도읍을 정하였다.

258) 侍中 : 官名이다. 황제의 좌우에서 侍從하며 雜事를 다스리고 宮廷에 출입하였다.

259) 赤眉軍 : 新莽 天鳳 5년에 樊崇이 莒縣 일대에서 봉기하여 무리 수 만 명을 모아 붉은 색으로 눈썹을 칠하여 자신들의 표지로 삼았으므로 이렇게 일컬었다. 莒縣은 지금의 山東에 속한다.

260) 關 : 長安으로 들어가는 중요한 관문인 函谷關을 말한다. 지금의 河南省 靈寶 동북에 있다.

261) 〔傳〕 : 저본에는 '傳'이 없으나, 王照圓의 注에 의거하여 보충하였다.

曰〔若〕[263]不如此면 帝那得之잇가하니 其佞巧得更始意如此러라 更始旣墮於政事②하고 而韓夫人嗜酒淫色③하여 日與更始로 醉飮[264]沈湎④하며 乃令侍中으로 於幃(위)幕之內에 詐爲更始하여 與群臣語하니 群臣知非更始聲하고 莫不怨恨이라 (尙書)〔常侍〕[265]奏事⑤면 韓夫人曰 帝方對我飮樂이어늘 正用是時來奏事아하니 由是로 綱紀不攝하고 諸侯離畔하여 赤眉入關호되 不能制하니 乃將妻子하고 奉天子璽綬하여 降於赤眉라가 爲赤眉所殺이라

① 及申屠建討莽〔傳〕首詣宛 : '首' 위에 '傳'자가 빠졌으니, ≪後漢書≫에 보인다.
首上脫傳字, 見後漢書.

② 【校注】 更始旣墮於政事 : '墮'는 어떤 본에는 '惰'로 되어 있다.
墮, 一本作惰.

③ 【集注】 而韓夫人嗜酒淫色 : 梁端이 이르기를 "≪北堂書鈔≫ 〈后妃部〉에 〈'淫色'은〉 '淫遊'로 되어 있다."라고 하였다. 내(蕭道管)가 살펴보건대, ≪詩經≫ 〈關雎〉의 〈毛序〉에 이르기를 "女色에 빠지지 않는다."[266]라고 하였다.
梁云 "北堂書鈔后妃部作淫遊." 道管案詩關雎序云 "不淫其色."

④ 【校注】 醉飽沈湎 : '飽'는 舊本에 '飮'으로 잘못되어 있었는데, ≪북당서초≫를 따라 교정하였다.
飽舊誤飮, 從北堂書鈔校改.

⑤ (尙書)〔常侍〕奏事 : ≪후한서≫에는 '尙書'가 '常侍'로 되어 있으니, 이곳의 '尙書'는 아마 오자인 듯하다.
後漢書尙書作常侍, 此疑誤.

≪詩經≫에 이르기를 "저 昏愚하여 알지 못하는 자들은, 취함에 한결같아 날로 심해지도다."[267]라고 하였으니, 更始帝와 韓氏夫人을 두고 이른 말이다.

---

262) 〔莽〕 : 저본에는 '莽'이 없으나, ≪後漢書≫ 권11 〈劉玄傳〉에 의거하여 보충하였다.
263) 〔若〕 : 저본에는 '若'이 없으나, ≪後漢書≫ 권11 〈劉玄傳〉에 의거하여 보충하였다.
264) 飮 : ≪列女傳校注≫와 ≪列女傳集注≫에는 모두 '飽'로 되어 있다.
265) (尙書)〔常侍〕 : 저본에는 '尙書'로 되어 있으나, 王照圓의 注에 의거하여 '常侍'로 바로잡았다.
266) 女色에……않는다 : ≪詩經≫ 〈關雎〉의 〈毛序〉에 "周南·召南은 시작을 바루는 道요 王化의 基本이다. 이 때문에 〈關雎〉는 淑女를 얻어 君子에 짝함을 즐거워하고 賢者를 등용함을 걱정하여 女色에 빠지지 아니하여 窈窕淑女를 서글퍼하고 賢才를 생각하여 善을 상하려는 마음이 없으니, 이것이 〈關雎〉의 의의이다.〔周南召南 正始之道 王化之基 是以關雎 樂得淑女以配君子 憂在進賢 不淫其色 哀窈窕 思賢才 而無傷善之心焉 是關雎之義也〕"라고 하였다.
267) 저……심해지도다 : ≪詩經≫ 〈小雅 小宛〉에 보인다.

詩云 彼昏不知는 一醉日富①라하니 其更始與韓夫人之謂也라

① 【校注】一醉日富 : '一'은 ≪毛詩≫에 '壹'로 되어있다.
一毛詩作壹.

8-18 梁鴻[268]의 아내 梁鴻之妻[269]

梁鴻의 아내는 右扶風[270] 梁伯淳[271]의 아내요, 양백순과 같은 고을 孟氏의 딸이다. 그녀는 생긴 모습은 매우 추하였으나 德行은 매우 훌륭하였다. 鄕里에서 求婚한 자가 많았으나 그녀는 번번이 마음에 들어 하지 않았다. 나이 서른에 이르자 부모가 어떤 신랑감을 원하는지 물었는데, 그녀가 대답하기를 "양홍과 같은 節操를 가진 자를 원합니다."라고 하였다.

梁鴻妻者는 右扶風梁伯淳之妻①요 同郡孟氏之女[272]②라 其姿貌甚醜나 而德行甚修하니 鄕里多求者로되 而女輒不肯이라 行年三十에 父母問其所欲한대 對曰 欲節操如梁鴻者라

① 右扶風梁伯淳之妻 : ≪後漢書≫ 〈逸民傳〉에는 '淳'이 '鸞'으로 되어 있다.
後漢書逸民傳淳作鸞.

② 同郡孟氏之女 : ≪文選≫ 注의 이 구절을 인용한 곳에는 '女' 아래에 '也'자가 있는데, 이곳에는 빠졌다.
文選注引女下有也字, 此脫.

당시 梁鴻은 아직 장가들지 않았는지라, 扶風의 권세가들이 딸을 양홍에게 시집보

---

268) 梁鴻 : 後漢의 逸民으로, 扶風 平陵 사람이다. 梁鴻이 章帝 때 京師를 지나면서 수많은 토목공사에 백성들이 시달리는 것을 보고 비통한 심정으로 〈五噫歌〉를 지어 세상을 풍자하였다. 참고로, 〈五噫歌〉는 다음과 같다. "저 북망산에 오름이여, 슬프다. 皇京을 돌아봄이여, 슬프다. 궁실이 높고 높음이여, 슬프다. 사람들의 수고로움이여, 슬프다. 아득한 미앙궁이여, 슬프다.〔陟彼北芒兮 噫 顧覽帝京兮 噫 宮室崔嵬兮 噫 人之劬勞兮 噫 遼遼未央兮 噫〕"

269) 梁鴻之妻 : ≪列女傳校注≫에는 '之'자가 없고, ≪列女傳校注≫와 ≪列女傳集注≫에는 이 아래에 '賢明' 두 자가 있다.

270) 右扶風 : 漢나라 때의 행정 구역 명칭으로, 三輔의 하나이다. 治所는 長安에 있었고, 관할 구역은 대략 지금의 陝西 秦嶺 以北과 戶縣, 咸陽, 旬邑 서쪽 지역이다.

271) 梁伯淳 : 伯淳은 梁鴻의 자이다.

272) 女 : ≪列女傳校注≫와 ≪列女傳集注≫에는 모두 '女' 뒤에 '也'가 있다.

내기를 원하는 자가 많았지만 또한 허락하지 않았다. 孟氏의 딸이 賢淑하다는 말을 듣고 드디어 그녀에게 求婚하였다. 맹씨의 딸이 화려한 옷을 차려 입고 양홍의 집에 들어갔는데 7일이 지나도록 양홍은 그녀와 婚姻의 禮를 치르지 않았다. 그녀가 무릎 꿇고 묻기를 "그대가 고상한 德義를 지녀 아내가 되기를 원하는 두어 사람을 멀리하였다는 말을 삼가 들었고, 妾 또한 이미 첩을 아내로 맞이하려는 두어 사람에게 오만하게 대하였습니다. 지금 그대의 집에 왔는데 도리어 엄격하게 간택하는 난관에 봉착하였으니, 그 까닭이 무엇인지 묻겠습니다."라고 하였다.

양홍이 말하기를 "나는 거친 갖옷과 갈옷을 입은 사람을 얻어 함께 세상을 등지고 시대를 피하려고 하였소. 지금 수놓은 비단옷을 입고 눈썹먹으로 눈썹을 그린 그대의 모습은 내가 원하는 바가 아니오."라고 하였다. 그녀가 말하기를 "〈妾의 생긴 모습이 추하여〉 그대가 감당치 못할까 삼가 두렵지만 妾은 다행히 은거에 필요한 물품을 가지고 있습니다."라고 하고, 이에 거친 옷으로 갈아입고 몽치 모양으로 머리를 묶고 앞으로 나왔다. 양홍이 기뻐하며 말하기를 "이러한 모습이라야 참으로 나의 아내이다."라고 하였다. 양홍이 아내에게 德曜라는 자를 지어주고 이름을 孟光이라 하였으며, 자신의 이름을 運期라 하고 자를 俟光이라 하고 함께 霸陵[273]의 산중으로 도망하여 은거하였다.

時鴻未娶라 扶風世家多願妻者①로되 亦不許러니 聞孟氏女賢하고 遂求納之라 孟氏盛飾入門이어늘 七日而禮不成②이라 妻跪問曰 竊聞夫子高義하여 斥數妻③하고 妾亦已偃蹇數夫④러니 今來而見擇하니 請問其故라 鴻曰 吾欲得衣裘褐之人하여 與共遁世避時하노니 今若衣綺繡傅黛(대)墨은 非鴻所願也라 妻曰 竊恐夫子不堪⑤이어니와 妾幸有隱居之具矣라하고 乃更麤(추)衣椎髻(계)而前⑥한대 鴻喜曰 如此者라야 誠鴻妻也라 字之曰德曜라하고 名孟光이라하고 自名曰運期라하고 字俟光⑦이라하고 共遯逃霸陵山中이라

① 【校注】扶風世家多願妻者 : 〈'世家'는〉 ≪後漢書≫ 〈逸民傳〉에 '埶家'로 되어 있다.
後漢書作埶(세)家.

② 七日而禮不成 : ≪후한서≫ 〈일민전〉에는 '7일이 지나도록 梁鴻이 응답하지 않았다.'로 되어 있다.
逸民傳作七日而鴻不答.

③ 【校注】竊聞夫子高義斥數妻 : ≪후한서≫ 〈일민전〉에는 '斥' 위에 '簡'자가 있다.

273) 霸陵 : 縣名으로, 治所는 지금의 陝西省 西安 동북쪽에 있었다.

後漢書斥上有簡字.

④ 斥數妻 妾亦已偃蹇數夫 : '斥'은 멀리함이다. '偃蹇'은 오만함이다. 그대는 아내가 되려는 두어 사람을 멀리하여 장가들지 않았고, 자신은 아내로 맞으려는 두어 사람에게 오만하게 대하여 시집가지 않았음을 말한 것이다.
斥, 遠也. 偃蹇, 倨傲也. 言夫子斥遠數妻不娶, 已亦偃蹇數夫不嫁矣.

⑤ 竊恐夫子不堪 : '堪'은 극복함이며 이겨냄이다.
堪, 克也, 勝也.

⑥ 乃更麤衣椎髻而前 : '更'은 갈아입음이다. '麤'는 '粗'와 같다. '椎髻'라는 것은 머리카락을 상투처럼 만들어 한 곳으로 모은 것이 그 모양이 몽치와 같음을 말하니, 이로 인하여 이름을 삼은 것이다. ≪太平御覽≫에 이 구절을 인용한 곳에는 '가시나무 비녀와 베로 만든 치마'로 되어 있다.
更, 改也. 麤與粗同. 椎髻者, 言爲髻一撮, 其形似椎, 因以爲名. 太平御覽引此作荊釵(차)布裙.

⑦ 自名曰運期 字俟光 : ≪후한서≫ 〈일민전〉에는 '姓을 運期로, 이름을 燿로, 자를 侯光으로 바꾸었다.'로 되어 있으니, 이곳과 같지 않다. '侯'와 '俟'자는 字形이 서로 비슷하다. 이는 응당 별도로 근거한 바가 있을 것이다.
逸民傳作易姓運期, 名燿, 字侯光, 與此不同. 侯俟字形相近. 此當別有所据.

이때는 王莽의 新나라가 敗亡한 뒤였다. 梁鴻은 아내와 산속에 깊이 은거하여 밭을 갈고 길쌈을 하여 옷과 음식을 마련하였으며, 글을 암송하고 거문고를 타면서 富貴의 즐거움을 잊었다. 후에 다시 서로 더불어 會稽[274)]에 이르러 품삯을 받고 남의 방아를 찧는 일을 하였다. 비록 품팔이 하는 사람들 속에 섞여 살았으나 아내가 음식을 올릴 때마다 밥상을 높이 들어 눈썹과 나란하게 하고 감히 남편을 똑바로 보지 못하였다. 그녀가 禮儀로 몸을 닦으니 그곳의 사람들이 그녀를 공경하고 앙모하였다.

此時王莽新敗之後也라 **鴻與妻深隱**하여 **耕耘織作**하여 **以供衣食**하며 **誦書彈琴**하여 **忘富貴之樂**이라 **後復相將至會稽**①하여 **賃舂**(용)**爲事**라 **雖雜庸保之中**②이나 **妻每進食**에 **擧案齊眉**③④하고 **不敢正視**하여 **以禮修身**하니 **所在敬而慕之**라

① 後復相將至會稽 : 〈'至會稽'는〉 ≪後漢書≫ 〈逸民傳〉에 '至吳'로 되어 있다. 이곳과 같지 않다.

274) 會稽 : 郡名으로, 治所는 지금의 浙江省 紹興市 부근에 있었다.

逸民傳作至吳. 不同.

② 雖雜庸保之中 : '庸'은 씀이고, '保'는 맡김이니, 남의 품팔이가 되어 맡기고 쓸 만함을 말한다.

庸, 用也. 保, 任也. 言爲人傭, 可任用也.

③ 妻每進食 擧案齊眉 : '案'은 几의 등속이니, 이를 들어서 음식을 올리는 것이다. '齊眉'는 머리를 숙여 공손히 하고 감히 머리를 들어 쳐다보지 못함을 말한다. 어떤 사람이 말하기를 "'案'은 옛날의 '椀'자이니, 여기에서 〈几의 등속이라고〉 말한 것은 잘못이다."라고 하였다. 그러나 ≪禮記≫ 〈內則〉에서도 이르기를 "모시는 자는 几를 든다."[275]라고 하였다. '几'와 '案'은 같은 종류이니, 어찌 꼭 '椀'이라야 들 수 있으리오.

案, 几屬, 擧以進食也. 齊眉, 言俛(부)首爲恭, 不敢仰視也. 或曰"案古椀字, 此言非矣." 內則(칙)亦云"御者擧几." 几案同類, 何必是椀, 乃可擧也?

④【校正】妻每進食 擧案齊眉 : 牟房은 상고하건대, 補注에서 "案은 几의 등속이다."라고 한 것은 ≪說文解字≫에 근본한 것이다. 그러나 음식을 올릴 때 드는 것은 소반〔槃〕의 등속이지 안석〔几〕의 등속이 아니다. ≪急就章≫의 顔師古의 注에 말하기를 "발이 없는 것을 '槃'이라 하고, 발이 있는 것을 '案'이라 하니 음식을 들어 올리는 것이다."라고 하였다. 槃과 案 2자는 互文으로 보면 의미가 다르고 散文으로 보면 의미가 통한다. ≪史記≫ 〈張耳傳〉에 "張敖가 스스로 案을 들어서 漢 高祖에게 음식을 올렸다."라고 한 것과 ≪漢書≫ 〈外戚傳〉에 "許后가 친히 案을 받들어 皇太后에게 음식을 올렸다."라고 한 것과 이 글의 '進食擧案'은 槃을 가리켜 말한 것이지 几의 등속을 가리킨 것이 아니다. ≪周禮≫ 〈春官宗伯 司几筵〉의 疏에 말하기를 "阮諶[276]은 '几는 길이가 5尺, 높이가 1尺 2寸, 너비가 2尺이다.'라고 하였고, 馬融[277]은 '길이가 3尺이다.'라고 하였다." 하였다.

275) 모시는……든다 : ≪禮記≫ 〈內則〉에 "아침에 일어나 부모나 시부모가 장차 앉으려고 하시면 자리를 받들고서 어느 쪽으로 향할 것인가를 여쭈며, 장차 눕는 자리를 고치려고 하시면 연장자는 자리를 받들고서 발을 어느 쪽으로 뻗으실 것인가를 여쭈고 연소자는 안석을 들고 함께 앉는다. 모시는 자가 안석을 들고 자리와 대자리를 거두며, 이불을 묶어서 매달고 베개를 상자에 넣으며 대자리를 걷어서 보로 싸둔다.〔父母舅姑將坐 奉席請何鄕 將衽 長者奉席請何趾 少者執床與坐 御者擧几 斂席與簟 懸衾篋枕 斂簟而襡之〕"라고 하였다. ≪列女傳補注≫에서는 '几'를 소반과 비슷한 모양의, 제향에 희생을 올려놓는 기구의 한 가지로 본 것이고, ≪예기≫ 〈내칙〉에서는 '几'를 안석으로 본 것으로, 차이가 있음을 밝혀 둔다.

276) 阮諶 : 三國時代 魏나라 사람으로, 자는 士信이다. 경학 연구에 매진하였다. 저서에 ≪三禮圖≫가 있다.

277) 馬融 : 後漢의 經學家로 자는 季長이며, 桓帝 때 南郡太守를 지냈다. 經書를 注解할 적에 古文 經學의 설을 위주로 하면서도 今文 經學의 설을 아울러 취하였다. 저서에 ≪春秋三傳異同說≫이 있고, ≪孝經≫·≪三禮≫·≪尙書≫·≪論語≫·≪詩經≫ 등에 주를 달았는데 지금

이에 의거하면 几가 작은 기물이 아님을 알 수 있으니, 음식을 올리는 자가 단연코 几까지 함께 들어 올릴 리가 없다. ≪예기≫ 〈내칙〉에 "모시는 자는 안석을 든다."라고 하였으니, 長者가 이미 앉았거든 안석을 들어 올려서 기대어 편안하게 하는 것이지 음식을 올리는 것이 아니다. 음식을 올릴 때 드는 것은 지금 소반〔槃〕만 받들어 올리는 것과 같다.

郝懿行은 상고하건대, 이 조목은 분변하였다면 분변하였거니와 내 생각에는 '案'은 여전히 안석이지 소반의 등속이 아니다. 안사고의 注에 '발이 있는 것을 案이라 한다.'고 하였으니, 아마 소반과 다를 것이다. 지금 坐床 위의 안석은 형상이 또한 작으니 들기가 어렵지 않다. 伯鸞은 청렴하고 검약하니 5척의 긴 안석을 둘 필요가 없었을 것이다.

房案補注案几屬, 本說文, 然進食所擧是槃屬, 非几屬也. 急就章顔師古注曰 "無足曰盤, 有足曰案, 所以陳擧食也." 蓋槃案二字, 互文則異, 散文則通. 史記張耳傳曰"張敖自持案進食." 漢書外戚傳曰"親奉案上食." 以及此文進食擧案, 蓋指槃而言, 非指几屬也. 周官司几筵疏曰 "阮諶云几長五尺, 高尺二寸, 廣二尺, 馬融以爲長三尺." 据知几非微小之器, 進食者斷無竝几擧之之理. 內則(칙)"御者擧几." 乃言長者旣坐, 擧几進之, 使憑以爲安, 非進食也. 進食所擧, 猶今之特承槃矣. 懿行案此條辨則辨矣, 愚意以爲案仍是几, 非槃屬也. 顔注謂"有足曰案", 似與槃異, 今坑上案几, 形制亦矮小, 擧之非難. 伯鸞淸簡, 不必有五尺長几也.

君子가 이르기를 "梁鴻의 아내는 道를 좋아하고 가난을 편안히 여겨 榮華와 安逸을 추구하지 않았다."라고 하였다. ≪論語≫에 말하기를 "의롭지 않으면서 누리는 부귀는 나에게는 뜬구름과 같다."[278]라고 하였으니, 이를 두고 이른 말이다.

君子謂梁鴻妻好道安貧하여 **不汲汲於榮樂**이로다 **論語曰 不義而富且貴**는 **於我**에 **如浮雲**이라하니 **此之謂也**라

8-19 明德皇后 馬氏 明德馬后[279]

明德皇后 馬氏는 漢 明帝[280]의 皇后요 伏波將軍 新息忠成侯 馬援[281]의 딸이다. 어

은 전하지 않는다.

278) 의롭지……같다 : 孔子가 말하기를 "거친 밥을 먹고 물을 마시며 팔을 굽혀 베더라도 즐거움은 또한 그 가운데 있으니, 의롭지 않으면서 누리는 부귀는 나에게는 뜬구름과 같다.〔飯疏食飮水 曲肱而枕之 樂亦在其中矣 不義而富且貴 於我如浮雲〕"라고 하였다.(≪論語≫ 〈述而〉)

279) 明德馬后 : ≪列女傳校注≫와 ≪列女傳集注≫에는 이 아래에 '母儀' 두 자가 있다.

려서부터 영특한 성품을 지녔는데, 나이 열셋에 당시 太子였던 명제의 宮中으로 뽑혀 들어갔다. 그녀는 다른 妃嬪들과 함께 태자를 모셨는데 남을 먼저 생각하고 자신을 뒤에 생각하는 것이 지극한 정성에서 나왔으니, 이로 말미암아 총애를 받았다. 때로 명제가 政事를 언급하면 황후는 마음을 다해 대답하였는데 이치에 합당하지 않음이 없었고, 황후의 마음에 명제가 정사를 처리한 것이 온당치 않은 곳이 있으면 그 이유를 분명하게 진달하였다.

明德馬后者는 漢明帝之后요 伏波將軍新息忠成侯馬援之女也라 少有岐嶷(억)之性이러니 年十三에 以選入太子家라 接待同列하여 (如)〔以〕[282]承至尊①한대 先人後已가 發於至誠하니 由此見寵이라 時及政事면 后推心以對한대 無不當理하고 意有所未安이면 則明陳其故라

① 【校注】 (如)〔以〕承至尊 : '以'는 舊本에 잘못 '如'로 되어 있었는데, 別本에 따라 교정하였다.
以, 舊誤如, 從別本校改.

이 당시 아직 회임을 하여 後嗣를 낳은 後宮이 없었는데 그녀는 항상 후사를 제때 세워야 한다고 말하며 좌우의 妃嬪을 황제에게 추천하여 〈후사를 세우는 大事를〉 그르칠까 두려워하였다. 나아가 明帝를 모신 후궁이 있으면 늘 대우하고 위문하였으며, 명제에게 더욱 총애를 받는 후궁은 더욱 각별하게 보살폈다. 당시 궁중에 오히려 일손이 부족해서 모든 일을 그녀 스스로 하였다. 춤출 때 입는 옷과 저고리를 마름질하여 짓느라 손이 모두 터지고 갈라졌으나 끝내 侍從들에게 이 일을 사사로이 말하지 않아 시종들이 이러니저러니 떠들지 않도록 방지하였으니, 혹 이 일을 명제에게 알리는 자가 있으면 만에 하나 명제의 안색에 자신을 근심하는 기색이 드러날까 염려해서였다. 그러므로 미리 이러한 일이 발생할 조짐을 막은 것이니, 작은 일에도 이처럼 신중하였다.

永平[283] 3년에 有司가 皇后를 세워 八妾을 통솔하게 하자고 상주하였는데, 명제가

---

280) 漢 明帝 : 後漢의 황제 劉莊으로, 光武帝의 아들이다.

281) 馬援 : 後漢의 勇將으로, 자는 文淵이다. 扶風 茂陵 사람으로 일찍이 隴西太守를 지냈고 蜀을 쳐서 伏波將軍이 되고 交趾를 쳐서 新息侯에 封해졌다. 세상에서 '馬伏波'라 일컬어졌다.

282) (如)〔以〕: 저본에는 '如'로 되어 있으나, ≪列女傳校注≫에 의거하여 '以'로 바로잡았다.

283) 永平 : 明帝의 年號로 A.D. 58~75년까지 사용하였다.

아무런 대답도 하지 않았다. 皇太后가 말하기를 "馬貴人[284)]의 德行이 후궁에서 으뜸이니, 그녀가 적임이다."라고 하니, 드디어 마귀인이 황후의 지위에 올랐다. 마황후는 거칠게 짠 두꺼운 비단으로 만든 치마를 입고 시종들은 가선을 두르지 않은 치마를 입었으며, 부리는 이들은 대부분 羌胡와 倭越[285)] 출신의 여자이고 전에 부리던 僮僕을 불러 오겠다고 청한 적이 없었다. 諸王과 親戚이 명제를 朝見하러 궁궐에 들어와 황후의 매우 거친 옷을 멀리서 바라보고 도리어 비단이라 여겼다가 다가가 보고 웃었다. 황후가 말하기를 "이 옷감은 물을 들인 것이 보기 좋으므로 입었을 뿐입니다."라고 하니, 이 일을 알게 된 늙은 宮人들이 모두 차탄하여 마지않았다.

마황후의 성품은 밖으로 나가 유람하는 것을 좋아하지 않아 심지어 궁중의 창문에 서서 밖을 바라보는 것마저도 한 적이 없고, 또 음악을 좋아하지 않았다. 명제가 종종 苑囿와 離宮[286)]에 갈 때에도 이런 이유로 따라가는 경우가 드물었다. 늘 명제에게 닭이 우는 소리에 맞춰 일찍 일어나서는 안 된다고 경계하였으니, 風邪[287)]와 안개와 이슬을 범하여 聖體를 손상할까 경계하기 위해서였다. 말뜻이 매우 주밀하니 명제가 받아들였다.

是時에 後宮未有妊育者어늘 常言繼嗣當時而立①이라하고 薦達左右하여 如恐弗及이라 其後宮有進見者면 輒奉養慰納之하고 其寵益進者는 與之愈隆이라 是時에 宮中尙無人하여 事皆自爲라 舞衣袿(규)裁成일새 手皆瘃(촉)裂②이로되 終未嘗與侍御者私語하여 防僮御雜錯하니 或因有所訴면 恐萬分見(현)於顏色이라 故預絶其漸하니 其愼微如是라 永平三年에 有司奏立長秋宮③하여 以率八妾④이라한대 上未有所言이라 皇太后曰 馬貴人德冠後宮하니 卽其人也라하니 遂登后位라 身衣大練하고 御者禿(독)裙不緣⑤하며 率皆羌胡倭越이요 未嘗請舊人僮使라 諸王親家朝請⑥하여 望見后袍極麤疏하고 反以爲綺라가 就視乃笑어늘 后曰 此繒染色好라 故用之耳라하니 老人知者가 無不嗟息이라 性不喜出入游觀하여 未嘗臨御窓⑦하고 又不好音樂이라 上時幸苑囿離宮에 以故希從이라 輒戒言不宜晨起(及)〔從〕[288)]禽⑧하니 因陳風邪霧露之戒일새니라 辭意甚備하니 上納焉이라

284) 馬貴人 : 바로 馬皇后로, 당시 貴人이었다.
285) 羌胡와 倭越 : 모두 변경 지역의 少數 民族이다.
286) 離宮 : 皇帝가 正宮 이외에 임시로 거처하는 宮室로, 별장이다.
287) 風邪 : 風疾의 病因으로, 외부의 邪氣를 받아 風寒, 風熱, 風濕 등의 병증을 유발한다.
288) (及)〔從〕: 저본에는 '及'으로 되어 있으나, 王照圓의 注에 의거하여 '從'으로 바로잡았다.

① 【校正】 常言繼嗣當時而立：胡承珙이 상고하건대, 姚氏[289]의 ≪後漢書補逸≫에 인용된 司馬彪[290]의 ≪續漢書≫에는 '當以時立'으로 되어 있다. 또 '未嘗臨御窓'은 ≪東觀漢記≫에는 '일찍이 창문에 다가서 바라본 적이 드물었다.〔希嘗臨御窓望〕'로 되어 있고, 姚輯本 張璠의 ≪漢紀≫에는 '일찍이 창문에 다가 선 적이 없다.〔未嘗臨御窓牖〕'로 되어 있다. 또 〈아래의 太后의 詔書에 나오는〉 '車如流水 馬如龍'은 ≪後漢書≫에는 '말은 나는 용처럼 빠르다.〔馬如游龍〕'로 되어 있고, ≪東觀記≫에는 또한 '游'자가 없다.

承珙案姚氏後漢書補逸引司馬彪續漢書作當以時立. 又未嘗臨御窓, 東觀漢記作希嘗臨御窓望, 姚輯張璠漢紀作未嘗臨御窓牖. 又車如流水馬如龍, 范書作馬如游龍, 東觀記亦無游字.

② 皆自爲[291]舞衣袿裁成 手皆瘃裂：'袿'는 婦人의 윗옷으로, '長襦'라고 하기도 한다. '瘃'의 독음은 陟·玉의 反切이니, 손과 발이 寒腫[292]에 걸린 것이다. 스스로 저고리를 만들 적에 추위를 참고 마름질하느라 손이 부르튼 것을 말한다.

袿, 婦人上服, 一曰長襦也. 瘃, 陟玉切. 手足中寒腫也. 言自製衣襦, 忍凍剪裁, 手爲腫裂也.

③ 有司奏立長秋宮：〈'長秋宮'[293]은〉 궁궐 이름이니, 皇后가 거처하는 곳이다. 여기서는 皇后를 세우기를 칭함을 말한다.

宮名, 皇后所居也. 此言請立皇后耳.

④ 【校注】 以率八妾：≪漢書≫ 〈五行志〉의 注에 이르기를 "황제는 한 번 장가들면 아홉 여자를 데려오니 正室은 한 사람이고 나머지는 妾이다. 그러므로 '八妾'이라 하였다."라고 하였다.

---

289) 姚氏：淸나라 浙江 錢塘 사람 姚之駰으로, 자는 魯斯이다. 학식이 넓고 성품이 단아하였으며, 史學에 뛰어났다. ≪後漢書補逸≫과 ≪元明事類鈔≫를 편집하였고, 저서에 ≪類林新詠≫이 있다.

290) 司馬彪：西晉 河內 사람으로, 자는 紹統이다. 어려서부터 학문에 독실하여 많은 서적을 博覽하였다. 秘書郎, 轉丞, 散騎侍郎 등의 벼슬을 지냈다. 저서에 ≪九州春秋≫, ≪續漢書≫가 있다.

291) 皆自爲：≪列女傳補注≫ 原注의 句讀가 잘못된 것이다. 이는 '事皆自爲'로 句讀를 끊어 위로 붙여야 한다.

292) 寒腫：李經緯의 ≪中醫大辭典≫(北京, 人民衛生出版社, 1995)에 "부었으나 단단하지는 않으며, 항상 시큰한 통증을 동반하며, 피부가 붉지 않고 열이 나지 않으며, 피부색은 윤기가 나지 않는 증상이다."라고 하였다.

293) 長秋宮：≪後漢書≫ 〈皇后紀〉 李賢의 注에 "長秋宮은 皇后가 거처하는 궁이다. 長이라는 것은 오램이고, 秋라는 것은 만물이 성숙하는 초기이기 때문에 이로써 宮을 명명한 것이다. 皇后를 세우기를 청함은 감히 바로 지적하여 말할 수 없기 때문에 宮으로 일컬은 것이다.〔皇后所居宮也 長者久也 秋者萬物成熟之初也 故以名焉 請立皇后 不敢指言 故以宮稱之〕"라고 하였다.

漢書五行志注云 "一娶九(姓)〔女〕[294), 正嫡一人, 餘者妾也. 故云八妾."

⑤ 身衣大練 御者禿裙不緣 : '大練'은 거칠게 짠 두꺼운 비단으로 치마를 만든 것이다. '緣'은 가선을 두른 것이다. 皇后와 侍從들이 치마를 만들되 모두 가선을 두르지 않은 것을 말한다.

大練, 以大帛爲裙也. 緣, 緣邊也. 言后及侍御者爲裙, 俱不加緣.

⑥ 諸王親家朝請 : ≪後漢書≫ 注에 인용된 ≪漢律≫에 '〈제후가 때로 궁궐에 들어가 천자를 朝見하는데 봄에 朝見하는 것을 朝라 하고 가을에 朝見하는 것을 請이라 한다.'라고 하였다.

後漢書注引漢律 "春曰朝, 秋曰請."

⑦ 未嘗臨御窓 : '窓'은 창문이다. 일찍이 창문에 다가서 밖을 살펴본 적이 없음을 말한다.

窓, 牖也. 言未嘗臨窓窺視.

⑧ 輒戒言不宜晨起(及)〔從〕禽 : '及'은 아마 '從'자의 오자인 듯하다. 닭이 우는 소리에 맞춰 새벽에 일어나는 것은 風邪와 안개와 이슬을 범할까 두렵기 때문에 경계한 것임을 말한 것이다.

及, 疑從字之誤也. 言晨起從禽, 恐犯風邪霧露, 故戒之.

馬皇后는 ≪易經≫을 誦讀하고 ≪詩經≫, ≪論語≫, ≪春秋≫를 익혀 그 大義를 대략 말할 수 있었다. ≪楚辭≫를 읽음에 賦頌에 더욱 뛰어났으나 그 浮華한 文風은 싫어하였다. 마황후는 사람들의 말을 듣고 논의를 보면 즉시 그 요점을 파악하였다. 마황후가 〈光武皇帝本紀〉를 읽다가 '千里馬와 寶劍을 바친 자가 있었는데 황제께서 말은 북을 싣는 수레에 멍에를 메고 보검은 騎士에게 하사하였으며, 황제께서는 손에 珠玉을 가지지 않았다.'라고 한 대목에 이르러 일찍이 찬탄하지 않은 적이 없었다. 당시에 楚王 劉英의 역모사건이 발생하여 죄수들이 서로 증거를 들어 끌어들여 옥에 갇힌 자가 매우 많았다. 황후는 한쪽 편의 말만 듣고 함부로 무함하는 정황이 있을까 두려워하여 기회를 엿보아 明帝를 위하여 말할 적에 가엾게 여기는 모습이 마음을 움직였다. 이에 明帝가 밤에 일어나 서성거리며 황후의 건의를 받아들일 것을 진지하게 생각하였으니, 이러한 일은 신하들은 알지 못하는 바였다.

誦易經하고 **習詩論春秋**하여 **略說大義**라 **讀楚辭**에 **(不竟)〔尤善〕**[295)**賦(誦)〔頌〕**[296)**(過耳)**[297)이나

---

294) (姓)〔女〕 : ≪列女傳校注≫의 注에는 '姓'으로 되어 있으나, ≪漢書≫ 〈五行志 上〉 顔師古의 注에 의거하여 '女'로 바로잡았다.

疾〔其〕[298]浮華①라 聽言觀論에 輒擿發其要라 讀光武皇帝本紀라가 至於獻千里馬寶劍者어늘 上以馬駕鼓車하고 劍賜騎士하며 手不持珠玉하여 后未嘗不嘆息이라 時有楚獄하여 (因)〔囚〕[299]證相引③하여 繫者甚多라 后恐有單辭妄相覆冒하여 承間爲上言之할새 惻然感動이라 於是上(衣)[300]夜起彷徨④하여 思論所納하니 非臣下得聞이라

① 【校注】 讀楚辭 (不竟)〔尤善〕賦(誦)〔頌〕(過耳) : 이 句에는 아마 오자가 있는 듯하다. ≪續漢書≫에는 "≪楚辭≫를 읽었는데 賦와 頌에 더욱 뛰어났다."로 되어 있다.
句疑有誤. 續漢書作"讀楚辭, 尤善賦頌."

② 讀楚辭……疾〔其〕浮華 : '疾'은 싫어함이다. 賦家의 浮華한 말을 매우 싫어함을 말한다. ≪後漢書≫에 "皇后가 ≪초사≫ 읽기를 좋아하였다."고 하였고, 이 傳에 또 "≪초사≫를 읽었다."라고 하였다. '不竟'에 대해서는 그 說을 듣지 못하였다.
疾, 惡(오)也. 言深惡賦家浮華之辭也. 後漢書言"后好讀楚辭", 此傳又言"讀楚辭." 不竟, 未聞其說.

③ 時有楚獄 (因)〔囚〕證相引 : '楚獄'은 楚王 英의 옥사이다. '因'은 아마 '囚'자의 오자인 듯하다. ≪후한서≫에 '죄수들이 서로 증거를 들어 끌어들였다.'로 되어 있으니, 여기서는 그 문장이 잘못 도치되었을 뿐이다.
楚獄, 楚王英之獄也. 因蓋囚字之誤. 後漢書作囚相證引, 此誤倒其文耳.

④ 【校注】 於是上(衣)夜起彷徨 : '夜' 위에 '衣'자가 衍字로 들어가 있으니, 응당 ≪후한서≫를 따라 校勘 刪去하여야 한다.
夜上衍衣字, 當從後漢書校刪.

馬皇后는 자신의 사욕을 이겨 皇帝를 보좌함에 뜻을 두어 사사로운 친정의 이익으로 조정의 일에 간섭하지 않았다. 마황후의 오빠는 虎賁中郎[301]이었고 아우는 黃門侍郎[302]이었는데 永平 연간[303]이 다 지나도록 승진하지 못하였다. 明帝가 몸이 좋

---

295) (不竟)〔尤善〕 : 저본에는 '不竟'으로 되어 있으나, ≪列女傳校注≫에 의거하여 '尤善'으로 바로잡았다.
296) (誦)〔頌〕 : 저본에는 '誦'으로 되어 있으나, ≪列女傳校注≫에 의거하여 '頌'으로 바로잡았다.
297) (過耳) : 저본에는 '過耳'가 있으나, ≪列女傳校注≫에 의거하여 衍文으로 처리하였다.
298) 〔其〕 : 저본에는 '其'가 없으나, ≪太平御覽≫ 〈皇親部 3〉에 의거하여 보충하였다.
299) (因)〔囚〕 : 저본에는 '因'으로 되어 있으나, 王照圓의 注에 의거하여 '囚'로 바로잡았다.
300) (衣) : 저본에는 '衣'가 있으나, ≪列女傳校注≫에 의거하여 衍文으로 처리하였다.
301) 虎賁中郎 : 官名으로, 虎賁中郎將을 가리킨다. 皇宮을 護衛하는 部隊의 首將이다. 당시 馬皇后의 오빠 馬廖가 이 직책에 있었다.

지 못하여 황문시랑 馬防을 불러 醫藥을 侍奉하게 하였는데, 아침 일찍부터 밤늦게까지 부지런히 일하였다. 명제가 崩御하기에 이르러 마황후가 ≪起居注≫[304]를 지을 적에 황문시랑 마방이 의약을 시봉한 일을 삭제하였다. 公卿과 諸侯들이 글을 올려 "의당 舊典[305]을 준수하여 舅氏[306]를 侯에 封하여야 합니다."고 하였다.

后志在克己輔佐①하여 不以私家干朝廷이라 兄爲虎賁中郎하고 弟黃門侍郎이로되 訖永平世不遷이라 明帝體不安하여 召黃門侍郎防하여 奉參醫藥이어늘 夙夜勤勞라 及帝崩하여 后作起居注할새 省(생)去防參醫藥事하니 公卿諸侯上書하여 言宜遵舊典하여 封舅氏라

① 【校注】后志在克己輔佐 : 〈'補佐'는〉 ≪東觀漢記≫에 '輔上'으로 되어 있다.
東觀漢記作輔上.

太后가 다음과 같이 詔書를 내렸다.

"外戚이 횡포를 부리고 방자하게 구는 것은 세상에 전해지는 바인지라 永平 연간에 항상 스스로 외척들을 세심하게 살폈고, 舅氏가 방자해서는 안 됨을 알았는지라 그들에게 조정의 요직을 차지하지 못하게 하였다. 지금 水災와 旱災가 해마다 이어져 流民들이 길을 메우고 심지어 굶주림에 시달리고 있다. 그런데 이러한 때에 구씨를 侯에 封하는 일을 시행하는 것은 마땅함을 잃은 것이니, 이 일은 행해서는 안 된다. 또 先帝[307]께서 여러 아들에게 나라를 封할 때에 楚王[308]이나 淮陽王[309]의 절

302) 黃門侍郎 : 官名으로, 皇帝를 侍從하고 詔令을 전달하는 직임이다. 당시 馬皇后의 아우 馬防과 馬光이 이 직책에 있었다.

303) 永平 연간 : 後漢 明帝의 연호로 58년부터 75년까지 사용하였다. 명제 때는 이 연호만 썼으므로, 명제의 재위 기간과 일치한다.

304) 起居注 : 皇帝의 言行을 기록한 문서이다.

305) 舊典 : ≪後漢書≫ 〈皇后紀〉의 李賢의 注에 "漢나라 制度에 外戚은 은혜로 侯에 封하기 때문에 '舊典'이라 한다.〔漢制 外戚以恩惠封侯 故曰舊典也〕"고 하였다.

306) 舅氏 : 외삼촌으로, 明帝의 아들 章帝를 기준으로 말한 것이다. 여기서는 곧 馬皇后의 오빠와 아우를 가리킨다.

307) 先帝 : 明帝를 말한다.

308) 楚王 : 後漢 光武帝의 아들 劉英이다. 建武 15년에 楚公에 封해졌고, 17년에 王으로 승격되었고, 28년에 부임하였다. 楚國은 彭城에 도읍하였고 7개의 縣이 있었는데, 바로 徐州 및 淮安府 邳州의 서쪽 지역이다. 彭城은 지금의 江蘇省 徐州이다.

309) 淮陽王 : 後漢 光武帝의 아들 劉延이다. 建武 15년에 淮陽公에 봉해졌고, 17년에 王으로 승

반에 겨우 미치게 하면서 말하기를 '나의 아들을 光武帝[310]의 아들과 동등하게 해서는 안 된다.'라고 하셨는데, 지금 어찌 馬氏 집안을 陰氏[311] 집안과 비교하려 하겠는가.

나는 스스로 검속하여 위로 선제를 저버리지 않고 아래로 先人의 德을 훼손하지 않고자 하여 몸에는 거칠게 짠 두꺼운 비단과 幷絲[312]로 짠 비단으로 만든 치마를 입고 음식은 맛난 것을 구하지 않고 左右의 侍從은 모두 향기 나는 치장을 하지 않고 단지 베와 비단만 입게 하였다. 이와 같이 한 것은 나의 행동으로 많은 사람을 솔선하고자 한 것이다. 나는 외척이 나의 이러한 모습을 보면 응당 가슴 아파하여 자신의 사욕을 억제할 것이라 생각하였다. 그런데 도리어 태후는 본래 검소함을 좋아한다고 모두들 말하였다. 지난날 濯龍園의 門 앞을 지날 때 外家의 사람들이 앞으로 와서 起居를 물었는데, 그들의 수레는 흐르는 물처럼 빠르고 말은 나는 용처럼 날랬으며, 노복들은 푸른 臂衣를 입었고, 옷깃과 소매는 모두 백색이었다. 그런데 내 곁에서 모시는 자들을 돌아보니 그들의 화려함에 월등히 미치지 못하였다. 그러나 또한 성내어 그들을 꾸짖지 않고 다만 해마다 지급하는 경비를 끊어 그들이 시끄럽게 즐기는 사치함을 묵묵히 그치기를 바랐다. 신하를 아는 이로 임금만한 이가 없는데, 더구나 親屬에 있어서야 말할 나위 있겠는가.

사람들이 侯에 봉해지기를 원하는 것은 俸祿으로 그 어버이를 봉양하고 제사를 받들고 자신이 따뜻하고 배부르게 지내기 위해서이다. 지금 제사는 大官이 바치는 犧牲과 郡國에서 바치는 진귀한 물건과 司農이 바치는 黍稷으로 지내고 있고, 자신의 몸은 御府의 남은 비단으로 옷을 만들어 입고 있는데, 오히려 부족하다는 건가. 반드시 한 고을 縣令의 자리에 오르고자 하는가. 長樂宮의 내가 〈外戚을 重用하지 않겠다는〉 말을 저버린 책임이 있게 되면 마음속으로 또한 세상에 부끄럽지 않겠는가."

太后詔曰 外戚橫恣는 爲世所傳이라 永平中常自簡練하고 知舅氏不可恣라 不令在樞機之位라 今水旱連年하여 民流滿道하고 至有饑餓어늘 而施封拜는 失宜니 不可라 且先帝(言)諸王에 財令

격되었고, 28년에 부임하였다. 淮陽國은 陳에 도읍하였고 9개의 縣이 있었는데, 바로 開封府 徐州 이남 지역이다. 陳은 지금 河南省 淮陽이다.

310) 光武帝 : 後漢을 건국한 劉秀로 明帝의 아버지이다. 南陽 蔡陽 사람으로, 前漢 末年 난리를 만나 기회를 틈타 병사를 일으켜 建武 원년 皇帝라 칭하였다.

311) 陰氏 : 光武帝의 皇后 陰麗華로, 馬皇后의 시어머니이다.

312) 幷絲 : 合絲와 같은 말로, 명주실과 무명실의 合絲로 짠 비단을 말한다.

半楚淮陽王①②하여 〔言〕吾子不當與光武帝子等[313)]이라하여늘 今柰何欲以馬氏比陰氏乎아 吾自束修③하여 冀欲上不負先帝하고 下不虧先人之德하여 身服大練縑(겸)裙④하고 食不求所甘하고 左右旁人은 皆無香薰之飾하고 但布帛耳라 如是者는 欲身帥(솔)衆也라 以爲外親見之면 當傷心自克이로되 但反共言太后素自喜儉이라호라 前過濯龍門上⑤에 見外家問起居하니 車如流水하고 馬如〔遊〕[314)]龍⑥하며 蒼頭衣綠(直)〔韝(구)〕[315)](領)⑦[316)]하고 領袖正白이어늘 顧視旁御者하니 遠不及也라 亦不譴怒하고 但絶其歲用하여 冀以默止讙(환)耳⑧⑨라 知臣莫若君이어든 況親屬乎아 人之所以欲封侯者는 欲以祿食養其親하고 奉修祭祀하고 身溫飽耳라 今祭祀則受大官之牲과 郡國(旣)〔之〕[317)]珍⑩과 司農黍稷⑪하고 身則衣御府之餘繒이어늘 尙未足邪(야)아 必當得一縣上令가 長樂宮有負言之責이면 內亦不愧于世俗乎아

① 且先帝(言)諸王 財令半楚淮陽王 : '財'는 겨우와 같다. 여러 아들에게 나라를 封할 때에 楚王이나 淮陽王의 절반에 겨우 미치게 할 뿐임을 말한다. '先帝' 아래의 '言'자는 의당 '淮陽王'의 아래로 옮겨 아래구와 붙여 읽어야 한다.
財猶僅也. 言諸子封國, 僅及楚淮陽之半耳. 先帝下言字, 宜移於淮陽王之下, 屬下句讀之.

② 【校注】 且先帝(言)諸王 財令半楚淮陽王 : '財'는 '裁'와 같다.
財與裁同.

③ 吾自束修 : '束修'는 검속하여 청결하게 함을 말한다. ≪論語≫에 이르기를 "脯 한 束을 가지고 온 자는"[318)]이라고 하였다.
束修, 言檢束修潔也. 論語云 "自行束修."

④ 身服大練縑裙 : '縑'은 幷絲로 짠 繒이고, '繒'은 비단이니, '縑'이라는 것은 幷絲로 짠 繒의 두터움을 취하여 견고하고 치밀하게 하는 것이다.
縑, 幷絲繒也, 繒, 帛也. 縑者, 取其厚而堅緻.

⑤ 前過濯龍門上 : ≪後漢書≫ 注에 ≪續漢志≫를 인용하여 말하기를 "濯龍은 동산 이름이니, 北宮과 가깝다."라고 하였다.
後漢書注引續漢志曰 "濯龍, 園名也, 近北宮."

313) 且先帝(言)諸王……〔言〕吾子不當與光武帝子等 : 저본에는 '先帝' 아래에 '言'이 있으나, 王照圓의 注에 의거하여 '吾子' 위로 옮겨 번역하였다.

314) 〔遊〕 : 저본에는 '遊'가 없으나, 王照圓의 注에 의거하여 보충하였다.

315) (直)〔韝〕 : 저본에는 '直'으로 되어 있으나, 王照圓의 注에 의거하여 '韝'로 바로잡았다.

316) (領) : 저본에는 '領'이 있으나, 王照圓의 注에 의거하여 衍文으로 처리하였다.

317) (旣)〔之〕 : 저본에는 '旣'로 되어 있으나, ≪列女傳校注≫에 의거하여 '之'로 바로잡았다.

318) 脯……자는 : 공자가 말하기를 "脯 한 束 이상을 가지고 와 執贄의 禮를 행한 자에게는 내 일찍이 가르쳐주지 않은 적이 없었다.〔自行束脩以上 吾未嘗無誨焉〕"라고 하였다.(≪論語≫ 〈述而〉)

⑥ 車如流水 馬如〔遊〕龍 : ≪후한서≫에는 '龍' 위에 '遊'자가 있다.
後漢書龍上有遊字.

⑦ 蒼頭衣綠(直)〔鞲〕(領) : '直領' 2자는 ≪후한서≫에 '鞲'자로 되어 있다. '鞲'는 '臂衣'이니, 좌우의 팔에 묶어서 일하는데 편리하게 하는 것이니. 여기의 '直'은 아마 '鞲'자의 오자인 듯하고, '領'자는 아래구의 '領袖'와 관련되어 衍字가 된 듯하다.
直領二字, 後漢書作鞲字. 鞲, 臂衣也, 以縛左右臂, 令操事便也. 此直疑鞲字之誤, 領字涉下句領袖而衍耳.

⑧ 但絶其歲用 冀以默止讙耳 : 歲用으로 지급하는 經費를 억제하여 끊어 부끄러움을 느껴 자신을 닦아서 고요함으로써 시끄러움을 그치기를 기대함을 말한 것이다.
言抑絶其歲用經費, 以愧厲之, 冀欲以靜默, 止其讙譁耳.

⑨【校注】亦不譴怒……冀以默止讙耳 : 이는 ≪東觀漢記≫의 글을 사용하였다.
此用東觀漢記文.

⑩【校注】郡國(旣)〔之〕珍 : 盧文弨의 校正에는 '旣'가 '之'로 되어 있다.
盧校旣作之.

⑪ 今祭祀則受大官之牲……司農黍稷 : '珍'은 바침이다. 지금 祭祀에 쓰이는 犧牲은 大官에게 받고, 黍稷은 또 司農에게 받음을 말한 것이다.
珍, 獻也. 言今祭祀之費牲牷, 則受之大官, 黍稷又獻於司農.

이에 앞서 太后의 아우 城門校尉 馬防과 越騎校尉 馬光이 어머니의 상을 치르면서 造成한 墳墓가 조금 컸다. 후에 태후가 이에 대해 말을 하자 마방 등이 두려워하여 즉시 깎아서 줄였다. 이로부터 宮內의 위아래가 태후의 뜻을 이어받아 모두 법도를 받들었고, 諸侯王과 公主의 집안들도 감히 금령을 범하지 못하였다. 廣平王, 鉅鹿王, 樂成王[319]이 入朝하여 안부를 물을 때 章帝[320]가 그들이 타고 온 車馬의 안장과 굴레가 모두 순흑색이고 金銀으로 장식한 것이 없었으며 말은 6척을 넘지 않은 것을 보고, 태후의 뜻에 따라 錢 5百萬을 하사할 것을 아뢰었다. 新平公主는 감색의 비단옷을 입고 옷깃을 곧게 세워 사치를 부렸는데 태후가 꾸짖고 후하게 상을 내리지 못하게 하였다. 이에 친척들도 모두 감화를 받아 교화가 엄격하지 않아도 따랐으니, 이는 태후가 몸소 솔선하였기 때문이다. 태후는 織室과 蠶室을 濯龍園에 설치하고

319) 廣平王……樂成王 : 廣平王 劉羨과 鉅鹿王 劉恭과 樂成王 劉黨으로, 모두 明帝의 아들이다.
320) 章帝 : 後漢의 3대 皇帝 劉炟으로 明帝의 아들이다.

明德馬后

친히 왕래하며 살피면서 즐거움을 삼았다. 어린 왕들을 가르쳐 그들이 송독하고 강론한 經史를 시험하면서 기쁘고 화락하게 지냈으며, 朝夕으로 道를 논하여 종신토록 변치 않았다. 태후는 장제를 자신의 소생보다 더 친밀하게 돌보며 길렀고, 장제는 태후를 받들어 孝道를 극진히 하였다.

先是時에 城門越騎校尉治母喪하여 起墳微大①러니 後太后以爲言한대 惶懼하여 即時削減(成墳)②[321]이라 上下相承하여 俱奉法度하고 王主諸家도 莫敢犯禁이라 廣平鉅鹿樂成王이 入問起居할새 見車騎鞍勒皆純黑이요 無金銀采飾하며 馬不踰六尺하고 章帝緣太后意하여 白賜錢五百萬이라 新平主衣紺縞直領이어늘 譴以不得厚賜라 於是親戚被服如一하여 教化不嚴而從하니 以躬親率先之故也일새니라 置織室蠶室濯龍中③하고 后親往來占視(於內)④⑤[322]하여 以爲娛樂이라 教諸小王하여 試其誦論하여 衎(간)衎和樂하며 日夕論道하여 以終厥身이라 其視養章帝過

321) (成墳) : 저본에는 '成墳'이 있으나, ≪列女傳校注≫에 의거하여 衍文으로 처리하였다.
322) (於內) : 저본에는 '於內'가 있으나, ≪列女傳校注≫에 의거하여 衍文으로 처리하였다.

所生하고 章帝奉之하여 竭盡孝道라

① 治母喪 起墳微大 : '母'는 곧 太后의 어머니 藺夫人이다. ≪後漢書≫에 "太夫人을 장례지낼 적에 造成한 墳墓가 조금 높았다."라고 하였다.
母, 卽太后之母藺(린)夫人也. 後漢書太夫人葬起墳微高.

② 【校注】 卽時削減(成墳) : 〈'成墳'〉 2자는 衍字인 듯하다. ≪후한서≫에는 없다.
二字疑衍, 後漢書無.

③ 【校注】 置織室蠶室濯龍中 : 이 또한 ≪東觀漢記≫에 의거한 글이다.
此亦依東觀漢記文.

④ 后親往來占視(於內) : '占'은 '覘'과 같으니, 覘視는 엿보는 것이다.
占與覘(점)同, 覘視窺觀也.

⑤ 【校注】 后親往來占視(於內) : 〈'於內'〉 2자는 衍字인 듯하다. ≪동관한기≫와 ≪후한서≫에는 모두 없다.
二字疑衍, 東觀漢記後漢書皆無.

君子가 이르기를 "明德皇后는 집안에서는 여러 여인의 모범이 되었고, 국가에서는 母后의 모범이 되었도다."라고 하였다. ≪詩經≫에 이르기를 "道理를 순히 따르는 君主를, 백성들이 우러러봄은, 마음을 잡아 계책을 두루 펼쳐, 輔相할 자를 살펴 신중히 등용하기 때문이니라."[323]라고 하였으니, 이를 두고 이른 말이다.

君子謂德后在家則可爲衆女師範이요 在國則可爲母后表儀라하니라 詩云 惟此惠君의 民人所瞻은 秉心宣猷하사 考愼其相이니라하니 此之謂也라

8-20 梁夫人 嫕 梁夫人嫕(예)[324]

梁夫人 嫕는 梁竦[325]의 딸이요 樊調[326]의 아내요 漢 孝和皇帝[327]의 이모요 恭懷

323) 道理를……때문이니라 : ≪詩經≫ 〈大雅 桑柔〉에 보인다.

324) 梁夫人嫕 : ≪列女傳校注≫와 ≪列女傳集注≫에는 이 아래에 '辯通' 두 자가 있다.

325) 梁竦 : 後漢 安定郡 烏氏(지)縣 사람으로, 자는 叔敬이다. 九江太守 陵鄉侯 梁統의 아들이다. 저서에 ≪七序≫가 있다.

326) 樊調 : 後漢 南陽 사람으로, 光武帝의 외삼촌 樊宏의 曾孫이다.

327) 孝和皇帝 : 後漢의 4대 皇帝 劉肇이다. 章帝의 넷째 아들이다.

皇后[328)]의 同腹 언니이다. 처음에 공회황후가 掖庭에 뽑혀 들어가 孝章皇帝[329)]를 모셔 총애를 입어 和帝를 낳았는데, 太子로 세워지니 竇皇后[330)]가 친자식처럼 길렀다. 화제가 태어났을 때 梁氏 집안에서 기뻐하며 서로 축하하다가 이 사실이 두황후에게 알려졌다. 두황후는 교만하고 방자하여 마음대로 전횡하고 다른 外戚을 해치고자 하여 양씨를 무함하였다. 당시 양송은 고향 安定郡[331)]에 있었는데 詔書를 내려 잡아다 죽이고 가족들은 九眞[332)]으로 유배보냈다.

梁夫人嫕者는 梁竦(송)之女요 樊調之妻요 漢孝和皇帝之姨①요 恭懷皇后之同産姊也라 初에 恭懷后以選入掖庭②하여 進御于孝章皇帝하여 有寵하여 生和帝한대 立爲太子하니 竇后母養焉이라 和帝之生에 梁氏喜相慶賀라가 聞竇后라 竇后驕恣하여 欲專恣害外家하여 乃誣陷梁氏라 時竦在本郡安定이러니 詔書收殺之하고 家屬移九眞이라

① 漢孝和皇帝之姨 : 어머니의 자매를 '姨'라 하는데, 禮에 '從母'라 이르니, ≪釋名≫[333)]에 보인다.
母之姊妹曰姨, 禮謂之從母, 見釋名.

② 以選入掖庭 : 掖庭은 宮中의 관청 이름이다. ≪後漢書≫ 〈皇后紀〉의 注에 "永巷은 〈궁중의 관청 이름인데,〉 후에 掖庭으로 고쳤다."라고 하였다.
掖庭, 宮中署名也. 後漢書皇后紀注 "永巷, 後改爲掖庭."

그 후 和帝가 즉위하고 竇皇后가 죽자 두씨 집안도 지은 죄로 인해 주살되거나 추방되었다. 梁嫕가 民間에서 글을 올려 다음과 같이 스스로 원통함을 호소하였다.
"妾의 同腹 여동생 貴人이 지난날 後宮에 충원되어 先帝의 후한 은혜를 입어 총애를 받았는데, 皇天이 命을 내려 明聖한 황제를 낳아 몸을 폐하께 의탁하였습니다. 〈그 후에 우리 梁氏가〉 竇憲[334)] 형제의 참소를 받아 집안은 파멸하고, 부친 梁竦은

328) 恭懷皇后 : 梁竦의 딸로, 章帝의 皇后이며, 和帝의 어머니이다.
329) 孝章皇帝 : 後漢의 3대 皇帝 劉炟이다.
330) 竇皇后 : 章帝의 皇后 章德皇后로, 竇憲의 여동생이다.
331) 安定郡 : 지금의 甘肅省 鎭原 동남쪽에 있었다.
332) 九眞 : 郡名으로, 지금의 越南 北部에 있었다.
333) 釋名 : 漢나라 劉熙가 지은 辭書로 8권이다. ≪爾雅≫의 체제를 모방하여 27편으로 나누어 名物의 訓詁를 싣고 音에 따라 풀이하였다.
334) 竇憲 : 後漢 扶風 平陵 사람이다. 字는 伯度이다. 竇皇后의 오빠로, 외척 권신이자 大將軍이

원통하게 옥에서 죽어 유골을 수습하지 못하였고, 연로한 어미와 홀로 남은 아우는 만리 먼 곳으로 유배 가 있고, 오직 妾만 몸을 빼어 벗어나 草野에 숨어 살았으나 항상 목숨을 잃을까 두려워 원통함을 호소할 길이 없었습니다.

지금 폐하의 神聖한 德이 모든 政務를 통치하여 두헌 형제가 간악함으로 인해 주벌을 받고 海內가 안정되어 각각 제자리를 얻는 시대를 만났습니다. 첩이 다행히 살아남아 눈을 비비고 밝은 시대를 다시 봄에 감히 죽음을 무릅쓰고 진달합니다. 아버지는 이미 돌아가셨으니 다시 살아날 수 없거니와 연세가 일흔에 가까운 어머니와 아우 梁棠 등은 멀리 絶域에 있어서 생사조차 알 수 없습니다. 원컨대 어머니와 아우가 本郡으로 돌아와서 아버지 양송의 유골을 수습하여 장례를 치르게 해주소서. 첩이 듣건대 文帝가 즉위함에 薄氏가 영달하게 되었고[335] 宣帝가 大統을 계승함에 史氏가 다시 흥기했다고[336] 하였습니다. 첩은 이미 폐하와 薄氏와 史氏 같은 친척 관계가 있는데 도리어 外戚으로 대하는 은혜를 입지 못함을 슬퍼합니다."

後和帝立하고 竇后崩에 諸竇以罪惡誅放이라 嫕從民間上書自訟曰 妾同產女弟貴人이 前充後宮하여 蒙先帝厚恩하여 得見寵幸이러니 皇天授命하여 育生明聖하여 託體陛下라 爲竇憲兄弟所譖訴而破亡하고 父竦寃死牢獄하여 體骨不掩하고 老母孤弟가 遠徙萬里하고 獨妾脫身하여 竄伏草野나 常恐歿命하여 無由自達이라 今遭陛下神聖之德이 攬統萬幾하여 憲兄弟奸惡伏誅하고 海內曠然하여 各得其所라 妾幸蘇息하여 拭目更視에 敢昧死自陳이라 父既湮沒하니 不可[337]復生이어니와 母垂年七十〔及〕[338]弟棠等遠在絶域①하여 不知死生이라 願乞母弟還本郡하여 收葬竦枯骨이라 妾聞文帝卽位에 薄氏蒙達②하고 宣帝繼統에 史氏復興이라 妾自悲既有薄史之親이로되 獨不得蒙外戚餘恩하노이다

① 【校注】 弟棠等遠在絶域 : ≪後漢書≫ 〈梁竦傳〉에는 '弟' 위에 '及'자가 있다.

다. 章帝가 죽고 和帝가 즉위하자 조정의 권력을 장악하였다. 뒤에 竇氏가 주살되자 자살하였다.

335) 文帝가……되었고 : 薄氏 즉 薄姬는 漢 高祖 劉邦의 姬로, 劉恒을 낳았다. 유항이 代王이 되었기 때문에 代太后라 일컬어졌다. 뒤에 유항, 즉 文帝가 즉위하여 박희를 皇太后로 추존하고, 박희의 아우 薄昭를 軹侯로 삼고, 박희의 아버지를 靈文侯로 추존하였다.

336) 宣帝가……흥기했다고 : 宣帝는 前漢의 7대 황제 劉詢이다. 유순이 태어나자 어머니 王夫人이 죽어 史良娣의 어머니 貞君에게 길러졌다. 선제가 즉위했을 때 정군과 사량제의 오빠 史恭은 이미 세상을 떠났다. 선제가 이에 사공의 세 아들을 모두 侯에 封하여 은혜를 갚았다.

337) 可 : ≪列女傳集注≫에는 '得'으로 되어 있다.

338) 〔及〕 : 저본에는 '及'이 없으나, ≪列女傳校注≫에 의거하여 보충하였다.

後漢書梁竦傳弟上有及字.

②【校注】薄氏蒙達 : 〈'蒙達'은〉 ≪후한서≫ 〈양송전〉에는 '蒙榮'으로 되어 있다. 後漢書作蒙榮.

章疏가 올라가자 和帝가 마음에 깊이 느껴 깨달아 中常侍[339]와 掖庭令[340]으로 하여금 함께 訊問하게 하여 상주한 일이 명백한 사실인 것을 알고서 梁嫕를 召見하였다. 양예가 화제를 대하고 통곡하며 눈물을 흘리니 화제가 양예에게 매우 많은 賞金을 하사하였다. 양예가 본래 節行이 있었고 또 이 일을 처음으로 건의하였으니, 화제가 가상히 여기고 총애하여 梁夫人이라 일컫고, 양예의 남편 樊調를 발탁하여 郎中으로 삼았다가 羽林郎將으로 승진시켰다. 恭懷皇后의 영구를 드디어 承光宮에 다시 안치하였다가 西陵에 安葬하였으며, 梁竦에게 시호를 추증하여 褒親愍侯라 하고, 양예의 어머니와 아우 등을 불러 돌아오게 하여 그들이 이르자 모두 侯에 封하여 食邑 5千戶를 주었다.

章疏上에 天子感悟하여 使中常侍掖庭令雜訊問하여 知事明審하고 引見이라 嫕對上泣涕하니 賞賜累億이라 嫕旣素有節行하고 又首建此事하니 上嘉寵之하여 稱梁夫人하고 擢嫕夫樊調爲郎中이라가 遷羽林郎將이라 恭懷后遂乃改殯於承光宮이라가 葬西陵하며 追謚竦爲褒親愍侯라하고 徵還母及弟等하여 及旣到하여 皆封侯하여 食邑五千戶라

君子가 이르기를 "梁夫人이 애처로운 말로 집안일을 설명하여 당시 황제를 깨닫게 하여 아버지의 혼령을 영광스럽게 하고 어머니를 만리 먼 유배지에서 고향으로 돌아오게 하였으며, 가문을 위하여 세 제후국에 봉해지는 福을 열고 天子로 하여금 母子 간의 禮를 이루게 하였다."라고 하였다. ≪詩經≫에 이르기를 "대대로 드러나지 않겠는가. 그 계책이 삼가고 충실하였도다. 훌륭한 많은 선비들이, 이 王國에 태어났도다."[341]라고 하였으니, 이를 두고 이른 말이다.

339) 中常侍 : 官名으로, 궁중을 출입하면서 皇帝를 侍從하며, 詔令과 文書를 전달하고 관리하였다. 後漢 때 宦官이 주로 중상시를 맡아 권력이 점점 커졌다.

340) 掖庭令 : 掖庭은 後宮으로, 掖庭令은 後宮의 일을 총괄하여 관장하는 관리이다.

341) 대대로……태어났도다 : ≪詩經≫ 〈大雅 文王〉에 보인다.

梁夫人嫕

君子謂梁夫人以哀辭發家하여 開悟時主하여 榮父之魂하고 還母萬里하며 爲家門開三國之祚[①]하고 使天子成母子之禮라 詩云 世之不顯가 厥猶翼翼이로다 思皇多士가 生此王國이라하니 此之謂也라

① 爲家門開三國之祚 : '三國'에 대해 ≪後漢書≫ 〈梁竦傳〉에 이르기를 "아들 棠을 봉하여 樂平侯로 삼고, 棠의 아우 雍을 봉하여 乘氏侯로 삼고, 雍의 아우 翟을 봉하여 單父侯로 삼았다."라고 하였다.
三國者, 梁竦傳云 "封子棠爲樂平侯, 棠弟雍乘氏侯, 雍弟翟單父(선보)侯."

〔附錄 1〕

≪崇文總目≫ 서문　崇文總目序

위의 ≪列女傳≫은 劉向이 짓고, 後漢의 班氏(班昭)가 注를 달았다. 유향이 ≪열녀전≫ 8篇을 지었으니, 첫째는 〈母儀〉, 둘째는 〈賢明〉, 셋째는 〈仁智〉, 넷째는 〈貞順〉, 다섯째는 〈節義〉, 여섯째는 〈辯通〉, 일곱째는 〈孼嬖〉, 여덟째는 〈傳頌〉이다.

右列女傳은 劉向撰이요 後漢班氏注라 向作列女傳八篇하니 一曰母儀요 二曰賢明이요 三曰仁智요 四曰貞順이요 五曰節義요 六曰辯通이요 七曰孼嬖요 八曰傳頌이라

삼가 상고하건대, ≪열녀전≫의 〈頌義〉·〈大序〉·〈小序〉 및 〈頌〉은 혹자가 모두 유향의 아들 劉歆이 지은 것이라고 하였다. 내가 삼가 ≪隋書≫와 ≪崇文總目≫ 및 本朝(宋나라)의 曾鞏[1]의 〈校書序〉를 상고하건대, 유흠의 저작이 아닌 것이 분명하다. 그러나 ≪숭문총목≫은 〈續列女傳〉 20傳에 〈頌〉이 없다 하여 유향의 ≪열녀전≫ 7편 가운데 붙여 넣어서 상하로 나누어 14편을 만들고 〈전송〉 1편을 합하여 모두 15편으로 만들었다. 지금 사람들은 유향이 지은 ≪열녀전≫ 7편에다가 〈속열녀전〉 20전을 아울러 1편으로 만들어 모두 8편으로 헤아린다. 지금 다만 이에 의거하여 〈송의〉와 〈대서〉를 목록 앞에 나열하고, 〈소서〉 7편은 목록 중간에 분산하여 수록하고, 〈송〉은 각 사람의 傳 뒤에 수록하니, 보는 자가 의당 상세히 살펴야 할 것이다.

謹案列女傳頌義大序小序及頌은 或者皆以爲劉向子劉歆作이라하여늘 驥謹按隋書崇文總目及本朝曾校書序컨대 則非歆作이 明矣라 然崇文總目은 則以續二十傳無頌이라하여 附入向七篇中하여 分上下爲一十四篇하고 幷傳頌一篇하여 共成一十五篇이라 今人則以向所撰列女傳七篇으로 幷續列女傳二十傳爲一篇하여 共計八篇이라 今止依此하여 將頌義大序를 列於目錄前하고

1) 曾鞏 : 1019~1083. 北宋의 정치가이며 문인으로, 자는 子固, 호는 南豐, 시호는 文定이다. 中書舍人 등의 벼슬을 지냈다. 唐宋八大家의 한사람이다. 저서에 ≪元豐類稿≫ 등이 있다.

小序七篇은 散見目錄中間하고 頌見各人傳後하니 觀者宜詳察焉이라

嘉定 7년(1214) 갑술 12월 5일에 武夷 蔡驥 孔良은 절하고 삼가 쓰다.

嘉定七年甲戌十二月初五日에 武夷蔡驥孔良은 拜手謹書하노라

≪列女傳≫ 목록 서문 列女傳目錄序

劉向이 지은 ≪列女傳≫은 모두 8편이니, 이 사실이 ≪漢書≫ 〈劉向列傳〉에 갖추어져 있는데, ≪隋書≫ 〈經籍志〉와 ≪崇文總目≫에는 모두 "유향의 ≪열녀전≫은 15편이고, 曹大家(班昭)가 注를 달았다."라고 하였다. 〈頌義〉를 가지고 상고해보건대, 조대고가 주를 단 것은 7편을 분리해 14편으로 만든 것에 〈송의〉까지 합쳐 모두 15편이고 〈陳嬰의 어머니〉 등 後漢 이래 16건의 일을 덧붙였으니, 유향이 지은 책 본연의 모습이 아니다. 유향의 옛 책이 없어진 지가 오래되었는데, 嘉祐[1] 연간(1056~1063)에 集賢校理 蘇頌[2]이 처음으로 〈송의〉를 篇次하여 다시 이 책을 8편으로 정하고 15편으로 된 것과 함께 館閣에 보관하였다. 그런데 ≪수서≫에서는 〈송의〉를 劉歆의 저작으로 여겼으니, 〈유향열전〉의 내용과 부합하지 않는다. 지금 〈송의〉의 글로 살펴보건대, 유향 자신이 직접 쓴 것이고 또 ≪漢書≫ 〈藝文志〉에 유향의 〈列女傳頌圖〉가 있으니, 유흠의 저작이 아닌 것이 분명하다. 唐나라가 혼란해진 이후로 남아 있는 古書가 적었는데, ≪唐書≫ 〈경적지〉에 ≪열녀전≫이라는 이름으로 모두 16인의 저술이 기록되어 있고, 조대고가 주를 단 15편본에 대해서는 또한 기록이 없다. 그러나 그 책이 지금 있으니, 고서 중에 혹 기록은 있고 책은 없거나 혹 기록은 없고 책은 있는 것이 또한 많다. 애석히 여길 만한 일이 아니겠는가. 지금 그 8편본과 15편본을 교정하여 이미 정본을 확정하였으니, 繕寫할 만하다.

劉向所敍列女傳은 凡八篇이니 事具漢書向列傳이어늘 而隋書及崇文總目은 皆稱向列女傳十五篇이요 曹大家(고)注라하니 以頌義考之컨대 蓋大家所注는 離其七篇爲十四하여 與頌義로 凡十五篇이요 而益以陳嬰母及東漢以來凡十六事하니 非向書本然也라 蓋向舊書之亡이 久矣러니 嘉祐

1) 嘉祐 : 宋 仁宗의 연호이다.

2) 蘇頌 : 송나라 사람으로, 자는 子容이다. 集賢校理, 右僕射, 太子少傅 등의 벼슬을 지냈다. 저서에 ≪新儀象法要≫가 있다.

中에 集賢校理蘇頌이 始以頌義篇次하여 復定其書爲八篇하고 與十五篇〔者〕[3]로 竝藏於館閣이어늘 而隋書以頌義爲劉歆作하니 與向列傳不合이라 今驗頌義之文컨대 蓋向之自敘요 又藝文志에 有向列女傳頌圖하니 明非歆作也라 自唐之亂으로 古書之在者少矣러니 而唐志錄列女傳凡十六家요 至大家注十五篇者하얀 亦無錄이라 然其書今在하니 則古〔書之〕[4]或有錄而亡(무)이나 或無錄而在者가 亦衆矣니 非可惜哉아 今校讎其八篇及十五篇者하여 已定하니 可繕寫라

처음에 漢나라가 秦나라의 폐습을 이어받아 풍속이 이미 크게 무너졌고, 成帝의 후궁 趙飛燕과 衛婕妤[5] 등은 더욱 방종하였다. 劉向은 王政은 반드시 안으로부터 시작한다고 여겼다. 그러므로 흥성과 멸망을 초래하였던 옛 여인들의 善과 惡을 열거하여 천자를 경계하였으니, 이것이 유향이 이 책을 저술하게 된 大意이다. 그는 "太任이 文王을 임신하였을 때 눈으로는 나쁜 색깔을 보지 않았으며, 귀로는 음란한 소리를 듣지 않았으며, 입으로는 오만한 말을 내지 않았다."고 하고, 또 "옛사람의 태교가 모두 이와 같았다."고 하였다. 대체로 보고 듣고 말하고 행동하는 것을 이처럼 바르게 할 수 있는 것은 바로 大人의 일로써 도덕이 있는 이조차 제대로 하지 못할까 두려워하는 바인데, 도리어 천하의 여인들로 하여금 이것을 실천하도록 요구하였으니, 얼마나 대단한가.

初에 漢承秦之敝하여 風俗已大壞矣요 而成帝後宮趙衛之屬은 尤自放이라 向以謂王政必自內始라 故列古女善惡所以致興亡者하여 以戒天子하니 此向述作之大意也라 其言太任之娠文王也에 目不視惡色하며 耳不聽淫聲하며 口不出敖言이라하고 又以謂古之人胎教者가 皆如此라하니 夫能正其視聽言動者는 此大人之事요 而有道之所畏也어늘 顧(今)〔令〕[6]天(子)〔下〕[7]之女子能之하니 何其盛也오

---

3) 〔者〕: 저본에는 '者'가 없으나, ≪唐宋八大家文抄 南豐文抄≫ 권4 〈列女傳目錄序〉에 의거하여 보충하였다.

4) 〔書之〕: 저본에는 '書之'가 없으나, ≪唐宋八大家文抄 南豐文抄≫ 권4 〈列女傳目錄序〉에 의거하여 보충하였다.

5) 趙飛燕과 衛婕妤 : 본서 권8 〈班女婕妤〉와 〈漢趙飛燕〉 참조.

6) (今)〔令〕: 저본에는 '今'으로 되어 있으나, ≪唐宋八大家文抄 南豐文抄≫ 권4 〈列女傳目錄序〉에 의거하여 '令'으로 바로잡았다.

7) (子)〔下〕: 저본에는 '子'로 되어 있으나, ≪唐宋八大家文抄 南豐文抄≫ 권4 〈列女傳目錄序〉에 의거하여 '下'로 바로잡았다.

내가 들은 바로는, 〈옛사람은 여자에게〉 이를 위해 師傅와 保姆를 선택하여 돕게 하기도 하고, ≪詩經≫ · ≪尙書≫와 圖畫 · 史籍의 내용으로 경계하기도 하며, 珩 · 璜 · 琚 · 瑀[8] 등의 佩玉을 차서 걸음을 절도에 맞게 하도록 하고, 남을 대하는 예절을 법도에 맞게 하도록 하였으니, 그 가르치는 방도가 비록 이처럼 갖추어졌더라도 옛날의 군자는 모두 자신의 덕행으로 여인들을 감화시키지 않은 적이 없었다. 그러므로 ≪周易≫ 家人卦의 의의는 자신을 돌이켜보는 데로 귀결하고,[9] ≪시경≫ 二南의 치적은 文王에게 그 근본을 두었으니,[10] 이것이 어찌 자신의 몸 밖 외부로부터 이른 것이겠는가.

세상 사람들이 모두 문왕이 흥하게 된 까닭이 〈훌륭한〉 內助를 얻었기 때문임은 알고 〈훌륭한〉 내조를 얻게 된 까닭은 알지 못하니, 이는 문왕이 덕행을 몸소 행하여 남을 감화시킨 데에 근본이 있는 것이다. 이런 까닭으로 안으로는 后妃가 〈關雎〉[11]의 노래와 같은 품행이 있었고, 밖으로는 뭇 신하가 二南에서 칭송한 것과 같은 아름다운 덕이 있게 되어 안팎에서 서로 도와 이루어주었다. 이러한 감화가 확대되어 먼 지역까지 이르자 商나라 帝辛 시기의 음탕했던 풍속[12]과 長江과 漢水 유역

---

8) 珩 · 璜 · 琚 · 瑀 : 모두 몸에 차고 다니는 玉이다. ≪詩經≫ 〈女曰雞鳴〉 3장에 "그대가 오게 한 분임을 알면 잡패를 선물할 것이며, 그대가 사랑하는 분임을 알면 잡패를 줄 것이며, 그대가 좋아하는 분임을 알면 잡패로써 보답하리라.〔知子之來之 雜佩以贈之 知子之順之 雜佩以問之 知子之好之 雜佩以報之〕"라고 하였는데, 이에 대한 朱熹의 注에 "잡패라는 것은 좌우에 차는 옥이다. 위에 가로댄 것을 '珩'이라 하고, 아래에 세 개의 끈을 매달고 진주조개를 꿰며 가운데 끈의 중간에 큰 구슬 하나를 꿴 것을 '瑀'라 하고, 끝에 하나의 옥을 매다는데 양 끝이 다 뾰족한 것을 '衝牙'라 하고, 양 곁의 끈 중간에 각각 옥 하나씩 매다는데 길고 넓고 네모난 것을 '琚'라 하고, 그 끝에 각각 옥 하나를 매다는데 璧을 반쪽 낸 것처럼 하여 안으로 향한 것을 '璜'이라 한다. 또 두 개의 끈으로 구슬을 꿰어 위로 珩의 양쪽 끝에 매어놓고 아래로 瑀에 교차하여서 아래로 두 璜에 매다니, 걸어가면 충아가 璜과 부딪혀서 소리가 난다."라고 하였다.

9) 周易……귀결하고 : ≪周易≫ 家人卦 上九 爻辭에 "上九는 믿음을 지니고 위엄으로 대하면 마침내 길하리라.〔上九 有孚威如 終吉〕"라고 하였는데, 이에 대한 〈象傳〉에 "위엄으로 대하면 길하다는 것은 자신을 돌이켜보는 것을 말한다.〔威如之吉 反身之謂也〕" 하였다.

10) 시경……두었으니 : 二南은 ≪詩經≫ 〈國風〉의 〈周南〉과 〈召南〉을 가리키는 것으로, 周公과 召公이 통치하는 지역의 노래이다. 業은 업적 또는 성과의 뜻으로, 이 두 지역이 잘 다스려지는 성과가 있게 된 것은 앞서 文王의 교화와 后妃의 덕이 그 기반이 되었다는 것이다.

11) 關雎 : ≪詩經≫ 〈周南〉의 첫 편명으로, 文王 后妃의 덕을 노래한 작품이다.

12) 商나라……풍속 : 帝辛은 商나라 마지막 군주인 紂王의 이름이다. 주왕이 통치하던 시기의 음탕한 풍속이 周 文王의 교화에 감화되어 변하였는데, ≪詩經≫ 〈召南〉의 〈行露〉와 〈野有死

의 작은 나라 사람들[13]과 그물을 쳐놓고 토끼를 잡는 시골 사람까지[14] 모두 善을 좋아하면서도 왜 그렇게 됐는지 스스로 알지 못하였으니, 이것이 ≪大學≫에서 이른바 "몸이 닦여졌기 때문에 집안과 국가와 천하가 다스려진다."는 것이다.

以臣所聞으로 蓋爲之師傅保姆之助와 詩書圖史之戒와 珩璜琚瑀(형황거우)之節과 威儀動作之度하니 其教之者〔雖〕[15]有此具라도 然古之君子 未嘗不以身化也라 故家人之義는 歸於反身하고 二南之業은 本於文王하니〔夫〕[16]豈自外至哉리오 世皆知文王之所以興이 能得內助하고 而不知其所以然者하니 蓋本於文王之躬化라 故內則后妃有關雎之行하고 外則群臣有二南之美하여 與之相成하니 其推而及遠하여 則商辛之昏俗과 江漢之小國과 兔罝(저)之野人이 莫不好善而不自知하니 此所謂身修라 故家國天下治者也라

후세에는 학문하는 선비로부터 대부분 外物을 추구하여 자신이 지켜야 할 도리를 편안히 여기지 않으니, 그 집안사람들이 이미 본받을 만한 점을 보지 못하였다. 이 때문에 앞다투어 사악하고 방종한 짓을 행하니, 어찌 서로 도와 이루어주는 道만 없을 뿐이겠는가. 선비가 구차하게 자신을 용서하여 염치를 무릅쓰고 이익을 추구하면서 자신을 돌아볼 줄 모르는 것은 왕왕 집안에 스스로 얽매였기 때문이다. 그러므로 孟子가 "자신이 도를 행하지 않으면 도가 처자에게도 행해지지 않는다."[17]라고 하였으니, 참으로 그러하도다. 이러한 사람은 본래 드러나는 높은 지위에 있는 자가 아닌데도 二南의 교화와 또한 너무 동떨어졌는데, 더구나 南面한 천하의 군주에 있어서야 말할 나위 있겠는가.

巢〉 등은 이를 노래한 것이라 한다.

13) 長江과……사람들 : ≪詩經≫ 〈周南 漢廣〉에 대한 〈毛詩序〉에 "文王의 도가 남쪽 나라에까지 파급되어 아름다운 교화가 長江과 漢水 사이에 행해졌다."라고 하였다.

14) 그물을……사람까지 : ≪詩經≫ 〈周南 兔罝〉에 대한 〈毛詩序〉에 "〈兔罝〉는 后妃의 덕을 노래한 것이다. 〈關雎〉의 교화가 행해지자 덕을 좋아하지 않는 이가 없어 현인이 많아졌다."라고 하였다. 이는 后妃의 덕이 백성을 감화시켜 토끼를 잡는 산야의 사람까지도 겸손하고 덕을 좋아하였다는 뜻이다.

15) 〔雖〕 : 저본에는 '雖'가 없으나, ≪唐宋八大家文抄 南豐文抄≫ 권4 〈列女傳目錄序〉에 의거하여 보충하였다.

16) 〔夫〕 : 저본에는 '夫'가 없으나, ≪唐宋八大家文抄 南豐文抄≫ 권4 〈列女傳目錄序〉에 의거하여 보충하였다.

17) 자신이……않는다 : ≪孟子≫ 〈盡心 下〉에 보인다.

後世自學問之士로 多徇於外物하여 而不安其守하니 其室家既不見可法이라 故競於邪侈하니 豈獨無相成之道哉아 士之苟於自恕하여 顧利冒恥하여 而不知反己者는 往往以家自累故也일새니라 故曰 身不行道면 不行於妻子라하니 信哉로다 如此人者는 非素處顯也로되 然去二南之風이 亦已遠矣어든 況於南鄉天下之主哉아

劉向이 저술한 ≪列女傳≫은 천자를 권면하고 경계한 뜻이 독실하다 이를 만하다. 그러나 유향은 많은 서적을 섭렵했다고 알려졌는데, 이 ≪열녀전≫에서 ≪詩經≫의 〈芣苢〉, 〈柏舟〉, 〈大車〉 등 편에 대해 설명한 것이 지금 ≪시경≫의 序(毛詩序)를 쓴 자의 說과 크게 다르니, 그 이유를 상고할 수 없다. 〈式微〉 한 편의 경우는 또 두 사람이 지은 것이라고 하였으니,[18] 어쩌면 자료를 취합한 범위가 넓었기 때문에 실수가 없을 수 없었던 것은 아닌가. 象이 舜을 죽이려고 계획한 것과 舜이 죽음의 위험

18) 열녀전에서……하였으니 : ≪詩經≫의 序는 前漢의 經學家 毛亨이 썼다고 하는 〈毛詩序〉로, 각 시의 창작배경과 그 의미를 해설한 글인데, ≪시경≫의 일부 작품에 대한 설명이 〈모시서〉와 ≪열녀전≫이 서로 다르다는 것이다. 〈芣苢〉에 대해 〈모시서〉에는 "〈부이〉는 后妃의 아름다운 덕을 찬양한 노래이다. 천하가 평화로우면 부인이 자식을 두는 것을 즐거워한다." 하였는데, ≪열녀전≫ 〈貞順傳 蔡人之妻〉에는 "宋나라 사람의 딸이 蔡나라로 시집을 갔는데 남편에게 악질이 있었다. 그의 친정 어머니가 개가할 것을 권하였으나 그 말을 따르지 않고 〈부이〉를 지었다." 하였고, 〈柏舟〉에 대해 〈모시서〉에는 "〈백주〉는 어진 덕을 지녔으나 때를 만나지 못한 것을 한탄한 노래이다. 衛 頃公 때 어진 사람은 때를 만나지 못하고 소인이 군주의 곁에 있었다." 하였는데, ≪열녀전≫ 〈貞順傳 衛寡夫人〉에는 "衛 宣公의 夫人은 본디 齊侯의 딸인데 衛나라로 시집가 도성 문 앞에 당도하자마자 신랑인 衛나라 임금이 죽어버렸다. 그의 保姆가 齊나라로 도로 돌아가자고 하였으나 듣지 않고 성 안으로 들어가 삼년상을 지켰다. 새 임금이 즉위하여 그를 아내로 삼고자 하고 형제들도 개가할 것을 권하였으나 끝내 받아들이지 않고 〈백주〉를 지었다." 하였다. 〈大車〉에 대해 〈모시서〉에는 "〈대거〉는 周나라 대부를 풍자한 시이다. 예의가 해이해져 남녀들이 간통하였기 때문에 옛날의 좋은 풍속을 개진하여 지금의 대부가 남녀에 관한 일을 잘 처리하지 못한 것을 풍자하였다." 하였는데, ≪열녀전≫ 〈貞順傳 息君夫人〉에는 "楚나라가 息나라를 정벌하여 息君과 그의 夫人을 사로잡았다. 楚王이 息君에게 문지기 노릇을 하게 하고 장차 息君의 夫人을 아내로 삼으려 하자, 夫人은 초왕이 궁궐을 나간 틈에 息君을 만나보고 〈대거〉를 지은 뒤에 자살하였다."고 하였다. 〈式微〉에 대해 〈모시서〉에는 "〈식미〉는 黎侯가 衛나라에 머물러 있자 그의 신하가 돌아갈 것을 권한 노래이다." 하였는데, ≪열녀전≫ 〈貞順傳 黎莊夫人〉에는 "이 시는 黎 莊公의 夫人이 그의 傅姆와 공동으로 창작한 것이다."라고 하였다. 이러한 차이가 나타나는 것에 대해 王照圓은 ≪열녀전≫이 ≪魯詩≫에 근거하였기 때문이라고 보았다.

에서 빠져 나온 것에 대한 이야기는 대부분 ≪孟子≫에 실린 내용과 부합한다. 그러나 이 ≪열녀전≫에는 혹 실려 있는데 ≪맹자≫에서 말하지 않은 것은 말할 만한 가치가 없는 것이다.[19] 후대에 경전에 대해 말하는 儒者들에게 진실로 이러한 경우가 많으니, 보는 자들이 경전에 도움이 되는 내용을 취하고 그 시비를 가리는 것이 좋을 것이다. 그러므로 敍論을 써서 그 단서를 열어 둔다.

向之所述은 勸戒之意가 可謂篤矣라 然向號博極群書어늘 而此傳稱詩芣苢(부이)柏舟大車之類는 與今序詩者之說로 尤乖異하니 蓋不可考라 至於式微之一篇하얀 又以謂二人之作이라하니 豈其所取者博이라 故不能無失歟아 其言象計謀殺舜과 及舜所以可脫者는 頗合於孟子라 然此傳或有之어늘 而孟子所不道者는 蓋亦不足道也라 凡後世諸儒之言經傳者 固多如此하니 覽者采其有補而擇其是非 可也라 故爲之敍論하여 以發其端云하노라

編校館閣書籍 臣 曾鞏은 서문을 쓰다.

編校館閣書籍臣曾鞏이라

19) 象이……것이다 : 象은 舜의 이복 아우이다. ≪열녀전≫ 〈母儀傳 有虞二妃〉에 의하면, 舜의 아버지가 象과 함께 舜을 죽일 생각으로 세 번 계책을 꾸몄다. 첫 번째는 舜에게 창고를 수리하라고 명하여 舜이 지붕 위로 올라가자 사다리를 치우고 불을 질렀고, 두 번째는 舜에게 우물을 파게 한 뒤에 위에서 우물 입구를 막아버렸는데, 舜이 두 번 모두 대책을 세워 빠져나왔다. 세 번째는 舜에게 술을 마시게 하여 그가 취했을 때 죽이려고 하였는데, 舜의 두 아내인 娥皇과 女英이 하루 종일 술을 마셔도 취하지 않는 약을 주어 화를 면하였다고 하였다. 앞의 두 가지 일은 ≪孟子≫ 〈萬章 上〉에도 기재되어 있다.

≪列女傳≫ 서문 列女傳序

≪古列女傳≫ 8篇은 劉向이 서술한 것이다. 유향은 漢 成帝 때 光祿大夫로 있었는데, 趙后(趙飛燕) 자매가 성제에게 총애를 받을 때에 이 책을 상주하여 宮中을 풍자하였다. 그 글은 ≪詩經≫과 ≪尙書≫ 이래로 國家의 治亂의 결과와 관계되는 女德의 善惡을 칭찬하고 풍자한 것이다. 그러므로 〈母儀〉, 〈賢明〉, 〈仁智〉, 〈貞愼〉, 〈節義〉, 〈辯通〉, 〈孼嬖〉 등의 편을 두었으며, 각각 그 의의를 頌으로 읊고, 그 형상을 그림으로 그려 총괄하여 맨 끝 篇을 삼았다. 傳은 太史公의 ≪史記≫와 같고 頌은 ≪詩經≫의 四言詩와 같은데 그림으로 그려서 屛風을 삼은 것이다.

그러나 세상에 유행하는 유향의 ≪열녀전≫에 注를 단 班氏(班昭)의 책은 곧 傳의 매 편을 상하로 나누고 頌을 합하여 15권으로 만든 것이다. 그중 12傳은 頌이 없고 3傳은 유향과 동시대 사람이고 5傳은 유향보다 후대의 사람인데 통틀어 '유향이 지었다.'고 적고 그 頌은 '유향의 아들 劉歆이 지었다.'고 적었으니, 漢代의 역사와 합치하지 않는다. 그러므로 ≪崇文總目≫에 〈陳嬰之母〉[1) 등 16傳을 後人이 붙인 것이라 하였다. 내가 頌으로 상고해보건대, 매 편은 모두 15傳일 뿐이고 보면 무릇 頌이 없는 것은 의당 모두 유향이 상주한 책이 아닐 것이니, 〈진영지모〉로 단정할 수 있을 뿐만이 아니다. 頌에 齊나라 太倉公의 딸[2) 등이 있는데 또한 漢나라 때 사람이고, 秦나라 이전의 女史가 다른 책에 보이는데 이 책에서는 기록하지 않은 것이 오히려 많으니, 또한 周郊 婦人[3) 등 네 사람뿐만이 아니다. 頌에 이르기를 "병풍에 그림을 그렸다"고 하였는데 史書에는 〈頌圖〉가 ≪열녀전≫ 8편 가운데 들어 있다.

古列女傳八篇은 劉向所序也라 向爲漢成帝光祿大夫라 當趙后姊娣嬖寵時하여 奏此書以諷宮

---

1) 陳嬰之母 : 본서 권8 〈陳嬰之母〉 참조.

2) 齊나라……딸 : 본서 권6 〈齊太倉女〉 참조.

3) 周郊 婦人 : 본서 권8 〈周郊婦人〉 참조.

中하니 其文美刺詩書已來女德善惡이 繫於家國治亂之效者라 故有母儀賢明仁智貞愼節義辯通孼嬖等篇하고 而各頌其義圖其狀하여 總爲卒篇하니 傳如太史公記하고 頌如詩之四言한대 而圖爲屛風云이라 然世所行班氏注向書는 乃分傳每篇上下하고 幷頌爲十五卷하니 其十二傳은 無頌하고 三傳은 其同時人하고 五傳은 其後人이어늘 而通題曰向撰이라하고 題其頌曰向子歆撰이라하니 與漢史不合이라 故崇文總目에 以陳嬰母等十六傳으로 爲後人所附라 予以頌考之컨대 每篇皆十五傳耳니 則凡無頌者는 宜皆非向所奏書니 不特自陳嬰母爲斷也라 頌有齊倉公女等하니 亦漢時人이요 而秦已上女史見於他書어늘 而此顧不錄者猶衆하니 亦不特周郊婦等四人而已라 頌云畫之屛風이라하야늘 而史有頌圖가 在八篇中이라

지금 直祕閣 呂縉叔[4]과 集賢校理 蘇子容과 象山令 林次中이 각각 말하기를 "일찍이 〈母儀〉〈賢明〉 4권을 江南의 人家에서 보았는데, 그 그림은 옛날의 佩玉과 服式 차림의 여인이었고 각각 그 頌을 圖像 곁에 적은 것이다."라고 하였다. 그러나 ≪崇文總目≫ 및 이 세 사람이 북방에서 遊歷한 여러 藏書家에 모두 이 本이 없으니, 알지 못하겠다. 그 傳이 과연 유향의 〈頌圖〉인가? 아니면 후일 일을 만들기 좋아하는 자가 그 頌에 의거해서 옛날 패옥과 복식 차림의 여인을 취하여 그린 것인가? 상고할 수 없다.

내가 유향의 글을 읽을 때마다 그 글을 사랑하고 그 뜻을 가상히 여겨 그가 서술한 것이 천년 사이에 散失되고 脫漏된 것을 애석히 여겼다. 다행이 남아 완전한 것으로는 이 ≪열녀전≫ 한 책뿐인데 다시 다른 사람의 손에 의해 고쳐지고 그 진위 여부를 의심받게 되었다. 그러므로 그 제목을 아울러 기록하고 頌으로 증명하여 8篇으로 算定해서 만들어 ≪古列女傳≫이라 명명하였으니, 列女로 명명한 모든 책은 모두 유향을 鼻祖로 삼기 때문에 그렇게 명명한 것이다. 나머지 20傳은 그 글이 또한 심오하고 전아하여 좋아할 만하니, 魏晉의 諸史가 지을 수 있는 것이 아니다. 그러므로 또 〈周郊婦人〉으로부터 〈東漢梁嫕〉 등에 이르기까지 시대별로 차례를 정하여 별도로 1篇을 만들고 〈續列女傳〉이라 명명하였다.

今直祕閣呂縉叔과 集賢校理蘇子容과 象山令林次中이 各言嘗見母儀賢明四卷於江南人家한대 其畫爲古佩服하고 而各題其頌像側이라 然崇文及三君北遊諸藏書家에 皆無此本하니 不知其傳

4) 呂縉叔 : 縉叔은 呂夏卿의 자이다. 宋나라 晉江 사람이다. ≪唐書≫를 편수하였고, 祕閣同知禮院 등의 벼슬을 지냈다.

果向之頌圖歟아 抑後好事者據其頌하여 取古佩服而圖之歟아 莫得而考已라 余讀向書에 每愛其文嘉其志하여 而惜其所序散亡脫繆(류)於千歲之間이라 幸存而完者가 此一書耳어늘 復爲他手竄疑於其眞이라 故幷錄其目而以頌證之하여 刪爲八篇하여 號古列女傳이라하니 蓋凡以列女名書者는 皆祖之劉氏故云이라 餘二十傳은 其文亦奧雅可喜하니 非魏晉諸史所能作也라 故又自周郊婦로 至東漢梁嫕(예)等히 以時次之하여 別爲一篇하고 號續列女傳이라

나의 벗 介甫[5)]가 일찍이 나에게 희롱하여 말하기를 "子政(劉向의 자)이 여러 狂女를 서술하여 책을 이루어 그 임금에게 간하였으니, 자정이 학문하는 바가 오활한데 그대가 어찌 구구하게 기뻐하여 이 책을 편찬하려 하는가?"라고 하였다. 나는, 先王의 풍속이 없어진 뒤에 學士와 大夫가 詩書를 외고 仁義를 닦아서 要路에 나아가 이룬 공이 탁월하고 찬란하여 보통 사람이 따를 수 없을 듯한 점이 있으나, 한 번 그 자취를 궁구해보건대 聖人과 맞지 않는 것이 많다고 생각하였다. 그러나 聖人의 道도 일찍이 狂者와 狷者를 버리지 않았는데,[6)] 더구나 여자에 있어서야 말할 나위 있겠는가.

또 유향이 立傳한 여인들 중에 그 惡者는 진실로 집안과 나라의 경계가 되기에 충분하고 狂者는 비록 예의에 맞지는 않으나 한결같이 善에 뜻을 두어 행실을 규방에서 이루었다. 그들이 모두 先王의 풍속을 만나서 그 자질을 잘 다듬고 그 아름다움을 채워서 집안으로부터 나라에 드러나게 하였다면 賢德한 后妃와 治世의 신하들 사이에 나란히 서서 詩書에 기록되는 것도 가능하였다. 내가 이 때문에 그들의 불행을 가엾게 여기나 유향이 쓴 ≪열녀전≫에 포함되어 임금에게 올려졌으니 진실로 그 임금에게 直諒多聞[7)]의 유익함은 있는 것이다. 삼가 밝혀 보전하여 후세에 고한다면

5) 介甫 : 北宋의 정치가 王安石(1021~1086)의 자이다. 호는 半山이다. 당송팔대가의 한 사람이다. 저서에 ≪周官新義≫, ≪臨川集≫ 등이 있다.

6) 聖人의……않았는데 : 狂者와 狷者는 공자의 제자 중에 '中道의 선비'에 다음가는 인재로, 狂은 뜻이 지극히 높으나 행실이 말에 미치지 못하는 선비이고, 狷은 지식은 미치지 못하지만 지킴이 매우 확고한 선비를 가리킨다. ≪論語≫ 〈子路〉에 "중도의 선비를 얻어서 함께할 수 없다면 반드시 狂者나 狷者를 취할 것이다. 광자는 진취적이고 견자는 하지 않는 바가 있다.〔不得中行而與之 必也狂狷乎 狂者進取 狷者有所不爲也〕"라고 하였다.

7) 直諒多聞 : 공자가 말하기를 "유익한 벗이 세 가지이고 손해되는 벗이 세 가지이니, 벗이 곧으며 벗이 성실하며 벗이 聞見이 많으면 유익하고, 벗이 겉치레만 잘하며, 벗이 유순하기를 잘하며, 벗이 말을 잘하면 손해된다.〔益者三友 損者三友 友直 友諒 友多聞 益矣 友便辟 友善柔 友便佞

군자가 어찌 허물하겠는가.

余友介甫嘗謔余曰 子政述諸狂女而成書하여 訨(정)其君하니 迂哉라 其所學也여 子何區區喜治之邪아 余以謂先王之俗旣熄에 學士大夫가 誦詩書修仁義하여 進取當路之功이 有卓犖(락)顯赫하여 若不可攀者로되 試窮其迹컨대 其不槪於聖人多矣라 然聖人之道도 亦未嘗廢狂狷(견)也어든 況女子哉아 且其所立이 其惡者는 固足以垂家國之戒요 狂者는 雖未中禮義나 而壹志於善하여 行成於房闥하니 使其皆遭先王之俗하여 追琢其質而充其美하여 自家形國하면 則雖列於賢妃治臣하여 著之詩書라도 可也라 余是以閔其不幸이나 而與向之擧於其君은 固有直諒多聞之益也라 竊明而存之하여 以告後世면 君子何尤焉이리오

嘉祐 8년(1063) 9월 28일에 長樂 王回[8]는 서술하고 아울러 짓다.

嘉祐八年九月二十八日에 長樂王回는 序竝撰이라

損矣]"라고 하였다.(≪論語≫ 〈季氏〉)

8) 王回 : 1023~1065. 宋나라 侯官 사람으로, 자는 深父이다. 忠武軍節度推官 등의 벼슬을 지냈다.

≪列女傳補注≫ 서문 列女傳補注序

≪列女傳補注≫는 曹大家(班昭)의 注를 보충한 책이다. 옛날에 이 ≪열녀전≫에 注를 단 분으로는 ≪隋書≫〈經籍志〉에 趙母와 高氏가 있고, ≪文選≫ 注에 虞貞節이 있으나 오직 조대고의 注가 北宋에 이르도록 남아 있어서 ≪史記正義≫에 보이고 ≪문선≫ 注의 인용문에 여러 곳에 보이니, 지금 감히 스스로 注라고 명명할 수 없다. 그러므로 제목을 補注라 하였다.

나는 6세에 아버지를 여의었으나 어머니 林夫人께서 慈愛로 기르고 독서를 가르쳤다. 일찍이 한가할 때에 어머니를 따랐더니 나를 돌아보고 명하시기를 "옛날에 班氏가 ≪열녀전≫ 15권에 注를 달았는데 지금 그 책이 없어졌다. 만일 보충하여 주를 달 수 있다면 이 일이 내가 너에게 바라는 것이다."라고 하셨다. 내가 삼가 기억하여 감히 잊지 못하였으나 세월이 빨리도 흘러 홀연 28년이 지났으니 어머니의 은혜에 보답하려[9] 맹세한 마음이 드디어 근심을 품게 되고 말았다.[10] 어머니께서 전에 하신 말씀을 돌이켜 살펴보건대 항상 황공하여 두려운 마음만 더하였다. 이에 내 자신의 어리석음을 헤아리지 못하고 대략 先師의 훈고에 따라 作者의 뜻이 통하게 하였다. 무릇 해석한 것은 장차 막힌 뜻을 통하게 하여 읊조리게 하려는 것이고, 항상 행해야 할 도의라든가 혹 이미 傳記가 이루어진 경우에 대해서는 옛사람이 이미 주를 달았으면 모두 생략하고 논하지 않았다.

---

9) 어머니의……보답하려 : 원문의 '寸草'는 唐나라 시인 孟郊가 어머니를 생각하여 지은 〈游子吟〉에 "한 치의 풀과 같은 자식의 마음으로, 삼춘의 햇살 같은 어머니 사랑에 보답하기 어려워라.〔難將寸草心 報得三春暉〕"라고 한 데서 온 말이다.

10) 근심을……말았다 : 원문의 '銜恤'은 부모가 세상을 떠나 늘 근심하는 자식의 마음을 말한다. ≪詩經≫ 〈小雅 蓼莪〉에 "아버지가 없으면 누구를 믿으며 어머니가 없으면 누구를 의지할꼬. 나가면 근심을 품고 들어오면 이를 곳이 없노라.〔無父何怙 無母何恃 出則銜恤 入則靡至〕"라고 한 데서 온 말이다.

진실로 견문이 넓지 않은 내가 前賢을 계승할 수 없음을 알지만 옛 先人을 생각하여[11] 조금이나마 어머니를 그리워하는 마음에 보답하기를 바란다. ≪열녀전보주≫가 이루어짐에 夫子(남편 郝懿行)에게 疑義를 辨析해주기를 청하였는데 때로 訂正하여 숨김이 없었으니, 삼가 欣慕하는 바이다.

列女傳補注者는 補曹大家注也라 古之注此書者가 隋志에 有趙母高氏하고 文選注에 有虞貞節이로되 惟大家之注가 至北宋猶存하여 見於史記正義하고 選注所引에 凡有數處하니 今不敢自名爲注라 故題曰補也라 照圓六歲而孤나 母林夫人이 恩勤鞠育하고 教以讀書라 嘗從燕閒이러니 顧照圓而命之曰 昔班氏注列女傳十五卷이러니 今其書亡하니 如能補爲之注면 是余所望於汝也라 照圓謹志之不敢忘이나 分陰遄邁(천매)하여 奄忽四七이라 寸草盟心이 遂成銜恤하니 追省前言컨대 恒隕越以滋懼라 不揣愚蒙하고 略依先師之詁하여 用達作者之意라 凡所詮釋은 將以通其隱滯하여 取供唫(음)諷하고 至於義所常行이어나 或傳記成文하얀 舊人已注면 則皆闕而弗論이라 誠知疏陋가 無能纂續前修나 庶幾念昔先人하여 少酬明發之懷라 補注成에 請夫子辨析疑義하니 時加訂正하여 無隱乎爾하니 竊所欣慕焉이라

嘉慶 10년(1805) 8월 4일에 福山 王照圓은 짓다.

嘉慶十年八月四日에 福山王照圓은 撰하노라

11) 옛……생각하여 : 원문의 '念昔先人'은 돌아가신 부모님을 애타게 그리워함을 말한다. ≪詩經≫ 〈小雅 小宛〉에 "내 마음 근심하니, 옛 선인을 생각하노라, 날이 새도록 잠을 이루지 못하여, 부모님 두 분을 그리노라.〔我心憂傷 念昔先人 明發不寐 有懷二人〕"라고 한 데서 온 말이다.

〔附錄 2〕

索 引

索引凡例

1. 색인의 대상

본서의 색인은 ≪譯註 列女傳補注≫(全2冊)의 本文과 原註(王照圓의 補注, ≪列女傳補注校正≫ 및 ≪列女傳校注≫, ≪列女傳集注≫의 注)의 原文을 대상으로 하였다.

2. 색인의 종류

1) 색인은 〈綜合索引〉을 작성하고, 별도로 주제별 색인인 〈人名索引〉을 구분하여 작성하였다.

2) 〈綜合索引〉은 ≪譯註 列女傳補注≫의 本文과 原註에서 표제어를 추출하였다. 또 주제별 색인으로 〈人名索引〉을 작성하여 종합적으로 다수의 人物에 관하여 참조할 수 있게 하였다.

3) 〈人名索引〉은 ≪譯註 列女傳補注≫의 本文과 原註에서 人物에 관련된 표제어를 추출하였다. 인물에 관한 표제어는 해당 인물의 발언, 인물 간의 관계, 問答, 行跡, 해당 인물에 대한 평가 및 관련된 事件이나 故事 등을 종속항목으로 추출하여 참조할 수 있게 하였다.

3. 색인 작성 방법

1) 標題語

(1) 표제어는 人名, 地名, 國名, 書名, 官名, 篇名 등의 고유명사와 주요 用語 및 句節, 특수하게 사용된 語彙 등을 중심으로 추출하였다.

(2) 〈綜合索引〉에서는 ≪列女傳補注≫의 本文과 王照圓의 補注, 〈列女傳補注校正〉 및 ≪列女傳校注≫, ≪列女傳集注≫의 注를 구별하기 위해 표제어 해당 면수 뒤에 王照圓의 補注는 (補)로, ≪列女傳補注校正≫은 (正)으로, ≪列女傳校注≫의 注는 (校)로, ≪列女傳集注≫의 注는 (集)으로 표기하였다. 또한 ≪列女傳補注≫ 1책은 (1), 2책은 (2)로 구분하였다.

예) 獵較 1-124(補) 史記(書) 1-61(正) 高府 2-35(校) 戰國策 1-127(集)

(3) 해당 표제어의 변별력을 높이고 내용을 전달하기 위해 부가정보를 ( ) 안에 표기하였다. 특히, 해당 표제어가 地名, 國名, 書名, 官名, 篇名임을 아래와 같이 밝혔다.

예) 陶(地) 魯(國) 家範(書) 光祿勳(官) 考工記(篇)

(4) 人名, 地名, 國名, 書名의 경우 일반적으로 통용되는 名稱을 대표 표제어로 정하고 異稱, 略稱, 別稱 등을 추출하여 상호 참조하게 하였다. 다만 인명의 경우 이름이나 성이 略稱으로 쓰일 경우 完稱을 표제어로 추출하였다.

예) 慶剋(齊)←剋 河水(地)←河 殷(國)←商 說文解字(書)←說文

(5) 같은 면에 동일한 표제어가 두 번 이상 반복하여 등장할 경우, 해당 면수를 한 번만 기재하였고, 동일한 표제어가 같은 면에 위치한 注에 등장할 경우에는 해당 면수와 原註 구분을 별도로 표시하여 본문과 구별하였다.

예) 黔婁(魯) 1-149(校), 185(正), 186, 186(集), 187

2) 人名

(1) 人名의 경우 ( ) 안에 時代와 國名을 부기하여 인물 구별이 용이하게 하였다. 국명이 불확실한 경우에는 시대만 표시하고 시대도 불확실한 경우에는 '人'이라고 표시하였다.

예) 柳下惠(春秋 魯) 王念孫(淸) 荅子(春秋) 曹(人)

(2) 人名이 2인 이상 合稱으로 쓰인 경우 표제어를 따로 뽑아 상호 참조하게 하였다. 人名이 姓으로만 표시된 경우 일반적으로 통용하는 名稱 또는 姓名을 추출하여 상호 참조하게 하였다.

예) 文武→文王(周), 武王(周) 鄭→鄭玄(漢)

(3) 人名의 從屬項目은 해당 인물의 발언, 인물 간의 관계, 問答, 行跡 및 인물의 평가, 관련된 事件이나 故事 등을 상호참조하게 하였다.

예) 簡狄(商) 1-45, 63(補)
──性好人事之治 1-36
契母──者 有娀氏之長女也 1-63
──仁而有禮 1-65
契母── 1-66

3) 書名

(1) 書名 뒤에는 '書'라고 부기하였으며, 異稱은 상호 참조하게 하였다. 다만 ≪詩經≫, ≪周易≫ 등이 '詩云'이나 '詩曰'이나 '易曰' 등 略稱으로 쓰인 경우 完稱으로 표제어를 뽑았다.

예) 書經(書)←尙書, 書　　'詩云', '詩曰'의 경우 : 詩經(書)

4) 語彙·句節

(1) 본문의 중요한 語彙와 句節을 표제어로 추출하였다. 인용문인 경우 표제어의 종속항목으로 뽑았다.

예) 孟子(書)

——曰 夫嫁娶 非己所自親也 衛女 何以得編于詩也 1-48

——所謂 廐有肥馬 民有飢色也 2-165

——故曰 身不行道 不行於妻子 2-328

5) 從屬項目

(1) 종속항목은 표제어에 관련된 사항을 추출하여 작성하였다. 동일한 표제어는 '——'를 사용하여 생략하였다.

예1) 妲己(殷)

——曰 罰輕誅薄威不立耳 2-182(校)

예2) 詩經(書)

——曰 愷悌君子 民之父母 2-172

예3) 鄒(國)

—孟軻母 1-112

예4) 郃陽(地)

——友娣 2-80

(2) 표제어 중 해당 표제어가 포함된 句節 및 文章을 종속항목으로 추출하였다. 또 본문의 내용이 표제어를 보충 설명하거나, 原註에서 참고할 내용이 있는 경우 종속항목으로 추출하였다.

예) 棄母→姜嫄(周) 1-57

——姜嫄者 邰侯之女也 1-58

——姜嫄淸靜專一 1-62

4. 항목 배열 및 표시

1) 표제어의 배열은 한글 가나다 순서를 따랐으며 두음법칙을 적용하였다.

2) 표제어의 위치는 원문 '冊數-面數'의 형태로 하고, 冊數와 面數는 아라비아숫자로 표시하였으며, 같은 책은 面數가 다른 경우에는 冊數는 생략하고 面數만 ','로 이어 표기하였다.

예) 蓋(國) 2-37, 37(補), 38, 40, 40(補), 40(校), 41

3) 색인에 사용한 부호는 다음과 같다.

―― : 동일한 표제어 생략 표시
→ : 대표 표제어로 나간 표시
← : 대표 표제어로 모아주는 표시
( ) : 색인어에 대한 부가정보 표시
, : 面數와 面數의 구분

綜合索引

【ㄴ】

【ㄷ】

【ㅂ】

【ㅅ】

【ㅇ】

【ㅈ】

【ㅊ】

【E】

【ㅍ】

【ㅎ】

人名索引

【ㄴ】

【ㄷ】

【ㅁ】

【ㅅ】

【ㅇ】

【ㅈ】

【ㅊ】

【ㅌ】

【ㅍ】

〔附錄 3〕

1. ≪列女傳補注2≫ 圖版目錄

2. ≪列女傳補注≫ 總目次

• QR코드를 스캔하면 ≪列女傳補注≫ 總目次를 볼 수 있습니다.

3. ≪列女傳補注≫ 參考書目

• QR코드를 스캔하면 ≪列女傳補注≫ 參考書目을 볼 수 있습니다.

4. ≪列女傳補注≫ 解 題

• QR코드를 스캔하면 ≪列女傳補注≫ 解題를 볼 수 있습니다.

• 집필 : 徐正和(全州大學校 韓國古典學硏究所 助敎授)

5. 〈戰國七雄圖〉

• QR코드를 스캔하면 〈戰國七雄圖〉를 볼 수 있습니다.

譯註者 略歷

崔秉準

民族文化推進會 附設 國譯研修院 상임연구부 졸업
退溪學研究院 責任研究員
韓國古典飜譯院 研究員
高麗大學校 漢字漢文研究所 연구교수(現)

主要 譯書
≪西溪集 2,4(共譯)≫ , ≪渼湖集 2≫, ≪芝峯集 1,4,8≫
≪靜觀齋集 1≫

孔勤植

民族文化推進會 附設 國譯研修院 상임연구부 졸업
高麗大學校 大學院 고전번역협동과정 졸업 (문학박사)
韓國古典飜譯院 번역1팀장, 문집번역실장
韓國古典飜譯院 附設 古典飜譯教育院 고전번역연구소장
韓國古典飜譯院 附設 古典飜譯教育院 교수(現)

主要 論著 및 譯書
論著 〈湖州 蔡裕後 仕宦生活과 詩世界〉, 영남학, 2013
〈湖州 蔡裕後 漢詩 譯註〉, 고려대학교 대학원 박사학위논문, 2014
譯書 ≪響山集 2≫, ≪栢浦集≫, ≪湖洲集 1,2≫, ≪櫟山集≫,
≪洪範衍義 2,3≫, ≪青邱挽祭錄 2≫ 외 다수

東洋古典譯註叢書 125

譯註 列女傳補注 2　　　　　　정가 38,000원

2019년 12월 30일 초판 발행
2020년 04월 30일 초판 2쇄

著　者 劉 向
補　注 王照圓
譯　註 崔秉準 孔勤植
索　引 孔勤植
常任原文校閱 吳圭根
潤文校訂 吳圭根 李承俊 金曉東 李孝宰 朴勝珠
編　輯 東洋古典飜譯編輯委員會
發 行 人 李啓晃
發 行 處 社團法人 傳統文化硏究會

등록 : 1989. 7. 3. 제1-936호
서울시 종로구 삼일대로 428 낙원빌딩 411호
전화 : (02)762-8401 전송 : (02)747-0083
전자우편 : juntong@juntong.or.kr
홈페이지 : juntong.or.kr
사이버書堂 : cyberseodang.or.kr
온라인서점 : book.cyberseodang.or.kr

인쇄처 : 한국법령정보주식회사(02-462-3860)
총　판 : 한국출판협동조합(070-7119-1750)

ISBN 979-11-5794-261-9 94910
978-89-85395-71-7(세트)

※이 책은 2019년도 교육부 고전문헌 국역지원사업 지원비에 의해 초판(비매품) 간행.